मृत्यु से वापसी

नेताजी का रहस्य

Attention Authors

Manas Publications is fighting a war to tell the world that India can win the battle not only by the bullet but also by pen. We are converting fighters into writers. There is no dearth of intellectuals in our country, however, their knowledge is confined to them only. No sincere effort has been made by any other publisher to channelise their knowledge, which is why the talent of every intellectual remains latent. An author always presents the raw material in the shape of a manuscript and it is the job of the publisher to convert it to a finished product. Manas has been continually motivating intellectuals and publishing their manuscripts for more than two decades and would like to publish your manuscript too. If you or your colleagues have a manuscript ready for publication or are working on it, contact us with a detailed synopsis and list of contents. Manas will also suggest you a suitable title for writing related to your area of expertise. Manas is known for its publishing quality. We take utmost care in publishing and also give wide publicity to the book and its author through our national and international distribution network.

मृत्यु से वापसी

नेताजी का रहस्य

अनुज धर
वरिष्ठ पत्रकार

मानस पब्लिकेशन्स
नई दिल्ली—110 002 (भारत)

मानस पब्लिकेशन्स
(पब्लिशर्स, डिस्ट्रीब्यूटर्स, इम्पोरटर्स एण्ड एक्सपोरटर्स)
4402/5–ए, अंसारी रोड़ दरियागंज,
विपरीत एच॰डी॰एफ॰सी॰ बैंक
नई दिल्ली– 110 002 (भारत)
फोन: 91–11–23260783, 23265523, (घर) 23842660
फैक्स: 011–23272766
ईमेल: manaspublications@gmail.com,

वैब साईट: www.manaspublications.in

ISBN: 81-7049-334-X

रूपये 295/–

मुद्रांकन: मानस पब्लिकेशन्स
मुद्रक: राजधानी प्रिंटर्स, नई दिल्ली

आभार

चीन गणराज्य के राष्ट्रपति श्री चेन शुई–बियान, परिवहन एवं संचार मंत्री श्री लिन लिंग–सान, ताइपेई के महापौर डा. यिंग–जियो मा – इन सब का और वहां की सरकार का मैं आभारी हूं।

ब्रिटिश दस्तावेजों का उपयोग करने की अनुमति देने के लिए मैं हर मेजेस्टीज स्टेशनरी आफिस, लंदन, के प्रति कृतज्ञता प्रकट करता हूं। साउथ डकोटा स्टेट यूनिवर्सिटी, ब्रूकिंग, अमेरिका, में इतिहास के सहअध्यापक और अंतर्राष्ट्रीय कार्यक्रम के निदेशक डा. कार्ल जे. शिमर ने कृपापूर्वक 'प्रोजेक्ट साउथ एशिया' के अंतर्गत एकत्रित सामग्री का उपयोग करने की अनुमति दी। दिल्ली के राष्ट्रीय अभिलेखागार का स्टाफ बहुत प्रीतकर रहा। राष्ट्रीय अभिलेखागार (टी. एन. ए), लंदन, आस्ट्रेलिया का राष्ट्रीय अभिलेखागार (मेलबर्न व कैंनबरा), अमेरिकी राष्ट्रीय अभिलेखागार एवं आलेख प्रशासन (एन. ए. आर. ए), मैरीलैंड तथा आस्ट्रेलिया के विदेश मंत्री श्री अलेक्जेंडर डाउनर का कार्यालय बहुत सहायक रहा। मुझे कुछ नामों का उल्लेख अवश्य करना चाहिए : लोरेता तारेबियन (मेलबर्न, आस्ट्रेलिया का राष्ट्रीय अभिलेखगार), डा. जिल गेबर (ब्रिटिश लाइब्रेरी, लंदन, के इंडिया ऑफिस रिकार्ड्स के आर्काइविस्ट), जीन एम. कालिहन (कार्नेल ला लाइब्रेरी, न्यूयार्क), रे कुकसन (एन. ए. आर. ए), डान वाइक्लिफ (शिकागो ट्रिब्यून के पब्लिक एडीटर) और जेम्स जोबेल (नारफाक के मैकार्थर मेमोरियल के आर्काइविस्ट)। बहुत–बहुत धन्यवाद।

मैं उन पत्र–पत्रिकाओं का भी आभारपूर्वक स्मरण करता हूं, जहां से मुझे बहुत सी जानकारी मिली। इन में *हिंदू, हिंदुस्तान टाइम्स, टाइम्स आफ इंडिया, इंडियन एक्सप्रेस, पायनियर, स्टेट्समैन, टेलीग्राफ, अमृत बाजार पत्रिका, आनंद बाजार पत्रिका, हिंदुस्तान स्टैंडर्ड, नागपुर टाइम्स, मदरलैंड, नेशनल हेराल्ड, पेट्रियट, नार्दर्न इंडिया पत्रिका, नेशन, वीक, इंडिया टुडे, टाइम* (अमेरिका), *मेनस्ट्रीम, स्वतंत्र भारत, गंगा, साप्ताहिक सहारा, नई दुनिया* और *अमर उजाला* शामिल हैं। मैं ने लियोनार्ड गोर्डन, समर गुहा, सुरेश बोस, सीतांशु दास, सत्यनारायण सिन्हा,

एस. ए. अय्यर, ए. सी. चटर्जी, मार्शल गेत्स, हूय टोय, रिचर्ड एल्ड्रिख, लैरी कोलिंस और डोमिनिक लैपियरे, गुरबक्श सिंह ढिल्लों, रणजीत पांचाले, अशोक टंडन, सुबोध मार्कंडेय, मुहम्मद जमां कियानी, शाहनवाज खान, लुइस एलन, तत्सू हयाशिदा, रुडोल्फ हरतोग, जी. डी. खोसला, एच. वी. हडसन, पेंडेरेल मून, टी. एन. कौल, एस. एम. गोस्वामी, हरिन शाह, वी. एल. सुंदर राव, शिवप्रसाद नाग, दुर्लभ सिंह, सी. एल. दत्ता तथा लावेल थामस जूनियर की पुस्तकों को भी खंगाला।

डा. पूर्बी राय, वी. पी. सैनी, देबब्रत बिस्वास (सांसद), डा॰ अलोकेश बागची, बिजन घोष (सर्वोच्च न्यायालय के वकील), रणजीत पांचाले, राय सिंह, अशोक टंडन, सुनील कृष्ण गुप्ता, विजय नाग, एस. के. दत्ता (केंद्रीय जांच ब्यूरो के भूतपूर्व निदेशक) और कजिन शंटी के बिना मैं एक इंच भी आगे नहीं बढ़ सकता था। नेताजी की भतीजी शीला सेनगुप्ता और भतीजे प्रदीप बोस व सुब्रत बोस (सांसद) सदा सहायक रहे। इस के अतिरिक्त बहुत से अन्य महत्वपूर्ण लोग थे जिन की सोच ने मुझे और गहराई में जाने की प्रेरणा दी : स्वर्गीय अनिल मुखर्जी (पश्चिम बंगाल विधानसभा के भूतपूर्व उपाध्यक्ष), सुबोध मार्कंडेय (सर्वोच्च न्यायालय के वरिष्ठ वकील), वरुन सेनगुप्ता (*बर्तमान* के संपादक), इंदर मल्होत्रा (*टाइम्स आफ इंडिया* के भूतपूर्व संपादक), वी. एन. दत्ता (आधुनिक इतिहास के सेवामुक्त प्राध्यापक), अशोक घोष (अखिल भारतीय फार्वर्ड ब्लाक के महासचिव), जयंत राय (सांसद), मार्शल गेत्स (बोस के जीवनीकार), एयर वाइस मार्शल (से.नि.) सूरेनजी गोयल, मेजर जनरल (से.नि.) अशोक मेहता, देबासीस बागची (भूतपूर्व इंस्पेक्टर जनरल पुलिस), एयर वाइस मार्शल (से.नि.) कुलदीप बक्शी, कर्नल ए. बी. सिंह (आईएनए), अशोक सहाय, रुद्रज्योति भट्टाचार्जी (कलकत्ता उच्च न्यायालय के वकील), अतुल रावत, सुरेश पाध्ये, श्रीलता मेनन, शांतनु बनर्जी, प्रभा जगन्नाथन, जयगोपाल शर्मा, सुनाकी शीदेई (जनरल सुनामासा शीदेई के पौत्र) और प्रदीप माथुर।

मेरी दिली तमन्ना थी कि स्वर्गीय समर गुहा से विस्तार से बात कर पाता। लेकिन जब मैं कोलकाता में उन के आवास पर मिला, प्रोफेसर गुहा बहुत बीमार थे। सौभाग्यवश कुछ और लोगों ने मुझ से खुल कर बात कीः श्रीकांत शर्मा, दुर्गा प्रसाद पांडे, डा. प्रियब्रत बनर्जी, डा. आर. पी. मिश्रा, डा. बी. एन. राय, राजकुमार, रवींद्र शुक्ला, दिलीप कुमार मुखर्जी, नंदलाल चक्रवर्ती, सुरोजित दासगुप्ता, डा॰ मधुसूदन पाल, जगतजीत दासगुप्ता, कौशल किशोर, अर्धेंदु सरकार, गुरबसंत सिंह, शक्ति सिंह, विश्व बंधु तिवारी, डा॰ इंद्रनील बनर्जी, अनुपम मिश्रा, पद्मकांत शर्मा, रामजी पांडे और मुहम्मद मोबिन।

हिंदुस्तान टाइम्स के अपने साथियों को भी मैं याद करता हूं।

मेरे मातापिता व परिवार के अन्य लोग सदा मेरे साथ थे। नवनी, काकू, नीटू, सोनू, सनी, बंटी, मनू, शंटी व दोनों मामा। दोस्तों ने हौसला अफजाई की। रमन सिकंद, परिमल नासा, रवि शंकर, विश्व मोहन, मोनिका सिंह व प्रभोद दुबे।

अगर मेरे प्रकाशक विवेक गर्ग इतने सहायक और तत्पर न होते तो यह पुस्तक संभव ही न होती।

आप सभी का धन्यवाद।

प्रस्तावना

(प्रथम संस्करण 2005)

सुभाष बोस का रहस्य आधुनिक भारत का सब से लंबा विवादित विषय है। भारतीयों के लिए कोई और मामला इतना भावात्मक, निरंतर चलने वाला और राजनीतिक रूप से संवेदनशील नहीं होगा। भारतीयों और विदेशियों की कई जांचों के बावजूद पिछले 59 सालों में यह मामला और बढ़ा ही है। इन दिनों भी सर्वोच्च न्यायालय के एक भूतपूर्व न्यायाधीश की अध्यक्षता में एक जांच आयोग इस रहस्य पर से पर्दा उठाने के प्रयास में व्यस्त हैं।

दरअसल महानतम भारतीयों में से एक, नेताजी सुभाष चंद्र बोस को क्या हुआ, यह विवादित है। कुछ लोगों का कहना है उन की मृत्यु हो गई। दूसरों का कहना है, वह गायब हो गए। पर असलियत में क्या हुआ? तीन बातें हो सकती हैं: एक, 18 अगस्त 1945 को नेताजी का एक विमान दुर्घटना में ताइपेई में निधन हो गया। यह बात सब से अधिक सुनने में आती है और इस बारे में काफी कुछ बताया जाता है। दुर्घटना और बोस के निधन के कई गवाह थे। उनके अवशेष टोकियो के रेनकोजी मंदिर में सुरक्षित रखे गए। आईएनए के जाने माने वरिष्ठ लोग, अनुसंधाता और नेताजी के परिवार के कुछ सदस्य इस की सच्चाई का आश्वासन देते हैं। स्वाधीन भारत की सरकार ने बार–बार कहा कि ऐसा ही हुआ था। दो सरकारी जांचों से भी यही सिद्ध हुआ। अगर यही बात है तो लोगों को संदेह क्यों है?

इस बात का गहरा शक है कि नेताजी असल में बच कर सोवियत संघ में चले गए थे। यह बात बाद में नहीं उठी। उनके 'बच' कर निकल जाने की धारणा ने 1945 में ही जन्म ले लिया था। 1990 के दशक के आरंभ में यह बात फिर उठी। आईएनए के वरिष्ठ लोगों के एक वर्ग, बोस परिवार के अधिकांश जनों तथा फार्वर्ड ब्लाक की विभिन्न शाखाओं के सदस्य इस पर विश्वास करते हैं। इस सोच के साथ एक 'अंतर्राष्ट्रीय ब्लैकमेल' को देखा जाता है। कुछ कहते

हैं कि नेताजी को साइबेरिया के किसी दंडस्थल पर भेज दिया गया। उनका कहना है कि सोवियतों ने भारत के साथ सौदेबाजी के लिए उन्हें कुछ समय तक जीवित रखा। शीतयुद्ध के दिनों में भारत धीरे–धीरे पश्चिम के प्रभाव से निकल कर सोवियत धड़े के साथ हो गया।

तीसरे विकल्प पर विश्वास करना कठिन है। इस के अनुसार नेताजी चोरी–छिपे संन्यासी के वेश में भारत में प्रवेश कर गए। उनका नाम भगवनजी (गुमनामी बाबा) था और वे फिर कभी प्रकट नहीं हुए। इस कहानी को बोस पर लगभग सभी शोध करने वालों, आईएनए के वरिष्ठ लोगों और नेताजी के संबंधियों ने गलत बताया है। भगवनजी वाले इस विकल्प को नकारने वाले कुछ लोगों ने भारत सरकार पर बड़ा गंभीर आरोप लगाया है। इसके अनुसार सुभाष के सोवियत संघ में बंदी बनाए जाने और उनकी संभावित हत्या की तरफ से जनता का ध्यान हटाने के लिए प्रधानमंत्री जवाहरलाल नेहरू के अधीन इंटेलिजेंस ब्यूरो ने देश में अनेक संत–महात्मा खड़े कर दिए। इन की शुरुआत शोलमारी बाबा से हुई। या तो लोग ऐसे नकली नेताजी को ले कर भ्रमित हुए या फिर उन्होंने इस पूरे प्रकरण की हंसी उड़ाई। इसने सोवियत मामले को पूरी तरह दबाने में भी मदद की।

तो फिर यह पुस्तक आप को क्या बताने जा रही है और अनुज धर कौन है? ओह, मैं तो सिर्फ एक कर्तव्यनिष्ठ पत्रकार हूं। चार साल पहले हिंदुस्तान टाइम्स की ऑनलाइन शाखा ने सुभाष बोस के रहस्य पर खोज करने का काम शुरू किया था। उस ने सब सुबूतों का अध्ययन कर के दुर्घटना की धारणा को अमान्य कर दिया था। मैं उस टीम का सदस्य था। इस काम के खत्म होने के बाद मैं ने अपनी निजी खोज शुरू की।

मेरे निष्कर्ष हिंदुस्तान टाइम्स से मिलते–जुलते हैं। दुर्घटना की धारणा के विरुद्ध बहुत से साक्ष्य हैं। नेताजी सुभाष चंद्र बोस का निधन 18 अगस्त 1945 को नहीं हुआ। रेनकोजी मंदिर में रखे अवशेष, जो दरअसल एक खोपड़ी का भाग हैं, नेताजी के नहीं हैं। मुझे खेदपूर्वक यह आरोप लगाना पड़ रहा है कि नेताजी के रहस्य के बारे में भारत सरकार सब से अविश्वनीय पक्ष साबित हुआ है। उसने देशवासियों से जानबूझ कर तथ्यों को छिपाया। यह बात मैं अभी हाथ के हाथ साबित करता हूं। भारत के प्रधानमंत्री नेताजी के अवशेषों के प्रति श्रद्धा जताने के लिए रेनकोजी मंदिर जाते रहे हैं। जब कि सच्चाई यह है कि 1954 में ही "नेताजी की भस्मी तथा अन्य अवशेषों" को टोकियो के हमारे दूतावास से विदेश मंत्री ने ग्रहण कर लिया था। प्रधानमंत्री कार्यालय की एक फाइल का यह बताने वाला दस्तावेज मेरे पास है। तब प्रधानमंत्री नेहरू ही विदेश मंत्री थे। "वह भस्मी तथा अन्य अवशेष" अब साउथ ब्लाक के किसी वाल्ट में पड़े होंगे।

अगर 1945 में नेताजी की मृत्यु नहीं हुई तो फिर उन्हें क्या हुआ? इस पर विश्वास करने के पर्याप्त कारण हैं कि अपनी 'मृत्यु' के बाद वह सोवियत संघ जाने में सफल रहे। खैर, इस बारे में आप सब कुछ पढ़ेंगे। जहां तक भगवनजी वाली कहानी है, उस में जरूर कुछ है। इस के कई चौंकाने वाले कारण हैं। नेताजी का रहस्य पैदा करने वाली बहुत सी बातों के कारणों तथा विचित्रताओं में से कइयों के जवाब भगवनजी की छोड़ी जानकारी में मिल सकते हैं। न्यायमूर्ति जी. डी. खोसला और न्यायमूर्ति एम. के. मुखर्जी की अध्यक्षता वाले आयोगों का गठन भगवनजी के अनुयायियों के प्रयत्नों से ही हुआ। उनके तर्कों के कारण ही सरकार को अपने गुमराह करने वाले निर्णय से टलना पड़ा और कार्यपालिका की गलतियों को सुधारने का काम न्यायपालिका ने संभाला। अगर भारत सरकार के भरोसे रहते तो किसी आयोग का गठन न होता। सीधी सी बात यह है कि हमारी सरकार नेताजी और आईएनए के विरुद्ध थी। इस की शुरुआत तो 1947 में उसी दिन दिखाई दे गई थी जब उस ने संसद भवन में उन का चित्र लगाने से इनकार कर दिया था। उसकी विश्वसनीयता शून्य ही है।

सभी जानते है कि आयोग के काम में सरकार रोड़े अटकाती रही है। खुद न्यायमूर्ति मनोज कुमार मुखर्जी ने कई बार इस आशय के बयान दिए हैं। सत्य का पता लगाने में तत्परता दिखाने के बजाए सरकार उसे प्रकट करने के प्रयासों को विफल करने में लगी रही है।

इस खोज में भगवनजी वाली कहानी में ही कुछ प्रगति दिखाई दी। मीडिया और बोस परिवार के कुछ लोगों के विरोध के बावजूद न्यायमूर्ति मुखर्जी ने इस दिशा में खोज की। आखिर किसी खोज में पूर्वाग्रहों को कोई महत्व नहीं दिया जाना चाहिए। उसके लिए तो सिर्फ सुबूतों को ही आधार बनाया जाता है। नेताजी के रहस्य का भगवनजी से वास्ता था, यह सच है। आयोग को ऐसे बहुत से मौखिक व लिखित प्रमाण मिले है जो भगवनजी का संबंध नेताजी से जोड़ते हैं। पर क्या वह नेताजी थे? इसका पता लगाने के लिए न्यायमूर्ति मुखर्जी ने भगवनजी की अंग्रेजी तथा बंगला लिखावट की तीन विशेषज्ञों से जांच कराई। इनमें से दो पश्चिम बंगाल और केंद्र सरकार की नियुक्ति में थे। उन्होंने कहा कि यह लिखावट नेताजी की नहीं है। लेकिन प्राइवेट एक्सपर्ट ने, जो देश में सबसे काबिल माने जाते हैं, ने राय दी कि भगवनजी की लिखावट और नेताजी की लिखावट पूरी तरह मेल खाती है। उनकी रिपोर्ट सरकारी विशेषज्ञों से कहीं अधिक विश्वसनीय थी। जांच के दौरान आयोग ने उपरोक्त सरकारी विशेषज्ञों की रिपोर्टों में खामियां पाईं। केंद्र सरकार के विशेषज्ञ ने जिरह के लिए आयोग के समक्ष उपस्थित होने में अनिच्छा जाहिर की। उसे कारण बताओ नोटिस जारी

किया गया। उसने इसका जवाब नहीं दिया। उस का वरिष्ठ अधिकारी, जिस की देख–रेख में जांच हुई थी, आयोग के सामने पेश ही नहीं हुआ। राज्य सरकार के विशेषज्ञ के मामले में ऐसा लगता था कि जांच के आधारभूत सिद्धांतो का ही पालन नहीं किया गया है।

टाइम्स आफ इंडिया के अलावा कुछ दूसरे मीडिया में यह कहा गया कि भगवनजी के दांतों के डीएनए परीक्षण ने इस दावे का खंडन कर दिया है कि वह नेताजी थे। एक टीवी चैनल ने कहा कि इस "मनघड़ंत कहानी" का इस से अंत हो गया है। उस चैनल को शायद पता नहीं था कि 1985 में उस के सहयोगी प्रकाशन ने इस धारणा को हवा दी थी कि भगवनजी ही नेताजी थे और इसी आधार पर यह निष्कर्ष भी निकाला था कि उन की मृत्यु 1945 में नहीं हुई थी।

भगवनजी की डीएनए रिपोर्ट के बारे में अंदर की बात इस तरह है : सरकारी नियंत्रण वाली दो प्रयोगशालाओं में उन सात दांतो का, जो भगवनजी के समझे जाते थे और नेताजी के निकट संबंधियो के रक्त का डीएनए मिलान किया गया। पहली रिपोर्ट निर्णयक न थी। क्योंकि इस के अनुसार दो दांत डीएनए के लिए पर्याप्त साबित नहीं हुए। तो बाकी दांतों का उपयोग क्यों नहीं किया गया? दूसरी रिपार्ट निर्णयक थी। उसके अनुसार इनका नेताजी के संबंधियों और भगवनजी से कोई मेल नहीं था। न्यायमूर्ति मुखर्जी ने पत्रकारों को इस रिपोर्ट के बारे में जानकारी देते हुए कहा कि डीएनए के परिणाम "निश्चित तौर पर भगवनजी वाली धारणा को गलत सिद्ध नहीं कर पाए।" वैसे उनके घर से जो दांत मिले थे उन के बारे में यह तो नहीं कहा जा सकता कि वे उनके ही थे। "बात यह थी कि भगवनजी के घर पर कुछ दांत मिले थे। अनुमान किया जाता था कि ये दांत उन के हैं। यह अनुमान सही भी हो सकता था, गलत भी।

इस के बाद जो हुआ वह शक पैदा करता है। डीएनए विशेषज्ञ से आयोग ने मीडिया की एक रिपोर्ट को ले कर पूछताछ की कि क्या जांच की गोपनीयता भंग हुई थी? कुछ अभिसाक्षियों ने रिपोर्ट के सही होने के प्रति निग्रह दिखाया। डीएनए जांच में गलती से या जानबूझ कर गड़बड़ी किए जाने की गुंजाइश होती है। इस तरह के मामले अमेरिका में भी प्रकाश में आ चुके हैं।

इन अभिसाक्षियों ने उसी विशेषज्ञ द्वारा वैज्ञानिक विधिविधान पर विशेष ध्यान दिए बिना रेनकोजी अवशेषों की डीएनए जांच करने में अतिउत्साह दिखाने पर भी सवाल उठाया। दुनिया के जाने–माने डीएनए विशेषज्ञ अमेरिकन टेरी मिल्टन की न्यायमूर्ति मुखर्जी को दी गई राय से इस मामले ने और भी तूल पकड़ा। उन्होंने सलाह दी थी कि डीएनए जांच से पहले आयोग को इस बात

की पुष्टि के लिए नृवैज्ञानिक जांच भी करानी चाहिए थी कि क्या ये अवशेष वाकई किसी पूर्वी भारतीय के हैं, जिस की पांच दशक पहले 48 साल की उम्र में मृत्यु हुई थी। भारतीय विशेषज्ञ को नृवैज्ञानिक जांच की बात नहीं सूझी। यह भी अफवाह फैली कि रेनकोजी मंदिर में नेताजी के किसी संबंधी के अवशेष 'रख दिए' गए थे। जब "भगवनजी विषयक रिपोर्ट" पर उस से पूछताछ करने का समय आया तो विशेषज्ञ आयोग के सामने पेश नहीं हुआ। ऐसा उसने एक नहीं दो बार किया। इससे न्यायमूर्ति मुखर्जी बहुत नाराज हुए। अंततः विशेषज्ञ पेश हुआ। लेकिन तभी जब आयोग ने उस के विरुद्ध वारंट जारी किए।

भगवनजी की पहचान निश्चित करने की नितांत आवश्यकता है। आयोग ने उनकी उंगलियों के निशानों को नेताजी की उंगलियों के निशानों के साथ मिला कर जांच करने की कोशिश की। लेकिन जिस सरकारी विशेषज्ञ से इस बारे में अनुरोध किया गया वह रहस्यमय चुप्पी साध गया। बहरहाल, भविष्य में आलोचना से बचने के लिए और निष्पक्षता सुनिश्चित करने के लिए इस तरह की जांच इंगलैंड या अमेरिका की किसी स्वतंत्र प्रयोगशाला में कराई जानी चाहिए। भारत सरकार को चाहिए कि वह नेताजी सुभाष बोस संबंधी सभी आलेख जनता के सामने रखने के साथ–साथ यह भी बताए कि भगवनजी कौन थे और उन का पूर्वचरित क्या था ? अब समय आ गया है कि इस सारे मामले का फैसला अंतिम रूप से हो।

अनुज धर

भूमिका

(हिंदी संस्करण)

सन 2004 में दिन–रात लगा कर मैं ने यह पुस्तक लिखी। उद्देश्य था नेताजी सुभाष चंद्र बोस की मृत्यु संबंधी रहस्य पर से पर्दा उठाना। मेरी समझ से परिस्थितियां नेताजी की मृत्यु संबंधी सरकारी विवरण के विरुद्ध जाती थीं। मुझे आशंका थी कि सरकार तथ्यों को छिपा रही थी। न्यायमूर्ति मुखर्जी के जांच आयोग की रिपोर्ट आने वाली थी। मैंने सोचा ऐसे अवसर पर यह पुस्तक उपयोगी सिद्ध होगी।

2006 में मुखर्जी आयोग की जारी की गई रिपोर्ट ने यह स्पष्ट कर दिया कि नेताजी के मारे जाने की खबर महज उनके सोवियत रूस की तरफ चले जाने की चाल का हिस्सा भर थी। आयोग ने सरकार पर मामले को दबाने के संकेत दिए हैं और सरकार ने उस की रिपोर्ट को अस्वीकार कर दिया है। इस से सरकार की भी कलई खुलती है। इस से मेरा यह आरोप की इस मामले में सरकार की भूमिका अविश्वसनीय रही है, अब और भी पुख्ता हो जाता है। सरकार को चाहिए था कि न्यायमूर्ति मुखर्जी की रिपोर्ट मिलने के बाद वह स्वीडन की तरह व्यवहार करती, जिन्होंने राउल वालेनबर्ग के बारे में लगातार पीछा कर के रूसियों से तथ्य उगलवा लिए थे। लेकिन सरकारी रवैए से साफ जाहिर है कि वह नेताजी के रहस्य को सुलझाने की अनिच्छुक है क्योंकि इससे उसे राजनीतिक हानि की आशंका है।

बहरहाल, अब मामला जनता की अदालत में है। अब यह उनका कर्तव्य है कि वह वांछित दिशा में कदम उठाएं। मेरी यह पुस्तक पत्रकार के रूप में मेरी जांच का परिणाम है। यह सही दिशा में संकेत दे सकती है। मुझे संतोष है कि मुखर्जी आयोग के निष्कर्ष भी लगभग वही निकले हैं जिन पर *नेताजी का रहस्यः मृत्यु से वापसी* पहुंची थी। निस्संदेह पुस्तक में उन क्षेत्रों को भी खंगाला गया है जो आयोग की जांच के दायरे से बाहर थे।

प्रस्तुत हिंदी संस्करण मूल अंग्रेजी का रूपांतरण है। इसमें पाठकों की सुविधा के लिए कई जगह संक्षिप्तीकरण भी किया गया है। रूपांतरण में मूल से थोड़ा भेद हो जाना भी भाषागत अंतर के कारण स्वाभाविक है। अतः किसी विवरण का विस्तृत रूप देखने के लिए कृपया मूल अंग्रेजी को देखें। किसी प्रकार के मतभेद या विवाद की स्थिति में भी मूल अंगेजी को ही प्रमाणिक माना जाएगा।

अनुज धर

विषयानुक्रम

1

मौत का खेल

सुभाष मरे नहीं हैं। वह इस तरह नहीं मर सकते।

मोहनदास करमचंद गांधी, दिसंबर 1945

मेरे खयाल से नेताजी सुभाष चंद्र बोस की मृत्यु का मामला अब बिना किसी शक के तय हो चुका है।

जवाहरलाल नेहरू, संसद में, मार्च 1952

मामलों को पूर्वाग्रहित करने की प्रधानमंत्री (नेहरू) की आदत है।

अटल बिहारी वाजपेयी, संसद में, नवंबर 1963

उनके चेहरे पर मुस्कान की झलक उनके मन का हाल कभी नहीं बताती थी। पिछले पांच सालों से वह भारत को विदेशी हुकूमत से छुटकारा दिलाने के लिए खतरों से खेल रहे थे। जब वह अफगानिस्तान, सोवियत रूस, इटली और जर्मनी होते हुए दक्षिणपूर्व एशिया गए, विपत्ति निरंतर उन पर मंडरा रही थी। अधिकतर वह उसे गच्चा दे कर निकल गए। पर जब–जब वह सामने आई उन्होंने उस का डट कर सामना किया।

आजाद हिंद की एवजी सरकार (पी. जी. आई.) के अध्यक्ष सुभाष चंद्र बोस के उतार–चढ़ाव भरे जीवन के लिए 11 अगस्त 1945 खेल का अंतिम समय ले कर आया। सिरेंबन के उस गेस्ट हाउस में लोग आते जा रहे थे। यह सिंगापुर से करीब 100 मील दूर था। थाइलैंड में जापान के राजदूत सूबोगामी का विशेष दूत तोदामोतो नेगिशी उपस्थित महत्वपूर्ण लोगों के लिए अत्यंत गंभीर लेकिन अपेक्षित संदेश ले कर आया था। अपनी हताशा को छिपाते हुए नेगिशी महामहिम काना कांता (चंद्र बोस) के सामने झुका। उसने उन को एक राजनयिक पत्र पेश किया। "क्या उन्होंने एक और एटम बम गिराया है?"[1] बोस के दिमाग में एक भयानक विचार कौंधा। ऐसा नहीं हुआ था। हिरोशिमा और नागासाकी पर अणुबम

गिराना जरूरी आतंक पैदा करने के लिए काफी था। "जापानी सरकार ने अंततः 'पोस्टडैम डिक्लेयरेशन 'को स्वीकार करने का फैसला ले लिया था। इस शर्त के साथ कि सम्राट के अधिकार बने रहेंगे।"[2] नेताजी ने बिना आंख झपकाए पत्र पढ़ा और घबराए हुए संदेशवाहक को तसल्ली दी, "सम्राट जापान को आत्मसमर्पण करने का आदेश देंगे। आप उनके आदेश का उल्लंघन नहीं कर सकते – जापान फिर से अपने पैरों पर खड़ा होगा। हौसला रखो।"[3]

बाहर अनिटकारी अंधकार फैला था। अंदर नेताजी का चेहरा लैंप की रोशनी से चमक रहा था। वह एक साधारण से कमरे में बैठे थे। उनके सामने उनके प्रचार मंत्री एस. ए. अय्यर बैठे थे। दो और आगंतुक थे, डा॰ एम. के. लक्ष्मैया और गणपति। उन्हें भी यह समाचार मिल चुका था। जापान का आत्मसमर्पण निश्चित था। "तो यह है बात," बोस ने चुप्पी तोड़ी।[4] ? "अब आगे क्या हो?"[5] वह सोचते रहे, पर कुछ संकेत नहीं दिया। यह मनहूस खबर जल्दी ही गेस्ट हाउस में जमा अन्य लोगों तक भी पहुंच गई। एस. सी. अलगप्पन, आबिद हसन, जी. आर. नागर, हबीबुर रहमान, सभी अपने नेता के असीम धैर्य और मुस्कराते चेहरे से हैरान थे। भारत को स्वाधीन करने की उनकी महान योजना अंततः विफल हो गई थी। सब कुछ नियंत्रण से परे हो गया था। जनरल विलियम स्लिम की चौदहवीं सेना ने अमेरिका के बी–29 बमवर्षकों की मदद से जापान की इंपीरियल आर्मी और इंडियन नेशनल आर्मी (आईएनए) को ध्वस्त कर दिया था। गोरिल्ला आक्रमण की योजना कार्यान्वित होने से पहले ही व्यर्थ हो गई थी। अकेले मित्र जापान ने घुटने टेक दिए थे। 9 अगस्त को एकमात्र संभावित मित्र सोवियत रूस ने जापान के विरुद्ध मोर्चा खोल दिया था। संघर्ष का अंत हो गया था। शत्रु का घेरा पास आ रहा था।

नेताजी कुछ देर सोचते रहे। फिर वह एकाएक उठ खड़े हुए। अब वह विचार कर रहे थे कि जिनका उन्होंने युद्ध में नेतृत्व किया, उन सब का क्या होगा? क्या वह उनको युद्ध जारी रखने का आदेश दे सकते हैं? क्या इस का अर्थ उन को सामूहिक संहार की ओर धकेलना न होगा? आत्मसमर्पण करने का विकल्प अपनाने में ही समझदारी थी। देश में भारतीयों को अंततः आईएनए के वीरतापूर्ण युद्ध की जानकारी मिल जाएगी। लेकिन आईएनए आत्मसमर्पण करे तो कैसे? जापानियों के साथ या फिर अलग से? यह राष्ट्रीय मान–सम्मान का प्रश्न था। नेताजी ने अपने मेजबानों को कभी यह भूलने नहीं दिया कि वह भारत का प्रतिनिधित्व करते थे। "महामहिम को बता दो कि मैं ने सारा जीवन राजनीति में बिताया है। मुझे किसी की सलाह की जरूरत नहीं।"[6] एक बार उन्होंने एडम वान ट्राट को सख्ती से कहा कि वह इस का अनुवाद हिटलर को सुना दें जो

सामने ही बैठे थे। एडम हक्का–बक्का रह गया। हिटलर ने कहा था कि भारत के स्वाधीनता संघर्ष के लिए वह समय उपयुक्त नहीं था। नेताजी उसी भाव के साथ जापान आए। कुछ जापानियों ने सोचा कि वह अपनी हैसियत से बढ़ कर सोच रहे हैं। उन्होंने जापानियों को समझाया कि उनकी सहायता करने में जापान का अपना ही हित है। यह उनका आत्मसम्मान ही था जिस के चलते नेताजी ने जर्मनी द्वारा उन पर और उन के जवानों पर किए गए खर्च का कुछ हिस्सा उसे लौटा दिया। उन्होंने अपने आत्मसम्मान के चलते ही जापानी सहायता पर आश्रित होने के बावजूद आईएनए का स्वतंत्र अस्तित्व बरकरार रखा। उनका आत्मसम्मान ही पराजय की इस घड़ी में उनको कार्य जारी रखने के लिए प्रेरित कर रहा था।

दोपहर को फोन की घंटी बजी। लाइन पर सिंगापुर से मेजर जनरल मुहम्मद जमा कियानी थे। "स्थिति तेजी से बिगड़ रही है। नेताजी और आप सबको तुरंत लौट जाना चाहिए।" सिरेंबान का शिविर समाप्त कर दिया गया। नेताजी का ध्यान रानी झांसी ब्रिगेड की उन 500 लड़कियों की तरफ था जिन को अंग्रेज सेना के आने से पहले सिंगापुर से निकालना जरूरी था। शाम को वह अपने समुद्रतट वाले बंगले पर पहुंचे। वहां कियानी बेचैनी से टहल रहे थे। वह बताना चाहते थे कि जापान पर सोवियत आक्रमण का अर्थ क्या होगा। नेताजी ने उनकी बात सुनने की कोशिश की। पर उन का दिल अपने सहायक जापान के लिए रो रहा था।

14 अगस्त को सुबह जापान ने नेताजी को औपचारिक तौर पर खबर कर दी कि अगले दिन आत्मसमर्पण का ऐलान कर दिया जाएगा। आजाद हिंद सरकार में मनोनीत जापानी मंत्री हाशिया तेराउ का एक संदेशवाहक विस्वस्त नोट ले कर आया। उसके बाद एक बैठक हुई। नेताजी ने वह नोट रहमान, अय्यर, अलगप्पन, नागर, कियानी और ए. एन. सरकार को पढ़ कर सुनाया और उनकी राय मांगी। बहुत कुछ कहने या सोचने को न था। नेताजी को अपने साथियों की चिंता थी, उनको नेताजी की। सरकार ने राय दी और सब ने उनका समर्थन किया कि वह तुरंत सिंगापुर छोड़ दें। "मित्र देश बदला जरूर लेंगे।" नहीं नेताजी ने असहमति में अपना सिर हिलाया। "वे मेरे साथ ज्यादा से ज्यादा यह कर सकते हैं कि मुझे दीवार के साथ खड़ा कर के गोली मार दें। इस के लिए मैं तैयार हूं। आजाद हिंद फौज और नागरिकों का बलिदान व्यर्थ नहीं जाएगा।"[7] इस के बाद फौज और उसके सुप्रीम कमांडर के आत्मसमर्पण का फैसला सर्वसम्मति से ले लिया गया। यह भी तय हुआ कि आईएनए और इंडिया इंडिपेंडेंस लीग के स्त्री–पुरुषों को विदाई के समय तीन महीने की तनख्वाह और

राशन दिया जाएगा। इसके बाद सब व्यस्त हो गए। सिंगापुर में रानी झांसी ब्रिगेड की कमांडर श्रीमती थेवर को लड़कियों को सुरक्षित निकालने का काम सौंपा गया।

15 अगस्त की सुबह नेताजी ने अपने एंग्लो–इंडियन सहायक कर्नल सी. जे. स्ट्रेसी को आदेश दिया कि चाहे कुछ हो, भारत के लिए प्राण न्योछावर करने वाले सैनिकों के सम्मान में सिंगापुर में एक स्मारक बनाया जाए। शाम को आईएनए के आत्मसमर्पण पर स्थानीय जापानी कमांडर ने अपनी प्रतिक्रिया व्यक्त की कि इस आत्मसमर्पण के विषय में कुछ कहने का उनका हक नहीं बनता। बेहतर होगा कि बोस आजाद हिंद सरकार के बैंकाक स्थित मुख्यालय जाएं और वहां मंत्री हाशिया व लेफ्टिनेंट जनरल साबुरो इसोदा से सलाह करें। इसोदा आजाद हिंद सरकार के साथ कार्य करने वाले जापानी संगठन हिकारी किकन के प्रमुख थे। राय समझ में आने वाली थी। नेताजी ने अपने लोगों को बैंकाक जाने की तैयारी करने को कहा।

16 अगस्त को सुबह 9.30 बजे वे बैंकाक के लिए रवाना हुए। वहां पहुंचने पर नेताजी, रहमान और अय्यर ने आईएनए के सेनाध्यक्ष मेजर जनरल जे. के. भोंसले को भी साथ ले लिया। फिर वे हाशिया, इसोदा और उनके सहायक से मिलने चल पड़े। वहां हाशिया और इसोदा ने नेताजी को बताया कि उन्हें जापानी सरकार से आईएनए के आत्ममर्पण संबंधी कोई आदेश नहीं मिले। "इसलिए वे आईएनए के अलग आत्मसमर्पण के बारे में राय नहीं दे सकते।"[9] हाशिया बोले कि बोस सैगोन जा कर फील्ड मार्शल काउंट तेराउची हिसाची के मुख्यालय से संपर्क करें। तेराउची सम्राट के संबंधी थे। सारे दक्षिणपूर्व एशिया की जापानी सेनाओं के वह प्रमुख थे और आईएनए की गतिविधियां भी देखते थे। नेताजी को राय पसंद आई।

17 अगस्त को सुबह नेताजी सैगोन के लिए विमान में बैठे। रहमान, कर्नल प्रीतम सिंह, अय्यर और नेगिशी उनके साथ थे। उन के पीछे एक और विमान में इसोदा, हाशिया, कर्नल गुलजारा सिंह, देबनाथ दास और हसन सवार थे।

दोपहर के करीब उनके विमान सैगोन उतरे। वहां अफवाह गर्म थी कि जल्दी ही मित्र राष्ट्रों की सेनाएं जापान समर्थक भारतीयों को खोजना शुरू करने वाली हैं। हाशिया और इसोदा ने स्थानीय कमांडरों से सलाह कर के बताया कि नेताजी का तेराउची के मुख्यालय दलात जाना खतरे से खाली न होगा जो वहां से कुछ सौ किलोमीटर दूर था। इसोदा ने कहा कि वह खुद दलात जा कर तेराउची से बात करेंगे और फिर उन को वापस रिपोर्ट देंगे। हालात को देखते हुए नेताजी सहमत हो गए। इसोदा दलात के लिए रवाना हो गए। बोस की कार

सैगोन की सड़कों से गुजरती हुई इंडियन इंडिपेंडेंस लीग के प्रतिनिधि नारायण दास के घर पहुंची।

साढ़े बारह बजे के करीब बोस को बहुत दिनों बाद की मयस्सर हुई गहरी नींद से जगाया गया। इसोदा और हाशिया दास के घर आए थे। वे तेराउची के मुख्यालय से संदेश लाए थे कि जापानी अभी भी आईएनए के आत्मसमर्पण के बारे में कोई फैसला नहीं ले पाए हैं। "इसलिए इस बारे में कोई सलाह नहीं दी जा सकती।"[10] वायरलेस काम नहीं कर रहा था। अब टोकियो जाने के सिवा और कोई चारा न था। नेताजी और रहमान तुरंत एक और कमरे में गए जहां गुलजारा, प्रीतम, हसन, अय्यर और देबनाथ को बुलाया गया। नेताजी ने दरवाजा अंदर से बंद कर लिया। "कुछ ही मिनटों में एक विमान रवाना होने जा रहा है। जापानियों का कहना है कि उसमें सिर्फ एक ही सीट उपलब्ध है। अब हमें कुछ सेकंडों में फैसला करना है कि क्या मुझे अकेले जाना चाहिए?"[11]

यह कठिन फैसला था। कोई नहीं चाहता था कि सात देशों से मान्यता प्राप्त राष्ट्राध्यक्ष जापान की आत्मसमर्पण की घोषणा के बाद अकेले टोकियो जाएं। "जापानी कम से कम एक और सीट का बंदोबस्त क्यों नहीं कर सकते?"[12] "सर, आप जापानियों से कहें कि कम से कम एक और सीट आप को दें। फिर भी अगर ऐसा न हो तब आप अकेले चलें जाएं।"[13] नेताजी जापानियों के पास गए और जरा देर में वापस लौटे। "हमें एक और सीट मिल रही है।"[14] उन्होंने आ कर बताया। "आप चलेंगे।" उन्होंने अपने वफादार एडीसी को आदेश दिया। "जी सर," रहमान का जवाब था। फिर सब लोग हवाई अड्डे के लिए रवाना हुए। विमान में जापान के शीर्ष सेना कमांडर लेफ्टिनेंट जनरल सुनामासा शिदेई सवार थे। उन्होंने विमान से बाहर आ कर अपने भारतीय अतिथि का स्वागत किया। नेताजी अपने साथियों से अलविदा कहने के लिए मुड़े। "जयहिंद। हम फिर मिलेंगे।" नेताजी के चेहरे पर मुस्कराहट थी। साथियों ने उन्हें सैल्यूट किया। नेताजी खाकी वर्दी में थे। उन्होंने अपनी आईएनए की टोपी और बैज लगाए हुए थे। वह जल्दी से विमान में चले गए। पीछे–पीछे रहमान। देखते–देखते विमान आंखों से ओझल हो गया।

तीसरी जापानी वायुसेना का के आई–21 विमान 14 हजार फीट की ऊंचाई पर उड़ान भरने लगा। यह एक पुराना बम्वर्षक था जो परिवहन के काम में भी लाया जाता था। इस में सीटें न थीं। सब फर्श पर गद्दियों पर बैठे थे।

सात बजे के लगभग विमान दक्षिण वियतनाम के तट पर तूरेन में उतरा।[17] नेताजी व दूसरे आफिसर वहां के सब से बड़े होटल में विश्राम करने के लिए रुके। 18 अगस्त को सुबह विमान ने फिर उड़ान भरी। धूप खिली हुई थी।

लेकिन अभी हाइतो दूर दिखाई ही पड़ा था कि रेडियो पर संदेश आया। रूसी तेजी से बढ़ रहे थे। इस से चिंतित हो कर जापानियों ने वहां उतरने का विचार त्याग दिया। दोपहर बाद दो बजे बमवर्षक फारमोसा में ताइहोकू के मत्सुयामा हवाई अड्डे पर उतरा। हवा ताजा थी। लेकिन हवाई अड्डा कोई महीने भर पहले हुई मित्र राष्ट्रों की बमबारी के विनाश की कहानी कह रहा था। कंट्रोल टावर, हैंगर, आफिसर, कुछ भी साबुत नहीं बचा था। बचा–खुचा स्टाफ तनाव में था। सिर्फ एक शानदार शामियाना आकर्षण का केंद्र था। यह जापानी राजकुमार केनिन के आगमन की उम्मीद में लगाया गया था। जापानी सेना को सम्राट का आत्मसमर्पण का आदेश सुनाने के लिए उनके अपने दल के साथ यहां से गुजरने की आशा थी।[18] नेताजी व अन्य को हल्के भोजन के लिए शामियाने में बुलाया गया।

जब वे ढाई बजे के करीब लौटे, विमान में ईंधन भरा जा चुका था। उस की जांच भी कर ली गई थी। "मेजर कोनो ने खबर दी कि स्टारबोर्ड का इंजन ठीक से काम नहीं कर रहा है। मेजर ताकीजावा ने दो बार उस की जांच की, इस बात की तसल्ली के लिए कि कुछ खराबी तो नहीं।"[19] सब अपनी–अपनी जगह पर बैठ गए। विमान 890 मीटर लंबी हवाई पट्टी पर दौड़ने लगा। "भारी बमवर्षकों में आमतौर पर आधी पट्टी तक दौड़ने के बाद विमान की दुम ऊपर उठ जाती है। पर इस के मामले में पट्टी के तीन चौथाई तक दौड़ने के बाद ही दुम उठी।"[20] उड़ने पर यह डगमगाया और अधिक देर तक आकाश में नहीं रह सका। एक जबरदस्त धमाका हुआ और विमान चक्कर खा गया। यात्रियों ने कान फटने वाला शोर सुना। रहमान ने सोचा कि दुश्मन की किसी विमानभेदी तोप ने उनको निशाना बना लिया है। कप्तान नाकामुरा का कलेजा मुंह को आ गया। वह मत्सुयामा हवाई अड्डे का रखरखाव अधिकारी था। हवाई पट्टी से उसने विमान के हिस्से को अलग होते देखा। विमान का प्रोपेलर और पोर्ट इंजन अलग हो कर नीचे गिर रहे थे। विमान नीचे गिर रहा था। "सारे स्विच बंद कर दो"[21] कोनो चिल्लाया। उसने उठने की कोशिश की। "लेकिन गिरते विमान के संट्रीफ्यूगल फोर्स की वजह से वह उठ नही सका।"[22] पायलटों ने जी जान से कोशिश की। लेकिन इतने कम समय में कुछ करने की गुंजाइश नहीं थी। रहमान ने दोनों हाथों से अपने चेहरे को ढंक लिया। सारा सामान उस के ऊपर गिरने लगा।

विमान 400 कि. मी. प्रतिघंटा के वेग से पेंदी के बल जमीन से आ टकराया। वह करीब 30 मीटर तक घिसटा और मलबे के ढेर से टकरा कर रुका। उस का आगे का हिस्सा टूट गया। उस में आग लग गई। "नोनोगाकी तोपची की सीट पर था। वह जमीन पर आ गिरा। उसे नाममात्र चोट आई। वह पत्थर की दीवार

की ओट में हो गया। सकाई, ताकाहाशी और अराई बेहोश हो गए थे। पर उन को जल्दी ही होश आ गया और वे विमान से बाहर निकलने में सफल हो गए।"[23] मेजर कोनो अधिक भाग्यवान थे। उनके होशहवास कायम थे। "वह विमान के बीचोबीच थे। उन के और बोस के बीच ईंधन का एक टैंक आ गिरा।"[24] उन्होंने पायलट ताकीजावा का चेहरा जायस्टिक से चिरता और आओयागी के मुंह के बल पड़े होने का बीभत्स दृश्य देखा। जनरल शिदेई विमान में उस के सामने आ कर गिरे। ईंधन वाले टैंक ने उन पर पीछे से चोट की। इस से उनकी खोपड़ी फट गई और उनकी तत्काल मृत्यु हो गई। नेताजी और रहमान विमान के मध्य में फंसे थे। इस के बाद की घटनाओं को रहमान सिलसिलेबार याद कर सकते थे।

"अब मुझे हैरानी है कि क्या मैंने उस समय सचमुच कुछ सोचा था। पर मैंने जरूर सोचा होगा कि अंत अब कुछ सेकंड दूर ही है। उसके कुछ सेकंड बाद ही विमान नाक के बल धरती पर आ गिरा। फिर कुछ देर के लिए अंधेरा हो गया। जरा देर बाद जब होश आया तो मैंने पाया कि सारा सामान मेरे ऊपर आ गिरा है और मेरे सामने आग लगनी शुरू हो गई है। बाहर निकलने का पिछला रास्ता सामान के कारण बंद था... नेताजी के सिर में चोट लगी थी। वह किसी तरह उठ खड़े हुए और आग से बच कर पिछले रास्ते से निकलने के लिए मेरी तरफ बढ़ने को हुए। पर यह तो संभव नहीं था। वहां एक इंच भी जगह न थी जिसमें से हो कर हम लोग निकल सकते। इसलिए मैंने उनसे कहा, 'आगे से निकलिए, नेताजी'।"[25]

नेताजी आगे बढ़े। प्रवेश द्वार भी अवरुद्ध था। एक ही रास्ता बचा था। तीन या चार फीट की आग की दीवार को पार कर के जाना। नेताजी ने ज्वालाओं में से छलांग लगाई।

"फिर उन्होंने जहाज के थूथुन से निकलने की कोशिश की जो पिचका हुआ था और जल रहा था – अपने दोनों हाथों से वह लपटों से लड़ कर निकल रहे थे – विमान के गिरने पर नेताजी की वर्दी पेट्रोल से भीग गई थी। जब वह आग से गुजरे तो वह जल उठी।"[26] "मैं भी उनके पीछे–पीछे ज्वालाओं में से हो कर निकला। जब मैं बाहर आया तो देखा वह मुझ से कोई 10 गज आगे थे।"[27]

जापानी अधिकारी सहमे हुए यह सब देख रहे थे। जिस व्यक्ति से वह उम्मीद करते थे कि भारत को आजाद करेगा, उस का अत्यंत भयावह अंत हो रहा था। नेताजी धुएं से बाहर निकले। वह लपटों से घिरे थे। वह लड़खड़ाए, आगे बढ़े। उन्होंने अपने कपड़े उतारने की कोशिश की। कर्नल नोनोगाकी ने देखा कि रहमान नेताजी की तरफ भागे। वह अपने हाथों से उनके कपड़े फाड़

कर उतारने की कोशिश कर रहे थे। बुशशर्ट का बकसुआ खुल नहीं रहा था। जब तक रहमान ने उसे फाड़ कर उतारा, बहुत देर हो चुकी थी। नेताजी गिर पड़े। वह बुरी तरह जल गए थे। उनके सिर के बाईं ओर गहरा घाव था। "उन का चेहरा आंच से झुलस गया था। उनके बालों में भी आग लग गई और वे झुलस गए। उनके सिर की चोट करीब चार इंच लंबी थी। उससे बहुत खून बह रहा था। मैंने रूमाल से उनका खून रोकने की कोशिश की।"[28] दर्द से बेहाल और थके हुए रहमान धड़ाम से गिर पड़े। हवा में पेट्रोल और जलती धातु की तीखी गंध थी। एक जापानी कोई 20 गज दूर बैठा विलाप कर रहा था। रहमान ने खुद पर एक नजर डाली। उन के हाथों में छाले पड़ गए थे। उनकी दाहिनी जांघ बुरी तरह कट गई थी। नेताजी कराहे। रहमान के पास अपने लिए समय नहीं था। इस भयानक स्थिति में भी नेताजी में साहस कम नहीं हुआ था, "आप को ज्यादा तो नहीं लगी?"[29] उन्होंने रहमान से पूछा। रहमान ने कहा कि मैं ठीक हूं। "क्या मेरी चमड़ी उतर गई है?"[30] रहमान ने देखा कि नेताजी की चमड़ी उतर गई थी। उन्होंने हौसला बढ़ाने की कोशिश की, "आप ठीक हो जाएंगे।" "मेरे खयाल से मेरा अंत आ गया है।"[31] नेताजी की आवाज फटी हुई थी। "परवर्दिगार आप पर रहम करेंगे। आप ठीक हो जाएंगे।"[32] रहमान ने कहा। "नहीं। ऐसा नहीं होगा।"[33] नेताजी बुदबुदाए।

"मैंने कहा कि आप बिलकुल ठीक हो जाएंगे। मुझे सचमुच इस पर विश्वास था। मैंने उनको लिटा दिया। कोई 15–20 मिनट में एक जापानी एंबुलेंस और एक लारी आ गई जिसमें नर्सें थीं। मेरे खयाल से विमान हवाई अड्डे से एक या दो मील दूर ही गिरा था। यह खुला मैदान था। मैंने देखा कि विमान के गिरने के स्थान पर पत्थरों का ढेर था। विमान लगातार जल रहा था। आसपास कोई गांव या बस्ती न थी। हमें एक लारी में ले जाया गया। हमें लारी के फर्श पर लिटा कर पास के अस्पताल पहुंचाया गया।"[34]

यह नानमन (दक्षिणी द्वार) सैनिक अस्पताल था। यह मुख्य अस्पताल की शाखा थी जिसे हवाई हमलों के डर से पहाड़ों की सुरक्षा में ले जाया गया था। हवाई अड्डे के कर्मियों ने नानमन अस्पताल को पहले ही खबर कर दी थी। दोपहर बाद 3 बजे के करीब घायलों को वहां पहुंचा गया। सबने देखा कि भारी कदकाठी वाला विदेशी सबसे बुरी तरह जख्मी था। जलने से उसका सारा शरीर राख के रंग का हो गया था। उसने सिर्फ बूट पहन रखे थे। वह होश में था। वह देख सकता था पर उसे अपनी सूजी आंखें खोलने में तकलीफ होती थी। एक कर्नल ने चिकित्सा अधिकारी तानेयोशी योशिमी को बताया कि यह "चंद्र बोस" हैं। "कोई कसर न छोड़ना। इनका अच्छे से अच्छा इलाज करना।" युवा डाक्टर ने बिलकुल ऐसा ही किया।

"जब उनको बिस्तर पर लिटा दिया गया, मैंने खुद उन के घावों को तेल से धोया – उनके सारे शरीर में जलने से जख्म हो गए थे। सबसे बड़ा जख्म सिर पर था। उनके सिर में बाल या पहचान का और कोई निशान नहीं बचा था।"[35] बोस को तेज बुखार था। उनका तापमान 39 डिग्री सेंटीग्रेड था। नाड़ी की गति 120 प्रति मिनट थी। उनके दिल पर भी जलने से असर पड़ा था। "यह बच जाएंगे।" डाक्टर योशिमी ने रहमान को तसल्ली देने की कोशिश की। जबकि वह जानते थे कि वह सिर्फ मरीज का दर्द कम कर सकते थे। नेताजी को संक्रमण से बचाने के लिए सल्फोनामाइड का टीका लगाया गया। दिल के लिए वीटा–कैंफर के चार टीके और डिजिटामाइन के दो टीके लगाए गए। "जलने से उनके शरीर में तरल की कमी हो गई थी। उन को नसों के जरीए रिंगर सोल्यूशन ही दिया गया।"[36] योशिमी के साथी डा॰ सुरुता तोयोशी ने वाइट जिंक आइंटमेंट लगा कर बोस के सारे शरीर पर पट्टियां बांध दीं। डा॰ योशिमी के लिए समस्याएं बढती ही गईं। तीसरी श्रेणी के जलने के घावों से नेताजी का खून गाढ़ा हो गया था। उनके दिल पर दबाव लगातार बढ़ रहा था। योशिमी ने उनका 200 सीसी खून निकाला और उनको 400 सीसी खून चढ़ाया। लेकिन नेताजी की हालत बिगड़ती चली गई। अपने घाव भूल कर रहमान उनके बिस्तर के पास ही रहे।

"उन्हें बयान करना मुश्किल है – जानलेवा दर्द के वे छः घंटे – उन छः घंटों में नेताजी ने एक बार भी उस भयानक दर्द की शिकायत नहीं की जो उनको हो रही होगी। कुछ पलों के अपवाद को छोड़ सारा समय नेताजी होश में थे। नीमबेहोशी की उस हालत में उन्होंने हसन का नाम लिया। मैं उनके पास बैठा था। मैंने कहा 'हसन यहां नहीं है साहब, मैं हूं हबीब।"[37] डाक्टर योशिमी ने जो देखा वह इस से फर्क न था। "शुरू के कुछ घंटे वह नीम होश में थे। काफी बातचीत कर रहे थे। उन्होंने पहले जापानी में पानी मांगा। उनको अस्पताल के कप में पानी पिलाया गया। क्योंकि वह ज्यादातर अंग्रेजी बोल रहे थे इसलिए एक दुभाशिए के लिए अनुरोध किया गया। सरकारी कार्यालय से एक दुभाशिया भेजा गया जिसका नाम नाकामुरा था।"[38]

जुइशी नाकामुरा नेताजी का हौसला देख कर दंग रह गया। दूसरे घायल जहां दर्द से छटपटा रहे थे और कराह रहे थे, वहां वह शांत थे। रात साढ़े सात बजे के करीब डा॰ सुरुता ने डा॰ योशिमी को बताया कि नेताजी की नब्ज धीमी पड़ रही है। योशिमी ने नाकामुरा से कहा कि वह नेताजी से पूछे कि "क्या वह अपनी अंतिम वसीयत या इच्छा बताना चाहते हैं ?"[39] नाकामुरा की ये शब्द इस्तेमाल करने की हिम्मत नहीं पड़ी। उसने इतना ही पूछा कि "मैं आप के लिए

क्या कर सकता हूं।'' नेताजी बोले, ''मेरे कुछ साथी मेरे साथ चल रहे हैं। उनका ध्यान रखा जाए।''[40] फिर उन्होंने रहमान को इशारा किया, ''हबीब, मेरा आखिरी वक्त आने ही वाला है। मैं जिंदगी भर देश की आजादी के लिए लड़ा हूं। मैं अपने देश की आजादी के लिए जान दे रहा हूं। जा कर देशवासियों से कहना कि वे आजादी की लड़ाई जारी रखें। भारत जल्दी ही आजाद होगा।''[41] नेताजी अचेत होने लगे। याशिमी ने और उत्प्रेरक दिए। धीरे–धीरे नेताजी के जीवन का अंत होने लगा। ''मुझे लगता है खून मेरे सिर में चढ़ रहा है।''[42] उन्होंने आखिरी बार शिकायत की। ''मैं जरा सोना चाहता हूं।''[43] नौ बजे के करीब वह खर्राटे लेने लगे और फिर उनका सिर एक ओर लुढ़क गया। डा॰ योशिमी, डा॰ सुरुता, मेजर नागातोमो, कर्नल रहमान, दुभाशिया नाकामुरा और कुछ नर्सों ने भारतीय नेता को संसार से विदा होते देखा। जापानियों ने नेताजी को सलामी दी। रहमान ने पलंग के पास झुक कर पांच या छः मिनट तक दुआ की। उन्होंने खिड़की खोल दी और आकाश की ओर देखते हुए फिर दुआ की। सब लोग सिसकते हुए वहां से चले गए। सिर्फ रहमान उनके मृत शरीर के साथ रह गए। वह रात भर सोए नहीं।

19 अगस्त को सुबह शरीर के चारों ओर एक परदा लगा दिया गया। जापानी परंपरा के अनुसार मोमबत्तियां जला दी गईं और फूल रखे गए। 10 बजे सुबह नाकामुरा और एक सैनिक अधिकारी आए। रहमान ने अनुरोध किया कि शव को सुरक्षित कर के सिंगापुर भेजने का प्रबंध किया जाए। डा॰ योशिमी ने मृत शरीर को सुरक्षित करने के लिए एक टीका लगा दिया। फिर उसे लपेट कर एक ताबूत में रख दिया गया। ताबूत में कीलें जड़ कर उसे उसी कमरे में दो स्टूलों पर रख दिया गया। ताबूत पर नेताजी का नाम लिख दिया गया। जापानी अधिकारी अपनी अंतिम श्रद्धांजलि देने के लिए कतार में खड़े होने लगे। एक फोटोग्राफर को भी बुलाया गया। रहमान ने ताबूत का ढक्कन हटाया। अस्पताल के एक गाउन में लिपटा मृत शरीर अकड़ चुका था। सीना जल कर काला पड़ गया था। पेट फूल गया था। हाथ भी जल गए थे। एक उंगली पिस गई थी। सूजा हुआ चेहरा सफेद मलहम से पुता था। ऊपर का एक होंठ फट गया था। रहमान उस ओर और न देख सके। ''नहीं, चेहरा नहीं।'' उन्होंने फोटोग्राफर से कहा कि वह फोटो न ले, ''मैं नहीं चाहता कि लोग नेताजी को इस हाल में देखें।''

20 अगस्त को सुबह एक जापानी अफसर स्थानीय कमांडर का आदेश ले कर आया। शरीर को कहीं भी ले जाना संभव न था। जो विमान उपलब्ध थे उनमें इतना बड़ा ताबूत नहीं आ सकता था। निराश रहमान को यह भी बताया

गया कि फारमोस के गर्म मौसम में मृत शरीर तेजी से खराब हो रहा था। रहमान को ताइहोकू में ही आंतिम संस्कार करने की मंजूरी देनी पड़ी। कुछ देर बाद ताबूत को एक जापानी सेना की लारी में रख गया। उसके साथ जापानी सैनिकों की दो लारियां चल रही थीं। नागातोमो, नाकामुरा, रहमान और जापानी दुर्ग कमांडर साथ थे। नेताजी की अंतिम यात्रा आरंभ हुई। दर्शक अधिक न थे। भारतीय तो एक भी न था। अस्पताल से चार मील दूर श्मशान में ताबूत को लारी से उतारा गया। एस्कार्ट ने सलामी दी। श्मशान में करीब बारह दाहकों की दो कतारें थीं। उनमें धातु के दरवाजे लगे थे। शव को ताबूत से निकाल कर एक ट्रे पर रखा गया और उसे अंदर धकेल दिया गया। एक पुजारी ने दरवाजा बंद किया। उसके हाथ में अगरबत्तिया थीं। एक उसने रहमान को दी। रहमान ने उसे किसी तरह अपने पट्टी बंधे हाथ में पकड़ा। करीब आधे घंटे तक रहमान ने अपने नेता का शरीर आग के हवाले होते देखा। वह अगले दिन नागातोमो के साथ आए। हुड खोला गया और खिसकने वाली ट्रे को बाहर निकाला गया।

नागातोमो ने देखा कि "पूरा कंकाल जल गया था पर उस की आकृति बरकरार थी।"[44] "बौद्ध रीति के अनुसार मैंने सब से पहले दो चौपस्टिक की मदद से गर्दन की हड्डी निकाल कर डब्बे में रखी। फिर मैंने शरीर के हर हिस्से से एक हड्डी निकाल कर डब्बे में रखी। भारतीय एडजुटेंट (रहमान) ने भी ऐसा ही किया – इस तरह पूरा डब्बा भर गया।"[45] रहमान ने भस्मी अपने हाथों से एकत्र की। उसने सोने का एक चमकता टुकड़ा भी देखा जो नेताजी के एक दांत में भरा था। अवशेष डब्बे में भर जाने के बाद पुजारी ने रहमान को बताया कि जापानी रीति के अनुसार इनको उसने ले जाना है। डब्बे को एक सफेद कपड़े में लपट कर उनकी गर्दन से लटका दिया गया। श्मशान से डब्बे को निशी होंगनजी मंदिर ले जाया गया जहां विशेष प्रार्थना हुई। नेताजी टोकियो की यात्रा पर निकले थे और अब उनके अवशेष टोकियो पहुंच रहे थे। उन्होंने रानी झांसी रेजिमेंट की दतिन जानकी अथिनप्पन को 1944 में दिया अपना वचन निभा दिया था कि "चिंता न करो। अंग्रेज मुझे कभी नहीं पकड़ पाएंगे, न जिंदा न मुर्दा।"[46]

इधर भारत में सुभाष बोस के निधन ने सारे देश को हिला कर रख दिया। मानव इतिहास के सब से विस्फोटक दौर में उनके बहादुरी के कारनामों ने सबका ध्यान खींचा था। अंग्रेज उपनिवेशवादी कभी नहीं चाहते थे कि उनकी वीरता की कोई गाथा देशवासियों तक पहुंचे। नेताजी के कारनामों की निंदा के लिए प्रचार व सेंसर तंत्र दिन–रात लगा रहता था। इस का इतना असर जरूर हुआ कि 1941 से 1945 तक भारतीय जनसाधारण नेताजी की वास्तविक गतिविधियों से अनभिज्ञ रहा। लेकिन लोगों की कल्पनाओं को नहीं रोका जा सकता था।

"रात को हम लोग हर तारे को देख कर सोचते कि यह नेताजी का विमान होगा।"[47] चमत्कार की आशा रखने वाले एक कांग्रेसी ने कहा। नेताजी उस संघर्ष के प्रतीक बन गए थे जो भारतीयों ने 1857 के बाद नहीं देखा था। और अब, जब वे कांग्रेसी साथियों तथा अंग्रेजों के गलत व्यवहार के शिकार नेताजी के घर लौटने की उम्मीद कर रहे थे, तब उनकी मौत की खबर सुननी पड़ी। इस खबर के साथ आया सदमा और अविश्वास। शनिवार 25 अगस्त 1945 को *हिंदुस्तान टाइम्स* ने जापानी समाचार एजेंसी दोमई के हवाले से "सुभाष के निधन की मिली खबर" प्रकाशित की।

"लंदन से मिले समाचारों के अनुसार जापानी समाचार एजेंसी ने बृहस्पतिवार को खबर दी है कि विमान दुर्घटना में घायल हो जाने के बाद श्री सुभाष चंद्र बोस का एक जापानी अस्पताल में निधन हो गया। जापानी समाचार एजेंसी ने कहाः 'आजाद हिंद की एवजी सरकार के प्रमुख श्री बोस 16 अगस्त को जापानी सरकार से वार्ता के लिए सिंगापुर से विमान द्वारा टोकियो रवाना हुए थे। 18 अगस्त को 14.00 बजे ताईहोकू हवाई अड्डे पर उनका विमान दुर्घटनाग्रस्त हो गया। जापान के एक अस्पताल में उनका उपचार किया गया जहां आधी रात को उनका निधन हो गया।"

समाचार के आधे से भी कम हिस्से से ही संदेह की शुरुआत हो गई थी : असोसिएटेड प्रेस ऑफ अमेरिका के संवाददाता ने लिखा, "जापानियों के श्री सुभाष चंद्र बोस के निधन का समाचार देने के बाद– अगर यह सच है तो– अंग्रेज हकूमत को एक कठिन स्थिति से छुटकारा मिल गया है। लेकिन इसने निस्संदेह करोड़ों भारतीयों के दिलों को दर्द से भर दिया है – कइयों (भारतीयों) ने यह सवाल भी उठाया है कि क्या जापानियों ने मित्र राष्ट्रों की सजा से सुभाष को बचाने के लिए उनको 'भूमिगत' होने का मौका तो नहीं दिया। "*हिंदू* ने समाचार दिया, "लंदन के भारतीय संदेह में।" "लंदन के तीनों शाम के अखबारों ने सुभाष चंद्र बोस के निधन का समाचार पहले पृष्ठ पर प्रकाशित किया। *ईवनिंग स्टैंडर्ड* ने श्री बोस का चित्र प्रकाशित करते हुए समाचार दिया। *ईवनिंग स्टार* ने श्री बोस के तूफानी जीवन की मुख्य घटनाओं की भी चर्चा की। लंदन में भारतीयों ने इस समाचार को आश्चर्य और संदेह के साथ सुना। भारतीय लीग के सचिव श्री वी. के. कृष्ण मेनन ने कहा, "हम उनके निधन पर टिप्पणी नहीं कर सकते। इस बारे में सही प्रतिक्रिया तो भारत से ही मिलेगी।" *हिंदुस्तान टाइम्स* ने संदेह करने वालों के लिए एक और समाचार प्रकाशित किया। "बोस के निधन के समाचार पर लंदन में विश्वास नहीं किया गया।"

"आज सुभाष बोस के निधन की जापानियों द्वारा दी गई खबर सुदूर पश्चिम में दाल में कुछ काला समझ कर सुनी गई। बताया गया कि दो साल पहले भी जापानियों ने एक ऐसा ही समाचार दिया था। उसके बाद सुभाष बोस ने अपने जीवन की सबसे सरगर्म कार्रवाई शुरू की। कहा जाता है कि जापानियों की खबरें अक्सर एक जैसी होती हैं। समय ऐसा नहीं है कि किसी आकस्मिकता को मान ही लिया जाए। शायद सुभाष 'भारत न लौटने का कोई आसान तरीका' अपना रहे हैं – लंदन के भारतीयों ने यह समाचार हैरानी से और किसी हद तक अविश्वास के साथ सुना। कभी श्री बोस के सचिव रह चुके भारतीय कांग्रेसियों की समिति के अध्यक्ष श्री पुलिन बी. सील ने कहा, 'मैं श्री बोस के निधन के निश्चित प्रमाण की प्रतीक्षा करूंगा।' 'इंडियन एसोसिएशन इन ग्रेट ब्रिटेन के संस्थापक व पूर्व सचिव श्री वी.वी.एस. शास्त्री ने भी ऐसा ही बयान दिया। उन्होंने आगे कहा, 'सच्चाई का पता मित्र राष्ट्रों के जापान पर कब्जा कर लेने के बाद ही लगेगा।' ईवनिंग स्टार के डायरिस्ट ने लिखाः 'मेरे विचार में भारतीय कार्यालय इस समाचार की पुष्टि चाहेगा।''' "सुभाष के बड़े भाई और राजनीतिक सहयोगी शरत चंद्र बोस बिलकुल टूट गए। कोनूर जेल की एक अंधेरी कालकोठरी से उन्होने विलाप किया, "आज के *इंडियन एक्सप्रेस* और *हिंदू* से सुभाष की मृत्यु का हृदय–विदारक समाचार मिला। ओ देवी मां! हमे तेरी वेदी पर और कितनी बलि चढ़ानी पड़ेगी।"[48] जेल में ही कुछ दिनों में उन्होंने यह भी जाना कि उनके भाई की विरासत के कई दावेदार बन गए हैं। उनको सुभाष के पहले के साथियों के शब्दों से सांत्वना नहीं मिली जिन्होंने "अपने द्वेष से उनका अपमान किया था।"[49] "महात्मा गांधी और जवाहरलाल नेहरू के लिए मृत सुभाष से निबटना कहीं आसान था।"[50] गांधी पर अभी भी कहीं अतीत का असर था जब उन्होंने पहली प्रतिक्रिया दी, "सुभाष बोस ने मृत्यु पाई। वह निस्संदेह देशभक्त थे, हालांकि गुमराह थे।"[51] नेहरू ने कहा कि उनको समाचार से धक्का लगा है। "पारस्परिक मतभेदों के बावजूद मैं सदा उनका सम्मान करता था – मेरी हार्दिक प्रार्थना है कि दिवंगत आत्मा को शांति मिले।"[52] फिर न जाने कहां से संदेह पैदा हो गया। गांधी और मदनमोहन मालवीय ने बोस परिवार को सलाह दी कि "वे श्राद्ध न करें। केवल सामान्य प्रार्थना करें।" परिवार ने उनकी बात को माना। 28 अगस्त 1945 को कलकत्ता म्युनिसिपल कांउसिल की मीटिंग में नगर की भावना का पता चला। मेयर ने सुभाष की मृत्यु पर एक शोक प्रस्ताव रखा और सबसे कहा कि सब मौन खड़े हों। लेकिन यूरोपियन सदस्यों ने इससे इनकार किया।

"मिस्टर मेथेल्ड, आप खड़े नहीं हुए?" मेयर दिबेंद्रनाथ मुखर्जी ने पूछा।

''हम खड़े नहीं हुए। क्योंकि हमें विश्वास नहीं कि उनकी सचमुच मृत्यु हो गई है,'' जे. एच. मेथेल्ड ने जवाब दिया।

''मिस्टर वाइज, क्या आप खड़े हुए ?''

''इस की कोई तुक नहीं ।''

''जो खड़े नहीं हुए, उन सबसे मैं कहता हूं कि तुरंत उठ कर बाहर चले जाएं। कोई तर्क या सफाई देने की जरूरत नहीं,'' मेयर बिफर कर बोले।

''क्या यह यूरोपियन अनुशासन और सदाशयता का उदाहरण है?'' एक सदस्य ने पूछा।

सब यूरोपियन सदस्य चले गए। वाइज खड़े रहे। वह कुछ कहना चाहते थे, ''आप हमसे किसी ऐसे व्यक्ति के लिए शोक प्रकट करने को कह रहे हैं, जिसकी मृत्यु ही नहीं हुई। इसलिए मैं कहता हूं कि यह उचित नहीं। अगर आप मुझे खड़े होने को कहेंगे तो मैं निश्चय ही आपके आदेश का पालन करूंगा। लेकिन इस तथ्य के बाद कि हम इस बात में विश्वास नहीं करते कि वह मृत हैं, शोक क्यों प्रकट करें?''

ऊंचे स्तर पर भारतीय अपनी इच्छाजनित धारणाओं में जी रहे थे। 21 जनवरी 1945 को अखिल भारतीय कांग्रेस कमेटी ने 1942 के अपने भारत छोड़ो आंदोलन के बाद अपना पहला महाधिवेशन बुलाया। जब इसमें दिवंगत नेताओं को श्रद्धांजलि देने की बात आई तो कांग्रेस अध्यक्ष अबुल कलाम आजाद ने सुभाष बोस का नाम लेने से इनकार कर दिया। उनसे कारण पूछा गया। ''जिन हालात में बोस के निधन का समाचार हम तक पहुंचा है और उस घोषणा के लिए जो स्रोत जिम्मेदार हैं, उनसे यह निश्चित नहीं होता कि बोस की वाकई मृत्यु हुई है। इसलिए उनका नाम उस सूची में शामिल नहीं होना चाहिए जिनका निधन पिछले सत्र के बाद हुआ।''[53]

दक्षिणपूर्व एशिया में उत्तेजना व्याप्त थी। अक्तूबर में एक आईएनए के सदस्य ने खुलेआम अपना विश्वास प्रकट किया, ''हम उन (बोस) के टाइम बम हैं। सही समय आने पर हम फटेंगे। हमारे नेताजी हमारे पास लौट कर आएंगे।'' 25 नवंबर को 3000 भारतीय रंगून में इकट्ठे हुए। ''सभा का संचालन सी. पाणि कर रहे थे। लेकिन उनको जल्दी ही कुर्सी से हटा दिया गया। वजह यह थी कि वह सभा का आरंभ आईएनए के समुचित गान से नहीं कर पाए थे। फिर वे गीत गाए गए। बोस की आत्मा को अध्यक्ष बनाया गया... एक वक्ता ने बोलने से पहले खाली कुर्सी को सलामी दी।''[54] नवंबर में यूनाइटेड प्रेस आफ अमेरिका के एक नुमाइंदे ने बोस के निधन का विस्वस्त ब्योरा दिया। उसने दावा किया कि वह दुर्घटना में बचने वाले एक जापानी से मिला था। चीनी सेंट्रल न्यूज एजेंसी ने

ताइहोकू से 23 नवंबर को सुभाष चंद्र बोस की मृत्यु का आधिकारिक विवरण दिया। यह विवरण जापानी अस्पताल में फारमोसा की एक नर्स मिस चेन पी शा ने दिया था – मिस चेन ने बताया कि उनकी मृत्यु के तुरंत बाद उनके शरीर का अंतिम संस्कार कर दिया गया था। उनके अवशेष ताइपेह (ताइहोकू) के समाधि स्थल में सुरक्षित हैं।'' लेकिन इन कहानियों को नकारने वाला विश्वास जल्द ही अपना असर दिखाने लगा।

30 दिसंबर 1945 को दैनिक समाचार ने लिखा, ''*हिंदू* के युद्ध संवाददाता श्रीनारायण, इस समय सुदूरपूर्व के दौरे पर हैं। उन्होंने समाचार दिया है कि सुभाष बोस की विमान दुर्घटना में मृत्यु के विश्वसनीय प्रमाण उपलब्ध नहीं हैं।[55] हांगकांग से मिले एक समाचार में कहा गया,'' जिस विमान में वह यात्रा कर रहे थे, और जिसकी दुर्घटना की बात कही गई, उसे अगले दिन हांगकांग में देखा गया।''[56] पूर्व आई. सी. एस. और नेताजी के अनुयायी एच. वी. कामथ ने दिसंबर में चिनसुरा में एक जनसमूह को बताया कि नेताजी जीवित हैं।

समय बीतने के साथ गांधीजी बहुत आगे बढ़ गए, ''अगर कोई मुझे उनके अवशेष दिखाए तो भी मैं विश्वास नहीं करूंगा कि सुभाष जीवित नहीं हैं।'' 30 दिसंबर को उन्होंने जेल के बोस के साथियों से बात करते हुए आगे कहा, ''मुझे विश्वास है कि बोस अभी जीवित हैं। वह कहीं अपना समय गुजार रहे हैं।''[57] 3 फरवरी को *हरिजन* में अपने एक लेख में गांधी ने बोस के लिए वर्तमान काल का प्रयोग करते हुए लिखा, ''आईएनए के वशीकरण का असर हम सब पर हुआ है। नेताजी के नाम में जादू है। उनकी देशभक्ति किसी से कम नहीं। उनके सब कामों में उनकी वीरता दमकती है।'' मार्च 1946 में वह आईएनए के वीरों शाहनवाज और प्रेम सहगल से मिले। ''मेरा दिल आज भी कहता है कि नेताजी सुभाष चंद्र बोस अभी जीवित हैं।'' 30 मार्च 1946 को *हरिजन* ने घोषणा की कि ऐसे काफी प्रमाण हैं जो सुभाष बोस की मृत्यु की धारणा के विरुद्ध हैं।'' एक बार तो पं॰ जवाहरलाल नेहरू ने भी ऐसा ही महसूस किया। 11 सितंबर 1945 को उन्होंने मीडिया से कहा, ''मुझे ऐसी बहुत सी रिपोर्टें मिली हैं जिनसे मुझे बहुत अधिक संदेह हो रहा है और मैं इस खबर (बोस की मृत्यु) की सच्चाई पर यकीन नहीं कर सकता।'' 23 जनवरी 1946 को के. पी. एस. मेनन की अध्यक्षता में सिंगापुर में हुई एक धमाकेदार सभा में ''चलो दिल्ली'' के नारों के बीच एक वक्ता ने चिल्ला कर कहा कि नेताजी ''कहीं छिपे हुए हैं।'' वह ''स्वतंत्र भारत के स्वतंत्र राष्ट्रपति के रूप में भारत आएंगे।'' ''अंग्रेज जीतोड़ कोशिश कर रहे हैं। पर वह नेताजी को नहीं पा सकेंगे।'' के. पी. एस. मेनन ने कहा, '' बोस जीवित हैं। हमारे महान नेता महात्मा गांधी ने भी हमारे इस विश्वास की पुष्टि की है।''[58] रिहाई के

बाद यूरोप का एक दौरा करने के बाद शरत बोस के विचार भी बदल गए। 22 जुलाई 1946 को उन्होंने बंबई में पत्रकारों से कहा, "मुझे विश्वास करना पड़ रहा है कि नेताजी सुभाष चंद्र बोस जीवित हैं। उनके निधन से संबंधित विमान दुर्घटना की कहानी कल्पित है।" उन्होंने स्विस पत्रिका *वेल्टवौश* की डा॰ लिली अबेग को अपनी नई मिली जानकारी का आंशिक आधार माना। अबेग दुर्घटना के समय जापान में थीं। उन्होंने बताया कि मित्र राष्ट्रों ने ताइहोकू की दुर्घटना पर विश्वास नहीं किया।

इस बीच 7 सितंबर 1945 को कर्नल रहमान और कर्नल नोनागाकी टोकियो के इंपीरियल जनरल हेडक्वाटर पर अवशेष ले कर पहुंचे। एस. ए. अय्यर वहां पहले ही पहुंच गए थे। जापानियों ने टोकियो में इंडियन इंडिपेंडेंस लीग, टोकियो, के अध्यक्ष एस. राममूर्ति से संपर्क किया। अय्यर और राममूर्ति ने जापानी सैनिक अधिकारियों की उपस्थिति मे अस्थि–कलश ग्रहण किया। उसे राममूर्ति के घर ले जा कर एक आधार पर रख दिया गया। टोकियो में आईएनए के कैडेटों को, जिन्हे नेताजी अपने बेटे कहा करते थे, उसकी चौकसी का काम सौंपा गया।[59] अय्यर और राममूर्ति रहमान से मिले। उन्होंने उनसे सैगोन के बाद की विमान यात्रा के बारे में सारा हाल सुना। अब तक जापान की मुख्य भूमि पर अमेरिकी कब्जा शुरू हो गया था। रहमान की गिरफ्तारी संभव थी। इसलिए उन्होंने दुर्घटना के बारे में राममूर्ति को अपना एक लिखित बयान सौंप दिया जो उन्होंने 24 अगस्त 1945 को ताइहोकू में लिखा था। फिर अंतिम संस्कार शुरू हुए। राममम्मूर्ति तथा अन्य लोगों ने तय किया कि इनको साधारण तौर पर संपन्न किया जाए ताकि कब्जा करने वाली सेनाओं का इस तरफ ध्यान न जाए। इसके लिए टोकियो के सुगीनामी वार्ड का रेनकोजी मंदिर तय किया गया। अवेशेषों को आजाद हिंद की एवजी सरकार के मंत्री ए. एम. सहाय के घर पर उनकी पत्नी के अनुरोध पर एक दिन के लिए रखा गया। सहाय लापता थे। सहाय के किशोर बेटे ने देखा। कलश के सामने " नेताजी चले गए"[60] का विलाप करते और दंडवत करते लोगों का तांता लगा था। हाथों पर पट्टियां बांधे और आंखों में उदासीनता लिए रहमान को ऊपर एक कमरे में ठहराया गया। लेकिन वह 18 सितंबर की अंतिम श्रद्धांजलि की रस्म में शामिल न हो सके। अमेरिकी उनको पूछताछ के लिए ले गए थे। नेताजी की अंतिम क्रिया करने की जिम्मेदारी अय्यर और राममूर्ति पर आई। एक साधारण जुलूस में टोकियो का कैडैट विरिक सहाय के घर से कलश ले कर चला। उसके पीछे–पीछे भारतीय और जापानी चल रहे थे जिनमें कुछ सेना के अधिकारी भी थे। आत्मसमर्पण के बाद की इस वेला में जापानी अपने मित्र के लिए इस से अधिक क्या कर सकते थे? दो मील दूर

रेनकोजी मंदिर में कलश को एक वेदी पर रखा गया। नेताजी का एक चित्र रखा गया और पुष्पचक्र चढ़ाया गया। मंदिर के पुरोहित कयोई मोशिजुकी ने करोड़ों के हृदय सम्राट के मान के अनुरूप विधियां संपन्न कीं।

बात यहीं खत्म हो जाती। पर अंतिम क्रियाओं ने ही जापान में रहने वाले भारतीयों में विवाद खड़ा कर दिया। "अवशेष यह साबित नहीं करते कि मृतक कौन था। वह कोई भी हो सकता है।"[61] एक विद्यार्थी ने मीडिया से कहा, "बोस को या तो जापानियों ने सिंगापुर के आत्मसमर्पण के बाद उनकी सिंगापुर से टोकियो हवाई यात्रा के दौरान विमान से कुदा दिया या फिर वह खुद गायब हो गए और अब सब कुछ सामान्य हो जाने के बाद ही प्रकट होंगे।"[62] " भारतीयों के मन में संदेह पैदा होने लगा। एक भारतीय को जब पता चला कि बोस के अवशेष कहां रखे हैं तो उसने जानना चाहा कि उनकी अंतिम क्रिया कब होगी? उसे बताया गया कि समय आने पर सब भारतीयों को खबर कर दी जाएगी – लेकिन किसी को कोई खबर नहीं दी गई। कुछ दिनों बाद अखबार में पढ़ कर सबको हैरानी हुई कि उस भारतीय के पूछने के दो दिन पहले ही टोकियो में बोस की अंतिम क्रियाएं संपन्न हो गई थीं – इस तरह चुपचाप सब कुछ करने और टालमटोल से जापान में रहने वाले भारतीयों के दिलों से यह संदेह नहीं जा सका कि दाल में जरूर कहीं काला है।"[63]

23 नवंबर 1945 को रहमान और अय्यर को एक अमेरिकी सैनिक विमान से दिल्ली लाया गया। रहमान एक स्मारिका के साथ आए। डा॰ योशिमी ने मृत्यु के बाद बोस की घड़ी उतार ली थी। यह चौकोर घड़ी थोड़ी जल गई थी। दुर्घटना के समय पर ही यह रुक गई थी। समय का एक दुर्भाग्यपूर्ण क्षण ठहर गया था। आने वाले समय में रहमान को ताइकोकू में घटित उस बीभत्स दृश्य को बार–बार दोहराने का कष्ट सहना पड़ा। गांधी से ले कर एक साधारण आदमी तक सब उनसे पूछते थे। पूरी कोशिश के बावजूद रहमान नेताजी के कुछ कट्टर अनुयायियों को इस बारे में विश्वास नहीं दिला सके।

कुछेक बार ऐसा हुआ कि सरकारी अधिकारियों ने भी अफवाहों को मानना शुरू कर दिया। 2 सितंबर 1945 को सी. आई. डी. के जासूसों ने गांधी के पूना स्थित प्राकृतिक चिकित्सा केंद्र में 'सुभाष' को पकड़ने के लिए जाल बिछाया। पर उनके हमशक्ल उनके छोटे भाई शैलेश उनके हाथ लगे। 1946 के मध्य में लोहित घाटी के रास्ते असम आने वाले तिब्बती व्यापारियों ने बताया कि सीमा पर नेताजी की तलाश की जा रही है। एक रिपोर्टर की इस बारे में दी गई खबर को सैंसर किया गया। लेकिन फिर भी बात निकल ही गई। 18 जून 1946 को *नेशनल हेराल्ड* ने समाचार छापा, "भारत–बर्मा सीमा पर बोस की तलाश।"

"स्काटलैंडयार्ड की खुफिया सेवा के अधिकारियों का एक दल, बड़ी संख्या में भारतीय सी. आई. डी. चौकसियों के साथ नेताजी सुभाष चंद्र बोस को पकड़ने के लिए रात–दिन नजर रखे हुए है – व्यापारियों का कहना है कि सीमा पार कर के भारत में आने वाले हर व्यक्ति से यह दल पूछताछ कर रहा है ताकि सुभाष बोस को पकड़ा जा सके या उनके भारत की सीमा में संभावित प्रवेश को विफल किया जा सके। बताया जाता है कि भारत सरकार के गृह मंत्रालय के एक अधिकारी की सीधी निगरानी में यह अभियान चलाया जा रहा है।"

"इस खबर में कोई सच्चाई नहीं है," इंटेलिजेंस ब्यूरो ने बाद में इसे झुठलाया लेकिन माना कि "असम सरकार ने इस विषय पर ए. पी. आई. के एक संवाददाता द्वारा शिलांग से भेजे एक तार को रोका था।"[64]

सितंबर 1946 में फार्वर्ड ब्लाक ने इससे इनकार किया कि नेताजी भारत में हैं। इसके अध्यक्ष सरदूल सिंह कवीशर ने फिर भी इस विश्वास को दोहराया कि वह लौटेंगे। अक्तूबर में नेहरू गुस्से से चिल्लाए, "मेरे खयाल में सुभाष चंद्र बोस जीवित हैं, इस विश्वास में जरा भी दम नहीं है।"[65]

उन्होंने आगे कहा, "उनके निधन का समाचार आने के कुछ महीनों बाद तक मैं भी इस की सच्चाई पर शक करता था। बाद में जब कर्नल हबीबुर रहमान ने उनकी मृत्यु से संबंधित घटना का आंखों देखा ब्योरा विस्तार से सुनाया तो मुझे उस पर विश्वास हो गया। उसके बाद से न तो मुझे ऐसी कोई खबर मिली है और न ही प्रेस में छपी है जिससे यह धारणा डगमगाए।"[66]

31 अक्तूबर 1946 को अहमद जाफर ने काउंसिल आफ स्टेट्स में होम मैंबर (गृहमंत्री) वल्लभभाई पटेल से पूछा कि क्या भारत सरकार को इस बात का इल्म है कि बोस जीवित हैं या मृत हैं।

"नहीं," पटेल ने संक्षिप्त जवाब दिया।

सरदार मंगल सिंह ने बीच में हस्तक्षेप करते हुए पूछा कि क्या अंतरिम सरकार ने इस बारे में कोई जानकारी हासिल करने की कोशिश की है कि बोस जीवित हैं या मृत।

"नहीं, "पटेल ने फिर कहा। "सरकार इस बारे में कोई आधिकारिक बयान देने की स्थिति में नहीं है," वह खिन्न हो कर आगे बोले।

मंगल सिंह सरदार को इतनी आसानी से छोड़ने वाले नहीं थे : "कुछ दिन पहले सदन के माननीय नेता (जवाहरलाल नेहरू) ने बयान दिया था कि नेताजी सुभाष चंद्र बोस की मृत्यु हो गई है। यह भारत सरकार की धारणा है या उन के वैयक्तिक विचार?"

"भारत सरकार का इस बारे में किसी तरह का कोई विचार नहीं है", पटेल ने कहा।

6 नवंबर 1946 को फार्वर्ड ब्लाक के युवराज दत्ता सिंह ने काउंसिल ऑफ स्टेट्स में पूछा, ''क्या सरकार के पास श्रीयुत् सुभाष चंद्र बोस के बारे में कोई विश्वसनीय सूचना है ? आजकल उनके बारे में परस्पर विरोधी समाचार मिल रहे हैं।'' उन को अगले दिन जवाब दिया गया :

''सरकार इस बारे में कोई भी आधिकारिक बयान देने की स्थिति में नहीं है।''

संदर्भ/टिप्पणियां

1. *नेताजी सुभाष चंद्र बोस,* लेखक तत्सुओ हयाशिदा, पृ. 161.
2. वही, पृ. 161.
3. वही, पृ. 161.
4. *अनटू हिम विटनेस,* लेखक एस. ए. अय्यर, पृ. 52.
5. वही, पृ. 52.
6. *दी साइन आफ दी टाइगर,* लेखक रुडोल्फ हारटेग, पृ 28.
7. शाहनवाज कमेटी के सामने 9 अप्रैल 1956 को हबीबुर रहमान का बयान.
8. हबीबुर रहमान पर कंबाइंड सर्विसेज डिटेल्ड इंटेरोगेशन सेंटर (सी. एस. डी. आई. सी.) की रिपोर्ट.
9. वही.
10. वही.
11. *अनटू हिम विटनेस,* लेखक एस. ए. अय्यर, पृ. 68.
12. वही, पृ. 69.
13. वही, पृ. 69.
14. वही, पृ. 70.
15. शाहनवाज कमेटी के सामने 9 अप्रैल 1956 को हबीबुर रहमान का बयान.
16. *अनटू हिम विटनेस,* लेखक एस. ए. अय्यर, पृ. 71.
17. वियतनाम युद्ध के दौरान एक अमेरिकी अड्डा जिसे दा नांग के नाम से ज्यादा जाना जाता है.
18. *नेताजी सुभाष चंद्र बोस,* लेखक तत्सुओ हयाशिदा, पृ. 108.
19. *दी एंड ऑफ दी वार इन एशिया,* लेखक लुइस एलेन, पृ. 141.
20. *नेताजी सुभाष चंद्र बोस,* लेखक तत्सुओ हयाशिदा, पृ. 109.
21. हयाशिदा की पुस्तक में तारो कोनो का बयान। पृ. 148.
22. वही, पृ. 148.

23. *दी एंड ऑफ दी वार इन एशिया,* लेखक लुइस एलेन, पृ. 142.
24. वही, पृ. 142.
25. एस. ए. अय्यर की प्रधानमंत्री को 1951 की रिपोर्ट.
26. वही.
27. 9 अप्रैल 1956 को शाहनवाज कमेटी को हबीबुर रहमान का बयान.
28. वही.
29. वही.
30. *दी एंड ऑफ दी वार इन एशिया,* लेखक लुइस एलेन, पृ. 142.
31. वही.
32. 9 अप्रैल 1956 को शाहनवाज कमेटी को हबीबुर रहमान का बयान.
33. वही.
34. वही.
35. हांगकांग में युद्ध अपराधियों के लायजां आफिसर के सामने तेनायोशी योशिमी का बयान। डबलू. ओ. 208/3812, दी नेशनल आर्काइव्स (पी. आर. ओ.) लंदन। इसी रिपोर्ट की एक कापी फाइल 249/आईएनए में है.
36. *ब्रदर्स अगेंस्ट राज,* लेखक लियोनार्ड गोर्डन, पृ. 542.
37. 9 अप्रैल 1956 को शाहनवाज कमेटी को हबीबुर रहमान का बयान.
38. हांगकांग में युद्ध अपराधियों के लायजां आफिसर के सामने तेनायोशी योशिमी का बयान। डबलू. ओ. 208/3812, दी नेशनल आर्काइव्स (पी. आर. ओ.) लंदन.
39. हयाशिदा की पुस्तक में नाकामुरा का बयान, पृ. 152.
40. वही, पृ. 152.
41. एस. ए. अय्यर की प्रधानमंत्री को 1951 की रिपोर्ट.
42. हयाशिदा की पुस्तक में नाकामुरा का बयान, पृ. 152.
43. वही.
44. शाहनवाज कमेटी की रिपोर्ट, पृ. 41.
45. वही.
46. *ए सेंटेनरी हिस्ट्री आफ दी इंडियन नेशनल कांग्रेस,* भाग 5, पृ. 602.
47. *ब्रदर्स अगेंस्ट राज,* लेखक लियोनार्ड गोर्डन, पृ. 536.
48. *ब्रदर्स अगेंस्ट राज,* लेखक लियोनार्ड गोर्डन, पृ. 544.
49. वही, पृ. 544.
50. वही, पृ. 551.

51. *दी कलेक्टेड वर्क्स आफ महात्मा गांधी,* भाग 80, पृ. 161, 24 अगस्त 1945 को अमृत कौर को लिखा पत्र.

52. मार्च 1971 में कांग्रेसी जगदीश कुदेसिया द्वारा खोसला आयोग को दिए बयान में बोस की मृत्यु के बारे में जवाहरलाल नेहरू के बयान का उल्लेख.

53. *हिंदुस्तान स्टैंडर्ड,* 4 अप्रैल 1956.

54 दी नेशनल आर्काइव्स (पी. आर. ओ.) लंदन, डब्लू. ओ. 208/804ए. , एस. ए. सी. एस. ई. ए. से बी. एम. ए. (ए) एस. ई. ए. सी. तक। 10 दिसंबर 1945.

55 नं. 11/आई. एन. सी. /45, डिप्टी इंसपेक्टर जनरल आफ पुलिस, सी. आई. एस. बंबई के कार्यालय से इंटेलिजेंस ब्यूरो, गृह विभाग, नेशनल आर्काइव्स (दिल्ली).

56 **नेताजी इज नाट डेड**, *हिंदुस्तान टाइम्स* 24 मार्च 1946 का समाचार.

57 **गांधीजी बिलीव्स सुभाष इज अलइव**, 3 जनवरी 1946 को *हिंदुस्तान टाइम्स* का पहले पृष्ठ पर समाचार.

58. एस. सेक्शन, सी. एस. डी. आई. सी. (1) पत्र संख्या एस. टी. /19/1008 दिनांक 25 जनवरी 1946.

59. कैप्टन डी॰ दासान, 'टोकियो बौय' का आदान.

60. ए. एम. सहाय के पुत्र अशोक सहाय का आदान.

61. 11 नवंबर 1945 के *हिंदुस्तान टाइम्स* का समाचार, **इज सुभाष चंद्र बोस स्टिल अलाइव?**

62. वही.

63. वही.

64. डी. आई. बी. यू/ओ नं. सी. 5–5 दिनांक 16 अक्तूबर 1946, जिस पर आई. बी. के उपनिदेशक एल. पी. बिग्गी के हस्ताक्षर हैं। नेशनल आर्काइव्स, दिल्ली.

65. 12 अक्तूबर 1946 का *हिंदुस्तान टाइम्स* का समाचार, **नेहरू सेज बोस नाट अलाइव.**

66. वही.

2
गायब हुए नेताजी

मैं तुम्हें एक लंबी हवाई यात्रा की पूर्व संध्या पर लिख रहा हूँ और कौन जानता है मेरे साथ कोई दुर्घटना ही न हो जाए।

17 अगस्त 1945 को सुभाष बोस का इंडियन इंडिपेंडेंस लीग के जान थिवी को संदेश।

आप हमारी यह जानने की गंभीर चिंता को समझते होंगे कि इस सच्चाई का पता लगाया जाए कि क्या बोस सचमुच और हमेशा के लिए मर चुके हैं। सरकार जानना चाहती है कि भारत में गांधी व दूसरों की इस राय के बाद कि वह अभी जीवित हैं आखिर स्थिति क्या है।

19 फरवरी 1946 की इंटेलिजेंस ब्यूरो की रिपोर्ट

अगर यह (विमान दुर्घटना) धोखा देने की योजना है तो यह बड़ी सावधानी और दक्षता से बनाई गई है।

1 मार्च 1946 की एक ब्रिटिश इंटेलिजेंस रिपोर्ट की टिप्पणी

अपने जीवन काल में सुभाष बोस अंग्रेज भेदियों के लिए एक पहेली से कम नहीं रहे। अपनी 'मौत' में उन्होंने उनको अपना सबसे बेहतरीन गच्चा दिया। नेताजी बनने से बहुत पहले से ही अंग्रेज सुभाष को बड़ी आफत लाने में सक्षम व्यक्ति के रूप में जानते थे। स्वाधीनता आंदोलन में उनके आने के साथ ही उन्होंने उनसे सख्ती से निबटना शुरू कर दिया। जब वह सिर्फ 30 साल के थे, तभी सुभाष को मंडालय की एक भीषण पिंजरेनुमा जेल में रखा गया था। यह जगह आमतौर पर कट्टर राष्ट्रवादियों के लिए थी और उनको "भारत के सबसे खतरनाक आदमियों में से एक" करार दिया गया था।[1]

उपनिवेशवादी अंग्रेजों ने सुभाष का विकास होते और उन्हें छल विद्या में महारत हासिल करते देखा, जिसके वे खुद माहिर उस्ताद थे। उन्होंने उनको

जितनी बार हो सका, जेल में ठूंसा। कई बार वह मौत से बाल–बाल बचे। 1930 के दशक में उन को 7 साल के लिए देशनिकाला दे दिया गया। वह यूरोप में थे लेकिन वहां भी एम. आई. 6 (ब्रिटिश खुफिया एजेंसी) उनका पीछा कर रही थी। उनके जैसे कांग्रेस के वरिष्ठ नेता को उन्होंने लंबे अरसे तक इंगलैंड में नहीं आने दिया, जहां कि वह पढ़े थे। उन्होंने उनकी पुस्तक *दी इंडियन स्ट्रगल* पर प्रतिबंध लगा दिया जिसकी कि ब्रिटिश प्रेस ने प्रशंसा की थी। उनके साथ ऐसा बर्बर व्यवहार किया गया जो उनके स्तर के किसी भी दूसरे भारतीय नेता के साथ नहीं हुआ। लेकिन सुभाष को तोड़ने के सभी प्रयत्नों का उल्टा ही असर हुआ। वे उनको गच्चा देने में माहिर बने रहे और कई बार अधिकारियों को चकमा दे गए। जब वह कलकत्ता जेल में बंद थे, उन्होंने अपने बारे में पुलिस की गुप्त फाइल चोरी–छिपे मंगवा ली थी, यह देखने के लिए कि पुलिस उन पर किस तरह के आरोप लगा रही है। 1941 में उन्होंने आधुनिक भारत के इतिहास की रफूचक्कर होने की सबसे बड़ी मिसाल कायम की। वह अपने बंदी बनाने वालों की नाक के नीचे से गायब हो गए। उनके सीमा पार पहुंच जाने के बाद ही सुरक्षा बलों को उनके कलकत्ता से गायब होने का पता चला। उनका सुराग लगाना असंभव हो गया। इसमें महीनों लग गए। लोगों ने समझा कि उनकी मृत्यु हो गई है। कुछ ने कहा कि वह संन्यासी हो गए हैं। फिर अक्तूबर 1941 में एक दिन बर्लिन के आजाद हिंद रेडियो से लोगों ने सुभाष की आवाज की गूंज सुनी।

सुभाष के निकटवर्ती उनको गुप्तचर सेवा के किसी महारथी के तौर पर जानते थे। वह लोगों का मुंह खुलवाने के लिए उपनिवेशी अधिकारियों के अपनाए यातना देने के तरीकों से बखूबी वाकिफ थे।[2] वह अपने अनुयायियों को उनमें बाधा डालने के टिप्स बताया करते थे। जर्मनी में उन्होंने ब्रिटिश राज को उखाड़ फेंकने के लिए जासूसों का दल बनाने की बृहद् योजना बनाई। "मैं निम्न योजना का प्रस्ताव रख रहा हूं। इसके लिए यूरोप व अफगानिस्तान में काम करना होगा। इसके लिए कबाइली इलाके (भारत व अफगानिस्तान के बीच के स्वतंत्र क्षेत्र) में और भारत में भी काम करना होगा। हमारे एजेंट इस क्षेत्र में अभी भी काम कर रहे हैं। इसकी कार्रवाइयों को इस तरह संयोजित करना होगा कि भारत में ब्रिटिश सैनिक ठिकानों पर हमले किए जा सकें – भारत के विभिन्न प्रांतों में हमारे जो एजेंट और पार्टी सदस्य हैं, उनको निर्देश देने होंगे कि वे भारत में ब्रिटिश हुकूमत के काम में यथासंभव बाधाएं उत्पन्न करें। उनको निम्न प्रकार से काम करना होगा -- भारतीय सेना के यूनिटों में गुप्त कार्रवाई, ताकि भारतीय सैनिकों को सैनिक विद्रोह के लिए प्रेरित किया जा सके, कुछ महत्वपूर्ण रेलवे स्टेशनों, पुलों, कारखानों में तोड़फोड़ की कार्रवाइयां, आदि।"[3]

सुभाष ने जर्मन विदेश मंत्री के सामने जो योजना रखी थी उसे अमली जामा नहीं पहनाया जा सका। लेकिन जब उन्होंने जर्मनी में पहली आजाद हिंद फौज संगठित की, सुभाष ने देश के कुछ प्रेरित भारतीयों को भावी योजनाओं के लिए चुना। एन. जी. स्वामी ने ऐसे पांच लोगों का नेतृत्व किया जिनको जर्मनों ने आधुनिक जासूसी में ट्रेनिंग दी। "बोस भारत के कुछ भूमिगत राजनीतिक संगठनों के निरंतर संपर्क में थे जो उनको देश की राजनीतिक घटनाओं की जानकारी देते रहते थे। जर्मनी में ट्रेनिंग पाए एक वायरलेस इंजीनियर 'मेजर' स्वामी बोस के निजी सचिव थे। बताया जाता है कि वह संपर्क के इस सूत्र का संचालन करते थे।"[4] स्वामी नेताजी के विश्वस्त साथी बने रहे। वह उन के साथ एक पनडुब्बी में दक्षिणपूर्व एशिया गए। बाद में पेनांग और रंगून में आईएनए गुप्तचर सेवा का गठन किया गया। नेताजी आईएनए की गुप्तचर सेबा के काडर व उस की गतिविधियों के बारे में अपने मंत्रियों तक को नहीं बताते थे। वह अपने गुप्त एजेंटों का खुद संचालन करते थे। उन में से कुछ ने उनके लिए यादगार कारनामे कर दिखाए।

अंग्रेजों को नेताजी से होने वाले खतरे की भनक निश्चय ही थी। युद्ध के दौरान उन्होंने और उन के मित्रों ने उन की कार्रवाइयों पर कड़ी नजर रखी।[5] वे उनकी मानसिकता से भी परिचित थे और अनुमान लगा सकते थे कि जब उन पर बहुत अधिक दबाव पड़ेगा तो वह क्या कर सकते हैं। 15 अगस्त 1945 को जापान की आत्मसमर्पण की घोषणा से ऐसी ही स्थिति पैदा हो गई थी। यह वक्त था उनको पकड़ने का। तभी अचानक जापानियों ने ऐलान कर दिया कि सुभाष की विमान दुर्घटना में मौत हो गई है। इस पर कौन यकीन करता? जापानी ऐलान पर 23 अगस्त को वाइसराय फील्ड मार्शल विस्काउंट वेवल की पहली प्रतिक्रिया थी कि सुभाष संभवतः मित्र राष्ट्रों के जाल से बच निकले हैं: "जापानियों की सुभाष चंद्र बोस की विमान दुर्घटना में मौत की घोषणा पर मुझे शक है। अगर वह भूमिगत होना चाहते तो भी ऐसा ही कहा जाता। मैंने यह सुनने पर पहली प्रतिक्रिया स्वरूप वाइसराय के निजी सचिव ही से कहा कि वह दक्षिणपूर्व एशिया कमान को निर्देश दें कि जल्दी से जल्दी इस कहानी के बारे में बड़ी सावधानी से मालूमात करें।"[6]

दक्षिणपूर्व एशिया में मित्र राष्ट्रों के सर्वोच्च कमांडर एडमिरल लुइस माउंटबेटन ने नेताजी की सैनिक चुनौती को कुचल डाला था। अब स्वयं उनको जीवित या मृत पकड़ने का काम बाकी था। ब्रिटिश सेना के लेफ्टिनेंट कर्नल जे. जी. फिग्गस उन दिनों अमेरिकी सशस्त्र सेना के केंद्रीय मुख्यालय की काउंटर इंटेलिजेंस कोर (सी. आई. सी.) में प्रतिनियुक्ति पर थे। उनको इस काम पर लगाया गया।

इसके अलावा और भी कई पक्ष थे जिनकी इस में दिलचस्पी थी।[7] वे सब नेताजी को जीवित पकड़ना चाहते थे। वे नहीं चाहते थे कि उनकी मृत्यु हो और अपने पीछे एक जबरदस्त विरासत छोड़ जाएं। एशिया और यूरोप में इस भारतीय नेता की गतिविधियों ने मित्र राष्ट्रों की कई गुप्तचर एजेंसियों की उनमें गहरी दिलचस्पी पैदा कर दी थी। हालांकि वे एकजुट हो कर काम नहीं कर रही थीं फिर भी उन्होंने परस्पर सहयोग रखते हुए जापानियों के बोस के निधन का ऐलान करते ही उनका सुराग लगाना शुरू कर दिया।

इस गुट की अगुआई राज का इंटेलिजेंस ब्यूरो (आई. बी.) कर रहा था। दुर्घटना की खबर के कुछ दिनों बाद ही कम से कम दो टीमें दक्षिणपूर्व एशिया के लिए रवाना हो गईं। इन के एक सदस्य के अनुसार इन का उद्देश्य था, बोस के जीवित होने पर उनकी गिरफ्तारी। एक अन्य सदस्य सहायक निदेशक एम. जान्सटन की इस काम के दौरान विमान दुर्घटना में मृत्यु हो गई। काम को पूरा करने वाली टीम में आई. बी. के उपनिदेशक पी. ई. एस. फिन्नी और उनके सहायक डब्लू. एफ. डब्लू डेविस, ए. के. राय और कालीपद डे थे। उच्चस्तर के पुलिसकर्मी व आई. बी. कर्मी रायबहादुर बक्शी बद्रीनाथ भी उनके साथ आ गए। वेवल के चहेते बद्रीनाथ को 1941 में सुभाष के गायब हो जाने का राज मालूम करने का श्रेय प्राप्त था।[8]

भूगोल ने माउंटबेटन के आदमियों का साथ दिया। वे सबसे पहले उन जगहों पर पहुंचे जहां नेताजी को अंतिम दिनों में देखा गया था। इन जासूसों को जो पहले लक्षण मिले वे वाइसराय की विचारणा से मेल खाते थे। 14 नवंबर 1945 को मिलीटरी इंटेलिजेंस ने एक नोट तैयार किया। ''बोस की मृत्यु का जापानियों द्वारा दिया गया समाचार न केवल राजनीतिक महत्व का है बल्कि यह सुरक्षा से संबंधित लोगों के लिए भी महत्वपूर्ण है।. . . आमतौर पर यह माना जा रहा है कि यह समाचार जापानियों की मिलीभगत से गढ़ा गया है। बोस भूमिगत हो गए हैं और वे किसी उपयुक्त मौके पर प्रकट होंगे।''[9]

इस मामले में दूसरे नंबर पर आई मित्र राष्ट्रों की इंटेलिजेंस असाल्ट यूनिट (आई. ए. यू.) सियाम। उसने दक्षिणपूर्व एशिया में आईएनए और जापानी सेना के कार्यालयों की तलाशी लेना शुरू कर दिया ताकि बोस के अंतिम दिनों व उन की मृत्यु के बारे में कोई दस्तावेज मिलें जिन के आधार पर बोस के भारतीय व जापानी विश्वासपात्रों से पूछताछ की जा सके। लेकिन उनको यह देख कर निराशा हुई कि सिंगापुर व बैंकाक में कुछ भी नहीं बचा था। 17 अगस्त को बोस के आदेश पर सब कुछ आग के हवाले कर दिया गया था। उन्होंने ऐसा क्यों किया? संदेह उभरने लगा। नेताजी के विदेशी साथियों ने भी ऐसा ही किया था।

''बैंकाक स्थित जर्मन दूतावास के जर्मनों ने आने वाले अंग्रेजों को बताया कि उन्होंने अपने विशेष अभिलेखागार को जला डाला है। इसमें बोस से संबंधित सामग्री भी थी।''[10]

आई. ए. यू. को सितंबर में बैंकाक में सिर्फ एक फाइल मिली। इसके गुप्त टेलीग्राम फील्ड मार्शल तेराउची के दक्षिणी सेना कमान व बैंकाक में हिकारी किकन से संबंधित थे। इसका विषय 'टी' था जो सुभाष के लिए जापानियों का गुप्त कोड था।

''आज 1700 बजे (17अगस्त) को 'टी', लेफ्टिनेंट जनरल शिदेई तथा अन्य के साथ बरास्ता फारमोसा व दायरन टोकियो के लिए रवाना हो गए। भारतीय समुदाय को यह सूचित कर दें।''[11] पहले संदेश में कहा गया था। यह संदेश दक्षिणी सेना के सेनाध्यक्ष की ओर से हिकारी किकन के कमान अधिकारी लेफ्टिनेंट जनरल साबुरो इसोदा को भेजा गया था। दूसरा तार 20 अगस्त का था और उसे 'अत्यंत गुप्त' अंकित किया गया था।'' 'टी' राजधानी आते हुए अपने रास्ते में 18 तारीख को 1400 बजे ताइहोकू में अपने विमान की दुर्घटना में गंभीर रूप से घायल हुए और उसी दिन आधी रात को उनकी मृत्यु हो गई। फारमोसा की सेना ने उनके शव को विमान से टोकियो भेज दिया है। मैंने फारमोसा की सेना को इसके लिए धन्यवाद दिया है। मैंने उन के अवशेष, फोटो आदि दुर्घटना में मृत्यु के प्रमाण एकत्र करने को भी कहा है। जहां तक केंद्र (टोकियो) का सवाल है, मैं स्टाफ आफिसर (कर्नल) टाडा को, जो 20 तारीख को सैगोन से रवाना हो रहे हैं, समय ले कर विस्तार से रिपोर्ट देने के लिए भेज रहा हूं। मुझे उम्मीद है कि इस मामले में पूरी गोपनीयता बरती जाएगी।''[12] तीसरा तार उनकी मृत्यु की घोषणा के तुरंत बाद का था। 24 अगस्त 1945 को हिकारी किकन से कहा गया, ''कृपया सुनिश्चित करें कि भारतीय समुदाय को 'टी' की मृत्यु की खबर दे दी जाए।''[13]

इन तारों का अनुवाद 24 सितंबर को कप्तान एस. हाइडर ने भेजा। साथ में टिप्पणी भी भेजी कि ''जब सारे दस्तावेज नष्ट कर दिए गए तो ये दो तार कैसे बचे और वह भी साधारण फाइल में रखे हुए मिले?''[14] सैगोन में एक मेजर जनरल के नेतृत्व में इंटेलिजेंस कर्मियों द्वारा इस पर आगे काम किया गया। 18 अक्तूबर 1945 को दक्षिणपूर्व एशिया मित्र राष्ट्रों की संयुक्त सेना के मुख्यालय को बताया गया, ''यह संकेत प्राप्त करने वाले (हिकारी किकन) को निर्देश देता है कि वह भारतीय समुदाय को बोस के गायब होने की खबर दे दें। जबकि संकेत को गुप्त रख गया। शायद यह योजना का हिस्सा था कि बोस की मृत्यु का समाचार प्रसारित करने से पहले उसकी पृष्ठभूमि तैयार की जाए। तेराउची

मुख्यालय में इस संकेत की जांच करना संभव नहीं होगा क्योंकि सारे दस्तावेज नष्ट किए जा चुके हैं। पर यह फाइल नष्ट नहीं की गई। इससे अनुमान यही होता है कि शायद इसे जानबूझ कर अंग्रेजों के लिए रख दिया गया था और यह चकमा देने की योजना का ही एक हिस्सा है।"[15]

इस दौरान आई. ए. यू. इस नतीजे पर पहुंची कि बैंकाक में जांच से डोमई समाचार एजेंसी की संक्षिप्त घोषणा से आगे बढ़ने के लिए कुछ खास हासिल नहीं हो रहा है। "अगर कुछ सुबूत होंगे तो वे सैगोन में ही मिलेंगे।"[16] अक्तूबर के आरंभ में आई. बी. के जासूस और जानकारी हासिल करने के लिए सैगोन पहुंचे। डेविस ने पाया कि "विमान के आने और उड़ान भरने के सारे रिकार्ड नष्ट किए जा चुके हैं।"[17] सिर्फ गिरफ्तार किए गए जापानी आफिसरों और स्थानीय भारतीयों से ही कुछ जानकारी प्राप्त की जा सकती थी। "5–10–1945 को अगस्त में वाया सैगोन नेताजी की गतिविधियों के बारे में जापानी वायुसेना के कैप्टन योशिदा से पूछताछ की गई। स्थानीय भारतीयों से पूछताछ से केवल इतना पता चला कि वह 17 तारीख को 10.00 बजे सिंगापुर से विमान द्वारा आए और उसी दिन 14.00 बजे रवाना हो गए। उन के अनुसार वह नारायणदास के घर पर कई जापानी अधिकारियों से मिले पर उन्होंने इस मुलाकात का मकसद किसी को नहीं बताया।"[18]

योशिदा ने डेविस को बताया कि "विमान के. आई. –21 बमवर्षक था और उसकी मंजिल टोकियो थी।"[19] उसने उन जापानी यात्रियों की सूची भी दी जो "टोकियो जाने के लिए इंतजार में थे।"[20] इस के साथ ही डेविस भी अंधेरी गली में पहुंच गया। 7 अक्तूबर 1945 की उस की रिपोर्ट में आखिरी बात यह थी कि "अंतिम पुष्टि फारमोसा या उससे आगे कहीं से ही हो सकती है। यह भी पता नहीं चला है कि घायलों, खासकर हबीबुर रहमान, का अभी पता चल पाया है या नहीं।"[21]

कर्नल रहमान तब तक अमेरिकनों की गिरफ्त में आ चुके थे। 29 सितंबर 1945 को और फिर 8 अक्तूबर को सी. आई. सी. ने उनसे पूछताछ की। कर्नल फिग्गस ने भारत में सेनाध्यक्ष को और मिलिटरी इंटेलिजेंस के निदेशक को अपनी रिपोर्ट भेजी, "रहमान ने बताया कि 16 अगस्त 1945 को वह बोस के साथ टोकियो के लिए रवाना हुए थे ताकि जापानियों से मिल कर आजाद हिंद फौज के बारे में कुछ तय किया जा सके। उनका विमान दुर्घटनाग्रस्त हो गया और बोस की मृत्यु हो गई – रहमान ने बताया कि वह बेहोश नही हुए थे। उन्होंने देखा कि विमान के अगले हिस्से और दुम में अंदर के हिस्से में आग लग गई है। दुर्घटना में ऊपर की कैनापी टूट गई और जो बहुत अधिक घायल नहीं

हुए थे वे वहां से निकल गए। उन्होंने बताया कि उनको इस बात का इल्म नहीं है कि बोस किस तरह निकले या निकाले गए। विमान से बाहर आने पर उन्होंने देखा कि उनके अपने कोट में आग लग गई है। उन्होंने तुरंत उसे उतार फेंका। तभी देखा कि बोस विमान के पास पड़े हैं। उनके कपड़ों में आग लगी है। उन्होंने भाग कर उनके कपड़े उतारे।[22]

इस पूछताछ के बारे में फिग्स खुद भी बहुत आश्वस्त न थे। उन्होंने लिखा, ''दुर्भाग्यवश इस गवाही को निश्चयात्मक नहीं माना जा सकता। क्योंकि जापान सरकार ने भी हमें जानकारी देने के लिए रहमान को ही स्रोत बनाया था।''[23]

सैगोन और बैंकाक से आने वाले और समाचारों ने मामला और भी धुंधला कर दिया। एस. ए. सी. ई. ए. के आयोग नं. 1 ने 18 अक्तूबर 1945 को अपनी रिपोर्ट में कहा, ''हालांकि सब जापानी और भारतीय स्रोतों का कहना है कि बोस की मृत्यु हो गई है पर निश्चित तौर पर कुछ कहना कठिन होगा। बोस अपने साथ करीब 50 पौंड भार के सोने से भरे लोहे के चार बक्से ले गए थे। उन्होंने यह भी संकेत दिया था कि वह अब लौट कर नहीं आएंगे। इस से लगता है कि वह भूमिगत हो गए हैं और जापानियों ने इसमें उनकी मदद की है।[24]

मित्र राष्ट्रों की थलसेना के गुप्तचर विभाग की 2 नवंबर 1945 की रिपोर्ट में कहा गया, ''यह खबर (बोस का निधन) पक्की नहीं मानी जा सकती जब तक कि मौके पर लिए गए फोटो और बोस के अवशेषों की जांच न कर ली जाए – एक स्रोत का कहना है कि बोस का निधन जापान में हुआ, जब कि दूसरे स्रोतों का कहना है कि उनका निधन फारमोसा में हुआ–' 'इंटेलिजेंस ब्यूरो ने बोस के निजी सहायक मेजर भास्करन मेनन को पकड़ लिया। उन्होंने बताया, ''हवाई अड्डे के लिए रवाना होने से पहले बोस ने बैंकाक में अपने निजी स्टाफ को बुला कर उनको कुछ छोटी–छोटी भेंट दीं। वह बहुत भावुक हो रहे थे ... सोने के आभूषणों के चार बक्से रंगून से लाए गए थे। जाते समय श्री बोस उनको साथ ले गए।''[25]

इन रिपोर्टों का ब्योरा अब तक जापानियों और भारतीयों के बताए ब्योरे से मेल नहीं खाता था। बताया गया था कि नेताजी टोकियो जा रहे थे जब उनकी मृत्यु हो गई। उन्होंने आत्मसमर्पण के बारे में तय करना था और फिर सिंगापुर लौटना था। अगर ऐसा था तो फिर वह अपने साथ 200 पाउंड सोना क्यों ले गए और उन्होंने अपने स्टाफ से इस तरह विदा क्यों ली जैसा कि मेनन ने बताया?

पी. ई. एस. फिन्नी के आने पर ही नेताजी की आखिरी उड़ान का रहस्य कुछ खुला। फिन्नी बंगाल में एस. पी. थे और उन्होंने लंबे समय तक सुभाष की गतिविधियों पर नजर रखी थी। उन्होंने इस कहानी के रिक्त स्थानों को भरा,

हालांकि पुष्टि करने वाली कुछ बातें बाद में सामने आईं। उनकी आई. बी. /आई. ए. यू. की 5 अक्तूबर 1945 की रिपोर्ट के अनुसार, "यहां (बैंकाक में) भारतीयों की आम राय यही है कि बोस मरे नहीं। शायद वह जापानियों के नियंत्रण से निकल कर रूसियों के कब्जे वाले किसी स्थान पर चले गए हैं। जब बोस सैगोन पहुंचे, जनरल इसोदा वहां मौजूद थे। यह तथ्य इस दृष्टि से महत्वपूर्ण है कि बोस के बच निकलने की योजना थी और उनकी मृत्यु का समाचार प्रसारित किया जाना था तो इसमें उनकी सहायता की गई। इसोदा के लिए ऐसी किसी योजना को अंजाम देने के लिए यह सबसे उपयुक्त जगह थी।"[26]

फिन्नी ने यह कूटनीतिक निर्णय भी लिया कि भारत की जनता को क्या समाचार दिया जाए। बोस की 'मृत्यु' को दो महीने हो चुके थे। लेकिन अभी तक इस की पुष्टि नहीं हुई थी। इससे न सिर्फ अंग्रेज हुकूमत को यह ऐलान करने में दिक्कत थी कि उसका दुश्मन दुनिया से कूच कर गया है, बल्कि इससे भारतीयों में यह बात भी फैल रही थी कि उनके नेता 1941 की तरह इस बार भी 'आंखों से ओझल' हो गए हैं। फिन्नी ने एक रास्ता सुझाया। "इस तरह की जांच में काफी समय गुजारा जा चुका है। इसलिए अनुरोध है कि कोई निर्णायक घोषणा यथाशीघ्र की जाए।"[27] अंग्रेजों ने चुपचाप इस खबर को फैलने दिया कि नेताजी का निधन हो गया है। लेकिन इस के बाद महीनों तक इस की विरोधी खबरें आती रहीं।

फिन्नी ने कोई महीना भर बैंकाक रह कर जापानियों के फैलाए भ्रम को तोड़ने का काम किया। इसके लिए उन्होंने एक दुभाषिए किंजी वातानेब की गवाही का सहारा लिया। 17 नवंबर 1947 को उसने आई. बी. के निदेशक व अन्य उच्च अधिकारियों को अपनी रिपोर्ट दी।

"वातानेब एक नागरिक दुभाषिया था जो हिकारी किकन की सैनिक शाखा से संबंधित था। 14 अगस्त के लगभग उसका हिकारी किकन से दूतावास में तबादला किया गया था। 17 अगस्त या उसके आसपास उसे लेफ्टिनेंट जनरल इसोदा, कर्नल कागवा व सुभाष चंद्र बोस, 'मेजर जनरल' भोंसले तथा 'लेफ्टिनेंट कर्नल' हबीबुर रहमान के बीच बातचीत के अनुवाद के लिए बुलाया गया था। यह वार्ता जनरल इसोदा के घर पर हुई थी।

"जब वातानेब वहां पहुंचा, बातचीत लगभग समाप्त हो चुकी थी। इसोदा बिना दुभाषिए के बोल रहे थे। वे चर्चा कर रहे थे कि बोस को उनकी मंजिल तक कैसे पहुंचाया जाए। समझा गया कि उनको रूसियों के पास जाना था। शायद मंचूरिया।

"बोस को रूस जाना है यह बात दूतावास में और हिकारी किकन में सब जानते थे। उन्होंने मंचूरिया में अपने आप को रूसियों के हवाले करना था। इससे अधिक वातानेब को जानकारी नहीं थी। 17–8–45 को बोस इसोदा के साथ सैगोन के लिए रवाना हो गए। अगले दिन वातानेब ने दूतावास में सुना कि जिस विमान में बोस और कर्नल हबीबुर रहमान यात्रा कर रहे थे उसकी मोटर या प्रोपेलर गिर गया था। बोस और एक जापानी लेफ्टिनेंट जनरल का निधन हो गया था। हबीबुर रहमान घायल हो गए थे। उसने इस बात पर विश्वास कर लिया हालांकि उसने इस से संबंधित कोई दस्तावेज नहीं देखे थे।"[28]

1945 के अंत तक यह मुद्दा दिल्ली के लालकिले पर पहुंच गया। संयुक्त सेनाओं की गुप्तचर सेवा सी. एस. डी. आई. सी. ने यहां से विस्वस्त छानबीन शुरू की। यह मित्र राष्टों का विश्वव्यापी प्रतिआसूचना संगठन था। इसके सैगोन स्थित कंट्रोल मिशन ने 22 नवंबर को दिल्ली स्थित कमान अधिकारी को बताया, "बोस की मृत्यु का अभी भी कोई प्रमाण नहीं मिला है, हालांकि ऐसा अनुमान है।"[29] इस शक की वजह से कर्नल रहमान से, जो अब बंदी थे, दिसंबर 1945 में पूरे एक महीने तक गहन पूछताछ की गई। एक भारतीय पुलिस अधिकारी को यह काम सौंपा गया। उसने और प्रतिआसूचना की भारतीय यूनिट के प्रमुख कर्नल जी. डी. एंडर्सन ने बाद में युद्ध कार्यालय को लिखा कि कर्नल रहमान और जापानियों ने मित्र राष्ट्रों को गुमराह किया कि सुभाष बोस की 18 अगस्त 1945 को मृत्यु हो गई थी।

जनवरी 1946 में सी. एस. डी. आई. सी. ने इस तथ्य पर बहुत हैरानी जताई कि सुभाष के गायब होने के समय उनके सभी शीर्ष सहयोगी उपस्थित थे।

"बोस ने जिन लोगों को अपने साथ चलने के लिए चुना वह विचित्र ही लगता है। अगर हबीब की कहानी पर यकीन करें कि वह तो सिर्फ अलग से आत्मसमर्पण के लिए जापानियों से बात करने जा रहे थे। बोस ने पहले चटर्जी और एन. जी. स्वामी को अपने पास बुलाया। ये दोनों उन तक नहीं पहुंच पाए। फिर उन्होंने गुलजारा और प्रीतम को बुलाया। उनकी कार्रवाइयों के बारे में सबसे ज्यादा जानने वाले हसन को बुलाया। गुप्त मामलों के जानकार और विश्वस्त सचिव अय्यर और राजनीतिक पृष्ठभूमि के जानकार देबनाथ को भी बुलाया। सवाल उठता है कि अगर नेताजी सिर्फ आईएनए के किसी रोजमर्रा के काम से जा रहे थे तो इतने मेधावी लोगों को इकट्ठा करने की उनको क्या जरूरत थी। वैसे ऐसे काम के लिए वह भोंसले या कियानी को भी भेज सकते थे।"[30]

19 फरवरी 1946 को आई. बी. ने सारे सुबूतों का दोबारा अध्ययन किया। उसने जापानियों की दी गई खबर में कई खामियां पाईं। आई. बी. के उपनिदेशक

डब्लू मैकराइट ने अपनी टिप्पणी में लिखा, "बोस की मृत्यु से संबंधित जानकारी का अध्ययन अब हम ने पूरी तरह कर लिया है। नतीजा पूरी तरह संतोषपूर्ण नहीं है। इसमें कई खामियां हैं। जब तक इनका स्पष्टीकरण नहीं होता शक की गुंजाइश रहेगी।"[31]

"बोस के विमान के कर्मीदल और यात्रियों की जो सूची रहमान ने दी है और वह जापानी वायुसेना के कप्तान योशिदा की दी गई लिस्ट से मेल नहीं खाती। जापान सरकार ने घटना की पहली रिपोर्ट में 9 लोगों के होने की जो बात कही थी, उससे भी यह मेल नहीं खाती। " बोस के अवशेषों की स्थिति भी अस्पष्ट है। जापान सरकार के अनुसार यह इस प्रकार है:

20 अगस्त को ताबूत में रखे गए।

21 अगस्त को दाह संस्कार हुआ।

23 अगस्त को ताइहोकू के निशि होंगांचू मंदिर में अंतिम संस्कार हुआ।

1 सितंबर को अवशेष टोकियो पहुंचे।

हबीबुर रहमान की दी गई तारीखें हैं:

20 अगस्त को चंदन के ताबूत में रखे गए।

22 अगस्त को दाह संस्कार।

23 अगस्त को अवशेष लकड़ी के बक्से में रखे गए और अंतिम संस्कार हुआ।

6 सितंबर को टोकियो पहुंचे।

इसी संदर्भ में और संलग्नक सी. में दक्षिण सेना के 20 अगस्त 1945 के संकेत नं. 66 में दिया विवरण भिन्न है। इस के अनुसार:

"—फारमोसा सेना ने उनके शरीर को विमान से टोकियो भेज दिया है— एक अन्य विवरण के अनुसार: '...बयान विमान से टोकियो भेज दिए गए'। पहले विवरण के बारे में हमारी टिप्पणी यह है कि दक्षिणी सेना को इतनी गलत जानकारी कैसे दी गई कि वह यकीन कर ले कि बोस के शरीर को 20 अगस्त को टोकियो भेजा गया, अगर जापानी सरकार की दी जानकारी सही थी। अगर दूसरा विवरण सही है तो वे कौन से बयान थे। मेरे विचार में इसोदा से इस आधार पर दोबारा पूछताछ करनी चाहिए।"

"6 नवंबर 1945 की एस. ए. सी. एस. ई. ए. आयोग नं. 1 की रिपोर्ट के अनुसार: 'इसमें जरा भी संदेह नहीं कि उन (बोस) की अपने कुछ चुनिंदा साथियों के साथ भूमिगत होने की योजना थी। '18 अक्तूबर 1945 की आयोग की रिपोर्ट के अनुसार जापान सरकार ने बोस को आवश्यक सुरक्षा (भूमिगत होने के लिए)

दी। हनोई भाग गए चटर्जी आदि से पूछताछ करने पर इस की पुष्टि हो सकती है। सैगोन के जापानी अधिकारियों के अनुसार लेफ्टिनेंट जनरल शिदेई मंचूरिया जा रहे थे. . . बोस के भी रूसियों के पास जाने की बात थी। तो क्या यह संयोगमात्र था ?"

"मैं हबीबुर रहमान की रिपोर्ट की एक प्रति संलग्न कर रहा हूं। हमें इससे तसल्ली नहीं हुई। पहले उनके टोकियो में सी. आई. सी. को दुर्घटना के बारे में दिए बयान और फिर सी. एस. डी. आई. सी. को दिए बयान की विसंगतियों के बारे में यहां हम सी. एस. डी. आई. सी. से चर्चा कर रहे हैं।"[32]

सी. एस. डी. आई. सी. की राय भी कुछ ऐसी ही थी। लेफ्टिनेंट कर्नल एंडर्सन ने फरवरी 1946 को जनरल स्टाफ ब्रांच (सेना गुप्तचर निदेशालय) को बताया, "बोस की मृत्यु से संबंधित यहां उपलब्ध सारी सामग्री के परीक्षण के बाद कई बयानों में बहुत सी विसंगतियां मिली हैं।"[33] 28 फरवरी 1946 के एक और संवाद में कहा गया, "पहले यह बात मान ली गई थी कि उन से अलग होने के विभिन्न कारणों के चलते एस. सेक्शन द्वारा पूछताछ किए गए बोस के सहयोगी उनके इरादे के बारे में नहीं जानते थे। फिर भी एच. 1459 (ए. एम. सहाय) ने कहा कि जब वे (आबद हसन, गुलजरा सिंह और प्रीतम सिंह) हनोई पहुंचे तो उन्होंने बताया कि बोस मंचूरिया जा रहे थे। उनमें से कोई भी अब नहीं मानता कि उसे यह जानकारी थी। रहमान की टोकियो जा कर समर्पण वाली कहानी को अस्वीकृत करते हुए यह मानना चाहिए कि अकेले उसे ही सच का पता है।"[34]

दक्षिणपूर्व एशिया की संयुक्त सेना के सेनाध्यक्ष की गुप्तचर शाखा ने 1 मार्च 1946 को दुर्घटना की खबर के बारे में कहा, "बोस निश्चय ही सैगोन से रवाना हुए थे। शायद ताइहोकू से उड़ान भरने पर कोई विमान दुर्घटना भी हुई। संभव है बोस उस में बच निकले हों और वह या तो अपने तौर पर फारमोसा में कहीं छिप गए या फिर स्थानीय अधिकारियों ने तुरंत निर्णय ले कर उनको छिपाया।"[35]

बक्शी बद्रीनाथ के कहने पर मार्च 1946 में मेजर जनरल भोंसले से दोबारा पूछताछ की गई। पहली पूछताछ में भोंसले ने गुमराह करने की कोशिश की थी लेकिन अब उनके लिए सच को छिपाना मुश्किल हो गया। "मेजर जे. के. भोंसले (बी. 1189) से जमना क्षेत्र मुख्यालय में फिर से पूछताछ की गई। उन्होंने माना कि 17 अगस्त 1945 को बैंकाक में एक तरफ लेफ्टिनेंट जनरल इसोदा व कर्नल कागवा और दूसरी ओर एस. सी. बोस व मेजर जनरल भोंसले एवं लेफ्टिनेंट कर्नल हबीबुर रहमान के बीच वार्ता हुई थी। इस में यह चर्चा हुई कि बोस को उनकी मंजिल तक कैसे पहुंचाया जाए। बी. 1189 ने इस बात की भी पुष्टि की

है कि बोस का इरादा रूस का रास्ता तलाश करना था। बी. 1189 ने यह भी बताया कि वे बोस की रूस में योजना के बारे में कुछ जानते थे। पर इस बारे में पूछे गए हर सवाल को वह यह कह कर टाल गए कि अगर बोस के विश्वस्त लोगों में से कोई भी उनके सही इरादों की जानकारी रखता हो तो वह इस समय कभी उसका खुलासा नहीं करेगा।"[36] अप्रैल 1946 में इंटेलिजेंस ब्यूरो को आगे बताया गया "ऐसा लगाता है कि बोस और उनके स्टाफ के लोग रूस जाने की कोशिश में थे। हबीबुर रहमान, प्रीतम सिंह, गुलजारा सिंह और (आबिद) हसन ने झूठ बोला व जानकारी छिपाई।"[37]

सी. एस. डी. आई. सी. जून 1946 तक नेताजी के निधन के बारे में जांच करती रही। शायद तब भी उसने अपना काम खत्म नहीं किया था। उसकी अंतिम ज्ञात रिपोर्ट में बताया गया कि हबीबुर रहमान झूठ बोल रहे हैं और परिणाम "संतोषजनक नहीं हैं।"[38]

अमेरिकी गुप्तचार विभाग ने भी नेताजी की मृत्यु के बारे में कुछ जांच की। ओ. एस. एस., जो सी. आई. ए. से पहले था, 1941 से सुभाष पर नजर रखे हुए था। उसका दिल्ली के फिरोजशाह रोड पर और कलकत्ता के टालीगंज में कार्यालय था। ओ. एस. एस. [39] ने 24 जनवरी 1946 को आलेखबद्ध किया, "भारतीयों और अंग्रेजों में से काफी अच्छी संख्या में यह मानते हैं कि वह (बोस) जीवित हैं और कहीं छिपे हुए हैं। उसने विमान दुर्घटना की कहानी को मिथ्या और "जापानियों की गढ़ी हुई बताया।"[40] युद्ध समाप्त होने पर अमेरिकी इस मामले में भी अंग्रेजों से कहीं बेहतर स्थिति में थे। युद्ध के दौरान उन्होंने जापानियों के बहुत से गुप्त संदेश पकड़े। "उनकी मृत्यु के दस दिन बाद अमेरिकी इंटेलिजेंस ने सैगोन के जापानी दूतावास का एक संदेश पकड़ा – 17 तारीख को उनके अपने अनुरोध पर विमान से –– के लिए रवाना हुए। (स्थान स्पष्ट नहीं, शायद यह मंचूकुओ होगा।)[41] " मंचूरिया को जापानी में मंचूकुओ कहते हैं। तो जापानियों ने झूठ बोला था। नेताजी टोकियो नहीं जा रहे थे। एक और पकड़े गए संदेश में कहा गया, "बैंकाक के जापानी दूतावास ने सलाह दी कि टोकियो शत्रु के संदेह से बचे और बोस की घातक दुर्घटना के बारे में जानकारी जारी न करे।"[42]

सितंबर 1945 के शुरू में जनरल डगलस मैकार्थर की सेनाओं ने फारमोसा में प्रवेश किया। तब ओ. एस. एस. का ताइहोकू में एक एजेंट पहले से था। जल्दी ही अमेरिका का जापान की मुख्य भूमि पर भी कब्जा हो गया। वहां के सभी कर्मी और दस्तावेज उनकी गिरफ्त में आ गए। अंग्रेजों के हवाले करने से पहले उन्होंने कर्नल हबीबुर रहमान को गिरफ्तार करके उनसे पूछताछ की थी। मई 1946 में बंबई स्थित अमेरिकी वाणिज्यदूत हावर्ड डोनोवान को ब्रिटिश मिलिटरी

इंटेलिजेंस के क्षेत्रीय प्रमुख लेफ्टिनेंट कर्नल हैनेसी ने नेताजी की मृत्यु के बारे में घेरा।[43] हैनेसी ने डोनोवान से अनुरोध किया कि वह अपनी सरकार से इस बात का पता लगाएं कि "क्या अमेरिकी गुप्तचर विभाग ने इस बात की पुष्टि कर ली है कि वाकई बोस की 18 अगस्त 1945 को ताइहोकू में विमान दुर्घटना में मौत हुई थी।" हैनेसी ने डोनोवान को बताया कि "बोस का भारतीय जनमानस पर गहरा असर था और अगर वह लौट कर आए तो उससे होने वाले आंदोलन को दबाना बहुत कठिन होगा।"

डोनेवान ने 23 मई को लिखा, "अगर (अमेरिकी विदेश) विभाग इस (बोस की मृत्यु) बारे में कुछ जानकारी देता है तो वह बहुत सहायक होगी। इसका कोई पक्का सुबूत कि बोस मर चुके हैं, हमारे लिए बहुत दिलचस्प होगा।"[44] विदेश विभाग ने वह पत्र रक्षा विभाग को भेज दिया। जून 1946 में विदेश विभाग ने वाणिज्यदूतावास को जवाब दिया, "हमारे इंटेलिजेंस विभाग की फाइलों की जांच के अनुसार इस बात का कोई प्रत्यक्ष प्रमाण नहीं है कि सुभाष चंद्र बोस की मृत्यु ताइहोकू, फारमोसा में विमान दुर्घटना में हुई थी। हालांकि जापानियों ने सार्वजनिक तौर पर यह घोषणा की थी।[45]

तीन दशक बाद भी एडमिरल लुइस माउंटबैटन भी सीधा जवाब नहीं दे सके। ब्रिटेन में उस समय भारतीय उच्चायुक्त एन. जी. गोरे ने भारत के पहले गवर्नर जनरल से जानना चाहा, "आप निस्संदेह सुभाष के मामले में कुछ प्रकाश डाल सकते हैं ताकि हम कम से कम इस समय में अपने महान व प्रिय नेता के विषय में जान सकें कि उनके साथ क्या बीता था।" गोरे ने आगे जोड़ा, "आप कहेंगे कि अब पुरानी बातों को क्या उठाना? मेरा जवाब है कि आज भी भारत में इस बात को लेकर संशय है कि श्री बोस ने रूस में शरण ली थी। आपको, नेहरू को और सोवियत सरकार को इसकी जानकारी थी। पर सब चुप रहे। वजह यह थी कि अंग्रेज अपने पहले के मित्र (रूस) से झगड़ना नहीं चाहते थे और नेहरू अपना प्रतिद्वंद्वी नहीं चाहते थे।"

10 मार्च 1978 को लार्ड माउंटबेटन का जवाब आया, "उनके अभिलेखागार में सुभाष चंद्र बोस के निधन का कोई आधिकारिक रिकार्ड नहीं था।"[46] मतलब यह कि वह इतने साल बीत जाने के बाद भी बोस की मृत्यु के बारे में निश्चित तौर पर कुछ कहने की स्थिति में नहीं थे।

स्वाधीनता पूर्व भारत के बारे में सबसे अधिक जानकारी रखने वाले उस व्यक्ति के अभिलेखागार में नेताजी की मृत्यु का कोई रिकार्ड हो भी नहीं सकता था। ब्रिटिश सरकार के पास भी शायद इस तरह का कोई विश्वसनीय रिकार्ड नहीं था। वजह यह थी कि सुभाष की मृत्यु के बहुत कमजोर से साक्ष्य मिले थे।

उनका मृत शरीर नहीं मिला था। जापानियों ने जो फोटो लिए थे उनमें उनका चेहरा नजर नहीं आता था। विमान दुर्घटना के फोटो भी संदिग्ध ही थे। कोई गवाहियां थीं तो रहमान एवं जापानियों की थीं। उनका क्या मोल था जिन्होंने शुरू से ही मित्र राष्ट्रों को झांसा दिया था। ब्रिटिश खुफिया विभाग यह जानने को बेताब था कि नेताजी का क्या हुआ। 8 अप्रैल 1946 के एक नोट के तहत वागस्टाफ और इंटेलिजेंस ब्यूरो के फिन्नी की सदारत में एक मीटिंग रखी गई। इसका एजेंडा था भारत व विदेशों से इस बारे में एकत्र की गई खुफिया जानकारी। ताइहोकू में मित्र राष्ट्रों ने जो जांच की थी उस पर संदेह व्यक्त किया गया। रूसी सूत्रों से पता चला था कि बोस रूस में हैं। इस बात की तरफ भी ध्यान दिलाया गया कि भारत के शीर्ष नेता क्या चाह रहे हैं।

"जनवरी के आरंभ में ही गांधी ने सार्वजनिक तौर पर कहा कि उनको विश्वास है कि बोस जीवित हैं और वे कहीं छिपे हुए हैं। इसका कोई कारण न बताते हुए उन्होंने इस विश्वास का श्रेय अपनी अंतर्रात्मा को दिया। कुछ कांग्रेसियों की राय थी कि गांधी की अंतर्रात्मा की आवाज का मतलब यह था कि उनको कोई गुप्त सूचना मिली है।

"हमारे पास ऐसी कोई खुफिया जानकारी नहीं है जिसके दम पर हम कह सकें कि गांधी किस आधार पर ऐसी बात कर रहे हैं या क्यों कर रहे हैं। एक गुप्त सूचना के अनुसार नेहरू को बोस का एक पत्र मिला था जिसमें उन्होंने लिखा था कि वह रूस में हैं और भारत आना चाहते हैं। वह चित्राल के रास्ते आएंगे जहां शरत बोस का एक बेटा उनसे मिलने आए।"[47]

इस बैठक के नतीजे के बारे में कुछ पता नहीं चल सका। लेकिन मौत की कहानी के 9 महीने के बाद 2 मई 1946 को भारतीय राजनीतिक आसूचना ने इंडिया आफिस को लिखा, "अपनी हाल की लंदन यात्रा के दौरान इंटेलिजेंस ब्यूरो के निदेशक ने बताया कि उनको भारत में तथा अन्यत्र मिली जानकारी के अनुसार बोस जीवित हैं और वह रूस में हैं।"[48]

संदर्भ/टिप्पणियां

1. *दी इंडियन स्ट्रगल,* लेखक सुभाष चंद्र बोस, पृष्ठ 147
2. बोस की भतीजी शीला सेनगुप्ता का आदान
3. सुभाष बोस का ज्ञापन नं. 300 195/139137–43. अमेरिका के विदेश विभाग से। जर्मनी की विदेश नीति विषयक दस्तावेज सिरीज डी. भाग 12. इस सिरीज से बोस संबंधी बहुत से दस्तावेज प्रकाशित किए गए थे
4. फाइल नं. 249/आईएनए, पृष्ठ 5

5. आस्ट्रेलिया के नेशनल आर्काइव ने लेखक को बोस संबंधी गुप्तचरी के कई दस्तावेज दिए
6. *वेवेल: दी वायसरायज जरनल*। पृष्ठ 164. वेवेल ने 21 सितंबर 1945 को लिखा "सैगोन में जापानियों के अनुसार बोस की निश्चित तौर पर मृत्यु हो गई है। लेकिन इस की पुष्टि होने तक मुझे शक रहेगा।" वही पृष्ठ 174
7. *इंटेलिजेंस एंड दी वार अगेंस्ट जापान,* लेखक रिचर्ड जे. एलड्रिख, पृष्ठ 349
8. बक्शी बद्रीनाथ के पुत्र एयर वाइस मार्शल (से. नि.) कुलदीप बक्शी का आदान
9. नं. 10005/3/जी. एस. आई. (बी) ब्रिटिश लाइब्रेरी लंदन का ओरिएंटल एंड इंडियन आफिस का संग्रह
10. *इंटेलिजेंस ऐंड दी वार अगेंस्ट जापान,* लेखक रिचर्ड जे. एल्ड्रिख, पृष्ठ 458
11. दक्षिणपूर्व एशिया का अनुवाद व पूछताछ विभाग, दस्तावेज नं. 128, संकेत नं. 4, 5 और 6
12. वही
13. वही
14. वही
15. नं. 63/2/10 जी. एस. आई. (बी) मुख्यालय एस. ए. सी. एस. ई. ए आयोग नं. 1 सैगोन
16. हिकारी किकन के मेजर ताकायाशी से पूछताछ की रिपोर्ट
17. सुभाष चंद्र बोस, डब्लू. एफ. डब्लू. डेविस की सैगोन जांच रिपोर्ट
18 वही
19. वही.
20. वही.
21. वही.
22. बोस की मृत्यु के बारे में जनरल हेडक्वाटर की प्रतिआसूचना कोर की रिपोर्ट
23. अमेरिकी सशस्त्र सेना प्रशांत के जनरल हेडक्वाटर की रिपोर्ट सी. जेड. 49 दिनांक 8 अक्तूबर 1945
24. नं. 63/2/10जी. एस. आई. (बी) मुख्यालय एस. ए. सी. एस. ई. ए. आयोग नं. 1 सैगोन
25. भास्कर मेनन बसी का बयान जो ए. डी. (एक्स) के ज्ञापन नं. डी.आई.बी./पी. 19 दिनांक 23 अक्तूबर 1945 के साथ मिला
26. पी. ई. एस. फिन्नी की रिपोर्ट, वह बैंकाक में 7वें डिवीजन के साथ थे
27. वही
28. पी. ई. एस. फिन्नी की रिपोर्ट दिनांक 12 नवंबर 1945

29. यू. बी. /डी. ओ. /4 सैगोन कंट्रोल मिशन दक्षिणपूर्व एशिया कमान से सी. एस. डी. आई. सी. के कमान अधिकारी को
30. एस. टी. /12 एस. सेक्शन सी. एस. डी. आई. सी. (1) दक्षिणपूर्व एशिया कमान, 15 जनवरी 1946
31. नं. सी – 5 इंटेलिजेंस ब्यूरो, राष्ट्रीय अभिलेखागार, दिल्ली
32. वही
33. मिलिटरी इंटेलिजेंस निदेशालय रिपोर्ट
34. एस. टी /12/104 एस. सेक्शन सी. एस. डी. आई. सी. (1)
35. अति गोपनीय पत्र संख्या एस. एल. ओ. /सी. सी. /1 दिनांक 1 मार्च 1946 से
36. नं. 1300/एस. ई. सी. एस. डी. आई. सी. , लाल किला, दिल्ली
37. आईएनए फाइल नं. 273, दस्तावेज सी –4 भाग 4. राष्ट्रीय अभिलेखागार, दिल्ली
38. फाइल नं. आईएनए 249 से
39. आधिकारिक तौर पर ओ. एस. एस. को अक्तूबर 1945 में समाप्त कर दिया गया था। पर इसका यह अर्थ नहीं कि अमेरिका का 1947 में सी. आई. ए. के गठन से पहले कोई गुप्तचार विभाग ही नहीं था
40. बोस के जीवनी लेखक सुबोध मार्कंडेय के पत्र *डार्कनेस एट डान* से। लेखक ने उनसे भेंटवार्ता की
41. *सुभाष चंद्र बोसः ए बायोग्राफी* लेखक मार्शल जे. गेट्स पृष्ठ 110
42. वही
43. फ्रेंड्स आफ इंडिया सोसोइटी इंटरनेशनल, कैलिफोर्निया, ने बोस से संबंधित गुप्त अमेरिकी दस्तावेज के सार्वजनिक होने पर उसकी प्रति हासिल की और उसे भारतीय समाचार पत्रों को सन 1994 से भेजा। जनवरी 2005 में मुखर्जी आयोग ने इनमें से कुछ दस्तावेजों की प्रामाणिक प्रतियां हासिल कीं
44. अमेरिकी वाणिज्यदूत का गोपनीय हवाई तार नं. 274 जो उन्होंने अपने विदेश मंत्री को 23 मई 1946 को भेजा
45. हवाई तार नं. ए–78 दिनांक 28 जून 1946, इस की एक प्रति मुखर्जी कमीशन ने जनवरी 2005 को हासिल की।
46. समर गुहा की पुस्तिका *कंट्री मस्ट नो वाट हैपेंड दू नेताजी*, पृष्ठ 9
47. फाइल नं. 273/आईएनए दस्तावेज सी –4 राष्ट्रीय अभिलेखागार, दिल्ली
48. आई. पी. आई. सिरीज, दस्तावेज नं. एल/पी1/12/217, ब्रिटिश लाइब्रेरी लंदन का ओरिएंटल एंड इंडिया आफिस संग्रह

3
अनजानी मंजिल

मुझे यह बात बिलकुल स्पष्ट है कि हम जो कुछ जांच कर सकते थे, कर चुके हैं। नतीजा निश्चित तौर पर बताता है कि श्री सुभाष चंद्र बोस की मृत्यु हो गई थी जैसा कि बताया जा चुका है। इसके ढेर सारे सुबूत हैं जो मेरी राय में विश्वसनीय हैं। लिहाजा मैं आगे जांच के लिए किसी आयोग का गठन करने का कोई औचित्य नहीं समझता।

प्रधानमंत्री जवाहरलाल नेहरू का उपविदेशमंत्री
बी. वी. केसकर को 13 फरवरी 1953 का नोट।

आप मुझ से नेताजी सुभाष चंद्र बोस की मृत्यु का सुबूत देने को कहते हैं। मैं आप को कोई निश्चित और सीधा सुबूत नहीं भेज सकता।

1962 में प्रधानमंत्री जवाहरलाल नेहरू का सुभाष के भाई
सुरेश बोस को पत्र।

"अगर वह मास्को पहुंच गए हैं या अभी रास्ते में हैं तो आप को जल्दी से जल्दी उन तक पहुंचना चाहिए।"[1] आबिद हसन ने अपने डर को छिपाते हुए एस. ए. अय्यर से आग्रह किया। प्रीतम सिंह और गुलजारा सिंह भी उनके साथ थे। गुलजारा को सुभाष बोस की अनजानी मंजिल के बारे में परोक्ष जानकारी थी। पर प्रीतम को निश्चित तौर पर पता था कि वह सोवियत संघ थी। 13 अगस्त की रात को खाने की मेज पर नेताजी ने उनसे जापानी आत्मसमर्पण के परिणामों के बारे में चर्चा की थी। "हमें अब क्या करना चाहिए?"[2] प्रीतम सिंह ने जवाब दिया, "हमें दूसरा मोर्चा खोलना चाहिए।"[3] "आत्मसमर्पण से कोई लाभ नहीं होगा।"[4] नेताजी संघर्ष जारी रखने को कटिबद्ध थे। उन्होंने प्रीतम सिंह से फुसफुसा कर कहा, " रूस से संपर्क साधा जा चुका है। हम उस दिशा में बढ़ने का प्रयास करेंगे।"[5]

यह सैगोन था। नेताजी को गए दो दिन हो गए थे। उनके साथी उनसे जा मिलने का इंतजार कर रहे थे। जापानी इस बारे में बहुत गोपनीयता बरत रहे थे। उन्होंने भारतीयों को अभी तक दुखद समाचार नहीं दिया था। "कल एक विमान जापान जा रहा है। कर्नल टी. उस में यात्रा करेंगे। आप के लिए भी उसमें एक सीट हो सकती हैं।"[6] उन्होंने यही कहा था। आप के बाकी साथियों को वियतनाम में हनोई पहुंचाया जा सकता है। यहां आजाद हिंद सरकार के महासचिव आनंद मोहन सहाय किसी विशेष काम में व्यस्त थे।" वह (बोस) अब कुछ प्रचार करने के सिवा और कर भी क्या सकते हैं?" हसन ने अय्यर से आगे चर्चा की। आजाद हिंद सरकार के प्रचार मंत्री अय्यर रायटर के भूतपूर्व संवाददाता थे। वह बोस के पीछे सोवियत संघ जाने के लिए सबसे उपयुक्त थे। 20 अगस्त की सुबह सभी पांच–एस. ए. अय्यर, देबनाथ दास, आबिद हसन, प्रीतम सिंह, गुलजारा सिंह, सैगोन हवाई अड्डे पर एकत्र हुए। हनोई वाला विमान पहले रवाना हुआ। यह दल सहाय के घर पहुंचा। थोड़ी देर में ही मेजर जनरल ए. सी. चटर्जी और जान थिवी भी आ गए। उनको सिंगापुर में "हिकारी किकन से निर्देश मिला था कि वह नेताजी के आदेश के अनुसार उन की दिशा में आगे बढें। इसलिए वह आए थे।"[8] तभी रेडियो पर मृत्यु का समाचार आया पर किसी ने इस पर विश्वास नहीं किया। कारण स्पष्ट था। प्रीतम सिंह और देबनाथ दास ने जापानी अधिकारियों से जा कर पूछा कि यह माजरा क्या है? "विमान दुर्घटना सिर्फ एक छलावा है,"[9] मार्शल तेराउची के मुख्यालय के कर्नल इनामोतो ने बताया।

सुभाष बोस की कथित मृत्यु के एक सप्ताह के बाद जापानी सैन्य गुप्तचरी विभाग के प्रमुख ने हनोई में देबनाथ दास से मुलाकात की। उन्होंने दास को जापानी भाषा में बताया कि "विमान दुर्घटना पर विश्वास न करो। नेताजी की वैकल्पिक योजना के अनुसार अपना कार्यक्रम बनाओ।"[10]

इधर सैगोन में उनके साथियों के हनोई चले जाने के बाद जापानी अय्यर को "दुर्घटना" के बारे में बताने लगे। पहले दोमई संवाददाता आए, फिर रियर एडमिरल चूडा। जिस बमवर्षक में वह चढ़ने जा रहे थे उसकी आवाज में अय्यर ने नौसेना कमांडर को जोर से कहते सुना, "एथर्जी की मृत्यु हो गई।" उन्होंने "चटर्जी" सुना। चूडा फिर चिल्लाए, "चंद्र बोस काका (महामहिम चंद्र बोस)।[11] इससे पहले कि अय्यर इस खबर को समझ पाते, विमान चल पड़ा। कैंटन हवाई अड्डे पर कर्नल टाडा ने अय्यर को एक हैंगर में ले जा कर विमान दुर्घटना का सारा ब्योरा दिया। वह नहीं माने। "कोई भी भारतीय इस पर विश्वास नहीं करेगा जब तक कि आप पक्का सुबूत नहीं देते। मुझे अभी ताइहोकू ले चलिए। मैं अपनी

आंखों से नेताजी का शरीर देखना चाहता हूं। बाद में यह न कहना कि उसका अंतिम संस्कार कर दिया गया।"[12] बमवर्षक जल्दी ही फारमोसा उतरा। लेकिन वह ताइहोकू नहीं गया। अय्यर बोस का शरीर कभी नहीं देख पाए। शरीर का अंतिम संस्कार भी कर दिया गया था। लेकिन फिर भी जापानियों ने अय्यर को नेताजी के निधन का समाचार लिखने को राजी कर लिया। बाद में यही समाचार दोमई द्वारा प्रसारित कर दिया गया।

करीब पांच साल बाद भारत में नेताजी की मृत्यु के बारे में ढेरों सवाल उठे। संसद तक उनकी गूंज ले जाने वाले थे एच. वी. कामथ। कामथ पक्के राष्ट्रवादी थे जिन्होंने सुभाष का अनुसरण करते हुए स्वाधीनता संग्राम में भाग लेने के लिए भारतीय प्रशासनिक सेवा से त्यागपत्र दे दिया था। एच. वी. कामथ ने सरकार की मृत्यु वाली आस्था की थाह लेने की भरपूर कोशिश की। 31 मार्च 1951 को उन्होंने "नेताजी की मृत्यु या उनकी जीवित होने के बारे में सरकार को मिली विभिन्न सूचनाओं के बारे में "पूछा। 19 अप्रैल 1951 को उपविदेशमंत्री डा॰ बी. वी. केसकर ने जवाब दिया," 1946 से ही श्री सुभाष चंद्र बोस की मृत्यु के बारे में सदन में पूछे गए सवालों का जवाब दिया जाता रहा है। जो कुछ प्रमाण मिले उनके आधार पर प्रधानमंत्री ने अक्तूबर 1946 को बयान दिया था कि इसमें कुछ संदेह बाकी नहीं कि श्री सुभाष चंद्र बोस का 18 अगस्त 1945 को निधन हो गया था. . . इस बारे में जो सूचनाएं मिली थीं, सरकार उन के स्रोत व तारीखें बताने में असमर्थ है।"

6 मार्च 1953 को स्वयं पंडित नेहरू ने संदेह दूर किया। लोकसभा सांसद ए. एन. विद्यालंकार ने उनसे पूछा था, "क्या सरकार के पास इसके निश्चित प्रमाण हैं कि नेताजी सुभाष चंद्र बोस की मृत्यु हो चुकी है और जो भस्मी उनकी बताई जाती है वह सचमुच उन्हीं की है?" प्रधानमंत्री ने जवाब दिया, "सरकार ने इस बारे में कई बार जांच की है। जो कुछ साक्ष्य मिले उन्हें 5 मार्च 1952 को सदन के पटल पर रख दिया गया था। सरकार आश्वस्त है कि श्री सुभाष चंद्र बोस की मृत्यु की रिपोर्ट सही है।"

पता चला कि एस. ए. अय्यर 1951 में जापान गए थे। उस कहानी के तथ्यों की पुष्टि के लिए जो उन्होंने 1945 में लिखी थी। वैसे तो बंबई के मुख्य सचिव ने उनको यह पुष्टि करने को कहा था लेकिन असल में खुद प्रधानमंत्री इस बारे में आश्वस्त होना चाहते थे। 26 सितंबर 1951 को अय्यर ने प्रधानमंत्री को अपनी विस्वशत रिपोर्ट सौंप दी थी। 6 मार्च 1953 को नेहरूजी ने इस रिपोर्ट के अंतिम पैरे की एक लाइन लोकसभा में पढ़ कर सुनाई, "अंत में मैं (अय्यर) फिर दोहराना चाहता हूं कि मुझे इसमें जरा भी संदेह नहीं कि रेनकोजी मंदिर में जो भस्मी रखी

गई है वह नेताजी की ही है।"[13] कई प्रतिप्रश्न पूछे गए जिन्हें नेहरू ने अपनी चिरपरिचित वाकपटुता से संभला, "हमारे पास जो सूचनाएं हैं यह उनका पूरा ब्योरा है। यह निर्णयक है या इन के बाद और कोई सूचना आ सकती है, मेरे लिए कहना कठिन है। लेकिन अभी तो ऐसा लगता है कि यह काफी विश्वासनीय है।"

इससे पहले 1 मार्च 1952 को प्रधानमंत्री ने पश्चिम बंगाल के मुख्यमंत्री डा॰ बी. सी. राय को अय्यर की रिपोर्ट की एक प्रति भेजी थी। "इस रिपोर्ट पर संदेह करने का कोई कारण नहीं है। मेरे विचार में मुझे अंतिम निष्कर्ष स्वीकार कर लेना चाहिए। 'उन्होंने डा॰ राय से कहा था कि वह बोस के अवशेषों के अंतिम क्रिया के बारे में उनके परिवार की इच्छा का पता करें। डा. राय ने अपने उत्तर में बताया कि बोस का परिवार इस मामले में नहीं पड़ना चाहता और वह फिलहाल नहीं चाहते कि इस बारे में उनसे कुछ कहा जाए।"[14]

प्रसिद्ध बैरिस्टर निहारेंदु दत्त मजुमदार ने, जो बंगाल के पूर्व मंत्री थे, जनवरी 1954 में नेताजी की मृत्यु के बारे में जांच करने के लिए एक आयोग बैठाने की बात चलाई। उन्होंने पं॰ नेहरू के विचारार्थ एक प्रस्ताव का मसौदा भेजा। वह इसका संशोधित रूप कांग्रेस कार्यकारिणी के सामने और फिर कल्याणी में काग्रेस के महाधिवेशन के सामने रखना चाहते थे। इसमें कहा गया, "नेताजी सुभाष चंद्र बोस के बारे में तथ्यों का पता लगाने के लिए एक आयोग का गठन किया जाना चाहिए और इसके लिए सरकार द्वारा जापान, अमेरिका, इंगलैंड, सोवियत संघ, चीन आदि देशों से भी सहायता करने का अनुरोध किया जाना चाहिए।"[15]

मजूमदार के सुझाव में ऐसा कुछ था जिससे प्रधानमंत्री चिढ़ गए। 21 जनवरी को उन्होंने इसका रुखाई से जवाब दिया, "मैंने आप का 16 जनवरी का पत्र अभी–अभी देखा। जहां तक कार्यसमिति का सवाल है वह अपने प्रस्तावों को अंतिम रूप दे चुकी है। मैं नहीं समझ पा रहा हूं कि भारत सरकार नेताजी के बारे में तथ्य पता लगाने के लिए और क्या कर सकती है। जो कुछ संभव था हम कर चुके हैं। जिन देशों की चर्चा आपने की है उनमें से जापान के सिवा कोई भी सहयोग देने को सहमत न होंगे। और जापान में तो हम पूरी जांच कर ही चुके हैं।"[16]

बहरामपुर नगरपालिका के सदस्यों की एक मीटिंग में किसी ने 7 जुलाई 1954 को सुभाष की मृत्यु का सवाल उठाया। नगरपालिका ने इस बारे में एक प्रस्ताव पारित कर डाला जिसमें भारत सरकार से अनुरोध किया गया कि वह गलतफहमियां दूर करने और सच का पता लगाने के लिए अच्छी तरह जांच कराए। प्रस्ताव की एक प्रति जब तीन मूर्ति भवन पहुंची तो नेहरू की ही भाषा में

उनके निजी सचिव एम. एल. बजाज ने जवाब में लिखा, "सरकार इस बारे में सभी तरह की जांच करवा चुकी है और इस नतीजे पर पहुंची है कि श्री बोस का विमान दुर्घटना में निधन हो गया था। अब और जांच की जरूरत नहीं है।"[17]

तो यह थी सरकारी कहानी। लेकिन उच्च स्तर पर पत्राचार से इस तरह का विश्वास नहीं जमता था। कभी बोस के अनुयायी रहे अब के नेहरू के साथियों की मदद से चुपचाप पता लगाने पर यही लगता था कि बोस शायद सोवियत संघ में प्रवेश कर गए होंगे।

पहला मामला आनंद मोहन सहाय का था। अगर जानने की इच्छा होती तो नेहरू सरकार के लिए यह मुश्किल न होता कि पुराने कागजात उनके बारे में क्या कहते हैं। सहाय शायद नेताजी के पहले शीर्ष लोगों में से थे जो अंग्रेजों के दबाव में टूट गए थे। "सिर्फ सहाय ने ही इस मामले में खुल कर बात की है।"[18] बोस की अंतिम योजना और इरादों के बारे में 28 फरवरी 1946 के खुफिया विभाग के नोट में कहा गया। 1952 में सहाय पोर्ट आफ स्पेन में भारत के आयुक्त थे। अपने समय में उनकी नेताजी से निकटता असंदिग्ध थी। वह उनके राजनयिक पांइट्मैन थे। वह उनकी तरफ से महत्वपूर्ण बातचीत करते थे और संवेदनशील मिशन पर जाते थे। सहाय ने 17 जनवरी 1952 को विदेश सचिव सुबिमल दास को एक अत्यंत गोपनीय पत्र लिखा। उसमें उन्होंने मृत्यु की कहानी को एक दिखावा बताया था और यह राज खोला था कि वह नेताजी की "मौत" के बारे में पहले से ही जानते थे।

सहाय ने अपने पत्र में लिखा, "सारे दिखावे में एक बात बहुत विचित्र लगती है जिसकी सफाई जापानियों से मांगी जानी चाहिए। मेरी जानकारी के मुताबिक नेताजी को अस्पताल ले जाया गया था जहां उनकी मृत्यु हो गई। तो ऐसा था कि 18 तारीख को दुर्घटना हुई और उसी दिन उनके निधन की घोषणा कर दी गई? या फिर विमान दुर्घटना एक दिन पहले हुई थी? शायद आपके मातहत अवर सचिव की हैसियत से काम कर रहे (आबिद हसन) सफरानी बता सकें कि नेताजी सैगोन से टोकियो के लिए किस दिन रवाना हुए थे।"[19]

इस बयान के साथ भी सहाय ने ऐसा विस्फोटक लगा दिया था जिससे यह विवरण उड़ जाता कि नेताजी सैगोन से टोकियो के लिए रवाना हुए थे। वह दूसरों से ज्यादा जानते थे कि सच्चाई क्या है। उनको खुद 16 अगस्त को बोस का संदेश मिला था कि वह उन्हें मंचूरिया में मिलें जो सोवियत संघ के बिलकुल पास था।

"जब मैं जनवरी 1945 में शंघाई में था, नेताजी टोकियो से लौटते समय उधर से गुजरे। वह कुछ दिन वहां ठहरे। उन्होंने मुझे बताया कि जापानी अब ज्यादा दिन हमारी मदद नहीं कर सकेंगे। नेताजी ने कहा कि कुछ महीनों में युद्ध

समाप्त होता प्रतीत होता है। वह चाहते थे कि मैं जापानियों को इस बात के लिए राजी करूं कि वह हमें टोकियो के सोवियत दूतावास से सीधा संपर्क करने दें। फरवरी 1945 के आरंभ में मैं टोकियो में था। मैंने जनरल तोजो और जनरल स्टाफ के प्रमुख से इस बारे में विस्तार से चर्चा की।

"योजना मंचूरिया जाने और युद्ध का अंत होने तक वहां रहने की थी ताकि हम जापानियों के आत्मसमर्पण के समय सोवियत क्षेत्र में हों। 15 अगस्त को युद्ध समाप्त हो गया। 16 को नेताजी का एक विशेष दूत बैंकाक से आ कर मिला। वह उनका पत्र लाया था जिसमें उन्होंने कहा था कि मैं जापानियों से जाने का इंतजाम करूं और मंचूरिया में उनसे आ कर मिलूं। उन्होंने कहा था कि हालांकि सोवियत संघ ने जापानियों के खिलाफ लड़ाई का ऐलान कर दिया है तो भी सोवियत अधिकारियों द्वारा मंचूरिया में गिरफ्तार होना ठीक रहेगा। बाद में हम शायद उनको मना सकें कि वे हमें दुश्मन नहीं दोस्त समझें। नेताजी से मुझे यह आखिरी संदेश मिला था।

"18 अगस्त 1945 को शाम के 5 बजे के लगभग मेजर जनरल चटर्जी, कर्नल गुलजारा सिंह, कर्नल प्रीतम सिंह, श्री थिवी और श्री आबिद हसन सैगोन से आए। उन्होंने बताया कि नेताजी उत्तर (मंचूरिया) की तरफ चले गए हैं। योजना की जानकारी होने के कारण मैं पहले से ही जापानियों से बातचीत कर रहा था कि वे मुझे टोकियो ले चलें। मैं ने सोचा कि टोकियो से मंचूरिया अपने आप चला जाऊंगा।"[20]

सहाय की नेताजी के गुपचुप तरीके से मंचूरिया जाने के बारे में टिप्पणी के मुकाबले अय्यर का कथन बहुत ठोस था। 1952 में अय्यर की रिपोर्ट के बारे में संसद में बोलते हुए प्रधानमंत्री ने राष्ट्र को पूरी बात नहीं बताई। असल में अय्यर ने दो अलग–अलग रिपोर्टें भेजी थीं। जिसका हवाला संसद में दिया गया वह शायद जनता के लिए थी। यह अय्यर ने 24 सितंबर 1951 को अपने चर्चगेट बंबई के आवास से भेजी थी। उसमें उन्होंने हबीबुर रहमान की कहानी को ज्यों का त्यों दोहराया था। अय्यर सरकारी रवैए पर चल रहे थे।

इसमें उन्होंने बताया था कि "मैं मई 1951 में टोकियो गया था। वहां मैंने 24 मई और 10 जून के बीच ज्यादा से ज्यादा जापानियों से भेंट की ताकि नेताजी की विमान दुर्घटना के बारे में सच्चाई का पता लगा सकूं... 3 जून को मैं जनरल तोजो के घर पर गया। अगले दिन श्रीमती तोजो और उनके परिवार के दूसरे सदस्य टोकियो होटल में मेरे मेहमान थे। मैंने जापानी पत्रकारों से या श्रीमती तोजो से नेताजी की मौत के बारे में कोई सीधे सवाल नहीं पूछे। पर अब मुझे पूरा विश्वास हो गया है कि घातक विमान दुर्घटना वाली बात एकदम सच है।"

अय्यर की दूसरी रिपोर्ट "अतिगोपनीय" थी। 5 जून 1951 को जब वह जापान में होटल में ठहरे हुए थे तभी उन्होंने पेंसिल से लिख कर वह सीधे प्रधानमंत्री को भेजी थी। इसका मसौदा 1945 में अय्यर की फील्ड मार्शल तेराउची के स्टाफ आफिसर कर्नल मिनोरू टाडा से हुई गुप्त बातचीत पर आधारित था। ये वही टाडा थे जिन्होंने कैंटन में उनको विमान दुर्घटना की सूचना दी थी। ये वही टाडा थे जिनका हिकारी किकन के प्रमुख लेफ्टिनेंट जनरल इसोदा के साथ नेताजी के गायब हो जाने से कुछ पहले अचानक प्रकट हो जाने ने मित्र राष्ट्रों के जासूसों के कान खड़े कर दिए थे। कुछ का खयाल था कि वे "छलावे की योजना" बनाने को इकट्ठे हुए हैं। छः साल बाद टाडा ने अय्यर को संकेत दिया कि उनका शक सही था। टाडा ने बोस के अनुरोध पर मार्शल तेराउची से संपर्क किया था। उन्होंने बोस और जापानियों के 17 अगस्त 1945 को नारायण दास के घर पर मिलने का असली मकसद भी बताया।

"कर्नल टी. ने नेताजी की सैगोन से उड़ान विषयक मेरी (अय्यर की) जानकारी की कुछ महत्वपूर्ण रिक्तियों को भरा। नेताजी और उनका दल दो विमानों में जब बैंकाक से सैगोन पहुंचा। उस समय 17.8.45 को सुबह के 10 बजे थे। कर्नल टाडा विमान से दलात गए और वहां दक्षिणी कमान (बर्मा से चीन और मंचूरिया तक) के सेनाध्यक्ष फील्ड मार्शल तेराउची से मिले। उन्होंने उनसे नेताजी के अनुरोध के बारे में बताया कि वह रूसियों के कब्जे वाले क्षेत्र मंचूरिया में जाना चाहते हैं और इस का प्रबंध कर दिया जाए। वहां से वह मास्को जा सकेंगे। फील्ड मार्शल ने टोकियो में अपने मुख्यालय को बताए बिना यह जिम्मेदारी अपने ऊपर ले ली। वह नेताजी का बड़ा आदर करते थे। उन्होंने टाडा से कहा कि आप नेताजी को बता दें कि सब इंतजाम कर दिया जाएगा।

"एक विमान दायरन और टोकियो जा रहा था। जनरल शिदेई उस विमान से दायरन जा रहे थे। वे एक सीट का इंतजाम कर सकते थे जो नेताजी को दे दी गई। जनरल शिदेई दायरन तक नेताजी का ख्याल रखते। उसके बाद रूसियों से संपर्क करने की नेताजी की अपनी जिम्मेदारी थी। जापानियों से ऐलान करना था कि जापान आते हुए नेताजी दायरन से गायब हो गए। इस तरह वे नेताजी की सुरक्षा की सारी जिम्मेदारी से बरी हो जाते। 2 या 3 बजे के करीब कर्नल टाडा ने दलात से आ कर नेताजी को नारायण दास के बंगले पर गुप्त बातचीत में यह जानकारी दी। टाडा ने उनको एक सीट देने की पेशकश की। फिर उसने एक और सीट (खुद अपनी) दी।"

यह पहली और आखिरी बार थी जब कर्नल टाडा ने किसी भारतीय के सामने इस बारे में अपना मुंह खोला था। वह कम उम्र में ही मर गए। लगभग

उन्ही दिनों जब अय्यर ने नेहरूजी को अपनी दूसरी रिपोर्ट सौंपी थी। अंग्रेजों के गुप्तचर विभाग की रिपोर्टों से पता चलता है कि वे टाडा को कितनी बुरी तरह खोज रहे थे। "मेरे खयाल में हमारा एक की महत्वपूर्ण कदम होगा, टाडा को पकड़ना।" 1 मार्च 1946 के उनके एक डिस्पैच में कहा गया। अंततः वे उनको पा गए। नतीजा क्या निकला? इस की जानकारी नहीं मिल सकी है। 1956 में बताया गया कि (सुभाष की अंतिम ज्ञात विमान यात्रा की योजना बनाने वाले) मंत्री हाशिया, लेफ्टिनेंट जनरल इसोदा, कर्नल यानो और कर्नल टाडा से पूछताछ के दस्तावेज दिल्ली के इंटेलिजेंस ब्यूरो के मुख्यालय में उपलब्ध नहीं थे।

संदर्भ/टिप्पणियां

1. *अनटू हिम विटनेस,* लेखक एस. ए. अय्यर, पृष्ठ 75
2. मुखर्जी आयोग के सामने प्रीतम सिंह का बयान
3. वही
4. वही
5. खोसला आयोग के सामने प्रीतम सिंह का बयान
6. *अनटू हिम विटनेस,* लेखक एस. ए. अय्यर, पृष्ठ 74
7. वही, पृष्ठ 75
8 खोसला आयोग के सामने देबनाथ दास का बयान
9. स्टार टीवी के एक शो में प्रीतम सिंह
10. 27 मार्च 1970 को अपने एक पत्र में देबनाथ दास ने यह खुलासा किया
11. *अनटू हिम विटनेस,* लेखक एस. ए. अय्यर, पृष्ठ 79
12. वही पृष्ठ 84–85
13. फाइल नं. एफ 25/4/एन. जी. ओ. /भाग 3 एस. ए. अचयर की प्रधानमंत्री को रिपोर्ट
14. फाइल नं. 2(64)56 पी. एम. भाग 1 पृष्ठ 19/बी
15. फाइल नं. 2(64)56 पी. एम. भाग 1, 16 जनवरी 1954 का पत्र
16. फाइल नं. 2(64)56 पी. एम. भाग 1 प्रधानमंत्री का उत्तर
17. फाइल नं. 2(64)56 पी. एम. भाग 1
18. एस. टी. /12/104 एस. सेक्शन, सी. एस. डी. आई. सी. (1)
19. फाइल नं. एफ. 25/4/एन. जी. ओ. भाग 3. डीओ नं. 13–सी. ओ. एम./52 विदेश सचिव ने आबिद हसन सफरानी से अवश्य पूछताछ की होगी हालांकि लेखक को इस बाबत कोई दस्तावेज नहीं मिला।
20. वही।

4

सच या छलावा

इसलिए सभी अनुमान यही हैं कि वह (सुभाष बोस) मारे गए और जांच मुख्यतः परिस्थितियों की होगी।

जवाहरलाल नेहरू, प्रधानमंत्री सचिवालय के
2 अप्रैल 1956 के एक नोट में।

हालांकि एकदम निश्चित तौर पर नहीं कहा जा सकता लेकिन पूरी संभावना यही है कि रेनकोजी मंदिर, टोकियो, में रखे अवशेष नेताजी सुभाष चंद्र बोस के ही हैं।

शाह नवाज कमेटी की रिपोर्ट

सरकार से संबद्ध मेरे दोनों सहयोगियों ने साक्ष्य प्राप्त करने और उन को ऐसी शक्ल देने का भरसक प्रयास किया जिससे वे प्रधानमंत्री के बयानों से मेल खा सकें।

असहमति की रिपोर्ट में शाह नवाज और
एस. एन. मोइत्रा के बारे में सुरेश बोस

सुदूरपूर्व के लिए अंतर्राष्ट्रीय सैनिक ट्रिब्यूनल की टोकियो में हुई एक बैठक में जजों को एक ऐसा नजारा देखने को मिला जो विश्वयुद्ध के प्रचार से उलट था। कहा जाता था कि नेताजी जापानियों की कठपुतली थे। लेकिन जब उनका नाम आया तो पूर्व प्रधानमंत्री हिदेकी तोजो व अन्य 'युद्ध अपराधी' अपने मित्र के सम्मान में सिर झुकाने के लिए उठ खड़े हुए।

एक अमेरिकी जज को इससे कुछ स्मरण हो आया। उसने अपने पास बैठे भारतीय जज से यह प्रसंग छेड़ा। न्यायमूर्ति राधाविनोद पाल मानव इतिहास के एक अत्यंत महत्वपूर्ण मुकदमे में जज की हैसियत से बैठने वाले एकमात्र एशियाई थे। उन्होंने उस अमेरिकी को नेताजी के बारे में बताया। ताइहोकू की दुर्घटना

का जिक्र आना भी स्वाभाविक ही था। अमेरिकी ने बताया कि खुफिया एजेंसियों के आकलन के अनुसार वह एक छलावा मात्र था। पाल अमेरिकी, ब्रिटिश तथा जापानी सूत्रों से पर्याप्त जानकारी हासिल कर के स्वदेश लौटे। 23 जनवरी 1947 में उन्होंने कलकत्ता में एक सार्वजनिक सभा में बताया कि अमेरिकियों के अनुसार मतस्युयामा हवाई अड्डे पर 18 अगस्त 1945 को कोई दुर्घटना नहीं घटी थी। उन दिनों में केवल एक विमान दुर्घटनाग्रस्त हुआ था और वह अमेरिकी था। उन के इस बयान का किसी ने भी खंडन नहीं किया। 1953 में पाल ने बोस के एक पूर्व सहयोगी ए. एम. नायर को पत्र लिख कर इस अफवाह का खंडन किया कि उन्होंने रेनकोजी मंदिर जा कर सुभाष के 'अवशेष' देखे थे :

"हैरत की बात है कि मेरे नाम का इस तरह इस्तेमाल किया जा रहा है। मैं कभी भी कथित अवशेष देखने उस मंदिर में नहीं गया। दरअसल मैं फारमोस में नेताजी के निधन की कहानी को सच नहीं मानता। इस सारे मामले की बारीकी से जांच होनी चाहिए।"[1]

पाल को इस बात का एहसास न था कि एक दिन वह भारत सरकार द्वारा नेताजी की मृत्यु की पहली आधिकारिक जांच का एक कारण बनेंगे। 1950 के दशक में जांच के लिए लगातार मांग की जाने लगी। पर सरकार अड़ी हुई थी। प्रधानमंत्री नेहरू ने खुद कई बार इस मांग को दबाया। 5 मार्च 1952 को संसद में एच. वी. कामथ के एक सवाल के जवाब में उन्होंने कहा, "मुझे नेताजी की मौत के बारे में न पहले संदेह था न अब है। इस बारे में कोई जांच नहीं हो सकती।"[2]

27 मार्च 1953 को निजी तौर पर एक पत्र वितरित कर के देबनाथ दास ने अपनी चुप्पी तोड़ी, "हमारी समझ से परे है कि भारत सरकार इस बारे में जांच आयोग क्यों नहीं बैठाती?" उन्होंने कहा कि नेताजी के साथियों के स्वाधीनता के बाद चुप रहने का कारण यह था कि वे "जापान की उस अत्यंत नाजुक स्थिति" में उसके साथ "मुरव्वत से पेश आना" चाहते थे। इसके अलावा "युद्ध अपराधियों के मुकदमे," "अंतर्राष्ट्रीय स्थितियां" भारत में बनने वाली सरकार का नेताजी के बारे में "विरोध वाला रवैया", ये सब कारण भी थे। "एक ऐतिहासिक आवश्यकता भी थी। नेताजी के भूमिगत रहने के कारण स्पष्ट थे। उनको भारत के भाग्य का स्वरूप बदलने के लिए किसी विशेष अवसर पर प्रकट होना था।" दास ने इस पर भी खेद प्रकट किया कि उनके कुछ साथी एकाएक पलटा खा गए। यह स्पष्टतः एस. ए. अय्यर, जे. के. भोंसले, ए. एम. सहाय आदि पर आक्षेप था। वे सब पं॰ नेहरू के साथ हो गए थे। उन्होंने इस पर भी आश्चर्य प्रकट किया कि "सरकार ने सिर्फ एक आदमी (श्री एस. ए. अय्यर) को ही जांच के लिए जापान

क्यों भेजा? वह तो जापान में मुश्किल से महीना भर ही रहे और उस जापानी भाषा भी नहीं आती थी। उन्हें एक निर्धारित टूर पर निर्भर रहना पड़ा था। उन्होंने अपनी जांच के परिणाम हम सब से गुप्त क्यों रखे?"

29 सितंबर 1955 को नेहरू ने फिर संसद में कामथ के एक सवाल के जवाब में कहा, "इस मामले में कोई तसल्लीबक्श जांच तो जापान की सरकार ही कर सकती है। सारी सामग्री जापान में है और हम वहां की सरकार को जांच के लिए बाध्य नहीं कर सकते। अगर वे जांच करते हैं तो हम उनको पूरा सहयोग देंगे। हम उनके क्षेत्र में जा कर जांच नहीं कर सकते। पहल उन की ओर से होनी चाहिए।"[3]

इस से स्वभावतः बहुत लोग निराश हुए कि प्रधानमंत्री किसी दूसरे देश को इस मामले में पहल करने की बात कर रहे हैं बजाय इसके कि खुद पहल कर के देश के इस वीर नायक के बारे में सत्य का पता चलाने की कोशिश करें। अब नेताजी के अनुयायियों ने गैरसरकारी तौर पर जांच कराने की कोशिश की। इस में न्यायमूर्ति पाल का नाम एक बार फिर सामने आया। तर्क यह था कि पाल ने टोकियो में हुए युद्ध अपराधियों के मुकदमे में जापानियों से सहानुभूति दिखा कर उनका दिल जीत लिया था। कहा गया कि अगर वह किसी जांच दल के प्रमुख के तौर पर वहां जाते हैं तो उन को बहुत सहयोग मिलेगा। 6 सितंबर 1955 को मामले ने तूल पकड़ लिया जब अनजाने में आईएनए के पूर्व मेजर जनरल शाहनवाज खां ने कलकत्ता में नेताजी स्मृति समिति की बैठक में कह दिया कि प्रधानमंत्री किसी सरकारी जांच के पक्ष में नहीं हैं। एक प्रस्ताव पारित कर के यह तय किया गया कि गैरसरकारी समिति का गठन किया जाए जो भारत में तथा विदेश में भ्रमण कर के तथ्यों का पता लगाए। शाहनवाज, जो अब कांग्रेसी सांसद थे, इस बारे में अक्तूबर में सुभाष के बड़े भाई सुरेश बोस से मिले। उन्होंने उनसे कहा कि वह प्रधानमंत्री से मिल कर कमेटी को सरकार की ओर से सुविधा दिलवाने की कोशिश करेंगे। उन्होंने यह भी वादा किया कि शीघ्र ही लौट कर सुभाष के अनुयायियों की एक बड़ी बैठक बुलाएंगे।

यह आखिरी बार था जब शाहनवाज ने दुर्घटना की कहानी पर शक करने वालों का साथ दिया। अब वह आदमी नदारद था जिसने 23 जनवरी 1951 को एक विशाल जनसभा में ऐलान किया था कि नेताजी लौट कर भारत आएंगे।[4] किसी को पता न चल सका कि दिल्ली में आखिर हुआ क्या? जल्दी ही पता चला कि एक सरकारी कमेटी बनेगी जिस के अध्यक्ष शाहनवाज होंगे। अंग्रेजी सेना में कप्तान रह चुके शाहनवाज में अंतर्राष्ट्रीय स्तर पर जांच करने की योग्यता न थी। न ही वह नेताजी के बहुत निकटवर्ती थे। लेकिन कुछ लोगों

के लिए रेल मंत्री का संसदीय सचिव निर्भय स्वतंत्र न्यायमूर्ति पाल से कहीं बेहतर था।

3 दिसंबर 1955 को प्रधानमंत्री ने संसद में नेताजी जांच समिति के गठन की घोषणा की। शाहनवाज की सहायता के लिए उसमें पश्चिम बंगाल सरकार के प्रतिनिधि शंकर मोइत्रा और नेताजी के परिवार के प्रतिनिधि के तौर पर पूर्व मेजिस्ट्रेट सुरेश बोस थे। किसी ने टिप्पणी की कि गैर राजनीतिज्ञ व सीधे–सादे सुरेश बोस को इस लिए चुना गया ताकि बोस परिवार के कुछ और लोगों को बाहर रखा जाएं जिन की दृढ़ धारणा थी कि नेताजी 1945 के बाद जीवित थे। सुरेश के कमेटी में होने का मतलब यह तो था नहीं कि वह कुछ खास कर सकते थे। यह तो अध्यक्ष ही कर सकता था। पर उसे विदेश मंत्रालय से आदेश लेने थे। प्रधानमंत्री नेहरू ही तब विदेशमंत्री भी थे। यह कमेटी सरकार के हाथों की एक कठपुतली भर थी। कमेटी को किसी आयोग के अधिकार नहीं थे। न ही वह स्वतंत्र थी। उसे बंद कमरे में काम करना था। मीडिया से दूर। पहले दिन से उसे उस का काम बता दिया गया था :

"16 अगस्त 1945 के आसपास नेताजी सुभाष चंद्र बोस की बैंकाक से रवानगी, उन की विमान दुर्घटना में कथित मृत्यु व उससे संबंधित बाद की घटनाओं व परिस्थितियों के बारे में जांच कर के सरकार को रिपोर्ट देना।"

यानी सरकार ने पहले ही यह नतीजा निकाल लिया था कि 18 अगस्त 1945 को ताइपेई में विमान दुर्घटना हुई थी। उनके हिसाब से सुभाष की मृत्यु तो हो ही चुकी थी, उस की पुष्टि भर करनी थी। इस बारे में कमेटी के काम करने से पहले ही अपने गुप्त पत्राचार में सरकार ने नेताजी की मृत्यु की कहानी को सच मान लिया था। इस की शुरुआत रेनकोजी मंदिर के पुजारी के अचानक बोस की बरसी पर एक विशेष स्मृति पूजा करने के ऐलान से हुई। जापान में भारत के राजदूत बी. आए. सेन ने 26 जुलाई 1955 को "71 नंबर" का तार भेजा। इस में सुभाष के नाम के साथ स्वर्गीय उपसर्ग जोड़ा गया, जैसा कि उन दिनों सभी सरकारी पत्राचारों में रिवाज बन गया था:

"**स्वर्गीय सुभाष चंद्र बोस**। रेनकोजी मंदिर के मुख्य पुजारी ने, जिस के पास नेताजी के अवशेष सुरक्षित रखे हैं, पहली बार 18 अगस्त को उनकी स्मृति में प्रार्थना सभा का आयोजन किया है। मंदिर के प्रबंधकों ने इसके लिए दूतावास की अनुमति चाही है और अनुरोध किया है कि राजदूत इसमें शामिल हों।"

जवाब में विदेश मंत्रालय ने 29 जून 1954 को तत्कालीन राजदूत डा॰ एम. ए. रऊफ के टी. एन. कौल को भेजे संदेश के संदर्भ में राजदूत से अपने विचार बताने को कहा।

टोकियो से जवाब आया, "नं. 73. राजदूत से। आप का तार नं. 28434 दिनांक 28 जुलाई। स्वर्गीय सुभाष चंद्र बोस। मेरे विचार कमोबेश वही हैं जो रऊफ के थे। मुद्दे की बात यह है कि क्या सरकार सार्वजनिक रूप से मौत की बात स्वीकार करने की स्थिति में है? अगर हां, तो फिर प्रार्थना सभा में भाग लेने में कोई आपत्ति नहीं हो सकती। इस का निर्णय भारत में नीति के स्तर पर ही हो सकता है। जापानियों की या यहां समुदाय की भावनाओं का कोई विशेष महत्व नही।"[6]

लेकिन रऊफ के असली विचार क्या थे? 1958–69 में दिल्ली कांग्रेस के अध्यक्ष जगदीश कुदेसिया ने अगस्त 1954 में टोकियो में उनसे भेंट की थी। कुदेसिया नेताजी के अवशेष देखना चाहते थे। पर रऊफ ने उनको हतोत्साहित किया कि समय नष्ट न करें। साथ ही यह भी कहा, "वे नेताजी के अवशेष नहीं हैं।" लौटने पर कुदेसिया ने प्रधानमंत्री और गृहमंत्री दोनों को यह बात बताई। "शास्त्रीजी तो कुछ ध्यान से मेरी बात सुनते रहे पर पंडितजी सुन कर हंस पड़े।"[7]

सेन के विचार प्रधानमंत्री को बताए गए। नेहरू ने फौरन मामले में दखल देते हुए विदेशमंत्रालय को निर्देश दियाः "मेरी राय में आप टोकियो से आए तार का यह जवाब दें कि हमारे दूतावास को सुभाष चंद्र बोस की प्रार्थना सभा में भाग लेना चाहिए। हमें सार्वजनिक तौर पर मृत्यु की सच्चाई को स्वीकार कर लेना चाहिए।"[8]

नेताजी जांच समिति ने अप्रैल 1956 में काम करना शुरू किया और सिर्फ चार महीनों में उसे पूरा भी कर डाला। कुल 67 गवाहों के बयान लिए गए। 6 अध्याय और 78 पेज की इस रिपोर्ट में विमान के मलबे और रेनकोजी मंदिर में रखे कलश के चित्र भी थे। "बोस की अंतिम योजना" के बारे में रिपोर्ट में कहा गया कि नेताजी के टोकियो जाने के कई कारण थे हालांकि उनका अंतिम इरादा मंचूरिया जाने का था। लेकिन "रूसियों से संपर्क करने का समय नहीं था। रूस का जापान से युद्ध चल रहा था। उस की सेनाएं मंचूरिया में आगे बढ़ रही थीं।"

पहले अध्याय की अस्पष्टता ने बाद के तीन अध्यायों के विवरण को आगे बढ़ाने में मदद की। दूसरा अध्याय "ताइहोकू में विमान दुर्घटना" बचे हुए सात में से छः लोगों की गवाही पर आधारित था। देश के बंटवारे ने आईएनए के कई महान सदस्यों की तरह हबीबुर रहमान को भी हम से छीन लिया था। पाकिस्तान की केंद्रीय प्रशासनिक सेवा के अधिकारी रहमान पहली और आखिरी बार भारत आए। रहमान ने दिल्ली में गवाही दी। जापानियों से टोकियो में पूछताछ की

गई। कमेटी का जापानियों ने और वहां के प्रेस ने बड़े जोशखरोश से स्वागत किया। बचने वालों ने उस भयावह दुर्धटना का वृतांत दिया। मेजर कोनो ने उस अग्निकांड के अपने शरीर पर दिए चिन्ह भी दिखाए। डा. योशिमी का दिया वृतांत तीसरे अध्याय ''नेताजी सुभाष चंद्र बोस की मृत्यु'' का मुख्य भाग बना। चौथे अध्याय, ''नेताजी के शरीर का अंतिम संस्कार'' के लिए रहमान सहित बहुत से गवाह मौजूद थे। पांचवें अध्याय ''नेताजी के अवशेष'' में विस्तार से बताया गया था कि उनकी भस्मी रेनकोजी मंदिर कैसे पहुंचीं।

कमेटी के सदस्य चाह कर भी ताइपेई (ताइहोकू) नहीं जा सके ''जहां दुर्घटना हुई थी और नेताजी का अंतिम संस्कार किया गया था। भारत सरकार ने कमेटी को बताया कि फारमोसा (ताइवान) से भारत के राजनयिक संबंध न होने के कारण यह संभव न हो सकेगा। इसलिए यह प्रयास छोड़ना पड़ा।''[9] कमेटी ने सिफारिश की कि नेताजी के अवशेष भारत लाए जाएं और उनका एक भव्य स्मारक बनाया जाए। 11 सितंबर 1956 को प्रधानमंत्री ने कमेटी की रिपोर्ट संसद में पेश की। अगले दिन दुनिया भर के अखबारों में यह खबर छपी। अमेरिका के *न्यू यार्क टाइम्स* ने छापा, ''अंग्रेजों के विरोधी भारतीय की मौत हो चुकी हैः जांच का निष्कर्ष।'' *हिंदू* ने अपने मुख्य समाचार में लिखा, ''नेताजी की मृत्यु की पुष्टि हो गई। पर्याप्त साक्ष्य मिले।''

''प्रधानमंत्री नेहरू ने आज लोकसभा को बताया कि जांच समिति इस नतीजे पर पहुंची है कि नेताजी सुभाष चंद्र बोस की मृत्यु 18 अगस्त, 1945 को ताइहोकू में विमान दुर्घटना में हो गई थी और टोकियो में रेनकोजी मंदिर में रखे अवशेष बोस के ही हैं। उन्होंने कहा कि सरकार को कमेटी के इस निष्कर्ष को स्वीकार कर लेना चाहिए कि नेताजी की मृत्यु हो चुकी है। रिपोर्ट पर उसके अध्यक्ष और एक अन्य सदस्य एस. एन. मोइत्रा के हस्ताक्षर हैं। तीसरे सदस्य, नेताजी के भाई सुरेश चंद्र बोस ने उस पर हस्ताक्षर नहीं किए। न ही उन्होंने असहमति का कोई नोट लिखा है। मैं कह नहीं सकता कि वह रिपोर्ट से सहमत हैं या नहीं।''

राज्यसभा के इस के विरोध में कुछ स्वर उभरे पर प्रधानमंत्री सांसदों को चुप कराने में सफल रहे। उधर कलकत्ते में बोस के परिवार के क्षुब्ध सदस्य और नेताजी के अनुयायी सुरेश बोस के साथ एकजुट हो कर उनकी बात उठाने लगे। असल में मतभेद तो कमेटी के पहले दिन से ही शुरू हो गए थे जब बोस के मित्र और फार्वर्ड ब्लाक नेता मुथुरामालिंगम थेवर ने शाहनवाज खां के उनको लिखे पत्र की भाषा पर विरोध जताया था। ''इस में लिखा था, ''नेताजी की मृत्यु की परिस्थितियां'' उन के अनुसार सरकार ने यह पहले ही मान लिया कि नेताजी

का निधन हो चुका है। थेवर ने इस बारे में शाहनवाज को तो बताया ही 3 अप्रैल को दिल्ली में एक प्रेस कांफ्रेंस भी बुलाई।

थेवर ने दावा किया कि वह साबित कर देंगे कि "नेताजी सुभाष चंद्र बोस जीवित हैं बशर्ते कमेटी का पुनर्गठन किया जाए और प्रधानमंत्री अगर सहानुभूति दिखाएं तो वह नेताजी के बारे में उनको सब कुछ बताने को तैयार हैं।" उन्होंने कहा, "यह कमेटी छलावा है – डा॰ राधाविनोद पाल को कमेटी की अध्यक्षता के लिए आमंत्रित किया जाना चाहिए। सरकार को जनता को स्पष्ट तौर पर बताना चाहिए कि नेताजी का नाम अब भी युद्ध अपराधियों की सूची में है या नहीं। यदि नहीं तो वह कब और कैसे हटाया गया।"[10]

थेवर के दावे पर विश्वास करने वाले कम थे। पर कोई उनकी बात का विरोध करने को भी सामने नहीं आया। प्रेस या सरकार में से किसी ने भी उनसे कोई सवाल नहीं किया। सुरेश बोस ने अलबत्ता इस बात को आगे बढ़ाते हुए प्रधानमंत्री से 2 अप्रैल 1956 को स्पष्टीकरण मांगाः

"शाहनवाज खां के प्रति पूरे आदर के बावजूद मैं कहना चाहूंगा कि यह मामला सेना विषयक न हो कर अदालती किस्म का है। इसके अध्यक्ष पद के लिए वह बहुत उपयुक्त नहीं। मैं समझता हूं कि यह जानना बहुत महत्वपूर्ण है कि अमेरिका और उसके मित्र राष्ट्रों की बनाई युद्ध अपराधियों की सूची में क्या नेताजी का नाम था और क्या आज भी उनका नाम उस सूची में है? अगर आज भी उनका नाम उस सूची मैं है, और अगर युद्ध अपराधी के तौर पर उन पर मामला चलाने के लिए वह भारत भूमि पर मिल जाते हैं तो क्या सरकार उनको इन लोगों को सौंप देने के लिए बाध्य होगी?

"चूंकि मैं इस जांच को अतिमहत्वपूर्ण मानता हूं अतः इस के लिए बहुत सुलझे हुए और प्रौढ़ फैसले की जरूरत होगी। इसलिए मेरी विनम्र राय में डा॰ राधाविनोद पाल से अनुरोध किया जाना चाहिए और उनको राजी किया जाना चाहिए कि वे कमेटी की अध्यक्षता करें।"[11]

अगली सुबह वह पंडित नेहरू से मिले। जिनका जवाब कुछ इस तरह दर्ज किया गया, "हमारा प्रयास नेताजी के बारे में यथासंभव सब तथ्य एकत्र करने का रहा है। आगे भी हम यह कोशिश करेंगे। मुझे अब उनके जीवित होने की संभावना नहीं लगती। विमान दुर्घटना को दस साल बीत गए हैं। यदि वह बच निकले थे तो इतने सालों से मौन क्यों हैं जब कि भारत से संपर्क करने के उनके पास कई रास्ते हैं।

"मैं श्री सुरेश बोस को बता चुका हूं कि युद्ध अपराधियों पर मुक़दमे के दौरान उनकी भूमिका के कारण डा॰ राधाविनोद पाल की कमेटी में नियुक्ति संभव नहीं, हालांकि वह बहुत योग्य हैं।

"मैं श्री सुरेश बोस को यह भी बता चुका हूं कि युद्ध अपराधी वाला सवाल नहीं उठता। हम अमेरिका या किसी अन्य देश से यह नहीं पूछ सकते कि नेताजी का नाम युद्ध अपराधियों की किसी सूची में है या नहीं। संभवतः उनका उत्तर यही होगा कि उनके अनुसार उनकी मृत्यु हो चुकी है। इसलिए हम इस मामले में कुछ करने का इरादा नहीं रखते।"[12]

लेकिन सुरेश का बयान इससे भिन्न था। उन्होंने कहा कि प्रधानमंत्री सारी वार्ता के दौरान उदासीन से रहे। युद्धबंदियों के सवाल पर तो वह चुप ही रहे। कुछ दिनों बाद सुरेश बोस ने शाहनवाज खां के प्रेस को कुछ चुनिंदा बातें बताने पर अपना एतराज जताते हुए प्रधानमंत्री को पत्र लिखा।

"चूंकि प्रेस और जनता को सुनवाई के दौरान आने की इजाजत नहीं है इसलिए समाचार पत्रों में कमेटी की सुनवाई की रिपोर्टें देख कर मैं स्तब्ध रह गया। जब मैं ने श्री शाहनवाज खान से पूछा तो वह बोले कि कुछ लोगों ने संसद की लौबी में पूछा था तो इस बारे में मैंने उनको कुछ बता दिया। इस बारे में कुछ और भी अनियमिताएं हुई हैं। इसलिए मेरी राय में हमारे मार्गदर्शन के लिए आप के निर्देश आवश्यक हैं।"[13]

इस पर प्रधानमंत्री ने अगले दिन ही जवाब दिया, "मेरी राय में कमेटी को मीडिया को न तो कोई इंटरव्यू देना चाहिए न बयान। उनको इस विषय में ऐसे लोगों से अनौपचारिक बात भी नहीं करनी चाहिए जो यह जानकारी प्रेस को दे सकते हैं।[14] शाहनवाज और सुरेश के आपस में बढ़ते अविश्वास को उन्होंने कम तो क्या करना था उल्टे शाहनवाज उनके पत्र की एक कापी भेजते हुए लिखा, "सुरेश बाबू का कहना है कि आप ने लाबी में किसी से बात की और वह प्रेस में छपा। मेरी राय में ऐसा भी नहीं करना चाहिए।"[15]

इस से दोनों के रिश्ते और बिगड़ गए। जापान जाने से पूर्व शाहनवाज ने सुरेश बोस को बताया कि "प्रधानमंत्री के आदेशानुसार मैं जापान में थोड़े से गवाहों के बयान ही दर्ज करूंगा और अपनी रिपोर्ट दूंगा।" टोकियो पहुंचने पर प्रेस वालो का ध्यान सुरेश बोस ने आकर्षित किया क्योंकि वह सुभाष के भाई थे। इस पर शाहनवाज चिल्लाए, "आप लोग मुझ से बात करें। इस दल का नेता मैं हूं।" उन्होंने जापानी प्रेस को अपना एजेंडा बताया, "मेरा यहां आने का मकसद उन लोगों का इंटरव्यू लेना है जो बोस की मृत्यु का सीधा साक्ष्य दे सकें।"[16] उन्होंने किया भी ऐसा ही। जिन लोगों ने सरकार की विचारधारा के अनुरूप गवाही दी, उनको ध्यान से सुना। जो अलग राय रखते थे उनको हतोत्साहित किया या टाला।

"जब भी कोई गवाह उन के अनुरूप बात नहीं करता, शाहनवाज उससे कहते कि क्या उसे यह ठीक से याद है या फिर दूसरे सवाल पूछ कर उसे

चक्कर में डाल देते ताकि वह अपने बयान में तब्दीली करे। ऐसा भी न हो तो वह अपने प्रतिकूल गवाही को स्टेनोग्राफर को लिखाते समय घुमाफिरा देते।"[17]

"कैप्टन एम. नाकामुरा ने कहा कि वह उन दिनों ताइहोकू हवाई अड्डे के रखरखाव के प्रमुख अधिकारी थे। उन्होंने बताया कि 17 या 18 अगस्त को एक गंभीर दुर्घटना हुई थी। इस में सुभाष चंद्र बोस और जनरल शिदेई तथा कुछ अन्य लिप्त हुए। वह 90 प्रतिशत निश्चय से कह सकते हैं कि उस दिन 18 तारीख नहीं थी। अध्यक्ष को यह बयान रास नहीं आया तो उन्होंने गवाह को वरगलाना शुरू किया। अंत में उससे कहला ही लिया कि यह हादसा शायद 17, 18, या 19 अगस्त 1945 को हुआ था।"[18]

कुछ गवाहों को लिखा हुआ मसौदा पढ़ने को दिया गया। जिन से कुछ अवांछित कहे जाने की आशंका थी उनको दरवाजे का रास्ता दिखाया गया। भारत में भी गवाहियां कुछ इसी तरह ली गईं। एन. दत्ता और एल. एन. रायचौधरी जब कमेटी के सामने आए तो अध्यक्ष नदारद थे। राय चौधरी 14वीं सेना के खुफिया विभाग से संबद्ध थे। उनका दावा था कि उन्होंने ऐसी रिपोर्टें देखी हैं जिनसे अनुमान होता था कि सुभाष सोवियत संघ चले गए थे।

जापान में शाहनवाज ने कोई 20 स्वतंत्र गवाहों को भगा दिया। एक व्यवसायी बोंदाइ मोरू इतना चिढ़ गए कि उन्होंने अपना क्षोभ प्रेस को व्यक्त किया। एस. एन. सेन 20 साल से जापान में रह रहे थे। उन्होंने कहा कि बोस दुर्घटनाग्रस्त होने वाले विमान में नहीं चढ़े थे। शाहनवाज ने उनको परे हटा कर एम. मियोशी को बुलाया। वह बोस की कथित मृत्यु के समय ताइहोकू अस्पताल में मेडिकल अर्दली थे। उनकी उम्मीद के खिलाफ मियोशी ने कहा कि मुझे और तीन औरों को एक ताबूत उठा कर ट्रक में रखने को कहा गया था जिसमें कोई अनजानी लाश थी। मैंने कभी नहीं सुना कि सुभाष बोस का उस अस्पताल में इलाज हुआ था या उनके मृत शरीर को दो दिन वहां रखा गया था।

एक बमवर्षक मेकैनिक के. सतोह[19] 1945 में ताइहोकू हवाई अड्डे पर नियुक्त थे। उन्होंने मामले पर अलग ही रोशनी डाली। उन्होंने बताया कि दुर्घटना तो हुई थी। पर वह सुबह 7 बजे हुई थी न कि दोपहर 2 बजे जैसा हबीबुर रहमान ने बताया। विमान में सिर्फ दो यात्री थे। उनमें से एक छलांग लगा कर बाहर आ गया। दूसरे को बाहर निकाला गया। जो छलांग लगा कर बाहर आए वह सुभाष बोस लगते थे। दोनों यात्रियों को खरोंच तक नहीं आई थी।

कमेटी के जापान से लौटने पर कलकत्ता में कुछ नाटक हुआ। जवाहरलाल नेहरू ने शरत बोस को एक अधजली घड़ी दी थी। उन्होंने बताया था कि यह घड़ी रहमान भारत लाए थे। हबीब के मुताबिक यह उनको डा॰ योशिमी ने दी थी

जो उन्होंने बोस के शरीर से उतारी थी। लाल किले में रहमान ने चोरी से वह शाहनवाज खां को दे दी। शाहनवाज ने वह आईएनए के बचाव वकील भूलाभाई देसाई को दी और उन्होंने पंडित नेहरू को। पर डा॰ योशिमी ने कहा कि उन्होंने न तो बोस के शरीर से कोई घड़ी उतारी न कभी रहमान को कोई घड़ी दी। और नेताजी कभी चौकोर घड़ी नहीं पहनते थे। उनके निकटवर्तियों ने कमेटी को बताया कि वह निश्चित तौर पर अपने गायब हो जाने तक गोल सुनहरी घड़ी ही पहनते थे। यह बात शाहनवाज को भी मालूम थी। लेकिन चौकोर घड़ी का संबंध तो मृत्यु वाली कहानी से था जिसे वह सच साबित करना चाहते थे। नेताजी के भतीजे द्विजेंद्र नाथ बोस ने जब इस बारे में बयान देना चाहा तो शाहनवाज ने यह कह कर मना कर दिया कि घड़ी के बारे में कई लोग बयान दे चुके हैं। एस. एन. मोइत्रा ने उन्हें समझाया, ''अगर कोई लाल कमीज हो तो एक गवाह उसे लाल बता सकता है, कोई उसे हरी या सफेद भी बता सकता है। लिहाजा इस गवाह को भी रोकना नहीं चाहिए।''[20]

बहरहाल तथ्य सामने आए। नेताजी के पास जिंदगी भर माता–पिता की भेंट की गई एक सोने की गोल ओमेगा घड़ी थी। उनको कई चौकोर घड़िया भेंट में दी गई थीं। वे उन्होंने आईएनए के अधिकारियों को दे दी थीं। इनमें हबीबुर रहमान और शाहनवाज शामिल थे। जब उनको बंदी बना कर लालकिले लाया गया तब उन दोनों ने ये घड़ियां पहन रखी थीं। द्विजेंद्र ने कमेटी का ध्यान जली हुई घड़ी की ओर दिलाया। उसके चमड़े के पट्टे में पहनने से फास्टनर का जो निशान बन गया था वह वहां नहीं होता अगर उनके चाचा ने वह घड़ी पहनी होती। जिस किसी ने वह घड़ी पहनी थी वह उनके चाचा से भारी कलाई वाला था। नेताजी के परिवार को शक था कि रहमान ने अपनी घड़ी सुभाष की कह कर दी है। रहमान से पूछा गया कि आप की घड़ी कहां है? उन्होंने कहा, ''लालकिले में वह मेरे पास थी। पर किसी ने चुरा ली।'' कमेटी ने कहा कि घड़ी वाला मामला अनिश्चय में रह गया है। द्विजेन इस से असहमत हुए, ''उन्होंने इस बारे में कुछ नहीं किया।''[21]

जून 1956 में शाहनवाज रिपोर्ट तैयार करने के अंतिम दौर में आए तो उन्होंने 19 तारीख को गृहमंत्री और विदेश सचिव को पत्र लिख कर इंटेलिजेंस ब्यूरो से संबंधित फाइलें मांगी। बोस की मृत्यु संबंधी अनिश्चय वाली फाइलें उन्हें भेज दी गईं पर शाहनवाज के पास उन्हें पढ़ने का समय नहीं था। 23 जून को उन्होंने सुरेश बोस से पूछा कि वह किस नतीजे पर पहुंचे हैं? सुरेश ने कहा,'' मैं तो इतनी जल्दी कोई राय कायम नहीं कर सकता। यह तो बग्घी को घोड़े के आगे लगाने सरीखा होगा।''[22] उन्होंने यह भी कहा कि साक्ष्यों का उचित मूल्यांकन

करने पर ही वह किसी नतीजे पर पहुंच सकते हैं। 30 जून को कमेटी के सदस्यों की मीटिंग हुई। शाहनवाज ने कहा कि हम लोग तीन मामलों की तहकीकात कर रहे हैं। बोस की मृत्यु, उनका अंतिम संस्कार और उनके अवशेष। "बाद की दोनों चीजें पहली का सुबूत होंगी।"[23] सुरेश ने यह कह कर आपत्ति की कि अवशेषों की पहचान नहीं हो पाई है। वह किसी के भी हो सकते हैं।

एक और विचित्र बात हुई। शाहनवाज कमेटी की रिपोर्ट शाहनवाज ने नहीं लिखनी थी। विदेश मंत्रालय इस के लिए शंकर मोइत्रा को अधिक योग्य समझता था। 10 जुलाई को सदस्य मौइत्रा के पहले मसौदा पर विचार करने के लिए मिले। 14 जुलाई तक गंभीर मतभेद उभर कर सामने आए। 15 जुलाई को सुरेश ने कहा कि इस तरह के अधकचरे साक्ष्यों के आधार पर ऐसा निष्कर्ष नहीं निकाला जा सकता। उनको तो यकीन हो रहा है कि 18 अगस्त 1945 को ताइहोकू में कोई विमान दुर्घटना हुई ही नहीं थी। शाहनवाज ने इस पर कहा कि वह चाहें तो अलग से अपना असहमति का नोट लिख सकते है। सुरेश ने कहा कि ठीक है। मुझे रिपोर्ट का यह मसौदा, सारे दस्तावेज और फोटो आदि दे दिए जाएं ताकि मैं अपना नोट तैयार कर सकूं।

सुरेश बोस की शाहनवाज से आखिरी मीटिंग 16 जुलाई को हुई। शाहनवाज ने उन को देख कर नाक–भौं चढ़ाई और कमेटी का दफ्तर खाली करने को कहा। उनको दिल्ली में रहने के लिए सरकारी आवास की जरूरत थी जो उनको नहीं दिया गया। उनका अपमान किया गया और अंततः उन को दिल्ली छोड़ कर चले जाने को विवश किया गया। इस दौरान शाहनवाज ने एक बार भी अपने नेताजी के 68 साला बड़े भाई से पूछने का कष्ट नहीं किया कि क्या वह उनके सांसद के बड़े बंगले में मेहमान बनना पसंद करेंगे। सुरेश बोस ने कलकत्ते से शाहनवाज को तार दे कर दस्तावेज भेजने को कहा ताकि वह अपनी रिपार्ट तैयार कर सकें। जवाब में कुछ नहीं मिला। 29 जुलाई को उन को शाहनवाज का पत्र मिला कि 13 जुलाई तक अपना असहमति नोट भेज दें, जो कि असंभव था। सुरेश समझ गए कि इस के पीछे सरकार का हाथ है। कुछ दिन बाद उन्होंने कलकत्ते के एक अखबार में खबर पढ़ी, "जांच से पता चला है कि नेताजी की मृत्यु महायुद्ध के अंत में फारमोसा के एक अस्पताल में हुई थी।" यह गोपनीयता भंग करने वाली बात थी और इस खबर में सुरेश बोस के प्रति कुछ अपमानजनक भी था। उन्होंने तुरंत शाहनवाज को एक पत्र लिखा और उसकी कापी प्रधानमंत्री को भेजी। 13 अगस्त को नेहरूजी का जवाब आया, "यह खबर किसी रिपोर्टर का अनुमान हो सकती है। या फिर किसी सरकारी बाबू ने शायद कुछ बता दिया होगा। अध्यक्ष का इस से कुछ लेना–देना नहीं है।"[24]

इस पर सुरेश बोस बहुत नाराज हुए। उन्होंने लिखा कि शाहनवाज ने "झूठे और शैतानी वाले बयान दिए हैं। जब उन्होंने मुझे संबंधित दस्तावेज देने से साफ इनकार कर दिया तो मुझे शक हुआ कि वह ऊपर से शह पा कर ऐसा कर रहे हैं। अब यह शक यकीन में बदल गया है।" प्रधानमंत्री उन की इस प्रतिक्रिया पर चुप ही रहे। सरकार ऐसे मामले में कोई विवाद नहीं चाहती थी। इस मौके पर बंगाल के मुख्यमंत्री और एक समय पर नेताजी के विरोधी रहे डा॰ बी. सी. राय मामले में कूद पड़े। द्विजेंद्र बोस के दिन अच्छे नहीं थे। राय ने उसे मोहरा बनाने की सोची। उन्होंने उसे बुला कर समझाया कि मैं तुम्हें बहुत सा काम दे सकता हूं। तुम खूब पैसा कमाओगे। बस इतना करो कि शाहनवाज की रिपोर्ट पर सुरेश बोस के दस्तखत करवा दो। द्विजेद्र इसके लिए राजी नहीं हुए। इस पर राय ने सुरेश बोस को बुलवा भेजा। उनसे कहा कि सुभाष बोस की मृत्यु हो चुकी है। फिर विवाद क्यों खड़ा कर रहे हो? सुरेश बोस ने प्रतिवाद करते हुए कहा कि कौन कहता है उनकी मृत्यु हुई है। उन्होंने खुफिया एजेंसियों की जांच का हवाला दिया। राय ने सुरेश बोस से पूछा कि क्या आप राज्यपाल बनना चाहेंगे। इससे गर्मागर्मी हो गई।[25]

सुरेश बोस ने किसी तरह कुछ गुप्त दस्तावेजों की मदद से अक्तूबर में अपनी रिपोर्ट पूरी कर दी। नवंबर 1956 में उन्होंने उसे खुद प्रकाशित करवाया क्योंकि न तो सरकार और न ही कोई प्रकाशक उसे छापने को तैयार था। अपनी असहमति रिपोर्ट के अंत में उन्होंने देशवासियों से अपील की कि वे सरकार से कहें कि कमेटी को मिले सारे साक्ष्य जनता के सामने रखे। अगर उनके अध्ययन के बाद यह राय बने कि कोई विमान दुर्धटना नहीं हुई थी और नेताजी का निधन नहीं हुआ था तो "जिन्होंने भी इस घृणित खेल में हिस्सा लिया है उन सब को दंडित करने की मांग करें।"[26]

सुरेश बोस की असहमति रिपोर्ट बहुत लोगों ने नहीं पढ़ी और लोग उन्हें भूल गए। जल्दी ही शाहनवाज रेल उपमंत्री और मोइत्रा पाकिस्तान में भारत के उपउच्चायुक्त बनाए गए। आरोप था कि उनको कमेटी में सेवाएं देने का यह लाभ मिला था। निजी तौर पर शाहनवाज को उनका सामना करना पड़ा जो उनकी रिपोर्ट से सहमत नहीं थे। एच. वी. कामथ ने उनसे पूछा कि आप ताइवान क्यों नहीं गए थे जहां विमान दुर्घटना हुई थी। "मान लीजिए कि कहीं कत्ल होता है। अगर जांच करने वाला मौका–ए–वारदात पर ही नहीं जाता तो उस जांच को कैसे यकीनी माना जा सकता है?" इस पर शाहनवाज ने जवाब दिया कि मुझे "बैंकाक और टोकियो में ही सारे साक्ष्य मिल गए थे।"[27] सुभाष बोस की भतीजी का सामना होने पर वह उनकी बात का कुछ जवाब न दे सके, "क्या भाईजान आपने डिप्टी मिनिस्ट्री के लिए नेताजी को मार दिया।"

1956 में रिपोर्ट देने भर से बात खत्म नहीं हुई। शाहनवाज खोसला आयोग के सामने गवाह नं. 1 के तौर पर पेश हुए और उनके बाद सुरेश बोस। वृद्ध सुरेश ने शाहनवाज को ''नेताजी के साथ गद्दारी करने वाला काला उदाहरण'' बताया। ''उन्होंने नेताजी के साथ गद्दारी कर के अपनी रिपोर्ट में प्रधानमंत्री नेहरू का साथ दिया और कहा कि नेताजी का निधन हो गया है जबकि मौखिक व दस्तावेजी सक्ष्य इसके विरुद्ध जाते थे। इस का उनको इनाम भी मिला। सुरेश बोस ने आरोपों की झड़ी लगा दी, ''शाहनवाज आजाद हिंद फौज में कर्नल थे। उन्होंने अपने आप को मेजर जनरल कहा जो सच नहीं था। शुरू में वह बहादुरी से लड़े। फिर नेताजी को धोखा दिया। उन पर सही शक किया गया था कि वह ब्रिटिश भारतीय सेना में अपने भाई तथा कुछ और लोगों को आईएनए के राज बता देते थे। इसके लिए उनको नेताजी के मुख्यालय से दूर एक महत्वपूर्ण काम सौंपा गया। कुछ वफादार आफिसरों को उनके साथ लगाया गया ताकि वह उनकी हरकतों की खबर देते रहें। दक्षिणपूर्व एशिया में उनके अंतिम साढ़े चार महीनों के प्रवास के दौरान उनको नेताजी से मिलने की इजाजत नहीं दी गई। उनके विरुद्ध कोर्ट मार्शल के आदेश जारी किए गए लेकिन युद्ध के अचानक समाप्त हो जाने के कारण इन पर अमल नहीं हो सका।''

6 नवंबर 1970 को *टाइम्स आफ इंडिया* ने सुरेश बोस को उद्धृत करते हुए हुए बताया, ''जवाहरलाल नेहरू हम लोगों के ताइहोकू जाने के हक में नहीं थे जहां कि कथित दुघटना हुई थी – शाहनवाज ने बाद में उनको बताया कि ताइहोकू जाने में कोई राजनीतिक अड़चन नहीं थी। प्रधानमंत्री को यह पसंद न था। नेहरू इसके लिए भी सहमत नहीं हुए कि डा॰ विनोद पाल को कमेटी में किसी भी पद पर लिया जाए। क्योंकि उन्होंने (नेहरूजी ने) कहा कि डा॰ पाल की राय में नेताजी का निधन नहीं हुआ था।''

सुरेश बोस जैसी राय ही कुछ दूसरे गवाहों की भी थी। शामलाल जैन ने 1946 में आईएनए की डिफेंस कमेटी में काम किया था। उन्होंने 31 दिसंबर 1970 को अपनी गवाही में बताया कि मैं ने ''शाहनवाज खान की पर्सनल फाइल टाइप की थी। खान कभी भी मेज़र जनरल नहीं थे।'' आजाद हिंद सरकार में मंत्री लेफ्टिनेंट कर्नल इशान कादिर की डायरी से पता चला, ''शाहनवाज ने आईएनए के मुस्लिम सदस्यों को भड़का कर वहां सांप्रदायिकता फैलाई।'' जैन ने कादिर का हवाला देते हुए बताया, ''मैंने खुद शाहनवाज की आईएनए को बरबाद करने वाली करतूतें देखीं और नेताजी को उनकी जानकारी दी। उन्होंने मामले को गंभीरता से लिया और कोर्ट मार्शल का आदेश दिया।'' आईएनए के कर्नल ठाकुर सिंह ने बताया, ''जिस दिन मैं एस. एन. खान के साथ ड्यूटी पर

तैनात हुआ उसी दिन उनके चुने हुए कुछ लोग छोड़ कर भाग गए। नेताजी को इस का पता चल गया।"

इन सब आरोपों को नकारते हुए शाहनवाज ने कहा, "सुरेश बोस ने परिवार के दबाव में आ कर राजनीतिक कारणों से असहमति वाली रिपोर्ट लिखी है।" उन्होंने कहा कि पंडित नेहरू को माउंटबेटन ने बताया था कि नेताजी का निधन हो गया है। उन्होंने कहा कि कमेटी के ताइवान न जाने से प्रधानमंत्री का कोई संबंध नहीं था। "जापानी इसके लिए इंतजाम करने को तैयार थे पर कमेटी के सदस्यों की यही राय बनी कि वहां जाने का कोई लाभ नहीं होगा।"[28]

तत्कालीन सरकारी पत्राचार पर गुपचुप नजर डालें तो पता चलता है कि शाहनवाज साफ झूठ बोल रहे थे। मई 1956 में उन्होंने टोकियो स्थिति भारतीय दूतावास से ताइवान जाने की अनुमति मांगी थी। दूतावास ने तुरंत विदेश मंत्रालय को इस की खबर दी।

वहां से जवाब आया, "आप का नं. 44, 19 मई का तार। प्रधानमंत्री के सामने मामले को रखा गया। कमेटी को दिल्ली में ही साफतौर पर बता दिया गया था कि फारमोसा जाना व्यावहारिक न होगा अतः उसकी सलाह नहीं दी जाती। उसका एक ही मकसद हो सकता है, अस्पताल के रजिस्टर में देखना। हमने यहां ब्रिटिश उच्चायुक्त से आग्रह किया है कि वह हमें यह जानकारी मुहैया कराएं। उनका जवाब अभी नहीं आया। हमने इस पर दोबारा विचार किया है। इसकी संभावना कम है कि फारमोसा सरकार सहयोग दे। दरअसल वह इस में रोड़े अटका सकते हैं और अपमानजनक शर्तें लगा सकते हैं। राजनीतिक तौर पर यह हमारे लिए बहुत परेशान करने वाली बात होगी और इससे स्थिति और भी जटिल हो जाएगी।"[29]

लेकिन अगले दिन ही पता चला कि औपचारिक संबंध के न होने के बावजूद ताइवानी भारतीयों की सहायता करने को तत्पर थे। कौल ने इस आशय का एक तार राजदूत सेन को भेजा। "सदर्भ, हमारा 22 मई का तार नं. 28407. ब्रिटिश उच्चायोग ने हमें बताया है कि फारमोसा के अधिकारी पांच चीनियों को इजाजत देने को तैयार हैं। पर वे उनको कमेटी के सामने पेश होने के लिए हांगकांग जाने की अनुमति नहीं देंगे। यह गौरतलब है। हो सकता है कि वह उनको गलत बयान देने के लिए पट्टी पढ़ाना चाहते हों। इस से मामला उलझेगा। इसलिए हमारी इस राय की कि कमेटी फारमोसा न जाए, पुष्टि की जाती है।"

ताइवानियों को गवाहों को कुछ पढ़ाने की न तो जरूरत थी न कोई कारण। साउथ ब्लाक में कुछ खिचड़ी पक रही थी। 25 मई 1956 को टोकियो स्थित भारतीय दूतावास में प्रथम सचिव ए. के. धर ने राजदूत की अनुपस्थिति में

शाहनवाज को साफ कहा कि ताइवान न जाएं। राजदूत सेन के आ जाने पर धर ने 28 मई को दोहराया कि वहां जाने का सवाल ही नहीं उठता। "सारे मामले पर विचार करने के बाद विदेश मंत्रालय का कहना है कि कमेटी को फारमोसा नहीं जाना चाहिए। इस की पुष्टि राजदूत ने लौटने पर कर दी है। फारमोसा सरकार से कोई सुविधा मिलने की उम्मीद नहीं है। हमारी राय में अस्पताल के रजिस्टर की प्रविष्टियों की अधिक प्रतियां मंगा लेना बेहतर होगा।"

तामसुई, ताइवान, में ब्रिटिश काउंसल ए. फ्रेंक्लिन ने दिल्ली स्थित ब्रिटिश उच्चायोग के दिए काम को हाथ में लिया। उनको जो पता चला उसका जिक्र न शाहनवाज की रिपोर्ट में था न ही भारत सरकार ने यह बात कभी जनता को बताई। उच्चायोग से भारत सरकार की विशेष पूछताछ का कारण एक पत्रकार हरीन शाह की रिपोर्ट थी जिसने 1946 में ताइवान में मौके पर जा कर पता लगाया था और इस नतीजे पर पहुंचा था कि नेताजी की दुर्घटना में मृत्यु हो गई थी।

1947 में भारत आ कर शाह ने गृहमंत्री वल्लभभाई पटेल से मुलाकात कर के उनको अपनी खोज के बारे में बताया। पटेल ने कहा कि "आप शरत बोस को इस बात का विश्वास दिलाएं।" 1949 के आरंभ में प्राग में शाह ने ऐसा करने की कोशिश की पर सफल नहीं हुए। शाह अपनी खोज को शाहनवाज कमेटी के गठन तक जनता के सामने नहीं लाए। तभी उन्होंने *गैलेंट एंड आफ नेताजी* के नाम से पुस्तक प्रकाशित की जिसमें दुर्घटना और नेताजी की मृत्यु से संबंधित ताइवानियों की गवाही व चित्र थे। शाहनवाज ने ताइपेई दुर्घटना साबित करने के लिए इसका पूरा फायदा उठाया। सुरेश बोस इस से सहमत नहीं हुए, "नेताजी की मृत्यु सिद्ध करने के लिए इस तरह के हास्यास्पद साक्ष्य की उपयोगिता मेरी समझ से बाहर है।"[30]

शाहनवाज कमेटी के गठन के बाद भारत सरकार ने दिल्ली स्थित ब्रिटिश उच्चायोग से कहा कि शाह ने जिन गवाहों का उल्लेख किया है वह उनका पता लगा कर उन की गवाही लें। साथ ही सुभाष बोस से संबंधित अस्पताल के रजिस्टर की प्रविष्टियां व बोस के अंतिम संस्कार का प्रमाणपत्र हासिल करे। 3 मई 1956 को उच्चायुक्त ने तामसुई काउंसिल फ्रेंक्लिन को लिखा, "भारतीय अधिकारी अनुरोध करते समय कुछ लज्जित से थे। पर मेरे विचार में सुभाष बोस के जीवित होने के बारे में प्रचलित कहानियों का अंत करने और किसी नतीजे पर पहुंचने के लिए यह जरूरी है।"[31] ताइवान की प्रांतीय सरकार के अध्यक्ष सी. के. येन से यह पता लगाने का आग्रह किया गया। 4 जुलाई 1956 को उन्होंने अपनी रिपोर्ट भेजी जो किसी भी तरह से नेताजी की मृत्यु साबित नहीं करती थी।

अस्पताल में पुराने रिकार्ड उपलब्ध न थे। अंतिम संस्कार का वह प्रमाणपत्र जो बोस का बताया जाता था, किसी जापानी सिपाही का निकला। जिन प्रत्यक्षदर्शियों का हवाला हीरेन शाह ने दिया था वे या तो गायब हो गए थे या फिर उन्हें इस बारे में कुछ पता न था। बाकियों के पास ऐसा कुछ बताने को न था जिससे साबित हो कि 18 अगस्त 1945 को जिसकी मृत्यु हुई थी वह सुभाष ही थे। "सुभाष" के अंतिम संस्कार के एक गवाह ने बताया कि उसने एक शव देखा था। "वह चूने से भरा और सफेद कपड़े में लिपटा था।[32] "उसकी सिर्फ आंखें, नाक और होट दिखाई दे रहे थे जो काले पड़े चुके थे।"[33] चेन चिह–चिह ने कहा कि हम "जीवनकाल में सुभाष से परिचित न थे। फिर उनके मृत शरीर को कैसे पहचान सकते थे?"[34]

1978 में शाहनवाज ने नेताजी संबंधी विवाद पर अपना आखिरी बयान दिया। उन्होंने विवाद समाप्त करने को कहा। ऐसा भी कहा गया कि शाहनवाज को वह सब करने को बाध्य किया गया जिस पर वह खुद विश्वास नहीं करते थे। खोसला आयोग के सामने शाहनवाज के जानकार पी. एस. लावनिया ने दावा किया कि 1950 में शाहनवाज ने उनसे कहा था, "यह सोचना कि नेताजी की मृत्यु हो गई है, मूर्खता होगी।" उन्होंने बताया कि टोकियो में कुछ जापानी गवाहों ने शाहनवाज को बताया था कि नेताजी के बारे में चिंता न करें। "वह सही सलामत हैं।" लावनिया ने कहा कि शाहनवाज ने यह बात प्रधानमंत्री को बताई थी। 30 साल बाद एक व्यक्ति ने कहा कि लावनिया की बात सही हो सकती है। पुराने आईएनए वाले और शाहनवाज के दोस्त कर्नल ए. बी. सिंह ने बताया कि वाकया 1980 में शाहनवाज की मौत से कुछ पहले का है। खाने की मेज पर सिंह ने शाहनवाज को तब तक कुरेदा जब तक कि उनकी आंखों में आंसू नहीं आ गए, "ए. बी. नेताजी जांच कमेटी के अध्यक्ष के तौर पर मैंने अपनी जिंदगी की सब से बड़ी भूल की।"[35]

संदर्भ/टिप्पणियां

1. सुरेश बोस की असहमति रिपोर्ट,संलग्नक बी. बी.
2. वही पृष्ठ 2, 3
3. वही पृष्ठ 19, 20
4. इंटेलिजेंस ब्यूरो की आईएनए पर दैनिक रिपोर्ट नं. 56 दिनांक 5 फरवरी 1946 में कहा गया, "पंजाब में भी अफवाह है कि बोस जीवित हैं। शाहनवाज और एहसान कादिर दोंनों ने हाल ही में कहा है कि उनको बोस की मृत्यु पर पूरा संदेह है।" (नेशनल आर्काइव्स दिल्ली)

5. फाइल नं. 2(64)/56 –पी. एम. भाग 1
6. वही। गोपनीय तार, सी. सी. बी. नं. 7827
7. 1 मार्च 1971 को खोसला आयोग के सामने जगदीश कुदेसिया की गवाही
8. वही
9. नेताजी जांच कमेटी रिपोर्ट, पृष्ठ 3
10. हिंदुस्तान स्टैंडर्ड, 4 अप्रैल, 1956
11. फाइल नं. 2(64)56 –पी. एम. भाग 1
12. वही. प्रधानमंत्री का 2 अप्रैल 1956 का नोट
13. सुरेश बोस का प्रधानमंत्री को पत्र, फाइल नं. 2(64)56 –पी. एम. भाग 1
14. वही, नं. 792–पी. एम. एच. /56
15. वही, नं. 793–पी. एम. एच. /56
16. असहमति रिपोर्ट में सुरेश बोस का दिया विवरण
17. सुरेश बोस की असहमति रिपोर्ट, पृष्ठ 16
18. सुरेश बोस की असहमति रिपोर्ट, पृष्ठ 83
19. शरत बोस के बेटे ओमियो नाथ बोस ने खोसला अयोग को बताया कि जब उन्होंने सतोह को खोजने की कोशिश की तो विदेश मंत्रालय ने कहा कि ऐसा कोई आदमी कमेटी के सामने पेश नहीं हुआ था। पर उन्होंने उसे टोकियो में खोज निकाला और टेप पर उसका बयान रिकार्ड किया जिसे उन्होंने आयोग के सामने पेश किया
20. सुरेश बोस की असहमति रिपोर्ट, पृष्ठ 17
21. खोसला आयोग के सामने द्विजेंद्रनाथ बोस की गवाही। हबीब ने सी. एस. डी. आई. सी. को बताया था कि "बोस ने कलाई घड़ी" नहीं पहनी हुई थी
22. सुरेश बोस की असहमति रिपोर्ट, पृष्ठ 37
23. वही
24. नं. 414–पीएमओ/56 असहमति रिपोर्ट में उल्लिखित
25. यह विवरण खोसला आयोग के सामने सुरेश बोस व द्विजेंद्रनाथ बोस की गवाही पर आधारित है
26. सुरेश बोस की असहमति रिपोर्ट, पृष्ठ 181
27. खोसला आयोग के सामने एच. वी. कामथ की गवाही
28. खोसला आयोग के सामने शाहनवाज की गवाही
29. सी. सी. बी. नं. 3318, तार नं. 28407, फाइल नं. 2 (64)56–पी. एम. भाग 1
30 सुरेश बोस की असहमति रिपोर्ट, पृष्ठ 168

31. कामनवेल्थ रिलेशंस आफिस को गोपनीय तार, संदर्भ सी. 1852/1, दी नेशनल आर्काइव्स, लंदन
32. ताइवान की प्रांतीय सरकार की तामसुई स्थित हर मैजेस्ट्री के काउंसल ए. ए. ई. फ्रेंक्लिन को रिपोर्ट दी नेशनल आर्काइव्स, लंदन, संदर्भ सी. 1852/6 फाइल नं. एफ. औ. 371/121012
33. वही
34. वही
35. ए. बी. सिंह का आदान।

5
आयोग का ढोंग

अगर कोई ऐसा कदम जल्द नहीं उठाया जाता तो आने वाली पीढ़ियां भारत सरकार और भारत की जनता को भारत की स्वतंत्रता के सबसे सबल निर्माताओं में से एक के बारे में वास्तविक तथ्यों की पुष्टि करने में लापरवाही व उपेक्षा के लिए कभी माफ नहीं करेंगी।

सुभाष बोस की मृत्यु की न्यायिक जांच के लिए 1967 में भारत सरकार को दिया गया एक ज्ञापन।

मुझे नेताजी के जीवित होने में तनिक भी संदेह नहीं है। इसलिए इस जांच का मेरे लिए कोई महत्व नहीं।

1972 में खोसला आयोग के सामने अपनी गवाही के दौरान द्विजेंद्रनाथ बोस।

यह (खोसला आयोग के निष्कर्ष) क्यू. ई. डी. की तरह हैं। यही सिद्ध करना था, यह सिद्ध कर दिया गया।

1977 में संसद में सांसद शशांकशेखर सान्याल।

शाहनवाज कमेटी की रिपोर्ट को सरकार के स्वीकार कर लेने के बावजूद नेताजी की मृत्यु का रहस्य और भी गहरा गया। उन दिनों बहुत सी विचित्र बातें सुनने में आ रही थीं। एक शीर्ष नागा नेता ने सुभाष के जीवित होने की बात खुलेआम कही। नेताजी को तिब्बत व उत्तरप्रदेश में देखा गया। एक पुस्तिका के अनुसार वह एक चीनी जनरल का रूप धारण किए हुए थे। 1962 के भारत–चीन युद्ध के दौरान यह मामला न जाने किन कारणों से तेजी पकड़ गया। किसी ने कहा कि सुभाष जीवित हैं और गृहमंत्री लालबहादुर शास्त्री यह बात जानते हैं। तीनमूर्ति हाउस दिल्ली में कैमरे ने नेताजी की छवि को पकड़ा। लोग सिनेमाघरों में अपनी

सीटों से उछल पड़े। मई 1964 में नेहरूजी की अर्थी पर 'सुभाष' की झलक मिलने पर सांसदों ने प्रधानमंत्री शास्त्री से संसद में सवाल किए। नेहरूजी के अंतिम संस्कार के तुरंत बाद शास्त्रीजी ने एक साथी कांग्रेसी से कहा कि अगर यह घोषणा कर दी जाए कि नेताजी आ रहे हैं तो जनसमुद्र उमड़ पड़ेगा। 1965 में ताशकंद समझौते के बाद मास्को रेडियो से किसी "सुभाष चंद्र बोस" ने भाषण दिया। आदि, आदि।

पर सब से ज्यादा हो हल्ला हुआ पश्चिम बंगाल के जिलें कूचबिहार के अनजाने से कोने शौलमारी में। 1960 के शुरू में अंतर्राष्ट्रीय सीमा के पास के एक महात्मा के आश्रम की देश भर में चर्चा होने लगी। वहां हथियारबंद पहरा रहता था। कोई भी एक लंबा–चौड़ा फार्म भरे बिना अंदर नहीं जा सकता था। स्वामी श्रद्धानंद या शौलमारी बाबा विचित्र सा जीवन जीते थे। उनके रहस्यमय आश्रम में जाने वाले पहले लोगों में एक स्कूल टीचर राधेश्याम जायसवाल थे। उन्होंने सीधे प्रधानमंत्री को एक पत्र लिखा। इस में उन्होंने आरोप लगाया कि बाबा खुद को सुभाष बोस होने की अफवाह फैला रहे हैं। उन्होंने यह भी कहा कि उनके आश्रम में विदेशी एजेंटों को आश्रय दिया जाता है। उनको साधु–संत माना जाता है। पर वह अंग्रेजी बोलते हैं और विदेशी सिगरेट पीते हैं। जायसवाल की चिट्ठी पर पंडित नेहरू ने क्या कार्रवाई की यह किसी को पता नहीं। इतना जरूर सुनने में आया कि कुछ सरकारी जांच हुई थी।

इस के कुछ दिन बाद सुभाष बोस के एक पुराने अनुयायी ने नींद से जाग कर दावा किया कि शौलमारी बाबा सचमुच सुभाष बोस ही हैं। 13 फरवरी 1962 को अपनी प्रेस कांफ्रेंस में सत्य गुप्ता ने यह दावा तो किया पर 1945 के बाद से 'नेताजी' की गतिविधियों के बारे में वह चुप रहे। "इस में शक नहीं कि बाबा ही नेताजी हैं। सूरज–चांद के होने में संदेह हो सकता है, पर मेरे अपने नेताजी से मिलने में शक की गुंजाइश नहीं।"[1] आश्रम के सहमंत्री हरिपद बोस ने नेहरूजी को एक तार दे कर कहा कि आप के "खोए मित्र" शौलमारी में हैं। आश्रम ने इस दावे से इनकार करते हुए हरिपद को निकाल दिया। फरवरी 1962 में ही बंगाल के एक पूर्व मंत्री एन. दत्त मजूमदार श्रद्धानंद से मिले। उन्होंने प्रेस को बताया, "वह एक असाधारण व्यक्ति हैं। पर बोस नहीं।" लेकिन इस खंडन के बावजूद सत्य गुप्ता और हरिपद ने देश भर में घूम कर इस बारे में बहुत बावेला मचाया।

अंततः प्रधानमंत्री ने मामले में हस्तक्षेप किया पर अधिक कुछ नहीं कहा। उन्होंने 18 अप्रैल 1963 को इंडियन रिफार्मर को लिखा, "हमने मामले की जांच की है। हमें पूरा विश्वास है कि उन (श्रद्धानंद) के नेताजी होने की कहानी बिलकुल आधारहीन है।"[2] 22 अगस्त 1963 को अटल बिहारी वाजपेयी ने संसद

में उनका ध्यान इस ओर आकर्षित किया और पूछा कि क्या कोई जांच कराई गई है? नेहरूजी ने जवाब दिया, "इस बारे में हमने और पश्चिम बंगाल सरकार ने जांच की है। इससे सिद्ध हो चुका है कि स्वामी श्रद्धानंद नेताजी नहीं हैं और खुद उन्होंने भी इस का खंडन किया है।"[3]

समय के साथ लोग सत्य गुप्ता को भूल गए। हरिपद का भी कुछ अता–पता नहीं रहा। उनकी जगह उत्तमचंद मलहोत्रा ने ली। अपने पूर्व परिचय के कारण उन्होंने जल्दी ही सबका ध्यान आकर्षित किया। वह सचमुच दावा कर सकते थे कि उन्होंने सुभाष की जर्मनी जाने में मदद की थी।[4] 1941 में जो कुछ हुआ वह सिर्फ शिशिर बोस का किया न था। सुभाष की भारत से बाहर निकल जाने की योजना में कई लोग शामिल थे। निरंजन सिंह तालिब अच्छर सिंह चीमा के पास सुभाष का संदेश ले कर गए। चीमा ने अकाली नेता मास्टर तारा सिंह से बात की। सुभाष अंततः पठान के वेश में अफगानिस्तान निकल गए। कई दिनों तक वह दुश्मन के एजेंटों से छिप कर मल्होत्रा के घर में काबुल में रहे। जुलाई 1962 में मल्होत्रा ने श्रद्धानंद से भेंट की। फिर हीरा लाल दीक्षित के साथ मिल कर उन्होंने दस साल तक प्रचार किया कि वही नेताजी हैं।

60 के दशक के मध्य में शौलमारी वाली कहानी खत्म सी हो गई। तभी स्वाधीनता सेनानी समर गुहा सामने आए। उन्होंने 3 अप्रैल 1967 को लोकसभा में अपने पहले दिन ही नेताजी के बारे में जापान सरकार, फारमोसा की सरकार और भारत सरकार द्वारा संयुक्त रूप से जांच कराने की मांग की। उन्होंने अपनी आवाज सुनी जाने के लिए संसद में एक बार धरना भी दिया। जब इंदिरा गांधी सरकार ने उन की मांग पर ध्यान नहीं दिया तो गुहा ने अपने जैसी विचारधारा वालों को इकट्ठा करना शुरू किया। अटल बिहारी वाजपेयी और मधु लिमये ने उनका साथ दिया। सरकार पर दबाव बनाने के लिए एक 'राष्ट्रीय समिति' का गठन किया गया। देश के कोने–कोने से निर्वाचित 350 सांसदों के हस्ताक्षर के साथ राष्ट्रपति जाकिर हुसैन को एक ज्ञापन दिया गया। पर पं. नेहरू के पुराने वफादार प्रभावित नहीं हुए। 24 मई 1968 को राष्ट्रपति के मुख्य सचिव ने लिखा, "22 साल के बाद इस तरह के मामले में जांच कराने से कोई खास फायदा नहीं होने वाला।"[5] इस पर सांसदों का एक दल राष्ट्रपति भवन गया और फिर से राष्ट्रपति से आग्रह किया। 45 सांसदों के हस्ताक्षरों वाला एक पत्र प्रधानमंत्री के कार्यालय भी पहुंचा। 30 जुलाई 1969 को विदेशमंत्री दिनेश सिंह की तरफ से जवाब आया, "संसद में पहले भी कई बार यह मामला उठाया गया है। पिछले साल भी जब सांसदों ने एक ज्ञापन दिया था तो सरकार ने अपनी मान्यता एक बार फिर दोहराई थी कि नेताजी की मौत की जांच करना व्यर्थ होगा।"[6]

यह निराशाजनक स्थिति थी। लेकिन राष्ट्रीय समिति को जल्दी ही मौका मिल गया। दलगत विरोधाभास के चलते इंदिरा सरकार डांवाडोल हो रही थी। 1969 में पार्टी के अधिकृत उम्मीदवार की हार के बाद कांग्रेस का विभाजन हो गया। इससे इंदिरा गांधी की अल्पमत सरकार को ऐसे सांसदों के दल पर निर्भर होना पड़ा जिनमें से अधिकांश ने गुहा के ज्ञापन पर हस्ताक्षर किए थे। नए राष्ट्रपति वी. वी. गिरि नेताजी के प्रशंसकों के पक्षधर थे। प्रधानमंत्री के पास गया एक और प्रतिनिधिमंडल निराश ही लौटा। पर राष्ट्रपति ने उनकी बात सुनी और ज्ञापन को अनुकूल टिप्पणी के साथ प्रधानमंत्री को भेजा।

दिसंबर 1969 को एक मीटिंग हुई। इस में कई प्रमुख सांसदों के सामने गृहमंत्री वाई. बी. चौहान टालमटोल करते नजर आए। महीनों बाद सांसद और नेताजी के भतीजे ओमियो नाथ बोस ने 3 मार्च 1970 को संसद में अपना रोष प्रकट किया, "शाहनवाज खान ने जो जांच की थी, उसकी जगह इतिहास की रद्दी की टोकरी में है। खेद का विषय है कि जिस व्यक्ति ने देश सेवा में अपना सारा जीवन अर्पित कर दिया उसके बारे में जांच ऐसे निकम्मे और अयोग्य व्यक्तियों से कराई जाए। मैं सरकार से अपील करता हूं कि वह अविलंब इस काम के लिए एक न्यायिक जांच आयोग का गठन करे।" 6 मार्च को कुछ आहत मंत्रियों ने केबिनेट की बैठक में कहा, "जब देश के करोड़ो लोग जानना चाहते हैं कि नेताजी का क्या हुआ तो सरकार को यह आभास नहीं होने देना चाहिए कि वह ताजा जांच नहीं कराना चाहती और कुछ छिपा रही है।"[7]

सरकार राजी हो गई। 11 जुलाई 1970 को एक सदस्यीय आयोग के लिए आदेश जारी कर दिए गए। पंजाब उच्च न्यायालय के सेवानिवृत्त न्यायाधीश न्यायमूर्ति जी. डी. खोसला ने एक महीने बाद इसका अध्यक्ष पद संभाला। उनका एक जज एवं लेखक के तौर पर बड़ा नाम था और उनके परिचित मित्रों की बहुत बड़ी सूची थी। वह नेहरू परिवार के भी निकटवर्ती थे। "वह मनाली में पंडित नेहरू के साथ घूमते हुए साहित्य–चर्चा किया करते थे।"[8]

लेकिन दाल में कुछ काला भी था। खोसला को अपने लंदन के सहपाठी सुभाष से जलन थी। "क्योंकि कैंब्रिज के दिनों में सुभाष बोस अपने साथियों से सब तौर से बहुत ऊपर थे।"[9] खोसला जब आई. सी. एस. की तैयारी कर रहे थे तो "उन्होंने उनकी इस हरकत को देशविरोधी बताया था। यह बात खोसला के दिल में बैठ गई थी।"[10]

खोसला ने 14 अक्तूबर को एक प्रेस कांफ्रेंस में कहा कि सभी संबद्ध मामलों पर ध्यान दिया जाएगा। "इंगलैंड, अमेरिका, सोवियत संघ, जापान व ताइवान की सरकारों से संपर्क कर के 1945 में नेताजी के गायब होने से संबंधित साक्ष्य

एकत्र किए जाएंगे।"[11] 16 अक्तूबर 1970 को दिल्ली के विज्ञान भवन में खोसला आयोग का सत्र आरंभ हुआ। पहले गवाह शाहनवाज खान थे। उन्होंने नाटकीय अंदाज में कहा कि "अगर यह सिद्ध हो जाए कि मैंने देश को धोखा दिया है तो मुझे फांसी दे दी जाए।" इस पर ओमियो बोस अपनी पूरी ताकत के चिल्लाए, "हां, तुम नेताजी बोस के द्रोही हो।"[12] 18 नवंबर 1970 को आयोग की दूसरी बैठक कलकत्ता में हुई जहां लोगों ने खोसला को घसीटा, उन पर चिल्लाए और उनके विरुद्ध नारेबाजी की।[13]

खोसला के सामने बहुत से मसले थे। लेकिन उन्होंने शौलमारी वाले मामले को कुछ ज्यादा ही समय दिया। 1970 में उत्तम चंद मल्होत्रा उनके सामने पेश हुए। उन्होंने उनकी लंबी कहानियों को सुना जो 220 टाइप किए पृष्ठों में समाईं। अपनी रिपोर्ट में खोसला ने कई निरर्थक बातों के उदाहरण पेश किए।[14] उन्होंने यह नतीजा निकाला कि सुभाष को देखे जाने की घटनाएं कोरी बकावास थीं और जो लोग ऐसा दावा करते थे वे या तो दिवा स्वप्न देख रहे थे या फिर सस्ता प्रचार ढूंढ़ रहे थे। लेकिन यह सब पूर्ण सत्य नहीं था। कुछ बातें ऐसी थीं जो खोसला ने अपनी रिपोर्ट लिखते समय छिपा दीं। मिसाल के तौर पर सुभाष के भतीजे द्विजेंद्र नाथ बोस ने उनके सामने आरोप लगाया कि स्वामी श्रद्धानंद सरकार की बनाई कठपुतली हैं। उन्होंने कहा कि इस समय "तीन ऐसे साधु हैं जो खुद को नेताजी बता रहे हैं और ये तीनों सरकार के पैसे पर पल रहे हैं।"[15]

"हां, मैं वहां गया था। सारी जगह खुफिया विभाग के लोगों से भरी थी। वहां एस. सी. मुखर्जी और भोला मलिक भी थे। मुखर्जी को आश्रम का प्रशासक बनाया गया था। मुझे पता चला कि वह नेहरू के मुख्य सुरक्षा अधिकारी हांडू के सहायक रह चुके हैं और खुफिया विभाग में हैं। एक और व्यक्ति भौमिक भी खुफिया विभाग से थे। कुछ और भी थे जिनके नाम मुझे याद नहीं। वे सब सी. आई. डी. वाले थे।"

असल में ये "सी. आई. डी. "वाले इंटेलिजेंस ब्यूरो के उच्च अधिकारी थे। 'भोला मलिक' थे बी. एन. मलिक – मशहूर आई. बी. निदेशक। जी. के. हांडू कभी आई. बी. में उपनिदेशक थे। द्विजेंद्र अकेले ही इस तरह सोचने वाले न थे। और लोग भी इसी तरह की सोच रखते थे। *आनंद बाजार पत्रिका* के संवाददाता बरुन सेनगुप्ता ने कुछ तहकीकात की। 6 नवंबर 1970 के अखबार में उनकी रिपोर्ट छपी जिस का सारांश यह था कि "मौत" के 20 साल बाद भी सुभाष बोस के बारे में लगातार टोह ली जा रही थी। भारत की उत्तरी और पूर्वी सीमाओं पर उनके बारे में पूछताछ की जा रही थी। 6 जुलाई 1972 को सेनगुप्ता ने आयोग को बताया कि इसके पीछे नेहरूजी थे।

"रिपोर्टर के नाते हमारे पूछने पर पता चला कि नेताजी के बारे में तथ्यों को बंगाल व असम के मुख्यमंत्रियों से जानने में भी पंडितजी की रुचि रहती थी। जहां तक नेताजी के अनुयायियों का सवाल था उन में से सुरेंद्र मोहन घोष को इस काम पर लगाया गया।"[16]

सेनगुप्ता से पूछा गया कि पश्चिम बंगाल के मुख्यमंत्री पी. सी. सेन ने आपको अपनी जापान यात्रा के दौरान की गई पूछताछ के बारे में थोड़ा सा भी बताया क्या? तो उन्होंने जवाब दिया कि श्री सेन ने कहा कि कुछ लोगों ने मुझ से कहा था कि कोई "विमान दुर्घटना हुई ही नहीं थी।" शौलमारी की कहानियों के बारे में खोसला को पत्रिका की रिपोर्ट उद्धृत की गई, "हम ने नेताजी कहलाने वाले कई साधुओं, बाबाओं के बारे में सुन रखा है। इनकी कहानी की असलियत इंटेलिजेंस ब्यूरो खूब जानता है।" आगे पूछने पर सेनगुप्ता ने बताया कि जब शौलमारी वाला मामला काफी गरम हो गया तो संपादक ने मुझ से इस बारे में पता लगाने को कहा। मैं राज्य इंटेलिजेंस ब्यूरो के एक उच्च अधिकारी से मिला। उन्होंने निजी तौर पर बताया, "हम इस बारे में जांच करना चाहते थे। केंद्रीय जांच ब्यूरो ने इस बारे में एक रिपोर्ट दी थी। हमें उस पर विश्वास न था। हम ने अपने तौर पर जांच करने के लिए मुख्यमंत्री बी. सी. राय से अनुमति चाही तो उन्होंने कहा कि आप को इस बारे में परेशान होने की जरूरत नहीं है।"

सेनगुप्ता ने बताया कि "जब कोई अफवाह या बात होती है तो हम से भी गुप्तचर विभाग के लोग पूछते हैं कि आप को इस बारे में क्या पता चला है।"

"श्री बी. एन. मलिक इस बारे में पूछताछ कर रहे थे। इंटेलिजेंस के कई लोगों ने मुझे बताया कि वही यह जांच कर रहे हैं और उनको काफी कुछ पता है। वह सुभाष का रहस्य जानने के लिए खुद कई बार उत्तरपूर्वी सीमावर्ती इलाकों में जा चुके हैं। मुख्यमंत्री श्री चालिहा, श्री पी. सी. सेन और श्री बी. सी. राय इस बारे में काफी कुछ जानते हैं। कुछ बातें मुख्यमंत्रियों तक ही सीमित रहती हैं।"

बी. सी. राय और चालिहा का निधन हो गया था। 1962 से 1967 तक पश्चिम बंगाल के मुख्यमंत्री रह चुके पी. सी. सेन को आयोग ने बुलाया। उन्होंने बताया कि 1965 की जापान यात्रा के दौरान कुछ मित्रों ने उन्हें चाय पर बताया कि नेताजी सन 1945 में नहीं मरे थे। खोसला को यह बात जंची नहीं कि कोई मुख्यमंत्री इतना नासमझ हो कि ऐसी गप्पों पर ध्यान दे, जबकि भारत सरकार यह घोषणा कर चुकी हो कि बोस मर चुके हैं। शौलमारी बाबा के बारे में सेन ने कहा कि "कुछ दोस्तों ने मुझे बताया कि वह नेताजी नहीं हैं।" कुल मिला कर अपनी बात का निष्कर्ष निकालते हुए उन्होंने कहा कि "नेताजी के जीवित या मृत होने का मामला काफी विवादास्पद है।"

24 जुलाई 1972 को अपना बयान देते हुए रॉ के उपनिदेशक एस. आर. मीरचंदानी सेन की अस्पष्टता से भी दो हाथ आगे बढ़ गए। उनको इसलिए बुलाया गया क्योंकि बरुन सेनगुप्ता ने अपनी गवाही में उनका नाम लिया था। फार्वर्ड ब्लाक के वकील श्री अमर प्रसाद चक्रवर्ती ने उनको घेरने की कोशिश की:

प्र. : श्री मीरचंदानी, गृहमंत्रालय के अधीन इंटेलिजेंस ब्यूरो का मुख्य काम क्या है?

उ. : वह विभिन्न दलों की राजनीतिक गतिविधियों से संबंधित है।

प्र. : राजनीतिक दृष्टि से महत्वपूर्ण व्यक्तियों के बारे में ?

उ. : हां, वे भी दलों का हिस्सा होते हैं।

प्र. : विभाग खुद ही जांच करता है या उसे गृहमंत्रालय से निर्देश मिलते हैं?

उ. : रोजमर्रा के तौर पर निर्देश नहीं आते। यह काम नियमित रूप से चलता रहता है।

प्र. : अगर किसी समाचार पत्र में राजनीतिक महत्व की कोई खबर छपे तो क्या उस की जांच की जाएगी?

उ. : अगर सरकार ऐसा करने को कहे तो की जाएगी।

प्र. : वरना नहीं।

उ. : वरना नहीं।

प्र. : जैसा कि मैं ने शुरू में पूछा, विभाग अपने तौर पर जानकारी एकत्र करता है और जब गृहमंत्रालय निर्देश दे तब करता है।

उ. : आसूचना एकत्र करना विभाग का नियमित काम है और इस के लिए निर्देश गृहमंत्रालय से मिलते हैं।

प्र. : मान लीजिए कि कोई राजनीतिक महत्व की खबर अखबारों में छपता है। आप निर्देश का इंतजार करेंगे या उसकी खुद छानबीन करेंगे?

उ. : यह तो खबर के महत्व पर निर्भर करता है।

प्र. : मान लीजिए कि खबर किसी महत्वपूर्ण राजनीतिक नेता के बारे में है।

उ. : यह तो उस समाचार के तथ्यों पर निर्भर करता है। वह कोई मनगढ़ंत कहानी भी तो हो सकती है।

प्र. : पर आप यह कैसे कह सकेंगे कि यह मनगढ़ंत है? आप उसके बारे में जांच नहीं करेंगे?

उ. : हां, मैं करूंगा।

आई. बी. में ऐसा ही होता है। सनसनीखेज समाचारों के बारे में तथ्यों का पता लगाना, चाहे वे दिखने में कितने ही मनगढ़ंत क्यों न हों। आयोग के वकील श्री टी. आर. भसीन का अगला सवाल इसी तर्क पर आधारित था कि आई. बी. ने नेताजी के रहस्य से संबंधित समाचार जरूर देखें होंगे और अपने आप उनकी जांच भी की होगी। लेकिन मीरचंदानी इस प्रश्न को टाल गए।

प्र. : मान लीजिए यह नेताजी के बारे में 1945 के बाद की खबर हो। क्या इस के बारे में जांच करना केंद्रीय या सहायक इंटेलिजेंस ब्यूरो का काम न होगा?

उ. : यह स्थानीय समाचार था जो शिलांग के अखबारों में छपा था।

प्र. : यह स्थानीय महत्व का हो या राष्ट्रीय महत्व का क्या आप उसकी जांच नहीं करेंगे?

उ. : अगर वह कलकत्ता में छपता है तो मैं जांच नहीं करूंगा।

प्र. : अगर यह सहायक या केंद्रीय इंटेलिजेंस ब्यूरो के लिए महत्व रखता हो तो भी क्या आप जांच नहीं करेंगे?

उ. : इस सवाल का जवाब तो इंटेलिजेंस ब्यूरो के निदेशक ही दे सकते हैं।

प्र. : यह तो सवाल से बचने की बात हुई। क्या आप केंद्रीय इंटेलिजेंस ब्यूरो में नहीं हैं?

उ. : मैं था।

प्र. : तो भी आपको पता नहीं कि केंद्रीय इंटेलिजेंस अधिकारी का आसूचना एकत्र करने का काम है या नहीं ?

उ. : मैं कहूंगा कि वह सी. बी. आई. का हिस्सा नहीं था।

अमर प्रसाद चक्रवर्ती ने फिर से प्रश्न किया।

प्र. : मतलब यह कि देश की अंदरूनी राजनीतिक घटनाओं की सूचना एकत्र करने का काम सहायक इंटेलिजेंस ब्यूरो का है?

उ. : जी हां।

प्र. : यानी आपको नेताजी कहां हैं इस बारे में जांच करने का कोई मौका नहीं मिला।

उ. : अपने सारे सेवा काल में मुझ से कभी भी नेताजी के बारे में जांच करने को नहीं कहा गया।

प्र. : लेकिन श्री मीरचंदानी, आप नेताजी के बारे में बहुत कुछ जानते हैं। आप आयोग को वह सब नहीं बता रहे हैं?

उ. : मेरा कभी नेताजी के बारे में फाइलें, दस्तावेज, रिपोर्टों से वास्ता नहीं पड़ा।

प्र. : मेरा सवाल यह है कि आप नेताजी के बारे में बहुत कुछ जानते हैं।

उ. : मैं कई बातें जानता हूं। पर मैंने कभी इस विषय पर काम नहीं किया।

प्र. : पर आप कुछ तो जानते हैं।

उ. : आधिकारिक तौर पर मैं कुछ नहीं जानता।

प्र. : क्या मैं इसका मतलब यह समझूं कि आपको इसके सिवा सभी राजनीतिक मामलों की जानकारी है?

उ. : असम में नेताजी प्रासंगिक न थे। (60 के दशक में जहां मीरचंदानी नियुक्त थे।) इसलिए सवाल ही नहीं उठता। वैसे भी उनको मरे 20 साल हो चुके हैं। मेरा उन के बारे में जांच करने का सवाल नहीं उठता।

प्र. : अगर उन की मौत हो चुकी है तो फिर यह आयोग किस लिए है?[17]

देखा जाए तो मीरचंदानी गलत भी न थे। चक्रवर्ती के शब्द गलत थे। आई. बी. का काम जांच करना न था। वह तो आसूचना एकत्र करती थी। जांच का काम दूसरी एजेंसियों का था जैसे सी. बी. आई. । जब बरुन सेनगुप्ता से उनकी हुई बातचीत के बारे में सवाल किए गए तो मीरचंदानी पल्ला झाड़ते हुए बोले, ''मैं सरकारी गोपनीयता की बातें नहीं बता सकता।''

अगले महीने दिल्ली में न्यायमूर्ति खोसला के सामने 50 और 60 के दशक में आई. बी. के निदेशक रह चुके बी. एन. मलिक और 1972 में उनके उत्तराधिकारी ए. जयराम पेश हुए। मलिक अपने पेशे में विख्यात थे। उन्हें स्वाधीन भारत में आई. बी. के पुनर्निर्माण और पोषण करने का श्रेय प्राप्त था। उन्होंने अकेले भारत की आंतरिक व बाह्य आसूचना का कार्य देखा। टी. आर. भसीन को राह दिखाते हुए खोसला ने कहा:

''श्री मलिक से पूछिए कि क्या उनको इस बारे में जानकारी है। वह अपनी याद्दाश्त से बता सकते हैं। अगर वह कहें कि फाइलें देखनी होंगी तो वह ये फाइलें देख सकते हैं। अगर वह कहें कि मैं कुछ नहीं जानता तो आप उन को ये (आई. बी.) की फाइलें दिखा सकते हैं।''[18]

भसीन खोसला से बोले, ''वह नहीं कह सकते कि मैं कुछ नहीं जानता। अगर वह ऐसा कहें तो फिर उन के आई. बी. का निदेशक होने की क्या तुक थी? अलबत्ता वह यह कह सकते हैं कि मैं कहना पसंद करूंगा कि मैं इस बारे में कुछ नहीं कहना चाहूंगा।''

मलिक की गवाही शुरू हुई। उन्होंने टालमटोल के अंदाज में बोलना शुरू किया मानो कुछ जानते ही न हों। उन्होंने किसी सवाल का सीधा जवाब न

दिया। उनके जवाब देने का अंदाज कुछ इस तरह था,''नहीं,'' ''मुझे नहीं मालूम,'' ''शायद'', ''मुझे याद नहीं,'' वगैरा। यह वह व्यक्ति था जो 1950 व 60 के दशक के भारत के बारे में सब से ज्यादा जामकारी रखता था। लेकिन जब नेताजी के रहस्य की चर्चा हुई तो उन्होंने ने ऐसा व्यवहार किया मानो किसी गुफा में जिंदगी बिताई हो।

मलिक से भी उसी तरह के सवाल पूछे गए थे, जो मीरचंदानी से पूछे गए थे। भसीन ने उनसे पूछा कि आई. बी. का आधारभूत काम क्या है?'' भारत की सुरक्षा का ध्यान रखना,'' मलिक ने जवाब दिया। फिर आगे पूछने पर स्वीकार किया कि ''किसी भी ऐसे मामले को देखना जो जन–मानस को आंदोलित करता हो या सनसनीखेज हो।'' उनसे पूछा गया कि क्या नेताजी के रहस्य से जनमानस आंदोलित हुआ था। ''जी, हां।'' उन्होंने जवाब दिया।

उन से पूछ गया कि ''क्या आई. बी. ने कभी सुभाष के बारे में जांच की?''

''नहीं। मेरे निदेशक होने की सारी अवधि में इस बारे में कोई पड़ताल नहीं हुई।'' उन्होंने जवाब दिया।

''क्या आप को याद है कि संसद में इस बारे में कई सवाल पूछे गए थे?''

''जी हां, मुझे याद है।''

''तो क्या इनमें से कोई भी आई. बी. के सुपुर्द किया गया।''

''नहीं, जब मैं निदेशक था इनमें से कोई भी सवाल आई. बी. के सुपुर्द नहीं किया गया।''

''आई. बी. का निदेशक होने के नाते क्या आप जानते हैं कि उन दिनों ब्यूरो के पास नेताजी के गायब होने व कथित विमान दुर्घटना से संबंधित फाइलें थीं?

''तत्कालीन आई. बी. द्वारा उन दिनों नेताजी के कथित देहांत के बारे में की गई जांच संबंधी कुछ कागजात थे।''

''क्या आपको उन्हें देखने का कभी मौका मिला?''

''मैं ने यह जानने के लिए कि तथ्य क्या हैं उनको देखा था।''

''क्या यह कहना ठीक होगा कि उस सामग्री से कोई निश्चित परिणाम नहीं निकाला जा सकता था?''

इस पर खोसला बेचैन हो गए। उन्होंने कहा, ''इस का महत्व नहीं है कि उन्होंने नेताजी के गायब होने या न होने के बारे में कुछ नतीजा निकाला था या नहीं।'' तब मलिक ने कहानी गढ़ी की शरत बोस का कहना था कि नेताजी की विमान दुर्घटना में मृत्यु हो गई थी। उन्होंने यह भी कहा कि मैं युद्ध के दिनों के किसी भी जांच अधिकारी को नहीं जानता। सच्चाई यह थी कि वह बक्शी बद्रीनाथ को और खूब अच्छी तरह जानते थे जो तब दिल्ली में सेवानिवृत्ति के

बाद के दिन गुजार रहे थे। खोसला को भी यह मालूम था पर उन्होंने बद्रीनाथ को खोजने की कोशिश नहीं की। उनसे नेताजी के जीवित होने के बारे में प्रचलित कहानियों के बारे में सवाल किए गए।

"मुझे नहीं मालूम। कुछ इस तरह की बात कही गई थी कि शौलमारी बाबा नेताजी हैं, पर इस पर विवाद हो गया।"

"क्या हम यह समझें कि आप ने इस शौलमारी बाबा के रहस्य के बारे में कुछ जांच की थी?"

"हम ने शौलमारी बाबा के बारे में कोई जांच नहीं की।"

"अगर संसद में कहा जाए कि आई. बी. निदेशक ने इस बारे में रिपोर्ट दी थी तो क्या यह गलत होगा?"

"मेरे समय के बारे में कहा जाए तो गलत होगा।"

"आपसे सरकार ने, स्वर्गीय पंडित नेहरू ने कभी शौलमारी बाबा के बारे में कुछ नहीं पूछा?

"जहां तक मुझे याद है स्वर्गीय पंडितजी ने मुझ से कभी शौलमारी बाबा के बारे में कुछ नहीं पूछा।"

"अपने तौर पर आप ने कभी इसे महत्वपूर्ण मामला नहीं समझा?"

"अपने तौर पर मैं ने कभी इसे महत्वपूर्ण नहीं माना।"[19]

तो यह थे मलिक जो बता रहे थे कि जब सारा भारत नेताजी के रहस्य में आकंठ डूबा हुआ था, आई. बी. हाथ पर हाथ धरे बैठी थी।

अगले दिन 9 अगस्त 1972 को तत्कालीन आई. बी. निदेशक जयराम की गवाही थी। जयराम ने भी सवालों के सीधे जवाब न दिए।

"क्या आप के विभाग ने कभी नेताजी सुभाष चंद्र बोस विषयक जांच की?"

"आई. बी. निदेशक की हैसियत से मैं यही कह सकता हूं कि हम वह सब करते हैं जो सरकार चाहती है। मेरे लिए यह बताना मुश्किल है कि हम क्या करते हैं और क्या नहीं।"

"निदेशक बनने के बाद से क्या आप को कभी नेताजी के बारे में प्रत्यक्ष या परोक्ष रूप से संबंधित किसी विषय पर जांच करने के लिए कहा गया?"

"जब से मैं ने कार्यभार संभाला, नहीं कहा गया।"

"आप से नहीं कहा गया, पर क्या आपने खुद किसी ऐसी जांच का आदेश दिया या जांच की?"

"कार्यभार संभालने के बाद से मैंने कभी नहीं की।"

"क्या आप कह सकते हैं कि आसूचना विभाग नेताजी से संबंधित किसी समाचार पर कभी कोई कार्य नहीं करता रहा है?"

"यह तो मैं नहीं कह सकता। लेकिन हमारे पास जो सामग्री थी, हम ने प्रस्तुत कर दी है।"

"हम यह जानना चाहते हैं कि क्या आपके विभाग ने कोई जांच की?"

"मेरी जानकारी में नहीं की।"

"क्या आप कहना चाहते हैं कि आपके विभाग ने शौलमारी बाबा के बारे में भी कोई जांच–पड़ताल नहीं की?"

"मैं याद्दाश्त से बात कर रहा हूं। इस बारे में कुछ साल पहले कुछ बात सामने आई थी। पर जांच की कहें तो पुलिसिया जांच नहीं हुई थी।"

"मैं आम आदमी की भाषा में सवाल कर रहा हूं।"

"जांच पुलिस संगठन करता है। इस मामले में पश्चिम बंगाल की सरकार जांच कराएगी। फिर हमें और सरकार को रिपोर्ट भेजी जाएगी।"

"मतलब जांच हुई थी।"

"निश्चित तौर पर।"

कुछ हील–हुज्जत के बाद जयराम ने स्वीकार किया कि मलिक के समय में शौलमारी वाले मामले पर काम हुआ था। दूसरे शब्दों में मलिक ने झूठ बोला था। इस पर एक वकील ने टिप्पणी की, "जब भारत सरकार ने शाहनवाज कमेटी की यह रिपोर्ट मान ली कि नेताजी की मृत्यु हो चुकी है, तो इंटेलिजेंस ब्यूरो ऐसी हर खबर के पीछे क्यों भागता है जिसमें कहा गया हो कि नेताजी जीवित हैं?"[20]

पूर्व सांसद सुरेंद्र मोहन घोष भी आए। उन्होंने स्वीकार किया कि पं॰ नेहरू ने उनको खुद इस बात का पता लगाने को कहा था कि क्या स्वामी श्रद्धानंद सुभाष बोस हैं। वह 11 सितंबर 1962 को शौलमारी आश्रम गए और पाया कि सांवले बाबा कहीं से भी नेताजी से मिलते–जुलते नहीं। गर्दन उनकी बाहर को निकली हुई थी। भौंह के ऊपर घाव का निशान था और आंख में भैंगापन था। 4 अक्तूबर 1962 को घोष ने प्रधानमंत्री नेहरू को जो रिपोर्ट दी थी उसकी एक प्रति आयोग के सामने पेश की गई। उसमें उन्होंने लिखा था कि "यह आदमी सुभाष बोस नहीं है।" पर इन सब बातों और उपरोक्त गवाहों के बयानों का खोसला कर कुछ असर नहीं हुआ। सेनगुप्ता, मीरचंदानी और कूटसाक्षी मलिक के बारे में एक शब्द का भी प्रयोग करते हुए उन्होंने लिखा, "यह मामला आई. बी. को सौंपा गया था और जांच हुई थी। आश्रम के काम करने के बारे में कई रिपोर्टें दायर की गई थीं।"

ब्रिटिश–अमेरिकन एजेंसियों की जांच का क्या हुआ? वहां भी खोसला को गुप्त फाइलें देखने और उनसे संबद्ध लोगों को सुनने के बाद कुछ संदेहजनक नहीं लगा। पुलिस के सेवानिवृत्त डिप्टी इंस्पेक्टर जनरल बी. सी. चक्रवर्ती ने

दिल्ली के लाल किले में आई. एन. ए. के शीर्ष लोगों से पूछताछ की थी। 1945 के दिसंबर भर उन्होंने बहादुरगढ़ कैंप में हबीबुर रहमान से कड़ी पूछताछ की थी और 75 पृष्ठों की अपनी रिपोर्ट अपने वरिष्ठ कर्नल जी. डी. एंडर्सन को पेश की थी। चक्रवर्ती ने खोसला को बतायाः

"बोस की मृत्यु के एकमात्र चश्मदीद गवाह हबीबुर रहमान थे। पूछताछ के दौरान उन्होंने महत्वपूर्ण सवालों के सही जवाब नहीं दिए। वह सच्चाई नहीं बता रहे थे। सारी रिपोर्टों का विश्लेषण करने पर स्पष्ट हो गया कि रहमान झूठ बोल रहे थे और जापान सरकार ने तथ्यों को छिपाया था। 18 अगस्त 1945 को नेताजी की गतिविधियों के बारे में उनके जवाब एक साजिश थी। दूसरी जानकारियां उपलब्ध थीं जिनके अनुसार या तो कोई विमान दुर्घटना हुई ही न थी और अगर हुई थी तो नेताजी उसमें बच निकले थे।"[21]

लेकिन खोसला ने यह नतीजा निकाला कि राष्ट्रपति के पदक से सम्मनित चक्रवर्ती परले सिरे के झूठे थे। उन्होंने ऐसा इसलिए किया क्योंकि सरकार का कहना था कि उसे चक्रवर्ती की दी किसी 75 पेज की रिपोर्ट की जानकारी न थी। "बाद में आयोग को एक 25 पेज की टाइप की हुई रिपोर्ट जरूर दी गई थी। मुझे इस में कोई शक नहीं कि श्री चक्रवर्ती की इकट्ठा की गई सामग्री इसी में है। इसी के दम पर वह दुर्घटना वाली बात पर संदेह करते हैं और अविश्वास प्रकट करते हैं। उनके तर्क मिथ्या अनुमानों और नानुमति पर आधारित हैं।"[22]

असलियत यह थी कि किसी भी सरकारी अधिकारी ने चक्रवर्ती या एंडर्सन के हस्ताक्षरों वाली कोई रिपोर्ट पेश ही नहीं की थी। 25 पेज की रिपोर्ट भी खोसला की कल्पना की उपज ही थी। जो पेश की गई वह एक 13 पेज की आधी–अधूरी रिपोर्ट थी जिस पर न कोई तारीख थी न किसी के हस्ताक्षर। इस में सुभाष की मृत्यु से पहले और बाद की कुछ घटनाओं का ब्योरा था। राष्ट्रीय समिति का प्रतिनिधित्व कर रहे वकील श्री गोविंद मुखौती ने सरकार पर आरोप लगाया कि वह 75 पेज की रिपोर्ट पेश नहीं कर रही है "क्योंकि उससे विमान दुर्घटना के सच होने की पुष्टि नहीं होती।"

एक और अधिकारी कालीपद डे की गवाही और पुरानी ब्रिटिश रिपोर्ट से जज खोसला ने अपने निहितार्थ निकाले, "गवाह डे, ने बताया कि पुलिस रिपोर्ट का सार यही है कि 18 अगस्त को ताइहोकू में हुई विमान दुर्घटना में नेताजी की मृत्यु हो गई थी। उनकी गवाही और हमें दी गई रिपोर्ट की प्रति से यही नतीजा निकलता है कि अंग्रेजों के पास दुर्घटना की खबर पर विश्वास न करने की कोई वजह न थी। अतः उन की जांच से उस खबर की पुष्टि हुई जो पहले रेडियो से प्रसारित हुई थी।"[23]

ऐसी कोई पुष्टि नहीं हुई थी। डे ने यह कभी नहीं कहा था कि उनकी टीम इस नतीजे पर पहुंची थी कि नेताजी की मृत्यु हो गई है। जिरह के दौरान उन्होंने साफ कहा कि "हमारी जांच से नेताजी की मृत्यु का कोई सीधा साक्ष्य नहीं मिला। उनकी मृत्यु की बात सुनी–सुनाई खबरों पर आधारित थी।" एच. के. राय ने शाहनवाज कमेटी के सामने गवाही दी थी। उसकी प्रति खोसला के सामने थी। इस में साफ कहा गया था, "हालांकि सेंट्रल इंटेलिजेंस को कथित विमान दुर्घटना व नेताजी की मृत्यु के बारे में पता था, उसने इस पर विश्वास नहीं किया। उनका खयाल था कि यह छलावा हो सकता है। हमें नेताजी को गिरफ्तार करने के लिए भेजा गया था। ऐसा न होने पर हमें नेताजी की मृत्यु की प्रसारित खबर की सच्चाई का पता लगाना था।"

खोसला को बोस की मृत्यु पर संदेह से संबंधित सरकारी दस्तावेज दिखाए गए थे। एक जांचकर्ता के नाते उन का फर्ज था कि उन कागजात के आधार पर सरकार से स्पष्टीकरण मांगें। इस अतिगोपनीय फाइल संख्या 273/आईएनए में कई रिपोर्टें थीं। इन से साफ हो जाता था कि अगस्त 1945 के बाद नेताजी रूस में थे और इस बात की जानकारी महात्मा गांधी और नेहरूजी को थी। खोसला ने इस टिप्पणी के साथ फाइल एक तरफ कर दी कि इसमें "ऐसा कुछ भी नहीं है जिसका इस जांच से वास्ता हो।" मई 1972 में देबनाथ बोस ने लार्ड वेवल की सरकार की ब्रिटिश इंटेलिजेंस की कुछ रिपोर्टों और जापानी सैनिक मुख्यालय से कुछ रिपोर्टों को मंगाए जाने की मांग की। इस पर टी. आर. भसीन ने अड़ंगा लगाया कि देबनाथ जिन रिपोर्टों की मांग कर रहे हैं उन का सारांश बताएं। यानी दास का विभिन्न देशों के पास रखे खुफिया दस्तावेजों के आधारभूत तथ्यों की जानकारी होनी चाहिए थी। वह काले लबादे वाले जासूस बन कर पहले वहां झांकते। उन दस्तावेजों की फोटो खींच कर लाते और उनका ब्योरा आयोग को देते। तभी तो आयोग कुछ कर पाता। खोसला ने भसीन की बात का समर्थन करते हुए कहा, "तभी तो हम तय कर पाएंगे कि ये दस्तावेज इस जांच के लिए प्रासंगिक हैं या नहीं।"[24]

अमर प्रसाद चक्रवर्ती भी खोसला–भसीन की इस विचित्र दलील के शिकार हुए।[25] उन्होंने देखा कि रक्षा मंत्रालय की एक रिपोर्ट की प्रति पेश की गई है। उन्होंने सोचा कि मौलिक रिपोर्ट में और भी कागजात हो सकते हैं। जब उन्होंने मौलिक रिपोर्ट की मांग की तो दोनों शुरू हो गए:

"जी. डी. खोसलाः आप यह बताएं कि उस फाइल में क्या है? अन्यथा एक जिम्मेदार वकील होने के नाते आप को उस फाइल की मांग नहीं करनी चाहिए।

भसीनः इस फाइल के कई हिस्से हैं। आप बताएं कि कौन सा हिस्सा आप को चाहिए?

जी. डी. खोसलाः इनको बताना चाहिए कि उस फाइल में कौन सी महत्वपूर्ण बात है। उसमें नेताजी के हस्ताक्षर हैं या और क्या है यह निश्चित तौर पर बताना चाहिए।

भसीनः जिस किसी को कुछ कहना हो उसे हलफनामे के तहत कहना चाहिए।''[26]

खोसला ने अपनी रिपोर्ट में इंदिरा गांधी सरकार का इस मामले में जोरदार बचाव किया, ''इस जांच से संबंधित किसी भी फाइल की जब भी मैंने मांग की वह मुझे मुहैया कराई गई। सिर्फ एक फाइल को छोड़ कर जो बताया गया कि पुरानी फाइलों को नष्ट करने की प्रक्रिया में जला दी गई थी जिस तरह की रिकार्ड रूम का बोझा कम करने के लिए कुछ फाइलें जला दी जाती हैं।''[27]

लेकिन गृहमंत्रालय ने वस्तुतः खोसला के सामने स्वीकार किया था कि सुभाष बोस से संबंधित करीब 30 गोपनीय फाइलें और कागजात या तो खो गए हैं या नष्ट कर दिए गए हैं। ये कागजात कभी नेहरूजी के निजी अधिकार में थे और उनकी साजसंभल का काम उनके विश्वस्त सचिव मुहम्मद यूनुस के जिम्मे था। इन फाइलों की सूची पर एक नजर डालने से ही यह साफ जाहिर हो जाता था कि क्या वे बेकार की फाइलें थीं जिन को बोझा हल्का करने के लिए जलाया जा सकता था। इनमें से सबसे संवेदनशील और केवल प्रधानमंत्री के अवलोकनार्थ फाइल थी, ''सुभाष चंद्र बोस की मृत्यु के लिए जिम्मेदार परिस्थितियों की जांच।'' फाइल नं. 12(226)56 पी. एम. ।

खोसला ने पहले डींग मारी थी कि ''मैं सिर्फ जांच ही नहीं कर रहा हूं तफतीश भी कर रहा हूं।'' लेकिन उन्होंने किसी भी सरकारी प्रतिनिधि से यह सवाल नहीं किया कि किन हालात में और किन नियमों के तहत इतने संवेदनशील दस्तावेज प्रधानमंत्री कार्यालय से गायब हुए या नष्ट किए गए? उन्होंने इस बारे में यूनुस से पूछने के लिए उनको बुलाने की भी जहमत नहीं उठाई। उल्टे उन्होंने लिखा, ''मैं कई जगह कह चुका हूं कि सरकार ने जांच संबंधी कोई भी सामग्री मांगने पर बेहिचक वह सब आयोग को मुहैया कराई।''[28]

कुछ व्यक्तियों के प्रति खोसला का व्यवहार नृशंस था। उन्होंने न्यायमूर्ति राधा विनोद पाल, सुरेश बोस और भूतपूर्व सांसद सत्यनारायण सिन्हा के प्रति हिकारत दिखाई। राधाविनोद पाल की अवमानना करना आसान था क्योंकि 1967 में उनका निधन हो चुका था। खोसला ने दलील दी कि उनको ''शाहनवाज कमेटी में इसलिए शामिल नहीं किया गया क्योंकि वह इस मामले में निष्पक्ष व पूर्वाग्रहों से मुक्त नहीं हो सकते थे।''[29]

सुरेश बोस को तो इस मामले में खलनायक के तौर पर देखा गया। लिहाजा आयोग ने उनको खास तौर पर अपने दुर्व्यवहार का शिकार बनाया। आयोग के

सामने सुरेश बोस और शाहनवाज के बीच को वास्तविक द्वंद्व हुआ उससे मीडिया में नेहरू विरास की काफी छीछालेदर हुई। विशेष रूप से इसके लिए कि उन्होंने कमेटी को ताइवान जाने की अनुमति नहीं दी थी। खोसला ने सुरेश बोस के पेश किए कागजात की तरफ से आंखें मूंदते हुए उनके विरुद्ध टिप्पणी की, "सुरेश चंद्र बोस ऐसे निष्कर्ष निकाल रहे हैं जो तथ्यों के अनुरूप नहीं हैं।[30] – वह अपनी वास्तविक या काल्पनिक शिकायतों को ले कर व्यथित हैं [31] – इस सुनवाई के दौरान उनकी गवाही श्री नेहरू और शाहनवाज खान के विरुद्ध लंबी दास्तान थी[32] – उनकी गवाही इस सुनवाई में पूरी तरह से अस्वीकार्य है [33] श्री सुरेश चंद्र बोस की गवाही का परीक्षण करना एक निरर्थक प्रयास होगा।"[34]

खोसला ने सुरेश चंद्र बोस की गवाही की अनदेखी करने में कोई कसर नहीं छोड़ी क्योंकि वह जिस तरह से जापानी गवाहों से बयान ले रहे थे यह उसके विरुद्ध जाती थी। जब कभी कोई दुर्घटना में बचा गवाह "गलती" करता तो वह इसे उसका स्मृति–दोष बताते। वह उनको एक कागज पर पहले से तैयार किए गए बयान पढ़ने को कहते। लेकिन सुरेश बोस, जो जापानी गवाहों से उम्र में बहुत बड़े और 80 साल से ऊपर थे, का 15 साल पहले नेताजी जांच समिति के सदस्य के तौर पर अध्ययन किए गए इंटेलिजेंस दस्तावेजों का हवाला देते हुए कागजों से पढ़ना खोसला को नागवार गुजरता था।

डा. सत्यनारायण सिन्हा उनमें से थे, जिनकी कोशिशों से आयोग का गठन हुआ था। रूसी–जर्मन सूत्रों से यह जानकारी मिलने पर कि नेताजी साइबेरिया के कैंप में थे, सिन्हा 1964 में ताइवान गए। वह वहां 1945 के दुर्घटना स्थल पर खासतौर पर गए। वहां वह जिन लोगों से भी मिले उनमें किसी को ऐसी कोई दुर्घटना याद न थी। उनमें से एक आदमी 1945 में अग्निशमन विभाग में था। सिन्हा ने उससे पूछा, "क्या आपको अपने सेवाकाल के दौरान किसी विमान दुर्घटना की याद आती है?" "जी हां, अक्तूबर 1944 में एक ऐसी दुर्घटना हुई थी।" उसने जवाब दिया। "क्या 1945 में भी कोई दुर्घटना हुई थी?" सिन्हा ने फिर पूछा। "1945 में किसी ऐसी दुर्घटना के बारे में कभी नहीं सुना। अगर हुई होती तो मुझे जरूर पता होता। क्योंकि सबसे पहले हम आग बुझाने वाले ही तो उधर भाग कर जाते हैं।"[35] लौट कर सिन्हा ने *अमृत बाजार पत्रिका* को बताया कि उनकी जांच के मुताबिक 1945 में कोई विमान दुर्घटना नहीं हुई थी। 1966 में प्रकाशित अपनी पुस्तक नेताजी मिस्ट्री में उन्होंने इस बारे में विस्तार से चर्चा की।

इस सनसनीखेज जानकारी के चलते सिन्हा की खोसला आयोग के सामने गवाही बहुत चर्चा का विषय रही। उन्होंने कहा कि शाहनवाज कमेटी की रिपोर्ट

में प्रकाशित विमान का चित्र अक्तूबर 1944 में *ताइहोकू निशि निशि शिंबन* अखबार में छपे फोटो जैसा ही था। उनका विश्वास था कि नेताजी जीवित हैं और वह रूस में हैं। – प्रधानमंत्री इंदिरा गांधी नेताजी के बारे में उनसे जानकारी हासिल कर सकती हैं।"[36]

आयोग ने सिन्हा के साइबेरिया संबंधी विवरण की सच्चाई जांचने की कोई कोशिश नहीं की। उल्टे खोसला ने बेतुके सवाल पूछे और सिन्हा का अपमान किया। उन्होंने सिन्हा को "एकदम झूठा और अविश्वसनीय गवाह बताया।"[36]

लेकिन ऐसे लोग भी थे जिन्होंने सिन्हा की बात को गंभीरता से लिया। दिल्ली स्थित सोवियत दूतावास के अधिकारियों ने सिन्हा से उनके सोवियत संपर्क के बारे में धमकी दी, "क्या आप चाहते हैं कि कोजलोव को रूस में गोली से उड़ा दिया जाए?"[36] सिन्हा ने जब आयोग से इस बात की शिकायत की तो खोसला ने उनको झाड़ दिया मानो सोवियत अधिकारियों को सांसद रह चुके एक भारतीय को धमकाने का पूरा अधिकार था। सिन्हा ने कहा कि प्रधानमंत्री श्रीमती इंदिरा गांधी संयुक्त राष्ट्र की अपनी यात्रा में मास्को पड़ाव के दौरान सोवियत प्रधानमंत्री कोसीजिन से अनुरोध करें कि वह कोजलोव को सुरक्षा प्रदान करें। लेकिन आयोग ने कहा कि "अगर किसी का नाम आयोग में आने से उसे जेल हो जाती है तो आयोग इसके लिए जिम्मेदार नहीं।"[39]

सिन्हा ने ताइपेई के बारे में जो विवरण दिया था वह नए आयाम के साथ आयोग की समाप्ति से कुछ पहले सामने आया।

नेताजी समर्थक एच. वी. कामथ की संयोग से दिल्ली में ही चीनी गणराज्य (ताइवान) के बनारस से पढ़े–लिखे उपविदेशमंत्री पी. शेइन से 1966 में मुलाकात हो गई। उन्होंने उनसे अनुरोध किया कि वह इस कथित दुर्घटना के बारे में पता लगाएं। उसी साल दिसंबर में कामथ को ताइपेई आने का निमंत्रण मिला। जब वह वहां पहुंचे तो चीनी गणराज्य के विदेशी मिशन के एक अधिकारी डा. लिन ने उनसे मुलाकात की। लिन को इस बारे में जांच करने का काम सौंपा गया था। 31 मई 1972 को कामथ ने दिल्ली के विज्ञान भवन में खोसला आयोग को बताया कि लिन इस नतीजे पर पहुंचे थे कि दुर्घटना की कोई पुष्टि नहीं होती।

"गवाहों ने इस की पुष्टि नहीं की कि नेताजी या कोई भी भारतीय 18 तारीख को किसी विमान दुर्घटना में मारा गया था। जिन लोगों से भी डा॰ लिन ने बात की उन्हें यह याद नहीं था या वे नहीं बता सके कि उस दिन कोई विमान दुर्घटना हुई थी।"[40]

कामथ की चीनी गणराज्य के विदेश मंत्री चिन हुआ से इस बारे में चर्चा हुई। उनका उत्तर था, "अगर भारत सरकार इस मामले में और तहकीकात

करना चाहती है तो हम पूरी तरह से सहयोग करने को तैयार हैं। ''कामथ ने खोसला से अनुरोध किया कि सत्य का पता लगाने के लिए चीनी गणराज्य की इस पेशकश का लाभ उठाया जाना चाहिए। इस पर भसीन ने उनको टोका, ''मिस्टर कामथ क्या आपको पता नहीं कि हमारे ताइवान से कोई राजनयिक संबंध नहीं हैं?'' कामथ ने जवाब दिया कि औपचारिक संबंधों का न होना विभिन्न देशों के आपसी संबंधों में बाधक नहीं होता। ''राष्ट्रपति जुल्फिकार अली भुट्टो यहां आएंगे। इसी तरह (अमेरिकी) राष्ट्रपति निक्सन हाल ही में चीन गए थे हालांकि अमेरिका के चीन से कोई राजनयिक संबंध नहीं हैं। हमारी हरित क्रांति के बारे में भी बताया जाता है कि उसे ताइवान की धान से बढ़ावा मिला है। उन्होंने कहा कि ''आयोग अगर राष्ट्रीय हित में ताइपेई जाता है तो सरकार को इसके आड़े नहीं आना चाहिए।''[41]

एक माननीय सांसद की गवाही से कामथ की बातों की पुष्टि हुई। 1966 में चीनी गणराज्य के निमंत्रण पर एक भारतीय शिष्टमंडल ताइवान गया। संयोग से उनके संपर्क अधिकारी डा॰ लिन ही थे। 30 मई 1972 को अपनी गवाही में इस शिष्टमंडल के सदस्य मुल्का गोविंद रेड्डी ने, जो 1958 से सांसद थे, आयोग को अपनी डा॰ लिन से हुई बातचीत के बारे में बताया।

''डा. लिन फारमोसा में सारा समय हमारे साथ थे। हम शिष्टमंडल के सदस्य सांसदों ने नेताजी सुभाष चंद्र बोस की जिस दुर्घटना में मृत्यु हुई उसकी परिस्थितियों के बारे में कुछ सवाल किए। उन्होंने मुझे और शिष्टमंडल के दूसरे सदस्यों को बताया कि 18 अगस्त को ऐसी कोई दुर्घटना हुई हो, ऐसा नहीं लगता।''[43]

''18 अगस्त को दुर्घटना नहीं हुई थी?''

''18 अगस्त को नहीं हुई थी। किसी भी दुर्घटना में नेताजी की मृत्यु हुई, ऐसा भी नहीं लगता।''

''उन्होंने आपको बताया था कि इस बारे में कुछ सामग्री भी उन्होंने एकत्र की है?''

''हां, उन्होंने बताया कि इस बारे में उन्होंने बहुत महत्वपूर्ण सामग्री एकत्र की है। उन्होंने यह भी बताया कि उन दिनों ताइपेई के एक मेयर थे जो अब भी जीवित हैं। उन्होंने उनको बताया कि उस दिन कोई विमान दुर्घटना नहीं हुई थी और लगता है कि नेताजी सुभाष चंद्र बोस की ताइपेई में कभी कोई विमान दुर्घटना नहीं हुई थी।''

''क्या आप को फारमोसा के उपविदेश मंत्री से मिलने का कोई अवसर मिला?''

"जी हां, हम लोग उनके यहां रात्रिभोज पर आमंत्रित थे। जो कुछ डा. लिन ने बताया उन्होंने भी उस की पुष्टि की। उन्होंने हमें यह आश्वासन भी दिया कि अगर भारत सरकार इस बारे में जांच के लिए कोई आयोग या अधिकारी भेजती है तो हम उसे पूरा सहयोग देंगे।"[44]

प्रतिनिधिमंडल के एक और सदस्य प्रकाशवीर शास्त्री ने आयोग को बताया कि "सारे प्रतिनिधिमंडल (भारतीय सांसदों का) की (ताइवानी प्रधानमंत्री) च्यांग काई–शेक से मुलाकात हुई थी। इस दौरान हमने उनसे कथित विमान दुर्घटना संबंधी प्रश्न किए। उन्होंने कहा कि अगर भारत सरकार कोई जांच कराए तो फारमोसा की सरकार सभी संभव सहायता करेगी। जुलाई 1967 में हम ने लोकसभा में सवाल किया कि क्या शाहनवाज कमेटी ताइवान गई थी। अगर नहीं तो वह दुर्घटनास्थल पर गए बिना ही किसी नतीजे पर कैसे पहुंची। हम ने पूछा कि क्या ताइवान सरकार "जांच में सहयोग करने को तैयार है और क्या भारत सरकार इस के लिए कोई प्रतिनिधिमंडल भेजने पर विचार कर रही है? जवाब मिला कि ताइवान सरकार से इस तरह की कोई पेशकश भारत सरकार को नहीं मिली और सरकार रिपोर्ट मिल जाने के बाद प्रतिनिधिमंडल भेजने की आवश्यकता नहीं समझती।"[45]

10 मई 1972 को सरकार ने खोसला को बताया कि आयोग को ताइवान जाने की इजाजत नहीं दी जा सकती क्योंकि उससे हमारे राजनयिक संबंध नहीं है। सत्यनारायण सिन्हा को इस पुराने तर्क में कोई तुक नजर नहीं आई:

"घटनास्थल पर गए बिना किसी तरह की जांच करना कल्पना से बाहर है। उन्होंने कहा कि भारत अनुरोध करता तो फारमोसा सरकार कभी भी इनकार नहीं करती। मैं खुद राजयनिक पद के साथ बर्लिन में था। भारत के पूर्वी जर्मनी के साथ कोई राजनयिक संबंध नहीं हैं। पर मैं अपने अन्य सहयोगियों के साथ कई बार विदेश मंत्रालय के निर्देशानुसार पूर्वी बर्लिन गया। अगर वहां बिना राजनयिक संबंधों के जाया जा सकता है तो फिर फारमोसा जाने में क्या कठिनाई है?"[46]

"राजनयिक संबंध न होने 'के पीछे कठोर तथ्य थे। च्यांग काइ–शेक भारत सरकार के मित्र थे। 1942 में वह भारत आए थे और जवाहरलाल नेहरू से भी मिले थे। जापान के आत्मसमर्पण पर जवाहरलाल नेहरू ने उनको बधाई दी थी।[47] 1945 से 1949 तक भारत ने राष्ट्रवादी चीन (ताइवान) को मान्यता दी थी। 15 अगस्त 1945 को च्यांग काई–शेक के भेजे बधाई संदेश को इतना महत्व दिया गया कि उसे संविधानसभा में पढ़ कर सुनाया गया। दयाभाई पटेल के नेतृत्व में भारतीय सांसदों का पहला प्रतिनिधिमंडल जून 1964 में चीनी गणराज्य के निमंत्रण पर ताइवान गया। इसकी अनुमति स्वयं प्रधानमंत्री नेहरू ने दी थी।

यह जानकारी सभी को थी। अतः 26 मई 1972 को अटल बिहारी वाजपेयी के नेतृत्व में 26 सांसदों ने संयुक्त रूप से प्रधानमंत्री को लिखा कि आयोग को "ताइवान जाने की सुविधा प्रदान की जाए। यह भी कहा गया कि राजनयिक संबंध न होने के बावजूद कई भारतीय अधिकारी हर साल फारमोसा जाते रहते हैं।"[48] सरकार को राजी होना पड़ा और आयोग की समाप्ति के दिनों में 11 जुलाई 1973 को खोसला वहां पहुंचे जहां से नेताजी के रहस्य की शुरुआत हुई थी। हवाई अड्डे पर उनका स्वागत स्थानीय अधिकारियों के साथ ही राष्ट्रीय समिति के प्रतिनिधि समर गुहा और सुनील कृष्ण गुप्ता ने किया।

दूसरी बार जब गुहा की खोसला से मुलाकात हुई, उस समय वह अपने होटल के कमरे में कुछ स्थानीय पत्रकारों से बात कर रहे थे। गुहा ने इस पर आपत्ति की तो खोसला ने पत्रकारों को जाने को कहा। लेकिन अगले दिन के ताइवानी अखबारों में यह खबर छप गई कि "जांच आयोग के अध्यक्ष श्री खोसला के अनुसार सभी जापानी गवाहों ने बोस की मृत्यु की पुष्टि की है।" खोसला के विचित्र व्यवहार से हैरान गुहा और गुप्ता ने जानना चाहा कि आखिर उनका मंशा क्या है। उन्होंने सच्चाई जानने के लिए आयोग के सचिव पर दबाव डाला तो पता चला कि खोसला को विदेश मंत्रालय से निर्देश मिले हैं कि वह ताइवान सरकार के किसी अधिकारी या किसी अन्य गैर सरकारी एजेंसी से संपर्क न करें। इससे नाराज गुहा खोसला पर चिल्लाए कि "फिर आप यहां आए ही क्यों? और आपने यह सब हमें दिल्ली में ही क्यों नहीं बताया?"[49]

खोसला जब अपने होटल में आराम कर रहे थे तब समर गुहा ताइपेई की खाक छान रहे थे। लोग उनसे पूछते थे कि "आप 27 साल बाद ताइपेई क्यों आए हैं?" इधर ताइवान की सरकार को पता चल गया कि कोई विदेशी जज उनसे पूछे बिना कुछ जांच कर रहा है। इसका नतीजा यही होना था कि वह इसके लिए खोसला को निकाल बाहर करें। शायद खोसला के लिए जांच कर के सरकारी विचारधारा के विरुद्ध तथ्यों का पता लगाने के बजाय यह कहीं बेहतर था। सत्यनारायण सिन्हा ने इस बारे में पहले ही चेताया था, "भारत सरकार और अपनी चालाकी के लिए मशहूर उसका गुप्तचर विभाग नेताजी के बारे में सच्चाई सामने आने से डरता है। इसी लिए उसने शाहनवाज कमेटी को फारमोसा आने से रोका। राजनयिक संबंधों के न होने का अवरोध नेताजी और उनकी उज्ज्वल ऐतिहासिक भूमिका को अंधेरे में रखने की एक साजिश है।"[50]

बहरहाल गुहा–गुप्ता ने ताइवानी अधिकारियों से आग्रह कर के आयोग को अपना काम करने के लिए राजी कर लिया। इसके बावजूद खोसला अपने कुछ न करने के रवैए पर डटे रहे। गुहा ने बार–बार उनसे कहा कि ताइवान सरकार

को पत्र लिखें। खोसला न तो इसके लिए तैयार थे और न ही अगस्त 1945 के कथित दुर्घटनास्थल पर जाने को। किसी तरह वह राजी हुए तो हवाई अड्डे पर आ कर इधर–उधर देखते रहे। गुप्ता और गुहा ने वे चित्र निकाले जो जापानियों ने दुर्घटना के साक्ष्य स्वरूप जारी किए थे। वे किसी भी तरह इस जगह से मेल नहीं खाते थे। "इन चित्रों को और यहां की पृष्ठभूमि के पहाड़ों को देखिए। ये फोटो यहां के नहीं हैं। ये किसी एक विमान दुर्घटना के फोटो न हो कर कई विमानों के मलबे को ले कर बनाए गए हैं, "गुहा ने खोसला को फोटो दिखाए। इस पर गुस्से से खोसला चीखे, "तो मैं क्या करूं। मेरा इनसे क्या वास्ता।" इतना कह वह मुड़े और अपनी कार की तरफ चल दिए।

खोसला तथ्यों से सदा मुंह न मोड़ पाए। पत्रकार हरीन शाह की ताइवान में की गई जांच और उनकी पुस्तक *गैलेंट एंड आफ नेताजी* की असलियत भी सामने आ गई। इसमें कई कई ताइवानी गवाहों के बयान और फोटो छपे थे जिन्होंने दुर्घटना और नेताजी की मृत्यु की बात कही थी। इनमें से एक फोटो नर्स चू चाउ सी की थी जिसने घायल नेताजी का अंतिम समय तक उपचार किया था। गुहा और गुप्ता ने वह फोटो और दूसरा विवरण अखबारों को दिया। जवाब में उनकी मुलाकात कुछ नर्सों से हुई जो उस समय अस्पताल में मौजूद थीं जब वहां नेताजी की कथित मृत्यु हुई थी। पर उनमें से किसी ने न तो किसी मृत्यु की बात सुनी थी और न ही किसी सिस्टर सी के बारे में सुना था। हरीन शाह ने उस केयरटेकर का फोटो भी अपनी किताब में छापा था जो उस दाह संस्कार गृह का कर्मी था, जहां नेताजी का अंतिम संस्कार किया गया था। जी. डी. खोसला, समर गुहा और सुनील गुप्ता श्मशान में जा कर उस केयरटेकर से मिले जिसके पिता अगस्त 1945 में वहां केयरटेकर थे। "यह मेरे पिता नहीं हैं, "उसने फोटो देखते ही कहा। गुहा और गुप्ता ने कुछ और लोगों से संपर्क किया जिनका चर्चा हरीन ने अपनी पुस्तक में किया था। उनमें से अधिकांश ने उन बयानों को गलत बताया जो उनके नाम से छापे गए थे। हीरेन शाह तब जीवित थे। खोसला ने उनको बुला कर यह पूछने की जहमत नहीं की कि किस के कहने पर उसने भारतीय इतिहास के इस अतिसंवेदनशील वृतांत का ऐसा अधकचरा ब्योरा और झूठ का पुलिंदा प्रकाशित कर के फैलाया है।

ताइवान में आयोग ने सात गैरसरकारी गवाहों से पूछताछ की। रिपोर्ट में कहा गया कि उन सब ने जो बयान दिए हैं उन से यही सिद्ध होता है कि दुर्घटना घटी थी। यह तथ्यों का तोड़–मरोड़ था। किसी गवाह ने यह नहीं कहा था कि उसने विमान को गिरते देखा था। रिपोर्ट में उसके नाम से जो कहा गया था उस के उलट वाई. आए. सेंग ने कहा कि 18 अगस्त 1945 को कोई विमान

दुर्घटना नहीं हुई थी। उन्होंने सत्यनारायण सिन्हा वाले तथ्य की ही पुष्टि की कि सितंबर/अक्तूबर में किसी समय उस स्थान पर कोई जापानी विमान दुर्घटनाग्रस्त हुआ था। खोसला ने जब उनसे साल और महीने को ले कर जिरह की तो सेंग ने कहा कि वह अपने कम से कम एक दर्जन स्कूल के सहपाठियों को ले कर आएगा जिन्होंने मलबा हटाने में मदद की थी। खोसला ने फौरन फैसला कर लिया कि अब यहां से चलना चाहिए। गुहा ने एक दिन की मोहलत मांगी, लेकिन खोसला के पास समय न था। अगला पूरा दिन उन्होंने इंदिरा गांधी के लिए उपहार खरीदने में बिता दिया।

वापस आ कर गुहा ने इंदिरा गांधी से विदेश मंत्रालय के निर्देश के बारे में पूछा तो वह बोलीं कि "मैं तो इस बारे में कुछ नहीं जानती।" इस पर गुहा ने अपना आक्रोश संसद में जाहिर किया।

"अगर विदेश मंत्रालय ने इस तरह का निर्देश न दिया होता तो शायद नेताजी के रहस्य पर से अंततः पर्दा उठ जाता। मैंने जब ताइवानी नेताओं से मुलाकात की तो उन्होंने कभी भी राजनयिक या राजनीतिक मसला खड़ा नहीं किया। हमारे उस देश से आयात–निर्यात के संबंध हैं। हमारे अधिकारी नियमित रूप से वहां आते–जाते रहते हैं। क्या यह संपर्क नहीं है।"[51]

लोकसभा अध्यक्ष जी. एस. ढिल्लों इससे प्रसन्न नहीं हुए, "यह ऐसा मामला है जिस पर जांच हो रही है। माननीय सदस्य इस समय इस पर भाषण क्यों दे रहे हैं। आप बैठ जाएं। आप आयोग के व्यवहार की चर्चा कर रहे हैं जिसकी नियम अनुमति नहीं देते।"

"गुहा कहते रहे, "मैं फिर कहता हूं कि वहां जाने का उद्देश्य व्यर्थ हो गया है। हमारे महान नेता को क्या हुआ? यह जानने की हमारी देश के प्रति जवाबदारी है।"

विदेश मंत्री स्वर्ण सिंह ने गुहा पर आरोप लगाया कि वह ऐसे बोल रहे हैं "मानो अकेले उनके मन में ही नेताजी के लिए सम्मान हो।"

गुहा ने उनसे पूछा, "पिछले 27 सालों से आपने क्या किया? क्या आपने कोई जांच करवाने की कोशिश की? उन्होंने कहा कि सरकार खोसला को दिए निदेर्श की कापी सदन के पटल पर रखे।"[27]

स्वर्ण सिंह ने अध्यक्ष से कहा कि "श्रीमान, मेरा ऐसा कोई इरादा नहीं है। "इस पर अटल बिहारी वाजपेयी और मधु लिमये ने गुहा का पक्ष लेते हुए कहा, "मंत्री महोदय को किसी सदस्य को ऐसी जानकारी देने से इनकार करने का कोई हक नहीं है बशर्ते वह जन–हित या राष्ट्रीय सुरक्षा से संबंधित हो।" सिंह फिर भी राजी न हुए और उन्होंने कहा कि हर चीज की मूल प्रति सदन के पटल

पर रखने की रिवायत नहीं है। श्यामनंदन मिश्र के इसका विरोध करने पर ढिल्लों की समझ में नहीं आया कि क्या कहें इसलिए उन्होंने कहा "आप बैठ जाइए। बात–बात पर गुस्सा न दिखाया करिए।"[54]

सरकार ने इसके बावजूद निर्देश की प्रति पेश नहीं की। बचाव पक्ष के वकीलों ने दिल्ली में भी विरोध किया लेकिन उनकी आवाज को दबा दिया गया। गोविंदा मुखौटी के इस तर्क का खोसला के कोई असर नहीं हुआ, "माननीय न्यायाधीश आप को फारमोसा सरकार से स्वतंत्र रूप से पत्राचार करने की इजाजत क्यों नहीं दी गई? आपको वह रिपोर्ट मांगने की इजाजत क्यों नहीं दी गई जो उनका कहना था कि उनके पास है और जिसका इस जांच से संबंध था? "खोसला ने ताइवान में अपने काम में लीपापोती ही की थी। उनकी आधी रिपोर्ट तो समर गुहा को नीचा दिखाने के लिए लिखी गई थी। एच. वी. कामथ, प्रकाशवीर शास्त्री और मुल्का गोविंद रेड्डी ने जो कहा उसका कोई जिक्र न था। खोसला ने लिखा, "आयोग को यह जानकारी नहीं मिली कि ताइवान सरकार ने बोस के लुप्त होने के बारे में कभी कोई जांच की थी।"[55] उन्होंने लिखा कि जो व्यक्ति अंतिम संस्कार का प्रबंधक था उस की मृत्यु हो चुकी है। ताइपेई के तत्कालीन मेयर भी नहीं रहे जिनके बारे में कहा जाता है कि उन्होंने कोई जांच की थी। "अगर उस जांच की रिपोर्ट मिल भी जाती तो भी वह एक व्यक्ति की राय भर ही तो होती।"[56]

यह समझने के लिए बहुत बड़ी लियाकत की जरूरत नहीं थी कि ताइपेई के मेयर कोई एक व्यक्ति नहीं उस के अध्यक्ष थे। उनकी राय उन की निजी राय नहीं सरकार की राय थी। बात की तह तक जाने के लिए लेखक ने डा॰ लक्ष्मीमल सिंघवी से, जो मुल्का गोविंद रेड्डी और प्रकाशवीर शास्त्री के साथ तब ताइपेई गए थे, पूछा, तो उन्होंने साफ–साफ कहा कि हां, नेताजी वाला मामला वहां मुख्य रूप से उठा था।

फिर लेखक ने 2003 में ताइपेई के मेयर डा॰ यिंग–जियो मा से ईमेल के द्वारा पूछा तो 12 मार्च 2003 को उनका जवाब आया, "ताइपेई के अभिलेखगार में उपलब्ध दस्तावेजों में 18 अगस्त 1945 को घटित किसी भी विमान दुर्घटना का दस्तावेज नहीं है।" इस से उत्साहित हो कर मैंने ताइवान के राष्ट्रपति चेन शुई–बियान को करोड़ों भारतीयों की भावनाओं का हवाला देते हुए इस की पुष्टि करने का अनुरोध किया। राष्ट्रपति भी मेयर डा॰ जिंग की तरह ही मेहरबान साबित हुए। 1956 में ताइवानियों के विरुद्ध मेरे देश के अधिकारियों ने जिस तरह की भाषा का प्रयोग किया था उसे याद कर मुझे बहुत शर्म महसूस हुई। वे इतने सालों तक क्या छिपा रहे थे, यह अब बिलकुल साफ जाहिर था। राष्ट्रपति

के कार्यालय ने संबद्ध रिकार्ड रखने वाले मंत्रालय को यह काम सौंप दिया। 5 अगस्त 2003 को ताइवान के सूचना व परिवहन मंत्री लिन लिंग–सान ने स्वयं ब्योरा दिया। "जापानियो के छोड़े रिकार्ड की पूरी छानबीन से पता चला है कि उस समय के दौरान केवल एक विमान दुर्घटना हुई थी। युद्धबंदियों के ले कर जा रहा यह अमेरिकी सी–47 विमान सितंबर 1945 को ताइपेई के पास दुर्घटनाग्रस्त हो गया था। ऐसा किसी रिकार्ड में नहीं था कि 14 अगस्त और 25 अक्तूबर के मध्य सुभाष बोस को ले जाने वाला कोई विमान कभी दुर्घटनाग्रस्त हुआ था।"

ताइपेई दुर्धटना में नेताजी की मृत्यु को सही ठहराने वाली जांच आयोग की रिपोर्ट 30 जून 1974 को गृहमंत्री उमाशंकर दीक्षित को सौंप दी गई। इसे सितंबर में संसद में पेश किया गया और आनन–फानन पास कर दिया गया। गुहा ने गुस्से से अपनी प्रति फाड़ दी। अपनी रिपोर्ट में खोसला ने नेताजी की अवमानना उनको जापानियों के हाथ की कठपुतली कह कर की थी और यह निष्कर्ष निकाला था कि "अगर वह जापानियों की मदद से भारत में प्रवेश भी पा जाते तो भारत जापानियों का एक उपनिवेश बन कर रह जाता।"[57]

स्वाधीन भारत में किसी भी जांच आयोग की अध्यक्षता करने वाले की तुलना में खोसला का रिकार्ड कुछ ज्यादा ही अस्वच्छ कहा जा सकता है। जब वह नेताजी जांच आयोग के अध्यक्ष थे, तभी उन्होंने राष्ट्रीय अकादमियों व फिल्म एवं टेलीविजन इंस्टीट्यूट के कार्यकलाप की समीक्षा करने वाले आयोगों की अध्यक्षता भी स्वीकार कर ली। इस तरह के 'कदाचार' के लिए किसी को भी मीडिया और विपक्ष के कोप का भाजन बनना पड़ेगा। लेकिन तब का भारत और था। उन दिनों जो खोसला ने किया वैसी हरकत से आज बहुत बड़ा हंगामा हो जाता। उन्होंने नेताजी जांच आयोग की अध्यक्षता के साथ–साथ ही इंदिरा गांधी का गुणगान करने वाली एक किताब भी लिख डाली जिस का उपयोग आने वाले आपादकाल में अवश्य किया गया होगा। अपनी जांच खत्म करने के महीनों पहले उन्होंने अपने स्टाफ की छुट्टी कर दी। उसके बाद रिपोर्ट लिखी। इसके कुछ अंश भी कलकत्ता के एक अखबार को बता दिए गए थे।

इतना ही नहीं खोसला ने अपनी कथित जांच के आधार पर एक किताब भी लिख डाली ––*लास्ट डेज आफ नेताजी*। इससे उनका नाम होने के बजाय बदनामी ही ज्यादा हुई। द्विजेंद्रनाथ बोस ने पुस्तक की विषयवस्तु से आहत हो कर खोसला पर भारतीय दंड संहिता के तहत मुकदमा दर्ज करा दिया। एक साल से अधिक समय तक खोसला गिरफ्तारी से बचते फिरे। अंततः 1 अप्रैल 1978 को सेवानिवृत्त मुख्यन्यायाधीश खोसला ने कलकत्ता के एक मेट्रोपोलिटन मेजिस्ट्रेट की अदालत में माफी मांगी, "मैं नेताजी और देशवासियों से बिना शर्त

माफी चाहता हूं जिनकी भावनाओं को पुस्तक के कुछ भागों में भारत के महानतम सपूत नेताजी व उनके भतीजों के लिए की गई टिप्पणियों से ठेस पहुंची है। मेरे मन में देश को स्वाधीनता दिलाने वाले के रूप में नेताजी के लिए अन्य देशवासियों के समान ही आदरभाव है जिनको गांधीजी भी महान देशभक्त व देश के महानतम सपूत मानते थे। मैं इसमें आवश्यक सुधार करने और देश के मुख्य समाचार पत्रों में अपना माफीनामा छपवाने को तैयार हूं। मैं उन देशों के समाचारपत्रों में भी इस आशय का विज्ञापन छपवाऊंगा जहां यह पुस्तक वितरित हुई है और जो प्रतियां मेरे पास उनका वितरण नहीं करूंगा। साथ ही यह माफीनामा उन पुस्तक विक्रेताओं के यहां भी भेजूंगा जिनके यहां से यह पुस्तक बिकी थी ताकि वे उसे इस तरह टांगें जहां सब लोग पढ़ सकें।''

1975 में भारत आपादकाल की गिरफ्त में आ गया और उस के साथ ही नेताजी जांच आयोग की रिपोर्ट के खिलाफ मुहिम का भी अंत हो गया। समर गुहा जैसे सभी मुख्य विरोधी नेताओं को जेल में बंद कर दिया गया था। जनता पार्टी के सत्ता में आने पर 1977 में गुहा ने अपनी पुस्तक *नेताजी डेड ऑर अलाइव* प्रकाशित की और सुभाष की मृत्यु के बारे में नए सिरे से जांच करने की मांग की। काफी चर्चा के बाद प्रधानमंत्री मोरारजी देसाई ने खोसला रिपोर्ट को रद्द कर दिया।

संदर्भ/टिप्पणियां

1. *भूमिगत सुभाष,* लेखक रणजीत पंचाले, पृष्ठ 55
2. फाइल न. 2 (64) 56–66 पी. एम. भाग 2 पत्र 1039–पीएमएच /63
3. 23 अगस्त 1963 को राज्यसभा में चर्चा
4 मल्होत्रा ने 1946 में बोस के उनके साथ रहने के दिनों पर हिंदुस्तान टाइम्स में लेखमाला लिखी थी। बाद में जब *सुभाष जियाउद्दीन* थे, शीर्षक से बाद में एक पुस्तिका भी उन्होंने निकाली।
5. *नेताजी डेड ऑर अलाइव,* लेखक समर गुहा, पृष्ठ 37
6. वही, पृष्ठ 38
7 7 मार्च 1960 का *हिंदुस्तान टाइम्स* का समाचार, **गवर्नमेंट मे आर्डर फ्रेश प्रोब ऑन नेताजी**
8. इतिहासकार वी. एन. दत्ता का 19 अगस्त 2001 को *ट्रिब्यून* में लेख, **डिड नेताजी एक्चूअली डाइ इन 1945?**
9. *हिंदुस्तान टाइम्स डाट काम* में सीतांशु दास का संपादकीय, **खोसला डिस्लाइक्ड नेताजी**

10. इतिहासकार वी. एन. दत्ता का 19 अगस्त 2001 को *ट्रिब्यून* में लेख, **डिड नेताजी एक्चूअली डाइ इन 1945?**
11. 15 अक्तूबर 1970 के *ट्रिब्यून* में समाचार, **नेताजी कमीशन टू प्रोब इनटू आल रेलेवेंट मैटर्स**
12. 17 अक्तूबर 1970 के *दि टाइम्स आफ इंडिया* में समाचार, **ओपनिंग डे सेशन एंड्स औन ड्रामेटिक नोट**
13. *अमृत बाजार पत्रिका* में समाचार, **खोसला हैकल्ड बाइ अनरूली क्राउड**, 15 नवंबर 1970
14. उदाहरणः गवाह न. 26 राजाराम दीक्षित जब भी बंबई में अपने घर से निकलते थे तो उनको विदेशी एजेंट लड़कियां घेर लेती थीं। उन पर गोली चलाने की कोशिश भी की गई। दीक्षित ने बताया कि "एक बार जब मैं सागर के किनारे घूम रहा था तो काबुलीवाला के लिबास में एक व्यक्ति ने आ कर कहा देखो मैं नेताजी हूं। मैंने ध्यान से देखा तो वह सुभाष बोस ही थे। मैं नाचने लगा।" नेताजी जांच आयोग रिपोर्ट पृष्ठ 107
15. नेताजी जांच आयोग की कार्रवाई, 8 अगस्त 1972
16. नेताजी जांच आयोग की कार्रवाई, 6 जुलाई 1972
17. नेताजी जांच आयोग की कार्रवाई, भाग 10, एस. आर. मीरचंदानी से जिरह, पृष्ठ 3076 से 3093
18. नेताजी जांच आयोग की कार्रवाई, 8 अगस्त 1972
19. वही
20. नेताजी जांच आयोग की कार्रवाई, 9 अगस्त 1972
21. नेताजी जांच आयोग की कार्रवाई, 5 सितंबर 1972
22. नेताजी जांच आयोग की रिपोर्ट पृष्ठ 63
23. वही पृष्ठ 61 खोसला रिपोर्ट में यह भी कहा गया कि ब्रिटिश इटेलिंजेंस के अधिकारियों ने पहले जो जांच की थी उस में भी यही पाया गया था कि हबीबुर रहमान का बयान सही है और बोस की मृत्यु हो गई थी। पृष्ठ 49
24. नेताजी जांच आयोग की कार्रवाई, 1 जून 1972
25. *अमृत बाजार पत्रिका* ने 3 नवंबर 1970 को समाचार दिया कि "आयोग के समक्ष श्री अमर चक्रवर्ती ने कहा कि 'सरकार के लिए यह अनिर्वाय है कि अपने सभी गुप्त दस्तावेज व फाइलें आयोग को सौंपे और अपने सभी अधिकारियों को आयोग के सामने पेश होने की अनुमति दे।" इस पर खोसला ने कहा कि श्री चक्रवर्ती आप अनुमान से काम ले रहे हैं। सभी आवश्यक दस्तावेज मुहैया कर दिए गए हैं। श्री चक्रवर्ती के यह कहने पर कि क्या क्रेंद्र सरकार और विदेशी सरकारों के पास जो दस्तावेज हैं उनके मिलने से सच सामने नहीं आ जाएगा और क्या ऐसा न कर

के आप के हाथ काटने की साजिश नहीं की जा रही है, श्री खोसला ने कहा 'श्री चक्रवर्ती आप पहले कही बात को न दोहराएं। यह मैं सुन चुका हूं।'''

26. नेताजी जांच आयोग की कार्रवाई, 1 जून 1972
27. नेताजी जांच आयोग की रिपोर्ट पृष्ठ 113
28. वही।
29. वही, पृष्ठ 55. न्यायमूर्ति राधाविनोद पाल के लिए जापान में बहुत आदर है। 11 दिसंबर 2001 को टोकियो में जापानी कानून निर्माताओं की एक सभा में भारत के प्रधानमंत्री अटलबिहारी वाजपेयी ने कहा,'' आज से आधी शताब्दी पहले, डा॰ राधाविनोद पाल हमारे दोनों राष्ट्रों को निकट लाए थे।'' भारत स्थित जापान के राजदूत हिरोशी हिराबायाशी ने भी 23 जनवरी 1999 को कलकत्ता में ऐसे ही उद्‌गार प्रकट किए थे, ''एक व्यक्ति को हम जापानी कभी नहीं भूल सकते। वह थे न्यायमूर्ति राधाविनोद पाल। उन्होंने उच्च नैतिक मूल्यों के आधार पर अपना असहमति वाला फेसला लिखा था। इस तरह के व्यक्तित्व वालों ने ही भारत और जापान की जनता के बीच अटूट मित्रता और सहानुभूति के संबंध जोड़े हैं।''
30. वही
31. वही
32. वही, पृष्ठ 93
33. वही
34. वही पृष्ठ 94
35. *नेताजी मिस्ट्री,* लेखक डा. सत्यनारायण सिन्हा पृष्ठ 12
36. *अमृत बाजार पत्रिका* का समाचार, **शाहनवाज रिपोर्ट ऑन नेताजी काल्ड ए फ्राड**, 3 नवंबर 1970
37. नेताजी जांच आयोग की रिपोर्ट पृष्ठ 73
38. 20 अक्तूबर 1970 के *दि हिंदू* में समाचार, **सोवियत क्वेचंस टू नेताजी प्रोब विटनेस**
39. वही
40. नेताजी जांच आयोग की कार्रवाई, 31 मई, 1972
41. वही
42. वयोवृद्ध मुल्का गोविंद रेड्डी बंगलौर में रहते हैं। हाल ही में राष्ट्रपति एपीजे अब्दुल कलाम ने संसद भवन में उनका सम्मान किया।
43. नेताजी जांच आयोग की कार्रवाई, 30 मई 1972
44. वही
45. नेताजी जांच आयोग की कार्रवाई, भाग 10, पेज 3068 से 3070 तक

46. *नेताजी मिस्ट्री,* लेखक डा॰ सत्यनारायण सिन्हा, पेज 21–22
47. वही, पेज 48
48. 27 मई 1977 की *हिंदुस्तान स्टैंडर्ड* की रिपोर्ट **26 एमपीज वांट खोसला टू विजिट ताइवान**
49. *नेताजी डेड ऑर अलाइव* में समर गुहा का वृतांत। लेखक ने सनील कृष्ण गुप्ता से भी बात की
50. *नेताजी मिस्ट्री* लेखक डा. सत्यनारायण सिन्हा, पेज 22–23
51. लोकसभा में चर्चा, 23 अप्रैल 1973
52. वही
53. 24 अप्रैल 1973 के *हिंदुस्तान टाइम्स* में समाचार **गवर्नमेंट 'सेबोटाजिंग' नेताजी इंक्वायरी**
54. लोकसभा में चर्चा, 23 अप्रैल 1973
55. नेताजी जांच आयोग की रिपोर्ट पेज 121
56. वही पेज 114
57. बोस पर एक अपने एक पेपर में विख्यात इतिहासज्ञ टी. आर. सरीन ने लिखा, "जापानियों के भारत पर कब्जा करने की मनगढ़ंत बात अंग्रेजों ने जापानियों को बदनाम करने के लिए फैलाई थी ताकि वह युद्ध जीतने के लिए भारतीय राजनीतिक दलों का समर्थन पा सकें। जापान के उच्च अधिकारियों से सघन पूछताछ के बाद खुद अंग्रेजों ने स्वीकार किया कि जापान की भारत विजय की कोई महत्वाकांक्षा न थी।" आईएनए के वरिष्ठ सदस्यों की असोसिएशन के महासचिव कैप्टन एस. एस. यादव ने 1998 में एक पत्र लिख कर बताया कि टोकियो के यासुकिनी मंदिर में यह अथलेख है, "हम आजाद हिंद फौज के सदस्यं जापान की इंपीरियल आर्मी के अपने उन साथियों को श्रद्धाजली अर्पित करते हैं जिन्होंने भारत की आजादी के लिए इंफाल और कोहिमा के युद्ध में अपने प्राणों की आहुति दी।"

6
मृत्यु जो नहीं हुई

किसी सच्ची घटना का वर्णन, चाहे वह 10 साल बाद ही क्यों न किया जाए, इतना भिन्न और विरोधाभासी नहीं हो सकता।

ताइपेई विमान दुर्घटना के प्रत्यक्षदर्शियों के बयान पर
सुरेश बोस की टिप्पणी।

इन मुख्तलिफ बयानों में तालमेल बैठाना संभव नहीं। इन को ऐसे ही छोडना होगा।[10]

प्रत्यक्षदर्शियों के बयान पर शाहनवाज कमेटी की रिपोर्ट।

माननीय न्यायाधीश आपके लिए क्या कहें, कोई मूर्ख भी इन कहानियों पर विश्वास नहीं करेगा।

गोविंद मुखौटी, जी. डी. खोसला से ।

सुभाष चंद्र बोस की 'मृत्यु' पर दर्जन भर गवाहों ने जो कुछ कहा जा सकता था, कह डाला। इस महान व्यक्ति के बारे में, जिसके भाग्य ने ताइपेई में उसका साथ छोड़ दिया था, ये गवाहियां ढेरों कागजों पर लिपिबद्ध हुईं। अब बाकी क्या था? इन सबका विश्लेषण। कहानी के किसी एक पक्ष को यों ही तो स्वीकार नहीं किया जा सकता था। आखिर यह मामला एक ऐसे व्यक्ति से संबंधित था जो अकेले दम पर ही मानवता के एक बड़े भाग का भाग्य बदलने का हौसला रखता था। इन गवाहियों का बारीकी से विश्लेषण करना और सारे मामले की तह तक जा कर संदेह के अखिरी अंश को भी दूर करना बहुत जरूरी था।

इस की शुरुआत उस दृश्य को फिर से गढ़ने रो की जा सकती थी जहां सुभाष बोस की मृत्यु हुई थी। यह शुरुआत उनकी आखिरी गतिविधियों से की जा सकती थी जिनको अवश्य ही लिपिबद्ध किया गया होगा। वह एक राष्ट्राध्यक्ष थे जो अपने बहुत से अधिकारियों को साथ ले कर चलते थे। इसलिए जापानियों

और आईएनए के अधिकारियों ने उनके बारे में बैंकाक, सिंगापुर और सैगौन में दस्तावेज जरूर रखे होंगे। उन्होंने 17 अगस्त की रात तूरेन में गुजारी थी। लिहाजा वहां कोई रिकार्ड या प्रत्यक्षदर्शी जरूर रहा होगा। ताइपेई के अधिकारियों ने भी उनके आने व दुर्घटना का कोई रिकार्ड जरूर रखा होगा।

दुर्घटना का प्रत्यक्षदर्शी विवरण अविवादित होना चाहिए। क्योंकि दुर्घटना शहर के हवाई अड्डे पर दिन के समय हुई थी। लिहाजा जो बच गए उनसे उम्मीद की जाती थी कि वह कम से कम उस दुर्घटना की मुख्य बातों का सही ब्योरा देंगे जैसा कि उनकी नजरों के सामने घटा। हवाई अड्डे के कर्मियों व अग्निशमन वालों से भी यही उम्मीद की जाती थी। जापानियों और नेताजी के मंत्रियों को भी चंद मिनटों में या कम से कम चंद घंटों में सारी घटना का ब्योरा मिलना भी लाजिमी था। अस्पताल में वह काफी समय होश में रहे। उस समय का ब्योरा रखा गया होगा और उनसे मिलने सेना के उच्च अधिकारी भी अवश्य आए होंगे।

नेताजी की मृत्यु बहुत से लोगों की आंखों के सामने हुई। उसका ब्योरा वे कैसे भूल सकते थे। उनका अंतिम संस्कार पूरे सम्मान के साथ किया गया होगा। फोटो लिए गए होंगे। किसी डाक्टर ने मृत्यु का प्रमाणपत्र दिया होगा। स्थानीय कमांडरों ने भी अंतिम संस्कार में भाग लिया होगा। जापानी कभी नहीं चाहते होंगे कि नेताजी के कैबिनेट मंत्रियों या मित्र राष्ट्रों को जरा भी संदेह हो। लिहाजा अंग्रेजों को भी बताया गया होगा कि उनके विरोधी की मृत्यु हो गई है। आजाद हिंद सरकार के सदस्यों को ताइपेई लाने की कोशिश भी की गई होगी ताकि वे अंतिम संस्कार में भाग ले सकें और नेताजी के अवशेषों को ग्रहण करें। फिर जापानियों ने दुर्घटना की कोई जांच भी कराई होगी जिनमें उन के इतने निकट मित्र की मृत्यु हुई थी।

लेकिन ऐसा नहीं हुआ। यहीं से संदेह उपजता है। सरकारी जांचकर्ताओं ने इन सब बातों को नजरअंदाज किया। शाहनवाज ने जल्दबाजी में यही कहा कि कैसे न कैसे नेताजी की मौत हो गई थी । खोसला ने दुर्घटना और मौत के पूरे ब्योरे का ऐसा विवरण दिया जैसे वह खुद सुभाष के अंतिम दिनों के प्रत्यक्षदर्शी थे। "जापानी बमवर्षक सैगोन से शाम के लगभग 5 बजे चला। रात को पौने आठ के करीब वह तूरेन पहुंचा। दोपहर 2 बजे के करीब वह ताइपेई पहुंचा। 2. 35 पर विमान वहां से उड़ा लेकिन चंद सेंकंडों में ही दुर्घटनाग्रस्त हो गया। दो दिनों बाद बोस के पार्थिव शरीर का अंतिम संस्कार कर दिया गया और उनकी भस्मी सितंबर 1945 के आरंभिक दिनों में टोकियो भेज दी गई।"[1] अगर समर गुहा और सुरेश बोस विरोध न करते तो ये रिपोर्टें ज्यों की त्यों स्वीकार कर ली

जातीं। उन्होंने साक्ष्यों का अध्ययन किया और बिलकुल विपरीत नतीजे पर पहुंचे। वजह यह थी कि सुभाष की मृत्यु का आधार ही अति संदेहास्पद था। बात–बात में असमानता और विरोधाभास था। न सिर्फ विभिन्न गवाहों के बयान अलग–अलग थे, बल्कि गवाहों के अलग–अलग रामय पर दिए बयान भी एक–दूसरे से नितांत भिन्न थे। कई बार तो ऐसा हुआ कि उन्होंने अपने नोट्स देख कर बयान दिए। अगर वे किसी सच्ची घटना का ब्योरा दे रहे होते तो ऐसा नहीं हो सकता था।[2]

हकलाहट की शुरुआत मित्सुबिशी के आई–21 विमान [3] को ही ले कर हुई जिसमें नेताजी ने सैगोन से ताइपेई तक यात्रा की थी। लेकिन उन्हें सैगोन में किसी दूसरे विमान की क्या जरूरत पड़ गई थी? उस 12 सीट वाले विमान का क्या हुआ जो जापानियों ने उन्हें भेंट किया था? खोसला के सामने शाहनवाज ने स्वीकार किया कि उन्होंने बोस की मृत्यु के बाद आईएनए के चिन्ह वाले उस विमान का क्या हुआ, इस बारे में जांच नहीं की थी। इस विमान का पायलट होने का दावा करने वाले एक जापानी गवाह ने कहा कि वह विमान जून 1945 में बैकाक हवाई अड्डे पर नष्ट हो गया था। लेकिन युद्ध के दिनों की एक रिपोर्ट इस के खिलाफ जाती थी। सच जानने वाले जनरल इसोदा ने आयोग के सामने कहा कि नेताजी 16 अगस्त को बैंकाक अपने ही विमान से गए थे। तो फिर उन्होंने अपना विमान छोड़ कर शिदेई आदि के साथ जाने का इरादा क्यों बनाया? अंग्रजों को इसमें हिकारी किकन का हाथ लगा। "यह संदिग्ध है कि बोस को सैगोन में विमान बदलना पड़ा। यह ज्यादा वांछित था कि बोस जैसे महत्वपूर्ण व्यक्ति को, चाहे उनका अवमूल्यन ही क्यों न हो गया हो, अपना विमान इस्तेमाल करने की अनुमति अवश्य मिली होगी।"[4]

ऐसा कहीं इसलिए तो नहीं हुआ कि जापानी नेताजी को उनके मंत्रियों से अलग करना चाहते थे जिनको मंचूरिया नहीं ले जाना था? 17 अक्तूबर 1945 को चीन स्थित सैनिक खुफिया तंत्र के निदेशक ने रिपोर्ट दी कि एक जापानी गुप्त संदेश पकड़ा गया है। इस के तहत सलाह दी गई थी कि बोस को बर्मा से यात्रा के समय उनके साथियों से एक दूसरे विमान में पृथक कर दिया जाए।[5] "इसलिए डी. एम. आई. को शक हुआ कि जिस विमान की दुर्घटना हुई उस में बोस के साथी तो थे पर वह खुद बच निकले थे।"[6]

कितने लोग उस विमान में सवार थे, यह कभी ठीक से पता नहीं चल सका। खोसला ने गिनती की, "बोस, रहमान, सकाइ, नोनोगाकी, कोनो, ताकाहाशी, ताकीजावा, शिदेई, आयोयागी तथा कुछ अन्य जिनके नाम की चर्चा करना जरूरी नहीं।"[7] गुहा ने खोसला का मजाक उड़ाते हुए कहा कि वह इस तरह

नाम गिना रहे हैं "जैसे वह बाकियों के बारे में जानते हों और चाहें तो उनके नाम बता सकते हों।"[8] जी. डी. खोसला ने शाहनवाज के 6 के मुकाबले 4 बचने वालों की गवाही ली। फिर भी आईएनए के पूर्व अधिकारी यात्रियों की सही संख्या और पहचान को ले कर हुए भ्रम को दूर नहीं कर पाए। अलग–अलग गवाहों ने यह संख्या दस से चौदह तक बताई। शाहनवाज ने लिखा कि 'हालांकि ज्यादातर यात्रियो की पहचान हो गई थी, लेकिन उनमें एक या दो इंजीनियर थे, जिनके नामों का पता नहीं चल सका।"[9] जापानी भी कमेटी और आयोग को अपनी जानकारी देते समय सार्जेंट ओकिस्ता और रेडियो आपरेटर तोमीनागा के बारे मे ठीक से नहीं बता सके। इस का मतलब यह था कि कुछ लोग पूरी तरह से गणना में नहीं आए थे। जनरल इसोदा को दलात जा कर फील्ड मार्शल काउंट तेराउची से महामहिम चंद्र बोस के लिए एक सीट के लिए बात करनी पड़ी। इस का सीधा सा अर्थ यह था कि विमान में कुछ ऐसे महत्वपूर्ण लोग यात्रा कर रहे थे जिनको आजाद हिंद की सरकार के कुछ सदस्यों की खातिर भी उससे उतारा नहीं जा सकता था। तो फिर इन तीन या चार अतिमहत्वपूर्ण लोगों के बारे में किसी को कुछ भी कैसे पता नहीं था? 1956 में सुरेश बोस ने मृतकों और बचने वालों का बड़ा दिलचस्प विश्लेषण पेश किया। सोवियत सीमा की ओर जाने वाले बोस, शिदेई और विमानचालक मारे गए। बाकी मामूली चोटों के साथ बच निकले। "बचाने और इस तरह से मारने की ऐसी विचित्र योजना खुद विधाता भी शायद नहीं बना सकता था। लेकिन खोसला या शाहनवाज को इसमें कोई विचित्रता नजर नहीं आई। इस तरह के चुनिंदा मरने वालों और बचने वालों की सूची में उनको कुछ भी संदेहास्पद नहीं लगा।"[10]

विमान के तूरेन पहुंचने के बाद मामला जटिल हो गया। कर्नल रहमान ने शाहनवाज कमेटी को बताया कि उन्होंने रात वहां के एक होटल में बिताई थी। शाहनवाज ने अपनी रिपोर्ट में लिखा, "इस पर विश्वास करने के कारण हैं कि यह मोरिन होटल ही था जहां कि कमेटी गई।"[11] जांच के दौरान सुरेश बोस उनके साथ गए थे। उन्होंने बताया, "हम ने होटल के स्टाफ समेत वहां बहुतों से नेताजी के वहां ठहरने के बारे मे पूछा पर हमें सफलता नहीं मिली। सूदूरपूर्व में उनकी बड़ी ख्याति थी। अगर वह वहां आए होते तो वहां के लोगों को इस की जानकारी जरूर होती।"[12]

शाहनवाज जिस एकमात्र "गवाह" को खोज सके वह एक प्रवासी भारतीय मीर गुलाम दस्तगीर था। उसने बताया, "1945 में तूरेन के जापानी प्रशासक श्री सुजीको ने मुझ से कहा कि मैं नेताजी से मिलूं जो उनके अनुसार वहां आए हुए थे।"[13] कई कोशिशों के बावजूद दस्तगीर नेताजी से नहीं मिल सका। लेकिन

शाहनवाज को वह 17 अगस्त की रात को नेताजी के वहां ठहरने का "गवाह" नजर आया। हालांकि सुरेश बोस की नजर में उसकी गवाही का मोल शून्य ही था।" यह तो नितांत स्पष्ट ही है कि नेताजी के उस रात वहां ठहरने की बात को सिद्ध करने के लिए यह गवाही बिलकुल बेकार ही है।"[14] खोसला भी तूरेन गए थे। मदद के लिए उन के साथ आजाद हिंद सरकार के पूर्व मंत्री ए. एम. सहाय भी गए थे। वह तब वियतनाम में भारत के राजदूत थे। वे भी 25 साल पहले नेताजी के वहां जाने के बारे में कोई गवाही नहीं खोज सके।

कर्नल सकाइ ने जो बयान शाहनवाज को दिया उसमें उन्होंने होटल में ठहरने की बात को गलत ठहराया। उन्होंने पूर्ण विश्वास से कहा कि तूरेन हवाई अड्डे पर पहुंचने के बाद वे लोग सप्लाई बेस के एक ठिकाने पर ठहरे थे। जी. डी. खोसला के पास चुनने के लिए कई विकल्प थे। एक गवाह ने कहा कि वे हवाई अड्डे में ठहरे थे। लेकिन दूसरे ने कहा बैरक में। नोनोगाकी ने पहले कहा कि बोस और शिदेई बैरकों में ठहरे थे। बाद में जिरह के दौरान उन्होंने कहा कि नहीं होटल में ठहरे थे। इस मामले से बचने के लिए खोसला ने रात को ठहरने वाली बात को अपनी रिपोर्ट में स्थान ही नहीं दिया। जिन गवाहों ने होटल में ठहरने की बात कही थी, वे इस कहानी को एकमत हो कर आगे नहीं बढ़ा सका। अराई ने कहा कि सब ने एक साथ भोजन किया था। खाने की मेज पर बोस, शिदेई और खुद उसने जो काफी कनिष्ठ अधिकारी था, जापान और जर्मनी के भविष्य पर चर्चा की। नोनोगाकी के अनुसार सिर्फ खाने की बात सही थी। उनके अनुसार अराई, वह खुद व अन्य चुपचाप बैठ कर समझने की कोशिश कर रहे थे कि सुभाष और जनरल शिदेई जर्मन भाषा में क्या बात कर रहे हैं।

शायद नेताजी और शिदेई को तूरेन में दूसरों से अलग कर दिया गया था। इसलिए बयानों में 17 अगस्त 1945 की शाम के बाद से इतना अंतर दिखना शुरू हो गया।

ताइपेई में विमान के आने और ठहरने का समय ऐसी बात थी जिसे गवाह कभी नहीं भूल सकते थे। वह तो उनके जीवन का ऐसा भयावह अनुभव था जो उनकी स्मृति में गहरे पैठ गया होगा। खोसला ने माना कि विमान "ताइपेई, फारमोसा में दोपहर बाद 2 बजे पहुंचा। उन्होंने इस बात का खुलासा नहीं किया कि किसी भी गवाह ने उनसे सही समय नहीं बताया था। यह तो रहमान का पहले का बयान था। रहमान कभी आयोग के सामने पेश नहीं हुए। शाहनवाज ने विमान आने के बारे में इससे बेहतर विवरण दिया था, "अलग–अलग गवाहों ने विमान के आने का समय सुबह 11 बजे से दोपहर बाद 2 बजे तक का बताया।"[15] कमेटी रिपोर्ट के मुताबिक गवाहों ने वहां शामियाने में ठहरने का समय भी

अलग–अलग बताया था जो "आधे घंटे से ढाई घंटे तक का था।"[16] खोसला के एक खास गवाह नोनोगाकी ने इस बारे में अलग–अलग बयान दिए। पहले उन्होंने कहा कि विमान वहां आधे घंटे तक ठहरा था। फिर कहा कि नहीं डेढ़ घंटा ठहरा था और अंततः कहा कि ढाई घंटे ठहरा था।

जो हो। ताइहोकू के अधिकारी जानते थे कि सुभाष बोस वहां 18 अगस्त को दोपहर बाद विमान से आने वाले हैं। इस के बावजूद एक भी उच्च अधिकारी उनके स्वागत के लिए वहां मौजूद न था। खोसला को यह अजीब नही लगा कि स्थानीय कमांडरों ने उनका स्वागत नहीं किया। इस के लिए उन्होंने जापानियों की असभ्यता को जिम्मेदार ठहराया। उनके अनुसार "युद्ध समाप्त हो जाने और जापान के आत्मसमर्पण के बाद उन के लिए बोस का महत्व व उपयोगिता समाप्त हो गई थी।"[17]

इस कृतघ्न आदमी को समझना चाहिए था कि ब्रिटिश भारतीय सेना में सेवा कर रहे भारतीयों के विपरीत जापानी सैनिक भाड़े के टट्टू न थे। आत्मसमर्पण के बाद अफरातफरी जरूर मची थी लेकिन जापानी सेना काफी स्थिर थी। जापान ने 15 अगस्त 1945 को आत्मसमर्पण का ऐलान किया लेकिन असली आत्मसमर्पण 2 सितंबर को हुआ था। दक्षिणपूर्व एशिया में तो आत्मसमर्पण 12 सितंबर को हुआ था।

ताइहोकू हिरोशिमा न था और जापानी नेताजी के साथ कभी दुर्व्यवहार नहीं कर सकते थे। उनके अपने ही शब्दों में उनके बोस के साथ "आत्मीय संबंध" थे।[18] खोसला के आरोप के विपरीत वे नेताजी का अत्यधिक आदर करते थे। उन्होंने जून 1945 में उनसे कहा, "महामहिम आप के सहयोग व भारत की आजादी के लिए निस्वार्थ भाव से दिखाए साहस के लिए हम आपका अत्यधिक सम्मान करते है।"[19] मई 1956 में जब शाहनवाज कमेटी टोकियो गई तब भी बोस के लिए वहां बहुत सम्मान था। कमेटी की रिपोर्ट में कहा गया कि "नेताजी का नाम आज भी जापान के घर–घर में लोकप्रिय है और वहां की जनता व प्रेस ने उनके लिए बहुत दिलचस्पी जाहिर की।"[20]

इस संदर्भ में क्या यह अजीबोगरीब बात न थी कि एक भी अधिकारी बोस और शिदेई का मत्सुयामा हवाई अड्डे पर स्वागत करने नहीं आया। शिदेई मंचूरिया में लाल सेना का मुकाबला कर रही क्वांतुंग सेना के उपाध्यक्ष थे।

जी. डी. खोसला का निष्कर्ष शाहनवाज से भिन्न था जो खुद एक सैन्य अधिकारी थे। फारमोसा सेना के अध्यक्ष जनरल हरुकेई इसायामा टोकियो में जब शाहनवाज कमेटी के सामने पेश हुए तो वह इस का कोई समुचित जवाब नहीं दे पाए थे कि 18 अगस्त को ताइहोकू में मौजूद होने के बावजूद वह और

उनके बौस़ जनरल एंडो इन दो बड़ी हस्तियों का स्वागत करने क्यों नहीं पहुंचे। शाहनवाज ने यह अप्रसन्नता के साथ सुना कि दुर्घटना के कुछ ही दिनों बाद जनरल शिदेई के उत्तराधिकारी जनरल तनाका और डा. बा मू ताइहोकू हो कर निकले थे। इस बार एंडो और इसायामा ने स्वयं उनका आधिकारिक तौर पर भव्य स्वागत किया। जापानियों की सम्मान की दृष्टि से ये दोनों नेताजी और शिदेई के किसी तरह भी करीब न थे। अगर यह तर्क दिया जाए कि 18 अगस्त को हालात खराब थे तो उसके एक सप्ताह बाद जब ये लोग गुजरे, हालात कहीं बदतर थे। जनरल एंडो मानसिक तौर पर उन दिनों बेहद परेशान थे फिर भी उन्होंने नयाचार का ध्यान रखा। बाद में परेशानी के कारण उन्होंने आत्महत्या कर ली। तो फिर यह कैसे हो संभव था कि "वह न तो खुद अपने घर से निकले और न ही किसी और को बोस और शिदेई के स्वागत के लिए भेजा?"[21]

दरअसल जहां तक मालूम है, नेताजी और शिदेई 18 अगस्त को ताइहोकू आए ही नहीं थे।

किसी हवाई दुर्घटना के बारे में हर गवाह से एक सा ब्योरा देने की उम्मीद नहीं की जा सकती। उसके हर सेकंड के घटना क्रम को कोई हूबहू बयान नहीं कर सकता। लेकिन बात यह थी कि ताइहोकू विमान दुर्घटना में बचने वाले मंजे हुए सैनिक थे। विमान लगभग 400 किमी प्रतिघंटा की रफ्तार से जमीन से टकराया। कुछ देर घिसटा और फिर उसमें आग लग गई। फिर भी उसमें बैठे बचने वालों को खास चोट नहीं आई। वे खुद तो बचे ही दूसरों को भी सही–सलामत निकाल सके। ऐसे लोगों के बयान को बहुत महत्व दिया जाना चाहिए। बचने वालों में एकमात्र भारतीय होने के कारण कर्नल रहमान को दुर्घटना का ब्योरा देने के लिए सबसे अधिक महत्व दिया गया। शा़हनवाज कमेटी को दिए अपने लिखित बयान में रहमान ने लिखा, "उड़ान भरने के बाद विमान ने हवाई पट्टी के ऊपर कुछ सौ फीट की ऊंचाई पर चक्कर काटे और फिर उत्तर या उत्तरपूर्व की ओर मुड़ गया। हम लोग मुश्किल से 5 या 6 मिनट आकाश में रहे होंगे तभी अचानक मैं ने भयंकर आवाज सुनी।"

जिरह के दौरान सुरेश बोस ने रहमान से पूछा कि आपका कुछ सौ फीट से क्या मतलब है। इस पर रहमान ने जवाब दिया कि "करीब 1000 फीट या इससे अधिक।" कैप्टन अराइ का अनुमान था कि नीचे आने से पहले विमान 1600 फीट से अधिक ऊंचाई पर था।[22] यह अनुमान बाकी गवाहों के मुकाबले बहुत अधिक था। मेजर कोनो का कहना था कि विमान मुश्किल से 100 फीट ऊंचाई पर था जब वह नीचे गिरने लगा। नोनोगाकी ने खोसला को बताया कि विमान नाक के बल या ऊर्ध्व नहीं गिरा जैसा कि रहमान ने कहा था।

मेजर ताकाहाशी ने अलग–अलग बयान दिए। उन्होंने शाहनवाज से जो कहा उसका मतलब यह निकलता था कि विमान पेंदे के बल नीचे उतरा था। उन्होंने आग कहा, "मुझे होश नहीं रहा। जब होश आया तो मैंने खुद को विमान से बाहर फेंका हुआ पाया।" जी. डी. खोसला से उन्होंने कहा कि विमान बाईं ओर झुक गया था और फिर ध्वस्त हो गया। मुझे होश नहीं रहा।" जिरह के दौरान उन्होंने अपने बयान को नया रंग दिया। उन्होंने फरमाया कि विमान नाक के बल नीचे आया था। लेकिन जमीन पर आ कर वह अपनी स्वाभाविक स्थिति में खड़ा हो गया और "मैं रेंग कर विमान से बाहर आ सका।" उनको पुराने बयान की याद दिलाई गई कि वह तो दुर्घटना के बाद होश गंवा बैठे थे। तब उन्होंने कहा, "मैंने शाहनवाज कमेटी को जो बताया वह गलत था।" नोनोगाकी और तारा कोनो ने पहले कहा कि विमान बाईं ओर झुकता हुआ गिरा था। आयोग के सामने जिरह के दौरान उन्होंने कहा कि नहीं वह दाहिनी ओर झुका था। तारा कोनो ने पहले कहा कि बायां इंजन और प्रोपेलर टूट कर अलग हो गए थे। बाद में उन्होंने कहा कि वह टूटे तो थे पर अलग नहीं हुए थे। वह नेताजी से आगे बैठे हुए थे। वह बिजली की तेजी से उठे और काकपिट में जा कर इंजन बंद कर दिया। यह सब मात्र तीन सेकंड के अंदर हो गया जब विमान 150 फीट से नीचे गिरा।

जितनी गहराई से देखें उतनी ही उलझन बढती जाती थी। नोनोगाकी ने कमेटी को बताया था कि विमान धरती पर गिरा और दो टूक हो गया। तारा कोनो के खयाल से "विमान के तीन टुकड़े हुए थे।" उनकी यह धारणा विमान के गिरने के साथ ही नहीं बनी थी। वे बाहर निकल आए थे और कुछ देर वहां रहे थे। उन्होंने इस दौरान देखा था कि विमान को क्या हुआ। उन्होंने आने वाले समय और बरसों में इस बारे में आपस मे कई बार बात भी की होगी। खोसला ने इस पर गौर करने की जरूरत नहीं समझी। मत्सुयामा हवाई अड्डे के सबसे चौकन्ने गवाह के तौर पर खोसला वहां के रखरखाव अधिकारी नाकामुरा को मानते थे। वह दुर्घटना के चंद मिनटों के अंदर ही बचाव के लिए आ गए थे। उन्होंने अपनी गवाही में बताया कि विमान का ढांचा सही–सलामत था।

दुर्घटना कहां हुई? इस बारे में भी एक राय नहीं थी। शाहनवाज ने लिखा, "कर्नल नोनोगाकी जैसे कुछ गवाहों ने बताया कि विमान कंक्रीट की पट्टी पर गिरा था। लेकिन रहमान ने कहा कि विमान हवाई पट्टी से दो मील दूर गिरा था।"[23]

इस तरह की गवाहियों से कोई विशेषज्ञ ही नतीजा निकाल सकता था कि आखिर इस तरह दुर्घटना हो भी सकती है या नहीं। इसके लिए शाहनवाज ने ए.

एम. एन. शास्त्री को बुलवाया जो विमान दुर्घटनाओं के इंस्पेक्टर थे। वह कमेटी के आखिरी गवाह थे और न जाने क्यों शाहनवाज ने इस बार सुरेश बोस को बाहर ही रखा। शास्त्री ज्यादातर बगलें झांकत रहे, ''मौजूदा गवाहियों के आधार पर यह कहना मुश्किल है कि प्रोपेलर इंजन से अलग कैसे हो गया।''[24] यह उन्होंने तब कहा जब कि बचने वालों ने विस्तार से अपने बयान दिए थे और उनमें से तीन वायुसेना के अधिकारी थे। फिर भी वह यह नहीं कह पाए कि इस तरह दुर्घटना हो सकती है। उनको मेजर कोनो का यह बयान कुछ जंचा कि विमान में सैगोन में कुछ खराबी आ गई थी। पर बाकियों ने इसकी पुष्टि नहीं की। सुरेश बोस को इसमें शास्त्री की कोई गलती नजर नहीं आई। सरकारी नौकर होने के नाते वह साफ–साफ अपनी राय नहीं दे सकते थे। ''शाहनवाज तो एक के बाद एक गवाहों को बुला कर खानापूरी कर रहे थे। उनको अंत में इस नतीजे पर पहुंचना था कि विमान दुर्घटना हुई थी और उसमें नेताजी मारे गए थे।''[25]

शास्त्री के हैरान–परेशान होने का खुलासा दस साल बाद हुआ। नेताजी के जीवनीकार हयाशिदा और फ्रेड साइतो ने इस बारे में कई विमानन विशेषज्ञों से बात की। उन्होंने प्रोपेलर के अलग होने के नाकामुरा और कोनो के बयानों व सरकारी विवरण को सिरे से गलत बताते हुए कहा कि ऐसा सारे युद्ध के दौरान भी किसी विमान के साथ नहीं हुआ। अगर विमान धरती पर गिरता तो टुकड़े–टुकड़े हो जाता और उसमें सवार सब यात्री तुरंत मर जाते।''[26] नाकामुरा के विमान दुर्घटना के ''चश्मदीद बयान'' को उन्होंने ''पूरी तरह से अप्रासंगिक और तर्क से परे'' बताया। मेजर कोनो के विमान में अधिक भार होने के बयान के बारे में उन्होंने कहा कि उसमें भार से अधिक सवारियां या सामान नहीं था। यह बात तूरेन से ताइपेई तक की सफल यात्रा से ही सिद्ध हो जाती है।''[27]

जी. डी. खोसला ने एक वरिष्ठ वायुसेना अधिकारी की राय इस बारे में ली। एयर वाइस मार्शल डी. ए. आर. नंदा भी इस रहस्यमय दुर्घटना के बारे में सुन कर हैरान हुए, ''जो विवरण दिया गया है उसके आधार पर कोई भी व्यक्ति आज भी किसी युक्तिसगत निष्कर्ष पर नहीं पहुंच सकता। मेजर कोनो के इस बयान पर टिप्पणी करते हुए कि वह बाईं ओर के पंख पर चले थे, उन्होंने कहा, ''ऐसी हालत में विमान को बाईं ओर झुकना चाहिए था और टूट जाना चाहिए था।''[30]

बताया गया कि विमान के क्षतिग्रस्त होने से नेताजी की मृत्यु नहीं हुईं। पर उनके कपड़ों में आग लग गई। बचने वालों में से पांच ने कहा कि उन्होंने बहुत नजदीक से यह देखा। लेकिन पूछने पर उन्होंने अविश्वसनीय रूप से अलग–अलग कहानियां सुनाईं। रहमान ने शाहनवाज के सामने सबसे विस्तार के साथ ब्योरा

दिया। नेताजी आग में से कूदे। पेट्रोल में भीगे कपड़ों ने आग पकड़ ली। रहमान ने तब उन के शरीर के ऊपरी हिस्से से जलते कपड़े उतारे। नोनोगाकी का बयान भी कुछ मिलता–जुलता था। उन्होंने नेताजी को विमान के दाहिने पार्श्व के पास देखा। रहमान को उनका ऊनी स्वेटर उतारने में कठिनाई हो रही थी, जो रहमान के मुताबिक उन्होंने नहीं पहना हुआ था। नोनोगाकी निश्चित तौर पर कह सकते थे कि नेताजी के सब कपड़े उतारे गए थे। वह पूरी तरह निर्वस्त्र थे। बाकी गवाहों ने इसकी पुष्टि की और इस के विपरीत बयान भी दिए। मेजर कोनो का कहना था कि नेताजी जलते ढांचे के बहुत करीब खड़े थे। वह सीधे खड़े थे। उनकी टांगे खुली हुई थीं और मुट्ठियां कसी हुई थीं। वह पूरी तरह नग्न थे। उन्होंने केवल जूते पहने हुए थे। कोनो को उनके शरीर पर कहीं आग दिखाई नही पड़ी। फिर रहमान कूद कर उनको लपटों से दूर ले गए। मेजर ताकाहाशी ने कहा कि दुर्घटना के बाद मैंने खुद को विमान के पास पड़ा पाया। मेरे टखने में चोट लगी थी। वह रेंग कर नोनोगाकी तक गए जिन्होंने बताया कि बोस और शिदेई विमान में फंस गए हैं। कुछ देर बाद नेताजी विमान के बांए अग्रभाग से बाहर आए। वह अपने जलते हुए "कोट" को उतारने की भरसक कोशिश कर रहे थे। ताकाहाशी ने आगे बढ़ कर उनकी टांग पकड़ी और उनसे कहा कि धरती पर लोट कर अपनी आग बुझा लें। नेताजी ने ऐसा ही किया। सारा समय रहमान वहां चुपचाप खड़े रहे। उन्होंने कुछ नहीं किया। मेजर ने देखा कि नेताजी के ऊपरी कपड़े कहीं–कहीं आग से जल गए थे। उनकी पतलून भी थोड़ी सी जल गई थी। दूसरे गवाहों ने नेताजी को अलग–अलग स्तर पर निर्वस्त्र पाया, लेकिन ताकाहाशी के बयान के मुताबिक वह अपने कपड़े पहने हुए थे।

नाकामुरा दुर्घटनाग्रस्त विमान में नहीं थे। इसलिए उनके बयान में गलती की गुंजाइश नहीं थी। दुर्घटना के तुरंत बाद वह अपने 30 आदमियों को साथ ले कर उधर दौड़े। उन्होंने देखा कि विमान साबुत था लेकिन जल रहा था। सौभाग्य से एक दरवाजा खुल सकता था। उसीमें से उन्होंने और उनके साथियों ने सब यात्रियों को बाहर निकाला। नेताजी बाहर निकलने वालों में अंतिम थे। वह चल कर बाहर आए। तभी एक लपट उनको लगी हालांकि रहमान ने उनको सचेत किया था। नाकामुरा और उनके तीन साथियों ने नेताजी को धरती पर लिटा कर उनके सारे कपड़े उतारे। शाहनवाज नाकामुरा के बयान से परेशान हो गए। उनकी समझ में नहीं आया कि अलग–अलग किस्म के बयानों में से किस तरह अर्थ निकाला जाए। उन्होंने यह कह कर पल्ला झाड़ लिया कि यह बयान "दूसरों से भिन्न है। शायद यह बहुत दिन बीत जाने पर याद्दाश्त में भ्रम हो जाने

का नतीजा है।"[31] जब उनको माफिक आया तो शाहनवाज ने कैप्टन नाकामुरा का सब से उपयुक्त गवाह भी बताया था। गवाहियां एकत्र करो, बहाने खोजो और मौत की कहानी को विश्वसनीय बनाओ, यह उनका मंशा था।

बचने वालों को 15 मिनट इंतजार करना पड़ा। फिर उनको अस्पताल पहुंचाया गया। कैसे? यह शाहनवाज ठीक से नहीं बता सके "इस बारे में परस्पर विरोधी गवाहियां मिली हैं।"[32] उन को कौन ले गया? शायद कुछ नर्सें और अर्दली जिनके बारे में कभी कुछ पता नहीं चल सका। कितनी जल्दी? समर गुहा और सुनील कृष्ण गुप्ता के मौके पर जा कर देखने से पता चला कि दुर्घटनास्थल और रनवे के बीच कीलुंग नदी थी। यह स्थान रनवे से दक्षिण की ओर कोई मीलभर दूर था। जहां तक नजर जाती थी, कोई पुल भी नहीं था। इसलिए बचने वालों को 15 मिनट में वहां से हटा लेना मुमकिन नहीं था जैसा कि गवाहों ने बयान किया।

नेताजी के पास जो चीजें थीं उनका क्या हुआ ? रहमान उनकी घड़ी ले कर भारत लौटे। लेकिन उनके जले कपड़ों, चश्मे, अंगूठियों, सिगरेट केस, कैमरे, पेन, आईएनए के सुप्रीम कमांडर के उनके चिन्ह, बैज व निजी अस्त्र का क्या हुआ जो वह अवश्य अपने साथ लिए होंगे ? दुर्घटना के तुरंत बाद जापानियों ने उस स्थान की घेराबंदी कर ली थी और छोटी–छोटी चीजें जैसे चाकू, बैल्ट के बकलस, पैंडेंट वगैरा इकट्ठे कर लिए थे। लेकिन उनको उनमें कोई चीज नहीं मिली जबकि ये उस स्थान पर होनी चाहिए थीं जहां नेताजी के शरीर पर से आग बुझाई गई थी।

1945 में नानमोन सैनिक अस्पताल में चिकित्सा अर्दली काजुओ ने शाहनवाज कमेटी को बताया कि उन्होंने एक सुगठित शरीर के विदेशी को एक स्ट्रेचर पर लेटे हुए देखा था। वह एक वायुसेना अधिकारी की पूरी वर्दी में था। काजुओ ने बताया कि इस विदेशी की पैंट को कैंची से काटा गया ताकि उसकी टांगों पर जले के जख्म देखे जा सकें। किसी और गवाह ने नहीं कहा था कि सुभाष की टांगों पर जलने से जख्म हो गए थे या उन्होंने वायुसेना अधिकारी की वर्दी पहनी थी। इस विदेशी को "विशेष वार्ड में ले जाया गया। गवाहों ने सुभाष बोस के साथ दूसरों के होने के बारे में परस्पर विरोधी बयान दिए थे। रहमान का कहना है कि वह उस कमरे में अकेले ही उनके साथ थे। बाकियों का कहना था कि और रोगी भी थे। नोनोगाकी का कहना था कि अकेले वही सारा समय नेताजी के साथ थे। ताकाहाशी ने इस का खंडन करते हुए कहा कि नोनोगाकी और सकाई दोनों जहां नेताजी को भर्ती किया गया था, उसके साथ वाले वार्ड में थे। तारो कोनो ने यह कह कर मामला और उलझा दिया कि उसी शाम उनको और नोनोगाकी को किसी और अस्पताल में ले जाया गया था।

डा॰ तेनायोशी योशिमी और उनके जूनियर डा॰ तुसरुता ने अंत तक नेताजी की चिकित्सा की निगरानी की। उनकी ''गवाही'' बहुत अहम थी। लेकिन रहमान की तरह जिरह के दौरान वह भी कई जगह हकलाए। युद्ध समाप्त होने के करीब एक साल बाद एक ब्रिटिश अधिकारी ने डा. योशिमी से हांगकांग जेल में सुभाष बोस की मौत के बारे में पूछताछ की। शाहनवाज और जी. डी. खोसला के पास कर्नल टर्नर की रिपोर्ट की प्रतियां थीं। अच्छी याद्दाश्त वाले होने के बावजूद जिरह के दौरान डा॰ योशिमी ने अलग–अलग मौकों पर अलग–अलग बातें कहीं। उन्होंने अपने बयान में कहा था कि उन को शुरू से ही पता था कि मरीज कौन है। लेकिन 1991 में बी. बी. सी. की एक डाक्यूमेंटरी में वह यह कहते नजर आए कि मरीज की मृत्यु के बाद ही मुझे पता चला कि वह नेताजी थे। वह एक बार भी निश्चित तौर पर नहीं बता सके कि उन्हें किस समय अस्पताल में लाया गया था। उन्होंने टर्नर को शाम के पांच बजे, शाहनवाज को दोपहर बाद 2 बजे और खोसला को साढ़े बारह बजे बताया। नेताजी को मरहम लगा कर पट्टी किस ने बांधी इस में भी वह चूक गए। टर्नर और जी. डी. खोसला को उन्होंने बताया कि यह काम उन्होंने खुद किया था। शाहनवाज को बताया गया कि यह डा. सुरुता ने किया था। डा. योशिमी ने टर्नर को बताया, ''बोस का शरीर इतना अधिक जल गया था कि उनको पहचानने लायक कुछ नहीं बचा था।'' लेकिन जब उनको जी. डी. खोसला की उपस्थिति में नेताजी का एक चित्र दिखाया गया तो फौरन बोले, ''यही वह आदमी है जिसका मैंने अस्पताल में उपचार किया था।'' 1945 में उनके पास एक विकृत शरीर वाले मरीज के आने से पहले योशिमी ने नेताजी को पहले कभी नहीं देखा था।

दूसरों को विश्वास दिलाने के उत्साह में कि नेताजी की सचमुच मौत हो गई है योशिमी ने यहां तक कह डाला कि उनका दिल भी झुलस गया था। अगर ऐसा हुआ होता तो उनकी तुरंत मृत्यु हो जाती। ऐसी हालत में कोई भी मनुष्य चंद मिनटों तक ही जीवित रह सकता है। इसको भूल कर वह बताते रहे कि नेताजी किस तरह कुछ लोगों से बातें करते रहे। बाद में अपनी गलती महसूस होने पर उन्होंने भूल सुधार करते हुए खोसला आयोग के सामने शाहनवाज कमेटी वाले बयान बदल डाले। उन्होंने शाहनवाज के सामने कहा था कि नेताजी का ''200 सी. सी. खून निकाल कर 400 सी. सी. ताजा खून चढ़ाया गया था। ''डा॰ सुरुता ने कहा कि वह सारा समय बोस के पास रहे थे और ऐसा कभी नहीं हुआ। इस पर डा. योशिमी ने खोसला आयोग के सामने अपना यह बयान भी बदल डाला।

नेताजी को कितने वाइटा कैंफर और डिजिटेमाइन के इंजेक्शन लगाए गए यह योशिमी को अच्छी तरह याद था। उन्हें कितना टेंपरेचर था और उनको

रक्तचाप कितना था यह भी उनको ठीक–ठीक याद था। उन्होंने कहा कि नेताजी की मृत्यु ने मुझे झकझोर डाला। शाहनवाज ने अपनी रिपोर्ट में लिखा, "कर्नल रहमान की आंखों से आंसू बह रहे थे। नर्सें जोर–जोर से रो रही थीं। कमेटी के सामने इस नजारे का जिक्र करते हुए डा॰ योशिमी सुबकने लगे थे।"[33] फिर भी नेताजी का मृत्यु प्रमाणपत्र तैयार करने वाले यह डा॰ उनकी मौत का समय बताते हुए कई गलतियां कर गए। उन्होंने टर्नर को बताया कि सुभाष की मौत रात 11 बजे हुई। शाहनवाज को उन्होंने रात 8 बजे का समय बताया। उन्होंने अपनी रिपोर्ट में लिखा," दक्षिणी सेना के सेनाध्यक्ष द्वारा हिकारी किकन के कमान अधिकारी को भेजे तार के मुताबिक बोस की मृत्यु आधी रात को हुई थी। असल में उनके साथ घायल हुए लोगों के बयान से मृत्यु का सही समय निर्धारित नहीं हो पा रहा है।"[34] एक जापानी अखबार को इंटरव्यू देते हुए डा. योशिमी ने कहा कि नेताजी की मृत्यु रात दस बजे हुई थी।[35]

अस्पताल में नेताजी की मृत्यु के बारे में विभिन्न गवाहों के बयान विरोध से भरे हुए थे। शाहनवाज ने खुद इनमें से कुछ मामूली कमियों की चर्चा की। सुरेश बोस ने एक बड़ी कमी को पकड़ा, "नेताजी के साथ छः लोग घायल हुए थे और उन सबको उसी अस्पताल में भर्ती कराया गया था। लेकिन हैरानी की बात है कि अकेले कर्नल रहमान के अलावा बाकी पांच में से किसी को भी नेताजी की मौत का पता नहीं चला और न ही किसी ने उनका मृत शरीर देखा जबकि वे भी उसी अस्पताल में थे।"[36]

सेना कमान में से क्या कोई मृत्यु के बाद बोस को देखने आया था? शाहनवाज कमेटी रिपोर्ट में कहा गया कि सिर्फ मेजर रैंक के एक आफिसर को अस्पताल भेजा गया था। लेकिन इस बारे में दो महत्वपूर्ण गवाहों ने बिलकुल विरोधी बयान दिए। उसी रिपोर्ट में कहा गया, "मेजर नागातोमो का कहना है कि खबर मिलते ही फारमोसा सेना के कमांडर जनरल एंडो नेताजी को देखने अस्पताल गए। उनका यह भी कहना है कि एंडो बाद में उनकी अंत्येष्टि में भी शामिल हुए।"[37] रिपोर्ट में और भी कुछ था, "जनरल स्टाफ के चीफ जनरल इसायामा, जिनको यह मालूम होना चाहिए था कि सेनाध्यक्ष क्या कर रहे हैं, बिलकुल विरोधी बयान देते हैं। उनका कहना है कि न तो वह और न ही जनरल एंडो नेताजी को श्रद्धांजलि देने अस्पताल गए थे और न ही वे उनकी अंत्येष्टि में शामिल हुए थे।"[38] इनमें से कौन सा विवरण सच्चा था? खोसला ने इसी बात पर जोर दिया कि जापानियों ने सुभाष को त्याग दिया था। सुरेश बोस का कहना था कि वह कभी अस्पताल ले जाए गए ही नहीं।

नेताजी के शरीर के अंतिम संस्कार की सही–सही तारीख के बारे में भी मतभेद रहा। रहमान ने इस के लिए तीन अलग–अलग तारीखें बताईं जो दुर्घटना

के महीने के अंदर 20 से 23 अगस्त के बीच थीं। बाकी गवाह भी भ्रमित थे। पर खोसला नहीं। उन्होंने लिखा, "उसी रात (18 अगस्त को) बोस की घावों के कारण मृत्यु हो गई। दो दिन बाद उनके शरीर का दाह संस्कार कर दिया गया।"[39] शाहनवाज ने ऐसा अनुमान नहीं लगाया, "दाह संस्कार की तारीख के बारे में कुछ असंगति है।"[40] समर गुहा ने उन की भाषा में सुधार किया, "दाह संस्कार की तारीख 19, 20, 21, 22 या 23 अगस्त 1945 हो सकती है।"[41]

सी. आई. सी. की एक जांच के बाद एक अंग्रेज अफसर ने 8 अक्तूबर 1945 को एक रिपोर्ट भेजी थी। इसके साथ जापानी सरकार के दिए 4 फोटो भी थे। तीन विमान के मलबे के थे। चौथे में पट्टियां बांधे अस्पताल में बैठे रहमान को दिखाया गया था और ताबूत में रखा नेताजी का "मृत शरीर" था जो पूरी तरह चादर से ढंका था। इसका कोई कारण नहीं बताया गया था कि उनके शरीर का फोटो क्यों नहीं लिया जा सकता था। जब उन चित्रों का निरीक्षण किया गया तो उससे कुछ भी साबित नहीं हो सका। ताबूत के चित्र के बारे में भी सुरेश बोस ने कहा,"इससे कुछ पता नहीं चलता। जैसा कि कर्नल ने कहा इसमें तो कहीं ताबूत नजर ही नहीं आता।"[42] 17 अगस्त 1945 को सैगोन में दोपहर बाद नेताजी का फोटो खींचा गया था। उसके अगले दिन ही मानो जापानियों के कैमरे खराब हो गए। रहमान का कहना था कि उन्होंने नेताजी के चेहरे का फोटो लेने की इजाजत नहीं दी क्योंकि वह विकृत हो गया था। जबकि उनकी खुद की गवाही के मुताबिक इसके बावजूद चेहरा पहचाना जा सकता था। ऐसी फोटो कम से कम रिकार्ड के लिए तो ली जानी चाहिए थी, भले ही वह अखबारों में छापने के लिए न दी जाती। सुरेश बोस ने दलील दी, "किसी तरह का धोखा देने के इलजाम से बचने के लिए जापान सरकार सारी घटना का फोटो रिकार्ड अवश्य रखती ताकि भारतीय और सारी दुनिया भी सच्चाई के बारे में आश्वस्त हो सकती।"[43]

"मेरा यह निश्चित मत है कि जापान सरकार के पास नेताजी के इस से बेहतर फोटो हो ही नहीं सकते थे। जैसे नेताजी के साथ दुर्घटनाग्रस्त होता विमान, दुर्घटनाग्रस्त विमान के पास घायल व जली हालत में नेताजी, अस्पताल में मृत नेताजी या फिर नेताजी के शरीर को अग्नि को समर्पित किया जाना। यह सब जापान सरकार के पास चित्र खींचने को नहीं था। क्योंकि ये घटनाएं कभी हुई ही नहीं। अतः इनके फोटो खींचे जाने संभव न थे।"

शाहनवाज ने अपनी रिपोर्ट के पाठकों को इस तरह की उलझनों से परेशान नहीं होने दिया। उन्होंने सीधे–सीधे इन चित्रों को दुर्घटना और मृत्यु के साक्ष्य के तौर पर संलग्नक के रूप में पेश कर दिया। जी. डी. खोसला जानते थे कि ये

फोटो लीपापोती भर हैं। इसलिए उन्होंने उन पर विचार करने से इनकार कर दिया। उन्होंने कहा, ''इन चित्रों को दुर्घटना या बोस की मृत्यु का सीधा साक्ष्य नहीं माना जा सकता क्योंकि हबीबुर रहमान ही बता सकते थे कि ये क्या दर्शाते हैं।''[45] खोसला सोचते थे कि और लोग यह भूल जाएंगे कि फोटो जापान सरकार ने मुहैया कराए थे। समर गुहा ने प्रतिवाद किया, ''फिग्गस की टीम ने इनको स्वीकार किया। शाहनवाज कमेटी ने भी इनको साक्ष्य का एक हिस्सा माना। पर चूंकि खोसला को आभास हो गया कि ये चित्र दुर्घटना व नेताजी की मृत्यु की सारी कहानी की पोल खोल सकते हैं, इसलिए उन्होंने मामूली सा कानूनी नुक्ता निकाल कर इनको स्वाकार्य साक्ष्य मानने से इनकार कर दिया।''[46]

यह दिखाने के लिए कागज की एक चिंदी भी नहीं थी कि सुभाष बोस 1945 में ताइपेई आए थे। उनके विमान की वहां दुर्घटना हुई थी। उनका नानमोन अस्पताल में उपचार हुआ था। हवाई अड्डे की लागबुक या अस्पताल के रजिस्टर में ऐसी कोई प्रविष्टि नहीं थी। पुलिस या अग्निशमन विभाग में ऐसा कोई रिकार्ड न था। कोई मेडिकल चार्ट तैयार नहीं किया गया था। न ही चिकित्सा के स्वरूप को दर्शाने वाल कोई कागज था। ''मृत्यु प्रमाणपत्र'' व ''दाह संस्कार का परमिट'' रहस्य का पुलिंदा भर था। पत्रकार हरीन शाह 1946 में ताइपेई गए थे। उन्होंने ताइपेई म्यूनिसिपल ब्यूरो से दो दस्तावेज हासिल किए थे। हरीन शाहनवाज के सामने पेश हुए। उन्होंने कहा कि ये कागज किसी अन्य के नाम पर बनाए जाने लाजमी थे क्योंकि जापानी नेताजी की मृत्यु को गुप्त रखना चाहते थे। लेकिन अगर नेताजी की ''मृत्यु'' हो गई थी तो उसे गुप्त रखने की क्या जरूरत थी? शाहनवाज ने जापान सरकार से इस तथ्यों की पुष्टि की। उन्होंने दाह संस्कार परमिट की तो चर्चा की लेकिन मृत्यु प्रमाणपत्र को नजरअंदाज कर दिया। एशिया ब्यूरो के जापानी सचिव ने भारतीय दूतावास के प्रथम सचिव को टोकियो में बताया, ''डाक्टर की रिपोर्ट और पुलिस रिपोर्ट नहीं मिल सकी हैं।''[47] लेकिन दाह संस्कार के परमिट की प्रति उपलब्ध थी। यह वही थी जो हरीन शाह लाए थे। जापान सरकार ने कहा कि यह परमिट ''सुभाष बोस से संबंधित ही है।''[48] यह एक जापानी सिपाही के नाम पर थी जिसका अंतिम संस्कार 22 अगस्त को किया गया था। इसके लिए आवेदन मरने वाले के निकट मित्र चाज ची जिन ने किया था। मृत्यु का दिन ''डाक्टरी रिपोर्ट वाला दिन ही'' बताया गया था। ''पुलिस स्टेशन के आवेदनकर्ता जापानी अफसर'' का नाम योशिमी यानी योशी था। शाहनवाज ने तुरंत उन दस्तावेजों को साक्ष्य के तौर पर स्वीकार कर लिया। जी. डी. खोसला चूंकि न्यायाधीश थे, वह इनको स्वीकार नहीं कर सकते थे। उन्होंने लिखा,''मृत्यु प्रमाणपत्र में मृतक का नाम इशिरो

ओकुरा, पुरुष, बताया गया है। जन्मतिथि 9 अप्रैल 1901 दी गई है। मृत्यु का कारण दिल का दौरा पड़ना है। 19 अगस्त 1945 को वह बीमार हुए। इससे साफ जाहिर है कि न तो नाम से और न ही जन्मतिथि से वह सुभाष बोस का विवरण हो सकता है। इन दोनों दस्तावेजों में से किसी में भी मृत्यु का कारण जलने के घाव या विमान दुर्घटना नहीं बताया गया।''[49]

नेताजी का उपचार करने वाले दो डाक्टरों की गवाही प्रमाणपत्र में दिए विवरण से मेल नहीं खाती थी। डा. योशिमी शाहनवाज और जी. डी. खोसला के सामने अड़े रहे कि ''18 अगस्त को मैं ने मृतक के लिए एक मृत्यु प्रमाणपत्र जारी किया था जिसमें उनका नाम जापानी में (काता काना) 'चंद्र बोस' लिखा था। उसमें मृत्यु का कारण तीसरे दर्जे के जलने के घाव लिखा था।'' लेकिन डा. सुरुता ने कहा कि उन्होंने नेताजी की मृत्यु का प्रमाणपत्र दिया था और उसमें मृत्यु का कारण दिल का दौरा पड़ना बताया था। इन जाली प्रमाणपत्रों से पिंड छुड़ाने के लिए खोसला ने नायाब तरीका निकाला। उन्होंने लिखा, ''ये दोनों दस्तावेज साक्ष्य के तौर पर महत्वहीन हैं। इनसे कुछ साबित नहीं होता। ये बोस से नहीं किन्हीं और लोगों से संबंधित हैं।''[50] इस पर गोविंद मुखौटी ने खोसला को याद दिलाया कि ये दस्तावेज नेताजी से संबंधित ही हैं और जिसे डाक्टरों ने मृत घोषित किया था वह सुभाष बोस नहीं थे। इससे खोसला ने चिढ़ कर कहा, ''यह तर्क नानुमिति प्रकार का है। जो दस्तावेज किसी घटना से संबंधित नहीं हैं उन्हें उसे अस्वीकार करने के लिए इस्तेमाल नहीं किया जा सकता। यह तो ऐसे ही हुआ कि हम किसी प्रेत का अस्तित्व पहले मान लें और फिर उसे नष्ट करें। इसलिए मैं इससे सहमत नहीं कि ये दस्तावेज बोस से संबंधित हैं और उनकी मृत्यु के तथ्य के विरुद्ध जाते हैं।''[51] मुद्दे की बात यह थी कि ये दस्तावेज नेताजी और उनकी मृत्यु से ही संबंधित थे। यह खबर जापानियों ने दी थी और उन्होंने कहा था कि मृत्यु का परमिट बोस के लिए था। संदेह की बात यह थी कि जापानियों को ''बोस की दुर्घटना में मृत्यु'' के बाद इस तरह ''प्रेत खड़े करने'' की क्या जरूरत आन पड़ी थी?

ताइपेई दुर्घटना में 49 वर्षीय लेफ्टिनेंट जनरल सुनामासा शिदेई की भी मौत हो गई थी। इस मामले को गुप्त रखना या इस की उपेक्षा करना जापानियों के लिए असंभव था। वह जापान के अतिउच्च जनरलों में से एक थे। उनकी उपेक्षा का सवाल ही नहीं उठता था जैसा कि जी. डी. खोसला ने आरोप लगाया था कि बोस के साथ उनके अंतिम दिनों व मौत के दौरान व्यवहार किया गया था। विमान के गिरने के बाद से शिदेई के बारे में बहुत कम सुना गया। सिर्फ तीन गवाह जनरल के बारे में थोड़ा सा विवरण दे सके। कोनो ने कहा कि विमान के

धरती पर गिरने के साथ ही एक पेट्रोल की टंकी जनरल पर गिरी और उनकी तत्काल मृत्यु हो गई। नाकामुरा ने कहा कि जनरल भी पायलटों के साथ जल कर मर गए। अराई ने इसके खिलाफ कहा कि शिदेई को अस्पताल ले जाया गया था जहां उन की मृत्यु हुई। कोई नहीं जानता था कि जनरल को विमान के मलबे से किसने कब और कैसे निकाला। सुरेश बोस ने लिखा कि जनरल सहित पूरे कर्मीदल की मौत का मामला संदिग्ध है। "मुख्य पायलट मेजर ताकीजावा तथा सह पायलट एनसीओ आओयागी व कर्मीदल के अन्य सदस्यों की सेवा प्रविष्टियां पेश नहीं की गई जिनको कथित तौर पर मृत बताया गया था। इन दोनों पायलटों की मौत के सुबूत पुख्ता नहीं हैं और उनके अंतिम संस्कार के सुबूत तो इस से भी बदतर हैं।"[52] आई. आई. एल. के ए. एम. नायर के जापानी सेना में बहुत अच्छे संपर्क थे। उन्होंने 1981 में लिखा, "कहा जाता है कि कथित दुर्घटना में कुछ और लोग भी मारे गए थे। लेकिन मेरी जानकारी के मुताबिक जिन लोगों को मृत बताया गया था दे सबके सब यात्री बाद में बरसों तक जीवित रहे।"[53]

अस्पताल में भी किसी को याद न था कि उसने जनरल को या उन के मृत शरीर को देखा हो। असल में किसी ने इस बात की चिंता ही नहीं की। नोनोगाकी दुर्घटना के बाद जनरल के लिए चिल्लाते हुए दौड़े, लेकिन अस्पताल में पहुंचने के बाद वह इस बारे में पूरी तरह भूल गए। डाक्टरों ने भी न तो जनरल को देखा न उन के मृत शरीर को। इसलिए मृत्यु का प्रमाणपत्र देने का सवाल ही पैदा नहीं होता था। नाकामुरा ने कहा कि जनरल और पायलटों की तत्काल मृत्यु हो गई थी। उन्होंने उनको दफनाने मे मदद की और उनके अवशेष तीन संदूकों में रखे।"[54] लेकिन अंग्रेजों के गुप्तचर विभाग ने खबर दी थी कि आओयागी की मौत दुर्घटना के एक महीने से अधिक समय के बाद नानमोन अस्पताल में हुई थी। गवाहों ने बताया कि उनको विमान से जिंदा बाहर निकाला गया था।" फारमोसा सेना के सेनाध्यक्ष और शिदेई के बैच के साथी जनरल इसायामा को अपने मित्र के बारे में कुछ पता न था। उनको बताया गया कि आने पर जनरल शिदेई ने उन के बारे मे पूछा था। लेकिन फिर भी इसायामा को अपने मित्र से मिलने के लिए हवाई अड्डे पर जाने की इच्छा नहीं हुई। उन्होंने उनके मृत शरीर को नहीं देखा और न ही उनके अंतिम संस्कार के बारे में उनको कुछ जानकारी थी। एक सप्ताह बाद सब कुछ सामान्य हो गया। जनरल शिदेई के उत्तराधिकारी जनरल तनाका ताइहोकू आए। इसायामा और जनरल एंडो हवाई अड्डे गए और जनरल तनाका ने खुद शिदेई की "भस्मी " ले कर उसे क्योतो पहुंचाया जहां शिदेई का परिवार बसता था।

सुभाष बोस की तरह ही जापान सरकार जनरल शिदेई की मौत का भी कोई ठोस सुबूत नहीं पेश कर सकी। शाहनवाज ने इस बारे में सुबूत मांगे तो उन को जनरल को मरणोपरांत उच्च पद देने से संबंधित जापानी सेना के मंचूरियन व कोरियाई सेक्शन के दिए गए किसी आवेदन की कापी के साथ जनरल का संक्षिप्त जीवन परिचय भेजा गया। जापानी सरकार चाहती तो उससे बेहतर सुबूत भी पेश कर सकती थी। शाहनवाज ने इन कागजों को ही शिदेई की मौत का सुबूत मान लिया। जी. डी. खोसला ने भी ऐसा ही किया। पर इससे पहले उनको गोविंद मुखौटी को कुछ रियायत देनी पड़ी। उनको मानना पड़ा कि ये कागज फर्जी मालूम पड़ते हैं। समर गुहा का कहना था, "अगर जनरल की मृत्यु ताइहोकू में हुई होती तो या तो दक्षिणी सेना की कमान की ओर से या फिर फारमोसा सेना के कमान सेक्शन की ओर से उक्त आवेदन किया जाता। इससे साफ जाहिर है कि जनरल की मौत जापानी सेना के कोरियाई व मंचूरियन सेक्शन के क्षेत्र में युद्ध के दौरान हुई। इससे जाहिर है कि लेफ्टिनेंट जनरल शिदेई सक्रिय युद्धक्षेत्र में गए और वहां की कमान संभालने के बाद उनकी मौत मंचूरिया में हुई। इसका मतलब है कि ताइहोकू में उनकी मौत नहीं हुई।"[55]

जापानियों ने जिस तरह नेताजी की मृत्यु का समाचार दिया वह सामान्य न था। उन्होंने उनकी आखिरी गतिविधि के एक छोड़ कर सारे रिकार्ड नष्ट कर दिए। दक्षिणी सेना कमान ने सैगोन व टोकियो को उनकी मृत्यु का समाचार दिया। लेकिन दुर्घटना के दो दिन बाद भी प्रीतम सिंह, गुलजारा सिंह, आबिद हसन, एस. ए. अय्यर देबनाथ दास को सैगोन में इंतजार कराया गया। आम आईएनए वालों को यह समाचार न देना शायद ठीक था लेकिन ये लोग तो आजाद हिंद सरकार के शीर्ष अधिकारी थे। उनको नेताजी की मौत का समाचार देने के बजाय यह आभास कराया गया कि वे उनसे मिलने जा रहे हैं। प्रीतम सिंह, आबिद हसन और देबनाथ दास को 20 तारीख को विमान से हनोई ले जाया गया। वहां पहुंचने के बाद ही उनको दुर्घटना की सूचना दी गई। आईएनए के सेनाध्यक्ष जे. के. भोंसले को 21 अगस्त को दुर्घटना की जानकारी दी गई जब शरीर का दाह संस्कार कर दिया गया था। प्रीतम सिंह इस देर का मतलब कभी नहीं समझ सके।" अगर विमान 18 तारीख को दुर्घटनाग्रस्त हो गया था तो जापानी अधिकारियों ने हम को 20 अगस्त 1945 को नेताजी का अनुगमन करने के लिए विमान क्यों दिया?"[56] जापानी अधिकारियों ने देबनाथ दास और प्रीतम सिंह को बताया कि दुर्घटना की खबर एक छद्म कार्रवाई थी। सुभाष बोस के निजी चिकित्सक आर. एन. कासलीवाल ने खोसला आयोग को बताया कि उनकी मृत्यु का समाचार मिलने के बाद भारतीय अधिकारियों ने एक स्मृतिसभा

का आयोजन किया था। लेकिन उनको हैरानी हुई कि उसमें एक भी जापानी नहीं आया और न ही किसी ने पुष्पचक्र भेजे।

टोकियो में इंपीरियल हेडक्वार्टर ने नेताजी के बारे में अजीब चुप्पी साध रखी थी। सुभाष बोस या जनरल शिदेई की मृत्यु का ऐलान करने वाला कोई आधिकारिक नोट तैयार नहीं किया गया। 21 अगस्त को एस. ए. अय्यर के टोकियो आने पर उनसे कहा गया कि मृत्यु का समाचार लिखें। अय्यर कभी ताइपेई नहीं गए। उन्होंने नेताजी का मृत शरीर कभी नहीं देखा न ही उन्होंने रहमान के आने का इंतजार किया। दोमई समाचार एजेंसी के माध्यम से दुनिया को जो खबर मिली वह अय्यर के लिखित विवरण पर आधारित थी। यानी पूरी तरह सुनी–सुनाई बात। ताइपेई में अधिकारी पूरी गोपनीयता बनाए हुए थे। कई दिनों तक तो दुर्घटना की कोई चर्चा ही कहीं न थी। इस के बाद 25 अगस्त को स्थानीय आसूचना विभाग ने एक गुमराह करने वाली प्रेस विज्ञप्ति निकाली। दो महत्वपूर्ण व्यक्तियों की मृत्यु के लिए जिम्मेदार इस दुर्घटना के कारणों की जांच करवाने की भी जापानियों ने जरूरत महसूस नहीं की। शाहनवाज खान के इस बारे में पूछने पर जनरल इसायामा ने जवाब दिया, "संबद्ध विमान चूंकि फारमोसा सेना का नहीं था, इसलिए फारमोसा सेना मुख्यालय की जांच कराने की जिम्मेदारी नहीं थी।"[57] बाद में उन्होंने इस में संशोधन किया, "जांच कराना और रिपोर्ट देना कमांडर का काम था। इस मामले में लेफ्टिनेंट कर्नल शिबूया ने मेरे जरीए इंपीरियल हेडक्वार्टर को रिपोर्ट भेजी थी।"[58]

लेकिन कर्नल और जापान सरकार, दोनों ने ही इस बात का खंडन किया कि कोई ऐसी रिपोर्ट कभी भेजी गई थी। शाहनवाज ने लिखा कि शिबूया ने खंडन करते हुए बताया कि यह जिम्मेदारी वायुसेना के संबद्ध डिवीजन की थी।[59] 4 जून 1956 को जापान के विदेश विभाग ने लिखा, "जांच से पता चला है कि अभी तक दुर्घटना के कारणों का पता लगाने के लिए कोई जांच आयोग नही बैठाया गया था।"[60]

आपातकाल में अटलबिहारी वाजपेयी, देवीलाल और लालकृष्ण आडवाणी के साथ रोहतक जेल में समर गुहा ने बहुत सा समय गोविंद मुखौटी के नोट्स का विश्लेषण करने में बिताया। इसका इस्तेमाल उन्होंने अपनी पुस्तक में किया और बाद में यह मामला संसद में भी उठाया "कि अब राष्ट्र को क्या करना चाहिए?" इस के जवाब में 28 अगस्त 1978 को प्रधानमंत्री मोरारजी देसाई ने कहा, "शाहनवाज कमेटी और खोसला आयोग ने माना कि नेताजी की हवाई दुर्घटना के पश्चात मारे जाने की रिपोर्ट सच थी। इसके बाद इन दो रिपोर्टों को ले कर उचित शंकाएं व्यक्त की गई है तथा साक्षियों की गवाही में अनेक

महत्वपूर्ण असंगतियां देखी गई हैं। कुछ अन्य तत्कालीन दस्तावेज भी मिले हैं। इन असंगतियों व दस्तावेजों के आलोक में सरकार को यह स्वीकार करने में कठिनाई का अनुभव हो रहा है कि पिछले निष्कर्ष निश्चयात्मक हैं।"[61]

संदर्भ / टिप्पणियां

1. नेताजी जांच आयोग रिपोर्ट, 1974 पृष्ठ 123,124
2. *नेताजी डेड ऑर अलाइव* में समर गुहा ने मृत्यु की कहानी में बीसियो असंगतियों की चर्चा यह सिद्ध करने के लिए की थी कि प्रत्यक्षदर्शियों को सिखाया–पढ़ाया गया था। सुरेश बोस ने इस बात की व्याख्या की थी कि जापानियों ने इतने सालों तक "झूठ"क्यों बोला। " ये गवाह जापान के नागरिक हैं। उनकी देशभक्ति संसार भर में अनोखी है। उन्होंने अलग–अलग समय पर अलग–अलग अधिकरणों के सामने अपने बयान दिए जिनमें उन्होंने अपनी सरकार की योजना का समर्थन किया। इसलिए मेरी राय में उनका अपने पहले वाले बयानों से हट कर कुछ कहना असंभव था।" असहमति रिपोर्ट, पृष्ठ 10
3. मित्रराष्ट्रों का दिया कूटनाम सैली। इसी गवाह ने कहा कि दुर्घटनाग्रस्त विमान एकदम नया था।जब कि दूसरों के विचार में यह पुराना था।
4. नं. एसएलओ/सीसी/1 दिनांक 1 मार्च 1946. "बोस के विमान को सैगोन से आगे जाने की अनुमति नहीं दी गई थी।इस का कारण स्पष्ट नहीं है।" एक रिपोर्ट में पी. ई. एस. फिन्नी की टिप्पणी।
5. मुखर्जी आयोग की स्थिति रिपोर्ट दिनांक 12 दिसंबर 2001. पृष्ठ 7
6. 3 अगस्त 1977 के *हिंदुस्तान टाइम्स* में समाचार, **गुहा मोशन टू प्रोब नेताजी मिस्ट्री।** गुहा ने इस में 17. 10. 45 के तार 1 2822 का हवाला दिया था जो माउंटबेटन की डायरियों से समाहित हैं। यह दस्तावेज खोसला आयोग के सामने पेश किया गया था पर अब गायब है।
7. नेताजी जांच आयोग रिपोर्ट 1974, पृष्ठ 123
8. *नेताजी डेड ऑर अलाइव,* लेखक समर गुहा, पृष्ठ 72
9. नेताजी जांच कमेटी रिपोर्ट 1956, पृष्ठ 15
10. *नेताजी डेड ऑर अलाइव,* लेखक समर गुहा, पृष्ठ 99
11. नेताजी जांच कमेटी रिपोर्ट 1956 पृष्ठ 16
12. सुरेश बोस की असहमति रिपोर्ट, पृष्ठ 88
13. वही, पृष्ठ 87
14. वही, पृष्ट 87, 88

15. नेताजी जांच कमेटी रिपोर्ट 1956, पृष्ठ 17
16. वही
17. नेताजी जांच आयोग रिपोर्ट 1974, पृष्ठ 31
18. विदेश मंत्रालय की वेबसाइट, के अनुसार "भारत के बौद्धधर्म के मूल देश होने व युद्ध के दिनों में नेताजी व आईएनए के जापान के साथ सहयोग के कारण भी जापानी समाज में मैत्री भाव पनपा"
19. नेताजी जांच कमेटी रिपोर्ट 1956, पृष्ठ 56
20. वही, पृष्ठ 2
21. वही, पृष्ठ 43
22. मित्सुबिशी के. आई. –21 13. 2 मिनट में 19683 फुट की ऊंचाई तक पहुंच जाता था।
23. नेताजी जांच कमेटी रिपोर्ट 1956 पृष्ठ 19
24. नेताजी जांच कमेटी रिपोर्ट 1956 पृष्ठ 25
25. सुरेश बोस की असहमति रिपोर्ट, पृष्ठ 109
26. *नेताजी डेड ऑर अलाइव*, लेखक समर गुहा, पृष्ठ 101
27. वही
28. खोसला कमीशन की सुनवाई, भाग 15, पृष्ठ 4415
29. वही, पृष्ठ 4416
30. वही, पृष्ठ 4417
31. नेताजी जांच कमेटी रिपोर्ट 1956, पृष्ठ 23
32. वही, पृष्ठ 27
33. वही, पृष्ठ 37
34. वही, पृष्ठ 30
35. हायशिदा ने लिखा कि बोस का देहांत रात 8 बजे हुआ।जब कि जापानी विदेश विभाग के अनुसार यह समय रात 11 बज कर 40 मिनट का था
36. सुरेश बोस की असहमति रिपोर्ट, पृष्ठ 127
37. नेताजी जांच कमेटी रिपोर्ट 1956, पृष्ठ 43
38. वही
39. नेताजी जांच आयोग रिपोर्ट 1974, पृष्ठ 40
40. नेताजी जांच कमेटी रिपोर्ट 1956, पृष्ठ 40
41. नेताजी डेड ऑर अलाइव लेखक समर गुहा, पृष्ठ 113
42. सुरेश बोस की असहमति रिपोर्ट, पृष्ठ 114

43. वही, पृष्ठ 115
44. वही, पृष्ठ 116
45. नेताजी जांच आयोग रिपोर्ट 1974 पृष्ठ 61
46. *नेताजी डेड ऑर अलाइव,* लेखक समर गुहा, पृष्ठ 117
47. विदेश मंत्रालय की फाइल नं. 24 (13)–एफ. ई. ए. /56. पत्र दिनांक 24 जुलाई 1956 जो एशियन अफेयर्स ब्यूरो, गायमूशो, के 4 थे खंड के चीफ हिशाजी हतोरी ने ए. के. दर, प्रथम सचिव, भारतीय दूतावास टोकियो को लिखा।
48. वही
49. नेताजी जांच आयोग रिपोर्ट, 1974, पृष्ठ 41, 42
50. वही, पृष्ठ 42
51. वही, पृष्ठ 43
52. सुरेश बोस की असहमति रिपोर्ट, पृष्ठ 172
53. एन *इंडियन फ्रीडम फाइटर इन जापानः मैमायर्स आफ ए. एम. नायर,* पृष्ठ 274
54. नेताजी जांच कमेटी रिपोर्ट 1956 पृष्ठ 23
55. *नेताजी डेड ऑर अलाइव,* लेखक समर गुहा, पृष्ठ 242, 243
56. मुंखर्जी आयोग के सामने प्रीतम सिंह से जिरह
57. नेताजी जांच कमेटी रिपोर्ट 1956 पृष्ठ 24
58. वही
59. वही
60. वही, पृष्ठ 64
61. लोकसभा डिबेट, छठी सिरीज, खंड 18 भाग 2, 28 अगस्त 1978

7
उनके नेता की आवाज

शांत, स्थिर और चट्टान की तरह मजबूत, अपने नेताजी के समर्पित अनुयायी और भारत की स्वाधीनता के निस्वार्थ सेवक।

1946 में हबीबुर रहमान के लिए शाहनवाज खान के उद्‌गार।

(बोस की मृत्यु के बारे में) लंबी पूछताछ के दौरान बी. 1269 के चेहरे पर नाराजगी साफ जाहिर होती थी और उसने उसे छिपाने की भी कोई कोशिश नहीं की।

रहमान से पूछताछ के बारे में 9 जून 1946 की
खुफिया विभाग की रिपोर्ट

मैंने नेताजी को वचन दिया है। मुझ से इस बारे में कुछ और मत पूछो।

सुभाष के गोपनीयता सचिव मेजर ई. भास्करन से रहमान का कथन

नेताजी जहां भी जाएं, हम उन के साथ जाना चाहते थे। जापानियों ने जनरल (ए. सी.) चटर्जी से कहा कि पूरे एक ग्रुप को छिपाना संभव न होगा। लेकिन अकेले नेताजी को छिपा कर दुश्मन से दूर रखना संभव होगा। हम ने पूछा कि फिर हबीबुर रहमान नेताजी के साथ क्यों जा रहे हैं? जापानियों ने हमें बताया कि उनको भी अंतिम पड़ाव में पीछे छोड़ दिया जाएगा।

3 मार्च 1971 को खोसला आयोग के सामने आईएनए के
कर्नल ठाकुर सिंह का जिरह के दौरान बयान।

1972 क़ी गर्मियों में जब जेन–अल आबदीन हसन सफरानी ने खोसला आयोग के सामने बयान दिए, वहां बहुत लोग मौजूद न थे। उनमें से भी कम ने ही

उसका आशय समझा। आबिद हसन नेताजी के उन वफादारों में से थे जो भारत के पहले प्रधानमंत्री का अनुग्रह भी पा सके। नेहरूजी ने उनको 1948 में काहिरा के भारतीय दूतावास में नियुक्ति दे दी थी। इसके बाद हसन पहली और आखिरी बार किसी सार्वजनिक आयोग के सामने नेताजी के अंतिम दिनों के बारे में बयान दे रहे थे।

हसन केवल इतिहास के दर्शक ही न थे, वह उस के सहभागी भी थे। नेताजी के साथ जर्मनी से जापान तक की जोखिम भरी पनडुब्बी यात्रा के अलावा उन्होंने उन दो शब्दों की परिकल्पना करने में मदद भी की थी जिनसे भारतीय जनमानस सदा उल्लसित होता रहेगा। ये थे – जय हिंद। इस से इन के निकटवर्तियों ने इन का नाम ही जय हिंद सफरानी रख दिया था। 1945 के बाद नेताजी के साइबेरिया के किसी तहखाने में कष्ट पाने की आशंका से हसन 1984 तक अपने जीवन के अंतिम क्षणों में त्रस्त रहे।

खोसला के सामने अपने मित्र लेफ्टिनेंट कर्नल हबीबुर रहमान के बारे में बयान देते हुए हसन अपनी पहले वाली मनःस्थिति में आ गए। उन्होंने बताया कि जब वह 1946 में रहमान से मिले तो ताइपेई दुर्घटना के बारे में उनसे कुछ नहीं पूछा। "इसलिए कि हबीबुर रहमान वह व्यक्ति नहीं थे जिन से यह सवाल किया जाए।"[1] उन के बयान में जो गहरा अर्थ छिपा था उसे समझने में खोसला की दिलचस्पी न थी। बरसों बाद आईएनए के एक और चोटी के अधिकारी कर्नल प्रीतम सिंह ने मुखर्जी आयोग के सामने बयान दिए। वह भी 17 अगस्त की शाम तक नेताजी के साथ थे। उन्होंने हसन के शब्दों को और स्पष्ट किया। अंग्रेजों द्वारा बंदी बनाए जाने के बाद सिंह की मुलाकात रहमान से दिल्ली की काबुल लाइंस में हुई पर उन्होंने रहमान से कथित विमान दुर्घटना के बारे में कोई सवाल नहीं किया। "हबीबुर रहमान ने हमें कथित विमान दुर्घटना के बारे में कुछ नहीं बताया। न ही हम ने पूछने का साहस किया। संभवतः उसने नेताजी को बात को गुप्त रखने का वचन दिया था। मरणांतक यातना पहुंचाने पर भी वह यह राज कभी न उगलते। हमारी नेताजी के लिए वफादारी कुछ ऐसी ही थी। चाहे आसमान फट पड़े, हम उनकी इच्छा के विरुद्ध कुछ नहीं करते थे।"[2]

सुभाष बोस की मृत्यु का रहस्य अकेले हबीबुर रहमान के आसपास ही आवर्तित था। वही उसके एकमात्र विश्वसनीय गवाह थे। ताइपेई में वही एकमात्र व्यक्ति थे जो नेताजी को पहचानते थे और मृत्यु की कहानी के बारे में निश्चित तौर पर कुछ कह सकते थे। दुर्घटना में बचने वाले जापानियों ने सैगोन में सुभाष के विमान पर बैठने से पहले उनको कभी नहीं देखा था। हालांकि कइयों को रहमान के बयान से तसल्ली हुई पर कुछ ऐसे भी थे जो आश्वस्त न हो सके।

उनकी राय में रहमान झूठ बोल रहे थे। अपने नेता को खतरे से बचाने के लिए उन्होंने वही किया जो उनसे कहा गया था।

एक सामंत के बेटे रहमान पारिवारिक परंपरा के अनुरूप 1936 में सेना में भर्ती हुए। बर्मा में 1945 में अंग्रेजों को जापानियों ने जब करारी शिकस्त दी, उस समय वह कैप्टन थे। वह युद्धबंदी बना लिए गए। मेजर मोहन सिंह और मेजर इवाइशी फूजीवारा ने उनको नवगठित आईएनए में शामिल होने को कहा। जब कि कैप्टन शाहनवाज खान और दूसरे शुरू में हिचकिचाए, रहमान इस प्रस्ताव पर उछल पड़े। वह आईएनए आफिसर ट्रेनिंग स्कूल के कमांडर बना दिए गए। बहुत कम समय में ही नेताजी का विश्वास उन पर जम गया और उनकी तरक्की हो गई। रहमान लेफ्टिनेंट कर्नल और नेताजी के निजी सहायक बन गए। फरवरी 1945 में रहमान ने आईएनए के सेनाध्यक्ष मेजर जनरल जे. के. भोंसले से मलेशिया व सिंगापुर की 23000 की सेना की कमान संभाली और वह 15 अगस्त 1945 तक उस पद पर रहे।

शाहनवाज खान ने खोसला आयोग के सामने बयान दिया कि "नेताजी के लिए रहमान की वफादारी इस हद तक थी कि वह उनके आदेश का पालन करने के लिए अपनी जान निछावर करने से एक पल भी न हिचकते।" नेताजी के सैन्य सचिव कर्नल महबूब अहमद ने खोसला को बताया कि ऐसा क्यों थाः " नेताजी के लिए हम में से अधिकांश की वफादारी कुछ ऐसी थी जिसे हमारे संगठन (आईएनए) में रहे बिना आप नहीं समझ सकते। हम भारत के लिए लड़े। पर भारत तो जरा अस्पष्ट धारणा थी. . . नेताजी वह प्रतीक थे, जिनके लिए हम लड़े।"[3]

नेताजी की मृत्यु का समाचार मिलते ही अंग्रेजों के लिए रहमान "मोस्ट वांटेड" व्यक्ति बन गए। हालांकि टोकियो में अमेरिकियों ने उनको पकड़ा। मित्रराष्ट्रों का आपसी सहयोग उनकी गुप्तचर सेवाओं तक न था। उनको एक–दूसरे से चिढ़ सी थी। 24 सितंबर को टोकियो में सी. आई. सी. द्वारा रहमान से पूछताछ के बाद भी इंटेलिजेंस ब्यूरो को उनकी कोई खोज–खबर न थी। 12 नवंबर को पी. ई. एस. फिन्नी ने बैंकाक से लिखा कि समुचित जांच के लिए कर्नल हबीबुर रहमान का पता लगाना और उनसे पूछताछ करना बहुत जरूरी है। इस पर एडमिरल लुइस माउंटबैटन के कैंडी, श्रीलंका स्थित मुख्यालय ने अमेरिकी जनरल डगलस मैकार्थर से अनुरोध किया कि वह रहमान को उनके हवाले कर दें। इसके बाद अमेरिकी रहमान, लेफ्टिनेंट जनरल सबुरो इसोदा और एस. ए. अय्यर को 22 नवंबर 1945 को दिल्ली लाए। तब तक अंग्रेजों को अनुमान हो गया था कि मृत्यु की कहानी में कुछ गोलमाल है। रहमान को सी.

एस. डी. आई. सी. के हवाले कर दिया गया ताकि वह उन से सच उगलवा सके। अनेक अधिकारियों ने उन से पूछताछ की।

रहमान से लाल किले में व अन्यत्र पूछताछ से बहुतों को तसल्ली नहीं हुई। उन्होंने स्पष्टतः नेताजी की गतिविधियों के बारे में पूछने वालों को गुमराह किया। उन्होंने सी. एस. डी. आई. सी को बताया, "13 अगस्त को बोस सिरेंबन से सिंगापुर लौट आए थे। 14 अगस्त को हाशिया का एक हरकारा उनके लिए एक नोट ले कर आया कि जापान सरकार ने आत्मसमर्पण का फैसला कर लिया है।" जब कि असलियत यह थी कि 11 अगस्त को सिरेंबन में ही जापान सरकार ने नेताजी को बता दिया था कि वह आत्मसमर्पण का ऐलान करने जा रही है। जापानी संदेशवाहक नेगिशी ने खुद नेताजी, रहमान व अन्य लोगों के साथ सिंगापुर तक यात्रा की थी। रहमान ने आगे बताया, "14 अगस्त को दोपहर बाद बोस ने अपने लोगों की एक मीटिंग बुला कर हाशिया का संदेश पढ़ कर सुनाया और सबकी राय मांगी। तय पाया गया कि आईएनए को भी आत्मसमर्पण कर देना चाहिए। बोस ने सिंगापुर में आत्मसमर्पण का फैसला किया।" असलियत यह थी कि आजाद हिंद सरकार के मंत्रियों ने नेताजी से अनुरोध किया था कि वह बच कर रूस चले जाएं और स्वाधीनता संग्राम जारी रखें।

रहमान ने कहा कि 15 अगस्त को आधी रात को नेताजी ने उनको बुला कर आदेश दिया कि अगली सुबह बैंकाक जाने के लिए तैयार हो जाओ। "तब योजना यह थी कि बोस और बी. 1269 (रहमान) 2/3 दिन में सिंगापुर लौट आएंगे।" सी. एस. डी. आई. सी की एक रिपोर्ट में यह दर्ज किया गया। रहमान ने कहा कि 16 तारीख को बैंकाक में वह भोंसले से मिले। वह उनको कार से एक बंगले में ले गए जहां इसोदा व हाशिया ठहरे हुए थे। वहां उन में जापानी आत्मसमर्पण व आइएनए के बारे में चर्चा हुई।" सच्चाई यह थी कि इस मीटिंग में नेताजी को रूस भेजने के कार्यक्रम पर चर्चा हुई थी। रहमान ने आगे बताया, "बोस बैंकाक के बाहरी हिस्से के एक बंगले में गए। वहां जनरल जे. के. भोंसले, ईशर सिंह, कर्नल गुलजारा सिंह, मेजर आबिद हसन, डी. एम. खान, कर्नल एस. ए. मलिक, देबनाथ दास, परमानंद और लेफ्टिनेंट रिजवी उनसे मिलने आए। बी. 1269 ने उनमें से कुछ को बताया कि बोस कुछ दिनों में सिंगापुर लौटने वाले हैं।" यह भी सच नहीं था। सब को पता था कि नेताजी अब लौटने वाले नहीं।

अंग्रेज ताड़ गए थे कि रहमान गुमराह कर रहे हैं। सी. एस. डी. आई. सी (भारत) के एस. सेक्शन के कमांडेंट ने 28 फरवरी 1946 को अपने उच्च अधिकारी से कहा कि रहमान के बयान को "पूरी तरह से रद्द कर देना चाहिए।" फलस्वरूप 25 मार्च, 1946 को रहमान से मेजर हयात खान (सिकंदर हयात खान के पुत्र) ने

दोबारा पूछताछ की। हयात ने रिपोर्ट दी, "हबीबुर रहमान दोबारा पूछने पर भी अपने पहले बयान पर अड़े हुए हैं। बी. 1269 ने आगे बताया है कि मीटिंग में मौजूद एक वरिष्ठ जापानी के पूछने पर कि अब आपका क्या इरादा है, बोस ने बताया कि वह सिंगापुर में रह कर आईएनए के साथ आत्मसमर्पण करेंगे।"

"बी. 1269 ने कहा कि उनको बोस के रूस जाने के बारे में किसी तरह की चर्चा की कोई जानकारी नहीं है। अगर उनको बोस की योजना के बारे में पता भी था तो वह बताएंगे नहीं। उनके बात करने का तरीका विश्वसनीय नहीं है।"[4] इंटेलिजेंस ब्यूरो के आदेश पर जून में पूछताछ का एक और दौर चला। उसके बाद बताया गया, "कैप्टन हबीबुर रहमान अपने पहले वाले रवैए पर अड़े हैं। पूछताछ के नतीजे संतोषजनक नही रहे। हम पहले वाली स्थिति से कुछ भी आगे नहीं बढ़ पाए हैं। इस दोबारा पूछताछ में हबीबुर रहमान ने सहयोग नहीं किया।"[5]

अगर जनता की ओर से अत्यधिक दबाव न होता तो रहमान को आईएनए के अन्य "युद्ध अपराधियों" के साथ फांसी दे दी जाती। जब दूसरों को रिहा कर दिया गया तब भी उनको बंदी रखा गया। रिहा होने पर उनसे मिलने वाले सब लोगों ने उनसे ढेरों सवाल किए। यह सब तब तक चला जब तक विभाजन के पागलपन ने बाकी सभी मुद्दों को बौना न कर दिया। रहमान पाकिस्तान में अपने पैतृक स्थान पर जाने को मजबूर हो गए। नेताजी के अन्य योद्धाओं की तरह उनको भी भुला दिया गया। दस साल बाद जब वह शाहनवाज कमेटी के सामने बयान देने आए तब रहमान पाकिस्तान में एक सरकारी अधिकारी थे। भारत और जापान, दोनों देशों की सरकार के लिए अब भी ताइपेई दुर्घटना के लिए वही सब से विश्वसनीय गवाह थे। 6 फरवरी 1956 को टोकियो स्थित भारतीय राजदूत बी. आर. सेन ने जापानी विदेश विभाग का नेताजी की मृत्यु से संबंधित एक नोट विदेश सचिव सुबिमल दत्त को भेजा। राजदूत कलकत्ता से मिलने वाले समाचारों से चिंतित थे।

"नोट से स्पष्ट है कि कर्नल रहमान 'उनकी मृत्यु के समय वहां मौजूद थे। पर मुझे बताया गया है कि रहमान ने हाल ही में कलकत्ते में एक बयान में कहा है कि उन्होंने नेताजी का मृत शरीर नहीं देखा। अगर रहमान सुभाष बोस की मृत्यु के समय वहां होने से इनकार कर रहे हैं तो जापानियों की रिपोर्ट के सही होने के बारे में गंभीर संदेह पैदा होता है। इस की आलोचना भी हो सकती है। इस बारे में आपको सोच लेना चाहिए कि क्या कमेटी को भारत से चलने से पहले रहमान से पूछताछ करनी चाहिए।"[6]

इस से सहमत होते हुए शाहनवाज कमेटी ने टोकियो के लिए रवाना होने से पहले दिल्ली में रहमान से बातचीत की। शाहनवाज खुद पाकिस्तान उच्चायोग

गए और रहमान को कमेटी के स्थान पर ले कर आए। सरकार को इससे तसल्ली हुई कि रहमान अपने पुराने बयान पर अड़े रहे। रहमान ने एक लिखित बयान दिया। उनसे सवाल करने के लिए कोई वकील वहां मौजूद न था। संवाददाताओं को भी दूर रखा गया था। सुरेश बोस ने अपने वायुसेना अधिकारी दामाद की मदद से कुछ सवाल पूछे पर रहमान उनसे अधिक चतुर निकले। इससे पहले कि सुरेश बोस मामले का विरोध करते रहमान पाकिस्तान वापस चले गए और फिर कभी लौट कर नहीं आए। 1965 में उन्होंने अंतिम बार इस विषय में अपने उद्‌गार प्रकट किए जब उनकी मुलाकात पुराने साथी हायशिदा से हुई जिनके साथ वह "बोस की भस्मी" ताइपेई से टोकियो ले गए थे। रावलपिंडी में जब दोनों मिले तो रहमान ने कहा, "नेताजी सुभाष चंद्र बोस इस सदी के भारतीय उपमहाद्वीप के महानतम क्रांतिकारी थे। उनकी जलाई स्वाधीनता की मशाल आज भी जल रही है। वह सदा संसार भर के स्वाधीनता सेनानियों को प्रेरित करती रहेगी।"[7]

खोसला आयोग के गठन से उन लोगों में आशा का संचार हुआ जिनको रहमान के बयान पर संदेह था। यह एक न्यायिक मंच होने के कारण उन से वकीलों का दल जिरह करता। उनको उम्मीद थी कि जिस तरह के परस्पर विरोधी बयान वह देते रहे हैं उनके चलते आयोग के लिए उन्हें मान्यता देना असंभव हो जाएगा। उनकी आशाओं पर उस समय पानी फिर गया जब रहमान ने या तो खुद सहयोग करने से इनकार कर दिया या उनको 1970 के दशक के आरंभ के भारत–पाक संबंधों के चलते आने नहीं दिया गया। जी. डी. खोसला ने लिखा, "हमारे उच्चायोग द्वारा एक अनुरोध पत्र के जवाब में कहा गया है कि हबीबुर रहमान भारत आने के अनिच्छुक हैं। न ही वह इस उद्देश्य के लिए पाकिस्तान में उपलब्ध होंगे। उनका कहना है कि उन्होंने पहले वाली कमेटी के सामने जो कुछ कहा उसके अलावा और कुछ कहने को नहीं है।"[8]

खोसला के लिए रहमान का न आना स्वागत योग्य था। उन्होंने ब्रिटिश भारत के जासूसों की जांच की फाइलों को सिरे से नकार दिया। उन्होंने अपनी रिपोर्ट में लिखा, "मैं हबीबुर रहमान के पहले दिए बयानों को किसी भी उद्देश्य के लिए उपयोगी नहीं मानता। ये बयान दुर्घटना की कहानी को मानने या न मानने के लिए उपयोगी नहीं हैं।"[9]

आलोचकों का कहना था कि खोसला ने रहमान की गवाही को इसलिए नकारा क्योंकि उस में विरोधी तथ्य थे। जिस दिन वह गिरफ्तार हुए उस दिन से हायशिदा से बात करने तक वह एक ही बयान पर अड़े रहे कि नेताजी का टोकियो जाने का इरादा था। लेकिन बाकी सभी लोग जो नेताजी से उनके

"अंतिम दिनों" में मिले उनका कहना था कि वह सोवियत रूस जा रहे थे। जब जापानियों को लगा कि इस बात को और ज्यादा छिपाया नहीं जा सकता तो उन्होंने भी अपना पहले वाला रवैया बदल लिया। जनरल इसोदा ने खुद जी. डी. खोसला को बताया, "अंततः मीटिंग में (बैंकाक में) यह तय हुआ था कि नेताजी मंचूरिया के रास्ते रूस जाएंगे और जापान सरकार उनको आर्थिक व अन्य सहायता देगी।" उन्होंने आगे बताया, "मुझे निश्चित तौर पर पता था कि वह बरास्ता सैगोन रूस जा रहे हैं।" मंत्री हाशिया ने भी बेमन से स्वीकार किया, "शायद बोस का इरादा मंचूरिया (रूस की सीमा) पर जाने का था। मैंने उनको बताया कि जापान सरकार उनको किसी सुरक्षित क्षेत्र में ले जाने को तैयार है।" इस पर जापानी आधिकारिक बयान में, जिसका पता 1956 में चला, 1945 की रिपोर्ट को बदलते हुए कहा कि नेताजी का निधन "टोकियो के इंपीरियल जनरल हेडक्वार्टर के विरोध के बावजूद मंचूरिया जाते समय विमान दुर्घटना में हुआ।"[11]

समर गुहा का तर्क था, "अगर नेताजी का निधन सचमुच हो गया था तो सारी बात वहीं खत्म हो जाती थी। फिर हबीबुर रहमान को किसी तथ्य को छिपाने की जरूरत नहीं थी। न अंग्रेजों से न अपने साथियों से। उनके बयानों की असंगतियां यह साबित करती है कि वह अपने नेता के बारे में सारे महत्वपूर्ण तथ्य छिपाने पर आमादा थे।"[12] रहमान ने दुर्घटना के कुछ महीनों के अंदर ही जो बयान दिए वे असंगतियों से भरे थे। शाहनवाज कमेटी के सामने उन्होंने जो बयान दिया उसका सार यह था कि उन्होंने बहुत जबरदस्त आवाज सुनी। उन्होंने सोचा कि विमान को तोप का गोला लगा है। विमान गिर गया और उन्होंने देखा कि नेताजी और वह आग की एक दीवार से घिर गए हैं। नेताजी विमान से बाहर आने के लिए आग में से हो कर कूदे। रहमान उनके पीछे कूदे। सौभाग्य से उनके कपड़ों में आग नहीं लगी। रहमान ने देखा कि नेताजी मशाल की तरह जल रहे थे। उन्होंने जा कर अपने हाथों से उनके कपड़े फाड़ कर उतारे। इसमें उनके हाथ भी जल गए। नेताजी जमीन पर गिर पड़े और वहीं उन्होंने रहमान को देशवासियो के लिए अंतिम संदेश दिया। बाद में अस्पताल में नेताजी की मृत्यु हो गई।

अपने अन्य पांच मुख्य बयानों में रहमान ने कई तथ्यों के बारे में विरोधी बातें कहीं। उन्होंने शाहनवाज खां को बताया कि शायद "कोई पक्षी विमान से टकरा गया था। दुर्घटना के तुरंत बाद वह कूद कर विमान से बाहर आए और नेताजी को भी जलते मलबे से बाहर निकाला।" सी. आई. सी. के पूछताछ करने वालों से उन्होंने कहा, "मुझे पता नहीं कि बोस किस तरह बचे या उन को विमान से किस तरह निकाला गया। विमान से उतरने के बाद उन्होंने देखा कि उन के

अपने कोट में आग लग गई थी।'' सी. एस. डी. आई. सी. में उन्होंने कहा कि ''उन के अपने कपड़ों में आग नहीं लगी थी। पूछताछ के दौरान भी वह अपने कपड़े पहने हुए थे।'' 24 अगस्त को अपने लिखित बयान में उन्होंने कहा, '' जैसे ही मैं बाहर निकला, मैं ने देखा कि नेताजी के कपड़ों में सिर से पैर तक आग लगी हुई है।'' सी. एस. डी. आई. सी में उन्होंने कहा कि मैं ने ''देखा कि बोस खड़े हैं। उनके शरीर के (ऊपरी हिस्से) के कपड़ों से धुआं निकल रहा है।'' एस. ए. अय्यर को उन्होंने बताया, ''बोस खड़े थे। उन के कपड़ों में आग लगी हुई थी। वह अपने बुश कोट का बक्कल खोलने की कोशिश कर रहे थे।''

ताइपेई की घटना के बारे में रहमान ने बताया, ''दुर्घटना के 15 मिनट के अंदर ही हमें पास के सेना अस्पताल में पहुंचाया गया।'' सी. एस. डी. आई. सी के सामने उन्होंने और ब्योरा दिया जिसमें नर्सों, अर्दलियों सहित बचाव दल के आने की बात थी। यह जो कुछ उन्होंने अय्यर को बताया उससे भिन्न था, ''उसके बाद (बोस व उनके गिर जाने के बाद) मुझे इतना ही पता है कि मैं अस्पताल में नेताजी के पास के बिस्तर पर पड़ा था।'' रहमान की सबसे बड़ी चूक नेताजी के देशवासियों को दिए ''अंतिम संदेश'' के बारे में थी। शाहनवाज कमेटी के समाने उन्होंने बताया कि यह संदेश नेताजी ने दुर्घटना के तुरंत बाद दोपहर बाद ढाई बजे के करीब दिया। जबकि 24 अगस्त के अपने बयान में और अय्यर को उन्होंने बताया कि संदेश उन्होंने नानमोन अस्पताल में रात 9 बजे के करीब दिया।

इतना ही नहीं रहमान के बयान जापानियों के बयानों से भी मेल नहीं खाते थे। रहमान ने बताया था कि नेताजी को सिर के पिछले हिस्से में गहरा घाव लगा था। लेकिन डा॰ योशिमी ने इससे इनकार किया। रहमान यह भी ठीक से नहीं बता सके कि उन्होंने नेताजी का अंतिम संस्कार किस दिन किया था। भला वह इसे कैसे भूल सकते थे? उन्होंने कमेटी को बताया कि दाह संस्कार 20 अगस्त को हुआ। पर ताइपेई में उन्होंने जो बयान दिया था उस में यह तिथि 22 बताई थी। सी. आई. सी को उन्होंने बताया था कि यह 21 अगस्त को हुआ। सी. एस. डी. आई. सी के एक पूछताछ करने वाले को रहमान ने बताया कि यह 23 अगस्त को हुआ था। बी. सी. चक्रवर्ती ने बताया कि रहमान ने उन से कहा था कि ''18 अगस्त को मृत शरीर को विद्युत शवदाह में रखा गया।''

नेताजी की मृत्यु की कहानी रहमान जितनी बार सुनाते उसमें नाटकीयता का पुट उतनी बार और ही देखने को मिलता। अय्यर से बात करते हुए उन्होंने बताया, '' विमान गिरने को था। नेताजी शांत थे। मैंने उनकी तरफ देखा। उन्होंने मेरे चेहरे पर हताशा के भाव देखे होंगे –– मैं तेजी से उनके पास पहुंचा

और बैल्ट खोलने में उनकी मदद की। जब मैं ऐसा कर रहा था मेरे हाथ जल गए। जब मैंने उनका चेहरा जला हुआ देखा तो मेरे दिल की धड़कन मानों रुक सी गई।"[13]

खोसला आयोग के सामने बयान देते हुए नेताजी के चिकित्सक डा॰ वासवा मेनन ने कहा कि रहमान ने "मुझे बताया था कि जापानियों के नेताजी को मार्फिया लगाने से पहले उन्होंने उन्हें विमान के पास से जलती हालत में रेंग कर आते हुए देखा था। रहमान को होश आने के बाद जापानी अधिकारियों ने उन को बताया था कि नेताजी का देहांत हो गया है और उन का दाह संस्कार कर दिया गया है।"

कर्नल महमूद अहमद लाल किले के अपने अनुभव बताते हैं, "आमतौर पर जब हम लोग इकट्ठे बैठते तो मृत्यु वाली कहानी रहमान से जानना चाहते। जब भी वह अपनी बात सुनाना शुरू करते, कुछ देर बाद बच्चे की तरह रोने लगते। फिर हम लोगों ने उनसे इस बारे में पूछना बंद कर दिया।"[14] सी. एस. डी. आई. सी के एक पूछताछ करने वाले ने जून 1946 में जब रहमान से कहा कि क्या वह ताइहोकू जा कर वह सारे स्थान दिखाने को तैयार हैं जहां यह सब घटा था तो उन्होंने यह कह कर साफ इनकार कर दिया कि "मुझे जो कुछ मालूम था वह सब बता चुका हूं। ऐसा लगता है कि जब भी कोई गैरजिम्मेदार व्यक्ति प्रेस में कोई बयान देता है तो लोग दौड़ कर मेरे पास आ जाते हैं और मुझ पर सवालों की झड़ी लगा देते हैं।"[15]

सी. एस. डी. आई. सी के बी. सी. चक्रवर्ती ने रहमान का बयान रिकार्ड करने के बाद उन से जिरह की और उस दौरान दिए जवाब भी रिकार्ड कर लिए। अब उन्होंने रहमान से विसंगतियों के बारे में पूछा तो वह इधर–उधर करने लगे। चक्रवर्ती का कहना है, "जब मैंने रहमान से पूछा कि जब डाक्टरों ने आपको बताया कि नेताजी का आपरेशन के दौरान निधन हो गया है तो आपने अपने नेता का चेहरा क्यों नहीं देखा। इस पर रहमान ने जवाब दिया कि मुझे वहां देर तक खड़ा रहने की इजाजत नहीं दी गई। मैंने उनसे पूछा कि जब आप को बताया गया कि मृत शरीर विद्युत शव–दाह गृह ले जाया जाएगा तो क्या यह आपका कर्तव्य न था कि उसके साथ जाते। इस पर उनसे कोई जवाब देते न बना तो मेरा मुंह ताकते रहे। मैंने उनसे पूछा कि 19 अगस्त को जापानी सेना के एक कर्नल और एक डाक्टर ने आपको एक पीतल का कलश दे कर कहा कि यह नेताजी के अवशेष हैं, तो आपने क्या किया। उनके पास इसका भी कोई सटीक जवाब न था। उन्होंने माना कि उनका एक मात्र कर्तव्य था उस कलश को जे. के. भोंसले को सौंप दें। फिर मैंने पूछा कि आप किसकी सलाह पर

टोकियो आए? इसका भी उन्होंने कोई जवाब नहीं दिया। मैंने यह भी पूछा कि आप टोकियो में क्यों छिपे बैठे थे जब कि आपको देश के उच्च राजनेता के निधन का समाचार अपने देशवासियों को देना चाहिए था। इसका भी उन्होंने कोई जवाब नही दिया।''[16]

उधर बहुतों को मालूम था कि रहमान झूठ बोल रहे हैं। कइयों ने उनको निजी बातों में संकेत देते सुना कि वह आदेश का पालन कर रहे हैं। जी. डी. खोसला के सामने एक व्यापारी हेमराज बताई ने अपने बयान में कहा कि गांधीजी को इस बारे में कुछ मालूम था। रहमान से मिलने के बाद उन्होंने गांधीजी को कहते सुना था, ''मुझे मालूम था कि गुरु सच नहीं बोल रहा है। और अब उनका चेला सच नहीं बोल रहा है।'' अप्रैल 1946 में मुलाकात के बाद कुछ लोगों ने गांधीजी को यह भी कहते सुना कि रहमान ने उनको एक सिपाही की तरह बयान दिए। बोस के परिवार के लोग रहमान से बहुत बार मिले और उनकी भी यही राय बनी। नेताजी के सबसे निकट के संबंधी शरत बोस अपने जीवन के अंतिम दिन तक यही कहते रहे कि उनके छोटे भाई की ताइपेई में मृत्यु नहीं हुई थी।

''विमान दुर्घटना की कहानी जब सार्वजनिक हुई, मैं जेल में था। मैं तब काफी परेशान हुआ क्योंकि तब मेरे पास यह जानने का कोई साधन नहीं था कि यह कहानी सच्ची है या झूठी। मुझे अजीब लगा कि दुघर्टना के पांच दिन बाद यह खबर सार्वजनिक की गई। 1945 में जेल से बाहर आने के बाद मैं कर्नल हबीबुर रहमान से मिला। उससे मुझे यह आभास हुआ कि उनको अपने चीफ से उनकी गतिविधि गुप्त रखने के आदेश मिले हैं। ऐसी हालत में वह किसी को कुछ नहीं बता सकते।''[17]

बोस परिवार की एक मीटिंग में एक भिड़ंत हुई। सुरेश बोस की पुत्री शीला सेनगुप्ता बताती हैं कि ''1946 के शुरुआती दिनों में आईएनए के स्त्री–पुरुष नेताजी के परिजनों के यहां बहुत आया करते थे। ऐसे ही एक जमावड़े में शाहनवाज और कर्नल रहमान हमारे यहां आए। उस दिन हबीब हमारे यहां ठहर गए। नेताजी के मामा डा॰ सत्येन दत्त ने बात चलाई तो रहमान ने अपनी कहानी फिर से सुनानी शुरू की कि किस तरह नेताजी के कपड़ों की आग बुझाते हुए उनके हाथ जल गए थे। डा॰ दत्त ने ध्यान से देखा। जलने के निशान उनके हाथ के पीछे की तरफ और ऊपरी बाजू पर थे। 'हबीब, तुम्हारे हाथों के अंदर की तरफ निशान क्यों नहीं हैं?' उन्होंने पूछा। हर कोई सोच रहा था कि आखिर निशान तो हाथों की हथेलियों पर होने चाहिए थे। 'आप को पता है रहमान उस दिन भी यही वर्दी पहने हुए थे और वह कहीं से भी जली नहीं है, 'कर्नल रतूड़ी

ने कहा। 'बैठ जाओ, ' रहमान अचानक खड़े हो गए। इस पर रतूड़ी, जिन्होंने बहुत मानीखेज बात कही थी, कमरे से चले गए। नेताजी के मामा उत्तेजित हो गए, 'रतूड़ी को वापस बुलाओ। सारी बात अभी साफ होनी चाहिए।' रहमान इसके लिए तैयार न थे। वह यह कहते हुए चले गए, 'मुझे इससे ज्यादा और कुछ नहीं कहना।'''[18]

डाक्टर दत्त अकेले न थे जिन्होंने गलत जगह जले के निशान और सही सलामत वर्दी का सवाल उठाया। बी. सी. चक्रवर्ती ने दो सर्जनों से रहमान के जले के निशानों की जांच करवाई थी। बोस के निजी चिकित्सक डा॰ आर.एन. कासलीवाल ने अपनी राय दी, "इस तरह के जले के निशान खुद कर्बोलिक एसिड या सल्फयूरिक एसिड से बनाए जा सकते हैं।" डा॰ एस.एन. दत्त ने आयोग के सामने अपने बयान में कहा कि रहमान के जलने के निशान तेजाब के कारण हो सकते हैं। नेताजी के भतीजे अरविंदो ने जी. डी. खोसला को बताया कि मैं ने कई बार रहमान से कहा कि आपकी तेजाब से जले के निशान बनाने के लिए तारीफ करनी चाहिए। इस पर वह चुप रहते या फिर मुस्करा देते थे। उनके रिश्ते के भाई द्विजेंद्र नाथ बोस ने बताया कि रहमान मुझे बताया करते थे कि किस तरह उन्होंने अपने हाथों से नेताजी के कपड़ों की आग बुझाई। लेकिन देखने पर मुझे जले के निशान उनके हाथ की उल्टी तरफ मिले। कपड़े का व्यापार करने वाले द्विजेंद्र ने रहमान के शरीर पर कटे के निशान देखे थे। पर उन्होंने उस वर्दी पर एक खरोंच भी नहीं देखी जो रहमान के मुताबिक उस दिन उन्होंने पहन रखी थी। उस की सिलाइयां बिलकुल सही थीं। वे कहीं से जली–कटी न थीं, न ही उनमें कहीं मरम्मत के कोई निशान थे।

द्विजेंद्र ने खोसला आयोग को बताया, "मैंने हबीब साहब से कहा कि आप मुझ से निजी तौर पर बताएं कि कोई विमान दुर्घटना नहीं हुई थी। मैं किसी से नहीं कहूंगा। जब नेताजी भारत से गए थे तो उन्होंने हम सब को सिखाया था कि हम इस बात को गुप्त रखे। शायद आप को भी ऐसा की कुछ सिखाया गया हो। जब तक कि आप की हथेलियां झुलसी न होती, जब तक आप के कपड़ों में जलने–कटने के निशान न होते मैं आप की कहानी पर यकीन नहीं कर सकता। इस पर वह बोले, "आप नेताजी के भतीजे हैं। भारत से बाहर जाने की उनकी योजना में आप सहभागी थे। आपसे मैं इस तरह के बेवकूफी भरे सवाल की उम्मीद नहीं करता।"

"तो आप किस नतीजे पर पहुंचे," एक वकील ने द्विजेंद्र से पूछा।

"यही कि वह मुझ से घुमा–फिरा कर कहना चाहते थे कि मुझे ऐसा सवाल नहीं करना चाहिए था। मुझे खुद ही समझ लेना चाहिए था कि कोई विमान दुर्घटना नहीं हुई थी। उनकी मृत्यु नहीं हुई थी। इसी नतीजे पर मैं पहुंचा।"

"क्योंकि वह वचनबद्ध थे। वह खुद यह नहीं बता सकते थे। यह अनुमान लगाना आपका काम था?"

"जी, हां। इस के बाद मुझे एक बात और याद आती है। मैंने उनसे पूछा कि आप मुझे सच–सच बताएं कि अब क्या स्थिति है? इस पर वह बोले, 'मैं आप को कुछ नहीं बता सकता। आप मुझे आदेश नहीं कर सकते। मैं सिर्फ अपने नेताजी के आदेश मानता हूं।"[19]

इस के पीछे स्वाधीनता संग्राम की एक धार्मिकवत् शपथ थी जो बंगाल व अन्य स्थानों के क्रांतिकारी किसी बात को गुप्त रखने के लिए लिया करते थे। नेताजी ऐसी ही शपथ अपने अनुयायियों को दिलाया करते थे। 1941 में जब उन्होंने बच कर निकलने की योजना बनाई गई तब द्विजेंद्र और अरविंदों को इसी तरह शपथ दिलाई गई थी। सच्चाई जानने के लिए अंग्रेजों ने द्विजेंद्र को लाहौर के किले में यातनाएं दीं। लेकिन उनको कुछ नही मिला। तीस साल से अधिक का समय बीत जाने पर भी कुछ नहीं बदला। द्विजेंद्र ने आयोग को बताया कि वह वचनबद्ध हैं और उस बारे में तब तक किसी को कुछ नहीं बता सकते जब तक कि खुद नेताजी ऐसा करने को न कहें। टी. आर. भसीन ने उनसे जिरह करने की कोशिश की।

"क्या आप नेताजी के संबंधी हैं?"

"मैं उनके बड़े भाई स्वर्गीय सतीश चंद्र बोस का बेटा हूं।"

"आप किस समय से किस समय तक जेल में रहे?"

"अप्रैल 1941 से सितंबर 1945 तक।"

"क्या मैं यह समझूं कि आपको भी अपने भाइयों और बहन के साथ नेताजी के बच कर निकलने की योजना में सहभागी बनाया गया था?"

"जी, हां।"

"1941 में ?"

"जी हां।"

"क्या आप उनके गुप्त रूप से कार्य करने व अरंभिक गतिविधियों के बारे में कुछ बताएंगे?"

"नहीं। मैं आप को कुछ नहीं बता सकता। मैं न बताने के लिए प्रतिज्ञाबद्ध हूं। जब तक नेताजी खुद न कहें मैं कुछ नहीं बता सकता।"

"मैं उनके रहस्यमय स्वभाव के बारे में पूछ रहा हूं। आप ने शाहनवाज कमेटी को कुछ बताया था कि कैसे वह घर छोड़ कर कटक चले गए थे।"

"इसके लिए उन्होंने किसी से सलाह नहीं की थी। वह जयपुर गए थे। वहां उन्होंने हैजे के मरीजों की सेवा की और फिर लौट आए। जब वह पढ़ते थे तब

घर छोड़ कर किसी गुरु की तलाश में चले गए थे। उन्होंने इसके लिए अपनी माता से भी परामर्श नहीं किया। मेरे पिता तब जीवित थे। वह उनसे बड़े थे। उनको भी नहीं बताया।"

"और यह अंतिम से पहले की स्थिति थी ?"

"यह मैं नहीं बता सकता। मैं बताने की स्थिति में नहीं हूं क्योंकि मैं ने शपथ ली हुई है।"[20]

अरविंदो शपथ को ले कर और भी दृढ़ नजर आए। उनके छोटे भाई और वरिष्ठ पत्रकार प्रदीप बोस को उनके और रहमान के तौर–तरीके में समानता नजर आई।

"नेताजी के 1941 में बच कर भारत से निकलने और 1945 में 'योजनाबद्ध तरीके से बच कर 'सोवियत संघ जाने में मुझे बड़ी समानता नजर आती है। भारत से उनके निकलने के बारे मे कम से कम बोस परिवार के सात सदस्यों को कुछ न कुछ पता था। सुभाष जानते थे कि अगर वे सबके सब यह कहने की कोशिश करेंगे कि उनको कुछ नहीं मालूम तो उनमें से कुछ को गिरफ्तार कर के पूछताछ की जाएगी और सच जानने के लिए यातना भी दी जाएगी। इस संभावना से बचने के लिए उन्होंने संसार त्यागने की एक कहानी गढ़ी। वह एक पर्दे के पीछे चले गए। सिर्फ उनके भतीजे अरविंदो को उनसे मिलने की इजाजत थी। उनको पता था कि सुभाष 17 जनवरी 1941 को कलकत्ता से चले गए हैं। पर उन्होंने पुलिस को बताया कि मैंने नेताजी को 25 जनवरी को देखा था जैसा कि सुभाष ने उनको सिखाया था। 26 जनवरी को ऐलान कर दिया गया कि सुभाष अपने कमरे में नहीं हैं। अरविंदो इस के चश्मदीद गवाह थे कि उन्होंने 25 की रात को सुभाष को देखा था। जब कि तब तक वह भारत–अफगानिस्तान सीमा पार कर चुके थे।

अरविंदो ने इस बारे में अपने परिवार वालों व मित्रों के अनुरोध के बावजूद 1988 में अपने निधन, यानी घटना के 47 साल बाद तक कभी कुछ नहीं लिखा। उनका कहना था कि इसे गुप्त रखने के लिए उन्होंने नेताजी के सामने शपथ ली थी। यह विचित्र लगता था। क्योंकि कई सरकारें भी अपने अति गोपनीय दस्तावेज भी 30 या 40 साल बाद सार्वजनिक कर देती हैं। लेकिन वह इस तर्क से भी सहमत नहीं हुए। आजाद हिंद सरकार के कम से कम 5 या 6 लोग जानते थे कि युद्ध समाप्त होने पर नेताजी की योजना बच कर सोवियत संघ जाने की है। लेकिन सिर्फ हबीबुर रहमान को उनके साथ विमान में जाने के लिए चुना गया। उनकी मृत्यु के वह अकेले भारतीय गवाह थे। तो क्या यह ऐसी घटना थी जो कभी घटी ही नहीं ?"[21]

शपथ की पवित्रता को बनाए रखना केवल बोस परिवार या रहमान तक ही सीमित न था। अपने 1988 के संस्मरणों में कर्नल गुरबक्श सिंह ढिल्लों ने कई भूली–बिसरी कहानियों की चर्चा की है। दिल्ली के सलीमगढ़ में आईएनए की गुप्तचर सेवा के मेजर मग्घर सिंह और मेजर अजमेर सिंह को रोज यातनाएं दी जाती थीं। लेकिन उन्होंने आईएनए या जापानियों की तैनाती के बारे में किसी तरह की सूचना देने से इनकार कर दिया। जब उन्होंने महसूस किया कि आए दिन की यातनाओं के चलते गोपनीयता बनाए रखना असंभव होगा तो उन्होंने एक रक्षक की बंदूक छीन कर आत्महत्या करने की योजना बनाई।[22] कर्नल ठाकुर सिंह ने, जो शाहनवाज के बाद कमान में दूसरे नंबर पर थे, खोसला आयोग के सामने एक और उदाहरण पेश किया "आबिद हसन नेताजी के साथ पनडुब्बी में जर्मनी से आए थे। वह मेरी रेजिमेंट में ट्रेनिंग पर थे। मैंने उनसे पूछा कि नेताजी जर्मनी से कैसे आए? मैंने उनको जम कर पिलाई थी और जब वह गले तक पी चुके थे तब यह सवाल किया था। इस पर उन्होंने गिलास और बोतल फेंक दी। फिर बोले कि अगर अंग्रेज उनके टुकड़े–टुकड़े कर दें तो भी वह इस बारे में उनको कुछ न बताएंगे फिर आप तो इस बारे में पूछने वाले कौन होते हैं।" ठाकुर सिंह ने हबीबुर रहमान के साथ बातचीत के भी कुछ संस्मरण सुनाए, "मुझे और हबीब को दूसरों के मुकाबले एक महीना ज्यादा लाल किले में रखा गया था क्योकि अंग्रेज हबीब से जानना चाहते थे कि नेताजी कहां गए हैं। मुझे इसलिए कि मैंने एक विशेष रेजिमेंट का गठन किया था। एक दिन हबीब ने मुझ से कहा कि महात्मा गांधी तरह–तरह के बयान दे सकते हैं पर मै (हबीब) कभी नेताजी कहां हैं, इस की सच्चाई नहीं बताऊंगा।"

उन दिनों विदेश मंत्रालय में राजनय के प्रमुख कर्नल (आईएनए) महबूब अहमद से खोसला आयोग के सामने इसी बाबत पूछताछ की गई तो उसका भी ऐसा ही नतीजा सामने आया।

"आप के मूल्यांकन से अगर कर्नल हबीबुर रहमान को एक गुप्त बात बताई जाए तो क्या वह ऐसे हैं कि नेताजी के वचन मुक्त किए बिना वह आजीवन वह बात किसी को नहीं बताएंगे?"

"जी हां, मेरा यही मूल्यांकन है।"

"मान लीजिए नेताजी आपको अपनी अंतिम यात्रा पर साथ ले जाते और उनकी सुरक्षित स्थान की यात्रा को गुप्त रखना होता तो क्या आप किसी भी समय उस बात को उजागर करते?"

"जी नहीं। मेरी नेताजी के प्रति वफादारी इतनी प्रबल थी कि मैं उनके लिए कुछ भी कर सकता था।"[24]

किसी भी बात को हमेशा के लिए गुप्त रखने और इस तरह की प्रबल वफादारी की कहानियां आज के समय तक भी बराबर सुनने को मिलती रहीं।

4 अप्रैल 2001 को मुखर्जी आयोग ने आईएनए गुप्तचर सेवा के कैप्टन बिपुल कुमार सरकार की गवाही ली। सरकार ने अपने दोस्त हबीबुर रहमान से एक मुलाकात का जिक्र किया। उन्होंने बताया कि मैंने रहमान की पूरी कहानी सुनी। पर मुझे उनकी वर्दी या उनकी हथेलियों पर कोई निशान नहीं मिले। "धन्यवाद कर्नल साहब, मैं सब समझ गया।" इस पर रहमान बोले, "सरकार, तुम बड़े होशियार हो। "इस के बाद उन्होंने मुझ से वचन लिया कि 30 साल तक यह वाकया किसी से बयान नहीं करूंगा। मैंने उस वचन को निभाया।

अप्रैल 2002 के *इंडियन एक्सप्रेस* में तत्कालीन गृहमंत्री लालकृष्ण आडवाणी के आईएनए वालों को निमंत्रित करने के बारे में एक समाचार प्रकाशित किया था। इसके अनुसार सिंगापुर के कैप्टन जान जैकब भी पूरी आईएनए वर्दी व निशान लगाए वहां मौजूद थे। 1971 में जैकब ने *पेट्रियट* को बताया था कि नेताजी के रहस्य को अगर कोई बता सकता है तो वह केवल रहमान हैं। "पर हो सकता है कर्नल हबीबुर रहमान को नेताजी ने ऐसा करने से मना किया हो।" 2002 में जब *एक्सप्रेस* के संवाददाता ने उनसे पूछा कि आप जिस आईएनए गुप्तचर सेवा में काम करते थे उसके क्या कार्यकलाप थे? इस पर जैकब ने जवाब दिया कि मैं आज भी अपनी वर्दी में हूं। मैं इस बारे में कुछ नहीं बता सकता।

कर्नल रहमान की पाकिस्तान में 1979 में मृत्यु हो गई। एक बार शाहनवाज ने बताया कि रहमान ने 1970 के दशक में कभी "नेताजी के अवशेष "भारत लाने का संदेश भेजा था। दुर्घटना की कहानी पर कदापि विश्वास न करने वाले मेजर भास्करन मेनन ने बताया कि देहांत से कुछ समय पहले रहमान ने उनसे संपर्क करने की कोशिश की थी। क्या वह कुछ बताना चाहते थे? शीला सेनगुप्ता की राय में, "नहीं। कुछ भी हो जाता पर हबीब भाई मेरे भाई अरविंदों की तरह ही ऐसा कभी नहीं करते।"

कलकत्ते में दो प्रमुख लोगों की राय में रहमान के मुंह से कभी "सच" निकल गया था। इनमें से पहले बंगाली के सुप्रसिद्ध अखबार *वर्तमान* के संपादक हैं। 23 नवंबर 2000 को बरुन सेनगुप्ता ने मुखर्जी आयोग को बताया कि मैंने खुद दिल्ली के एक गुप्तचर अधिकारी के पास एक रिपोर्ट देखी थी। इसके अनुसार रहमान ने एक अंग्रेज गुप्तचर अधिकारी को बताया था कि "मैं नेताजी के साथ उस विमान में नहीं था जिसकी दुर्घटना हुई थी।" अपना सारा जीवन नेताजी को अर्पित करने वाले सुनील कृष्ण गुप्ता ने और भी ठोस बात बताई। 6

अप्रैल 1956 को गुप्ता अमर मजूमदार के साथ रहमान से मिलने पाकिस्तान उच्चायोग गए थे। वहां उनकी बातचीत उनसे शाहनवाज कमेटी के सामने बयान देने से कुछ ही पहले हुई। उन्होंने रहमान का ध्यान लाहौर के *सिविल एंड मिलिट्री गजट* में छपी एक ताजा खबर की तरफ आकर्षित किया जिसके अनुसार रहमान ने कहा था कि नेताजी का निधन विमान दुर्घटना में नहीं हुआ था।

इस बारे में हमारे पूछने पर रहमान ने कहा कि अखबार ने मेरे बयान को गलत छापा है। जब हम ने पूछा कि फिर आपने इसका खंडन क्यों नहीं किया तो वह बोले कि मैं अखबार वालों को इसीलिए अपने से दूर रखता हूं कि वे अक्सर मेरे बयान तोड़–मरोड़ कर पेश करते हैं।

इस के बाद और कुरेदने पर रहमान ने कहा कि "उनको कहने दो कि नेताजी का निधन हो गया है। जब वह लौट कर आएंगे तो इसका दोहरा फायदा होगा।"

"वह कैसे?" गुप्ता ने पूछा

"इसे अपने तक रखना। एक तो यह कि नेताजी हमारे साथ होंगे। दूसरा यह कि जो लोग विमान दुर्घटना की कहानी को सच साबित करने में लगे हैं उनका पर्दाफाश हो जाएगा।"[25]

संदर्भ/टिप्पणियां

1. खोसला आयोग की सुनवाई के रिकार्ड, खंड 10, पृष्ठ 3246
2. 22 जुलाई 2002 को मुखर्जी आयोग के सामने प्रीतम सिंह से जिरह का रिकार्ड
3. 3 मार्च 1971 को खोसला आयोग के सामने महबूब अहमद से जिरह
4. फाइल नं. 400/आईएनए नं. 1400/23/एस. ई.
5. सी. एस. डी. आई. सी. की रिपोर्ट "कैप्टन हबीबुर रहमान से फिर पूछताछ" दिनांक 9 जून 1946
6. एफ. 25/4/एन. जी. ओ. खेड 3. डी. ओ. नं. एफ. 5(1) एन. जी. ओ. –1
7. *नेताजी सुभाष चंद्र बोस*, लेखक तत्सुओ हयाशिदा, पृष्ठ 140, 141. अनिल मुखर्जी ने, जब वह पश्चिम बंगाल विधानसभा के उपाध्यक्ष थे, लेखक को बताया कि 1975 में जनरल मोहन सिंह की पाकिस्तान में रहमान से मुलाकात हुई थी। तब उन्होने उन से नेताजी के निधन के बारे मे पूछा था। इस पर रहमान रो पड़े और बोले कि मैं "आदेश मानने के लिए विवश हूं। इस से आगे में कुछ नहीं बता सकता"
8. नेताजी जांच आयोग की रिपोर्ट, पृष्ठ 118
9. वही
10. वही

11. *सुभाष ए पोलिटिकल बायोग्राफी,* लेखक सीतांशु दास, पृष्ठ 587
12. *नेताजी डेड ऑर अलाइव,* लेखक समर गुहा, पृष्ठ 164
13. फाइल नं. एफ. /25/4एन. जी. ओ. खंड 3. एस. ए. अय्यर की प्रधानमंत्री को रिपोर्ट
14.. 3 मार्च 1971 को खोसला आयोग के सामने महबूब अहमद से जिरह
15. सी. एस. डी. आई. सी. की रिपोर्ट " कैप्टन हबीबुर रहमान से फिर पूछताछ " दिनांक 9 जून 1946
16.. खोसला आयोग की सुनवाई के रिकार्ड, खंड 12, पृष्ठ 3703
17. शरत बोस के अखबार *दी नेशन* के 7 अक्तूबर 1949 के एक समाचार से
18. शीला सेनगुप्ता के लेखक को दिए ब्योरे पर आधारित। इसके अतिरिक्त देखें, **कामरेड चैलेंजेज हबीब्ज क्रैश स्टोरी,** *हिंदुस्तान टाइम्स डाट काम,* सुभाष बोस प्रोब, फेज 1
19. खोसला आयोग की सुनवाई के रिकार्ड, खंड 11, पृष्ठ 3354–3355
20. खोसला आयोग की सुनवाई के रिकार्ड, खंड 11, द्विजेंद्रनाथ बोस से जिरह
21. **डिड जापान लाइ अबाउट बोसज डेथ इन एयर क्रैश?** लेखक प्रदीप बोस। *हिंदुस्तान टाइम्स डाट काम,* सुभाष बोस प्रोब, फेज 1 प्रदीप बोस ने यही विवरण अपनी पुस्तक *सुभाष बोस एंड इंडिया टुडे* में भी दिया है।
22. *फ्रांम माई बोन्सः मैमायर्स आफ कर्नल गुरबक्श सिंह,* पृष्ठ 537
23. सुनील कृष्ण गुप्ता का दिया विवरण व *नेताजी डेड ऑर अलाइव,* लेखक समर गुहा में पृष्ठ 171, 172 पर दिया विवरण।

8
रूसी रहस्य

यह चंडूखाने की गप्प है।

1950 में सत्यनारायण सिन्हा ने पेरिस की एक पार्टी में दावा किया कि अगस्त 1945 के बाद सुभाष बोस सोवियत रूस में थे। उस पर जवाहरलाल नेहरू की टिप्पणी।

अगर बोस रूस की मदद से आ जाते हैं तो न तो कांग्रेस और न ही गांधीजी देश को कोई दलील दे सकेंगे।

मोहनदास गांधी की सेक्रेटरी खुर्शीद नारोजी का जुलाई 1946 में अमेरिकी राष्ट्रपति फ्रेंक्लिन रूजवेल्ट के एक सलाहकार को लिखे पत्र से।

उन्होंने (अमेरिकी भेदियों ने) मुझे बताया कि उन्होंने नेताजी के हुलिए वाले एक आदमी का रूसी सीमा तक पीछा किया था।

जून 2001 में मुखर्जी आयोग के सामने लक्ष्मी सहगल का जिरह के दौरान बयान।

ये भयावह कहानियां पहले–पहल 1945 में सुनने में आईं और इनका सिलसिला आज तक नहीं थमा है। साइबेरिया की किसी अंधेरी कोठरी में नेताजी के बेड़ियों में जकड़े होने की भयावह तस्वीर ने नेताजी के संबंधियों से ले कर जनसाधारण तक सब को त्रस्त किया। कलकत्ता में एक इंजीनियर ने अपना मुंह चालीस साल तक बंद रखा क्योंकि उसे भारतीय दूतावास के एक अधिकारी ने धमकी दी थी। सोवियत संघ में इंजीनियर की मुलाकात एक जर्मन से हुई थी। जर्मन की आंखों में यह जान कर चमक आ गई थी कि उसका सहयोगी भारतीय है। वह उसे एक कोने में ले गया और फुसफुसाया, "किसी को बताना मत। मैं नेताजी से बर्लिन में

मिला था। उस के बाद मेरी उनसे साइबेरिया में फिर 1948 में मुलाकात हुई।" सुभाष के भतीजे ओमियो के बेटे सूर्य कुमार बोस को जर्मनी में सुभाष की पत्नी एमिली शेंकल ने बताया, "एक जर्मन पत्रकार रेमंड शेनाबेल पूर्वी बर्लिन में बस गया था। उसने मुझे 1950 के आरंभ में बताया कि उसे खबर मिली थी कि नेताजी 1945 के बाद सोवियत संघ में थे।"[1]

स्वाधीनता संग्राम को तीव्रता देने के लिए सोवियत संघ जाया जा सकता है, यह विचार सुभाष बोस को अचानक विश्वयुद्ध समाप्त होने पर नहीं आया था। यह उनको लगभग छः साल पहले सूझा था।

ओमियो बोस जून 1938 की गर्मियों की छुट्टियों में कैंब्रिज से कलकत्ता आए। वह अपने चाचा के लिए अपने मित्रों से खबर ले कर आए थे कि दुनिया युद्ध के कगार पर खड़ी है। सुभाष के लिए यह अवसर के दरवाजे खुलने वाली बात थी। इंगलैंड अब भारत से दूर युद्ध में लिप्त होने जा रहा था। वापसी पर ओमियो सुभाष का "एक अति महत्वपूर्ण पत्र इंगलैंड की कम्यूनिस्ट पार्टी को देने के लिए लाए जो सोवियत संघ भेजा जाना था। इस में उन्होंने सोवियतों से सहायता मांगी थी।"[2] इस के बाद और भी ऐसे टटोलने वाले संदेश भेजे गए। युद्ध आरंभ होने पर फार्वर्ड ब्लाक के महासचिव शंकरलाल एक खतरनाक काम से जापान गए। यह काम था "जापान स्थित सोवियत राजदूत के माध्यम से सोवियत संघ से परामर्श और सहायता मांगना।" इस के बाद "लाल टोकियो में सोवियत राजदूत के साथ करार संपन्न करने के बाद छद्म वेश में कलकत्ता लौटे। फिर शरत चंद्र बोस के माध्यम से समझौते का संदेश नेताजी को कलकत्ता जेल में पहुंचाया गया।"[3]

जनवरी 1941 में नेताजी अधिकांशतः सोवियत संपर्क वालों की सहायता से अफगानिस्तान पहुंचे। उनके पास अफगानिस्तान से निकलने के सीमित साधन थे और रूसी मदद न करते तो उनके जीवित बचने की संभावना भी कम ही थी। एन. के. वी. डी. (रूसी खुफिया विभाग जो के. जी. बी. से पहले था) को इस पर कोई हैरानी नहीं हुई जब अफगानिस्तान स्थित जर्मन राजदूत हैंस पिल्जर ने रूसी राजदूत वी. कोजोलोव से मुलाकात कर के अनुरोध किया कि बोस को इतालवी सहायता से खतरे से बाहर निकाला जाए। रूसी राजी हो गए। इतालवी छद्म नाम ओरलैंडो माजोटा के रूप में बोस को वीजा देने का आदेश स्वयं सोवियत संघ के उपविदेशमंत्री ए. वशिंस्की ने दिया।

रूसियों ने न सिर्फ अपने एक मित्र ब्रिटेन के दुश्मन की गुपचुप मेजबानी की बल्कि उसकी आगे की यात्रा का प्रबंध भी किया। ऐसा उन्होंने इसलिए किया कि वे सुभाष को पसंद करते थे। सुभाष ने उस जमाने में सोवियत संघ का समर्थन

किया था जब बहुत से लोग उसके हक में नहीं थे। वह अकेले भारत के राजनीतिक नेता थे जिन्होंने सोवियत संघ के फिनलैंड में सेनाएं भेजने का समर्थन किया था। जब कि उस समय भारतीय कम्यूनिस्ट पार्टी के नेताओं ने भी यह साहस नहीं दिखाया था।[4] कुछ लोगों की राय थी कि नेताजी 1941 में अकेले सोवियत सहायता लेने के लिए ही भारत से रवाना हुए थे। जब उन्होंने इनकार किया तभी वह जर्मनी की तरफ गए। लेकिन नाजियों से बातचीत के दौरान भी उन्होंने सोवियत संघ के लिए अपने रुझान को छिपाया नहीं। 29 अप्रैल 1941 को उन्होंने हिटलर के विदेश मंत्री को साफ बता दिया कि जब तक जर्मनी ने रूस के साथ समझौता नहीं किया था भारतीय नाजियों के प्रति अच्छी राय नहीं रखते थे।

''विदेश मंत्री ने जब भारत के जर्मनी के प्रति रवैए के बारे में पूछा तो बोस ने स्पष्ट रूप से कहा कि भारत में राष्ट्रवादी समाजवादियों व नाजियों के लिए राय बहुत अच्छी नहीं थी। लेकिन जर्मन–रूस समझौते से उनका रुझान अनुकूल हो गया। उनकी रूस के बारे में भारतीयों की राय पूछने पर बोस ने कहा कि अपने साम्राज्यवाद विरोधी रवैए के कारण भारतीय सोवियत संघ के प्रति सहानुभूति रखते हैं।[5]''

सोवियत संघ पर नाजी हमले से सुभाष को गहरा धक्का लगा। उन्होंने अपना खेद खुलेआम प्रकट किया।'' एक बार जुलाई 1941 के अंतिम सप्ताह में जब (पत्रकार) डा॰ (गिसेलर) वर्सिंग नेताजी से मिलने होटल में आए तो वह दुनिया के नक्शे के सामने ध्यान की मुद्रा में बैठे हुए थे। अंततः नेताजी ने चुप्पी तोड़ी, 'यह तो ठीक नहीं होगा।''[6] उसी महीने में बोस ने जर्मन विदेश मंत्रालय के राजनीतिक विभाग के प्रमुख अर्नेस्ट वर्मन से कहा, ''जर्मन–रूस युद्ध में भारतीयों का रवैया सोवियत संघ के समर्थन का है क्योंकि वे सोचते हैं कि जर्मनी हमलावर है।''[7]

वर्मन को इस भारतीय की ऐसी साफगोई कतई पसंद नहीं आई। उन्होंने इस मीटिंग के बारे में अंत में अपनी टिप्पणी में लिखा कि बोस सोवियत दर्शन से प्रभावित हैं ''इसलिए सबसे पहले उनके इस रुख को सुधारने की जरूरत है।'' नाजी जर्मनी का गुप्तचर विभाग (आर. एस. एच. ए) भी बोस की हर गतिविधि पर नजर रखे हुए था। उनके गुप्तचरों ने सूचित किया कि बोस सोवियत समर्थक हैं।[8]

शाहनवाज और जी. डी. खोसला ने तथ्यों को झुठला कर इस बात को नजरअंदाज करना चाहा कि नेताजी की योजना सोवियत संघ जाने की थी। शाहनवाज ने खोसला आयोग को बताया कि नेताजी के लुप्त होने में कोई

छलावा योजना न थी। 1956 की उनकी रिपोर्ट में कहा गया था कि बोस की सोवियत संघ जाने की योजना हो सकती थी लेकिन अपनी "मृत्यु" के समय लगता है वह टोकियो जा रहे थे। वह समय सोवियत अधिकारियों से संपर्क करने या आगे के लिए विस्तृत योजना बनाने का नहीं था।[9] जी. डी. खोसला ने इसे बदलते हुए कहा कि सुभाष का इरादा रूस जाने का था। उनकी योजना अनिश्चित व अव्यवस्थित सी थी और उनको मित्रराष्ट्रों के अधिकार क्षेत्र ने निकालने की कोई ठोस योजना नहीं बनाई जा सकती थी।[10] लेकिन सुरेश बोस की राय इस के विपरीत थी:

"जब जापानियों के आत्मसमर्पण का समय आया तो उनकी सरकार ने नेताजी के मिशन के फेल होने पर खेद प्रकट किया क्योंकि इसका कारण उनकी हार ही थी। इसलिए उन्होंने बदले हालात में नेताजी की 'अंतिम इच्छा' का हर तरह से सम्मान करने का निश्चय किया। नेताजी ने उनसे अनुरोध किया कि वे उनको सोवियत क्षेत्र तक पहुंचा दें। जापानियों की इस में असमर्थता प्रकट करने पर उन्होंने कहा कि उनको मंचूरिया पहुंचा दिया जाए जहां से वह सोवियत क्षेत्र में प्रवेश की योजना खुद बना लेंगे। जापानी इसके लिए तैयार हो गए।"[11]

"लेफ्टिनेंट जनरल शिदेई को खासतौर पर नेताजी के साथ जाने के लिए तैनात किया गया क्योंकि वह उस क्षेत्र से भलीभांति परिचित थे और रूसी भाषा भी जानते थे। उनका काम वहां नेताजी का ध्यान रखना और सोवियत क्षेत्र में प्रवेश के लिए उनकी सहायता करना था। काम हो जाने के बाद शिदेई को जापान लौट कर अपनी सरकार को इस बारे में रिपोर्ट देनी थी। उसके बाद वह घोषणा की जानी थी जो 23 –8–45 को की गई कि श्री चंद्र बोस का 18–8–45 को ताइहोकू में विमान दुर्घटना में निधन हो गया है। यह नेताजी की योजना के अनुरूप था। निधन की घोषणा में पांच दिन का विलंब इसी योजना के कारण हुआ।[12]

खोसला ने जब सुरेश बोस के साक्ष्य को नकारा तब वह जीवित न थे। इस न्यायविद् को ऐसा करने का हौसला इसलिए हुआ कि वह अच्छी तरह जानते थे कि वर्गीकृत रिपोर्टें व अंदर की कहानियां कभी सार्वजनिक नहीं की जाएंगी। लेकिन उन पर निगाह रखने वाले भी मौजूद थे। *नेताजी डेड ऑर अलाइव* में गुहा ने कहा, "योजना के साक्ष्य उनके सामने आने पर खोसला के लिए इस तथ्य को नकारना मुश्किल हो गया कि नेताजी का इरादा रूस जाने का था। लेकिन अगर वह इस स्थिति को स्वीकार कर लेते कि योजना को जापान के उच्चतम सैन्य अधिकारियों ने अमली जामा पहनाया था तो उनके लिए इसे अस्वीकार करना कठिन हो जाता कि नेताजी की मृत्यु की कहानी गढ़ी गई थी

और टोकियो रेडियो से उनकी मृत्यु के समाचार का प्रसारण पूर्व–नियोजित था।"[13]

इस लेखक ने जो जानकारी एकत्र की वह भी सुरेश बोस व समर गुहा के विचारों के अनुरूप जाती है। 6 नवंबर 1945 को दक्षिणपूर्व एशिया कमान को सैगोन स्थित जापानी सैनिक मुख्यालय के अधिकारियों से पूछताछ के बाद एक रिपोर्ट मिली थी। इस रिपोर्ट को शाहनवाज और खोसला दोनों ने देखा था। इसके अनुसार नेताजी का विचार था कि रूसियों का मित्रराष्ट्रों से मेलजोल बहुत दिन टिकने वाला नहीं है। उन्होंने अपनी यह राय जापानियों तक पहुंचाई थी और जापानियों से हमेशा की तरह इसे आदर से देखा था। सुभाष की रूस जाने की योजना उनकी मृत्यु की घोषणा से कुछ महीने पहले ही बननी शुरू हो गई थी :

"दिसंबर 1944 में सुभाष चंद्र बोस ने सलाह दी कि जापान सरकार के लिए च्यांग काई–शेक से अविलंब संबंध बनाने हितकर रहेंगे। उसके बाद फिर उन्हें सोवियत संघ से मित्रता की कोशिश करनी चाहिए। बोस का विचार था कि चीन लंबे युद्ध से थक चुका है और उसके चंगुल से छूटने का वह स्वागत ही करेगा। जहां तक सोवियत संघ का सवाल है उसकी अमेरिका व ब्रिटेन से मित्रता परिस्थितयों के दबाव की वजह से हुई है। जर्मनी की हार के बाद रूसी फिर अपने अमेरिका, ब्रिटेन विरोधी रवैए पर लौट आएंगे।

जापानियों को राय माफिक लगी थी पर उनको संदेह था कि बोस इतना बड़ा त्रिपक्षीय समझौता करा पाएंगे। इसलिए उन्होंने इसे अस्वीकार कर दिया। उनका उस समय अपनी जीत का भी भरोसा था और वह एक बड़े हमले की तैयारी में थे। दिसंबर 1944 में बोस इसी सिलसिले में टोकियो गए थे।

"इसके बाद जुलाई में जब जापानियों की हालत पतली होने लगी तब बोस ने मंचूरिया के रास्ते अपने कुछ चुने हुए सहयोगियों के साथ रूस में दाखिल होने की अनुमति मांगी। इस बारे में कोई औपचारिक जबाव नहीं दिया गया लेकिन उनको सलाह दी गई कि इस बारे में विचार करने के लिए टोकियो आएं। इसके बाद हुआ यह कि बोस सैगोन से उस विमान में सवार हुए जो लेफ्टिनेंट जनरल शिदेई को मंचूरिया ले जा रहा था। एक और सूत्र के अनुसार जापानियों को बोस के सोवियत संघ में प्रवेश के लिए उनसे बात करने की जरूरत नहीं थी। बोस मंचूरिया जाना चाहते थे जहां से उनका विचार खुद रूसी सेनाओं से संपर्क कर के प्रवेश की अनुमति लेना था। इसी इरादे से वह 16 अगस्त को सिंगापुर से रवाना हुए।"[14]

15 जनवरी 1946 की सी. एस. डी. आई. सी. की एक खुफिया रिपोर्ट में बताया गया, "जून 1945 में (जनरल ए. सी) चटर्जी को कैबिनेट ने सैगोन भेजा

ताकि वह जापानियों से आजाद हिंद सरकार के कुछ सदस्यों को मंचूरिया पहुंचाने पर विचार करने को कहें।" 19 फरवरी 1946 की एक रिपोर्ट में कहा गया कि "हमारी सूचना के अनुसार ऐसा लगता है कि सुदूर पूर्व में जापानियों की पराजय के बाद बोस का इरादा अपने साथ अपने कुछ खास लोगों को भी सोवियत अधिकार वाले इलाके में ले जाने का था। इस बात के संकेत मिले हैं कि वह 950 रेजिमेंट (जर्मन आईएनए) व यूरोप में अपने आंदोलन से संबद्ध अन्य लोगों को भी वहीं स्थानांतरित करने का इरादा रखते थे। हमें विश्वास है कि उन की अंतिम यात्रा का उद्देश्य यही था, जिस दौरान उन को मृत बताया गया।"[16]

सुभाष की रूस जाने की योजना की जानकारी उन जापानी और भारतीयों को ही हो सकती थी जो उनकी आखिरी ज्ञात गतिविधि के समय उनके निकट थे। इनमें से कई जी. डी. खोसला के सामने पेश हुए। इस के अलावा कुछ के साथ हुई पूछताछ की रिपोर्ट की प्रतियां आयोग को मुहैया कराई गई थीं। 1946 फरवरी के अंत में आनंद मोहन सहाय से सी. एस. डी. आई. सी. ने लाल किले में पूछताछ की थी। "एच. 1459 (सहाय) का कहना है कि वह 1944–45 में जापान में थे। वैकल्पिक सरकार के एक मंत्री की हैसियत से उन्होंने जापानी विदेश मंत्री शिगेमित्सु, उपमंत्री स्वादा तथा जापान के विदेश विभाग की भारतीय शाखा के प्रमुख कोदाकी से भेंट की। उनसे बातचीत से उनको यही मालूम हुआ कि बोस ने अपनी आखिरी टोकियो यात्रा के दौरान सोवियत राजदूत से संपर्क करने की इच्छा की थी। जब उनकी मुलाकात जुलाई 1945 में सैगोन में हुई तो इसोदा ने एच. 1459 से इस बात की पुष्टि की। मई या जून 1945 में बोस ने खुद एच. 1459 को बताया कि उन्होंने जापानी अधिकारियों से अनुरोध किया है कि वे उनके वाया मंचूरिया रूस जाने का बंदोबस्त कर दें।"[17]

काफी टालमटोल के बाद मेजर जनरल भोंसले ने अपने पूछताछ करने वालों को बताया, "बोस चाहते थे कि जापान सरकार रूसियों से संपर्क करे कि वे रूस में उनकी उपस्थिति को स्वीकार कर लें और अंग्रेजों का विरोध करने की अनुमति दें। लेकिन चूंकि बोस के मित्र तोजो अब सत्ता में नहीं थे इसलिए उनको सफलता नहीं मिल रही थी। इसलिए बोस ने खुद टोकियो जा कर वहां से अपने रूस जाने के लिए प्रबंध करने का इरादा किया। वह जापान के विदेश मंत्री [18] से मिल कर ऐसा करना चाहते थे जो उनके दोस्त भी थे। जरूरत पड़ने पर वह उनकी काबीना के जरीए सम्राट से भी संपर्क करना चाहते थे कि वह स्वयं रूस से इस बारे में बात करें। बी. 1189 का कहना है कि बोस अपने साथ कुशल अधिकारियों का एक दल भी ले जाना चाहते थे जो रूस में उनके सहायक हों।"[19]

मंत्री हाशिया तेरु ने टोकियो में खोसला आयोग को बताया कि जापान के आत्मसमर्पण के बाद उन्होंने नेताजी से कहा था कि जापान सरकार उनको किसी सुरक्षित स्थान पर पर पहुंचाना चाहती है। आईएनए के मेजर जनरल एस. सी. अलगप्पन ने आयोग को मद्रास में बताया कि नेताजी के आदेश पर उन्होंने रूस जाने का एक विस्तृत रूटचार्ट भी बनाया था। "हम इस नतीजे पर पहुंचे थे कि सिर्फ रूस ही नेताजी को शरण दे सकता है।" इस तरह के गवाहों की सूची बहुत लंबी थी। मद्रास में ही बोस के निजी चिकित्सक डा॰ एस. वासावा मेनन ने बताया कि 17 अगस्त को बैंकाक में एक लंबी बैठक हुई थी। उसमें जापानी अधिकारी, कर्नल रतूड़ी, कर्नल हबीबुर रहमान, मेजर भास्करन और सी. एन. पिल्ले ने नेताजी के रूस जाने की योजना पर चर्चा की। मेनन ने बताया कि नेताजी मंचूरिया जा रहे थे "क्योंकि जापानी नहीं चाहते थे कि उनको युद्ध अपराधी के रूप में बंदी बनाया जाए।"

लेफ्टिनेंट कर्नल मारियो ताकाकुरा ने आयोग को बताया कि वह जापान के आत्मसमर्पण के दो महीने पहले बैंकाक गए थे। वहां उनकी मुलाकात तेराउची, चंद्र बोस और लेफ्टिनेंट जनरल इसोदा से हुई थी। उस में तय हुआ कि बोस ऐसे क्षेत्र में सैनिक कार्रवाई करें जहां उनको आजादी हो और जापान न आना पड़े, जैसे कि रूस–मंचूरिया सीमा। क्योंकि बिगड़े हालात में वहां उनके पकड़े जाने का खतरा हो सकता है। लेफ्टिनेंट जनरल शिदेई का तबादला क्वांतुंग सेना में हो गया था इसलिए बोस उनके साथ गए। टोकियो स्थित मुख्यालय ने नेताजी की बरास्ता दायरन रूस जाने की योजना को स्वीकार कर लिया और लेफ्टिनेंट जनरल शिदेई को उनके साथ जाने का निर्देश दिया।"[20]

हिकारी किकन के दुभाषिए किंजी वतानबे ने नवंबर 1945 में इंटेलिजेंस ब्यूरो के पी. ई. एस. फिन्नी को लिखित बयान में बताया कि बोस जापानी माध्यम से टोकियो स्थित रूसी राजदूत से भेंट करना चाहते थे।

"मेरे खयाल से बोस अपनी कार्रवाई का एक नया क्षेत्र खोलना चाहते थे। लगता है उन्होंने इस बात पर जोर दिया कि अगर उनकी रूसी राजदूत से मुलाकात हो जाए तो वह संभवतः रूस और जापान के संबंधों में सुधार ला सकेंगे। वह किसी भी देश से सहायता लेने को तत्पर थे जो भारत की स्वाधीनता के हक में हो। जापान के पराभव के बाद वह सोवियत सहायता चाहते थे। बोस ने कहा कि मुझे पूरी उम्मीद है कि मैं रूसियों को अपने स्वाधीनता संघर्ष में सहायता करने के लिए तैयार कर लूंगा और अपनी निजी हैसियत में जापान–रूस संबंधों में सुधार करने के लिए भी कुछ कर सकूंगा।

"अगर मेरी कोशिश नाकाम होती है तो भी मेरे सिर्फ सम्मान को ही ठेस पहुंचेगी। आखिरकार मैं तो सिर्फ एक क्रांतिकारी सरकार का ही अध्यक्ष हूं। मैं

यह प्रयास अपने निजी तौर पर ही करूंगा। मेरा टोकियो से अनुरोध है कि मुझे यह कोशिश करने दे।

"ताकाकुरा ने बोस से पूछा कि आप किस पर ज्यादा जोर देंगे, स्वाधीनता के लिए सुदूर पूर्व में सशस्त्र संघर्ष पर या राजनीतिक रूप से स्थितियों को अनुकूल बनाने के लिए सोवियत रूस से बात करने पर? इस सवाल का बोस ने यों जवाब दिया, 'इस तरह का बचकाना सवाल पूछे जाने पर मुझे खेद हो रहा है। आपके सवाल से प्रकट होता है कि आप मुझे शुरू से ही नहीं समझे। मैं तो अपने खून की अखिरी बूंद तक लड़ने के लिए पूरी तरह तैयार हूं। पर मुझे ठीक से समझा नहीं गया। इसीलिए मैं खुद टोकियो जा कर जिम्मेदार लोगों से बात करना चाहता हूं।'"[21]

हिकारी किकन के प्रमुख लेफ्टिनेंट जनरल साबुरो इसोदा ने भी आयोग के सामने स्वीकार किया कि नेताजी की विमान यात्रा का मकसद सोवियत संघ जाना था ताकि वह अपना स्वाधीनता संघर्ष जारी रख सकें। उन्होंने बताया कि इस योजना पर बोस, कर्नल टाडा और खुद उनके बीच चर्चा हुई थी। 1951 में टाडा ने एस. ए. अय्यर को बताया, "नेताजी इस बारे में टोकियो से मार्च या अप्रैल 1945 से अनुरोध करते रहे थे। पर जापान सरकार को इस को टालने के राजनीतिक कारण थे। बाद में युद्ध समाप्त हो जाने और जापान के आत्मसमर्पण के बाद फील्ड मार्शल तेराउची ने यह जिम्मेदारी अपने ऊपर ली।"[22]

अगर नेताजी ने सोवियत संघ में बच कर निकलने की योजना बनाई थी तो विमान दुर्घटना का उसका एक अंग होना स्वाभाविक था। एस. सी. सेनगुप्ता और मेजर भास्करन ने जी. डी. खोसला को बताया कि निश्चय ही ऐसा था। सेनगुप्ता नेताजी के जापानी दुभाषिया व उनकी गुप्तचर सेवा के अंग थे। उन्होंने बताया कि 17 अगस्त को सुबह बोस बच कर रूस निकल जाने की तैयारी कर रहे थे। उन्होंने मेजर भास्करन को एक पत्र लिखवाया जिसमें विमान दुर्घटना का जिक्र किया। उसी दिन सुबह 5 बजे के लगभग नेताजी ने उनको एक नोट दे कर बैंकाक से चले जाने को कहा। उसमें लिखा था कि वह मंचूरिया जा रहे हैं ताकि वहां से सोवियत संघ में प्रवेश कर सकें। इस योजना को स्तालिन और उनके विदेश मंत्री मोलोतोव ने टोकियो स्थित राजदूत जैकब मलिक के माध्यम से मंजूरी दे दी है।"

आईएनए में हर कोई जानता था कि मेजर भास्करन मेनन कौन हैं। वह 17 अगस्त 1945 तक नेताजी के विश्वस्त सचिव रहे और फिर वह उसी हैसियत से शरत बोस की मृत्यु तक उनके सहायक रहे। 17 अगस्त की भोर को क्या हुआ था इसे याद करते हुए भास्करन ने खोसला आयोग को बताया कि नेताजी अपने

सहयोगियों को पत्र लिखवा रहे थे। उन्होंने जॉन थिवी को लिखवाया, "मैं लंबी विमान यात्रा पर जा रहा हूं। कौन जानता है कि इस में कोई दुर्घटना ही न हो जाए।" जब "दुर्घटना" हुई तो मेनन समझ गए कि यह पूर्वाभास वाली बात न थी। लेकिन खोसला सेनगुप्ता या भास्करन के बयान से प्रभावित नहीं हुए। उन्होंने लिखा, "भास्करन का बयान पूरी तरह अविश्वसनीय लगता है।"[23]

अंग्रजों ने विभिन्न सूत्रों से जो जानकारी हासिल की थी उसकी अवहेलना करके शाहनवाज और जी. डी. खोसला ने अपराधियों जैसा कृत्य किया। 9 अप्रैल 1946 को इंटेलिजेंस ब्यूरो के वरिष्ठ अधिकारी रूसियों से अनुश्रवित सूचना पर विचार करने के लिए इकट्ठे हुए। "एक रिपोर्ट में कहा गया था कि काबुल स्थित रूसी राजदूत ने अफगानिस्तान के खोस्त प्रांत के गवर्नर को बताया कि मास्को में कांग्रेस के बहुत से शरणार्थी थे। बोस भी उनमें एक थे। उनके लिए किसी झूठी कहानी में बोस का नाम लाने की कोई वजह नहीं हो सकती। फिर तेहरान से मिली एक खबर इस की पुष्टि भी करती थी। उसके अनुसार रूस के उप–महावाणिज्यदूत मोरोडाफ ने मार्च में बताया कि बोस रूस में थे।"[24]

यह तो बिलकुल स्पष्ट था कि अंग्रेज बोस के रूस में होने के बारे में पूछताछ कर रहे थे। 1946 में विजयी अंग्रेजों को दुनिया के किसी भी हिस्से से जानकारी हासिल करने से कोई रोक नहीं सकता था। खोसला को उसके रिकार्ड नहीं दिखाए गए थे न ही उनकी उनमें दिलचस्पी थी। उन्होंने तो इस पर भी एतराज नहीं किया कि उनके दिए गए दस्तावेजों में बहुत से संदर्भ गायब क्यों हैं? फील्ड मार्शल तेराउची, मंत्री शिगेमित्सु, जनरल इसोदा तथा जापानी सेनाध्यक्ष से पूछताछ की रिपोर्टों का क्या हुआ? क्या ताइपेई में कोई जांच की गई थी? आत्मसमर्पण के बाद के समय में जापानी विदेश विभाग ने क्या स्पष्टीकरण दिया था? क्या कभी अंग्रेजों ने या भारत सरकार ने सोवियत रूस से पूछा था कि क्या सुभाष बोस वास्तव में उनके यहां हैं?

इन सब पर ध्यान देना अति आवश्यक था लेकिन कभी ऐसा नहीं किया गया। खोसला आयोग की सुनवाई के दौरान यह सामने आया कि भारत का सब से निकट मित्र सोवियत संघ भारत के इस वीर नायक के लुप्त होने के बारे में एकदम चुप्पी साधे हुए था। 1970 तक बोस के रूस में होने के बारे में सिर्फ एक बार अनौपचारिक तौर पर कोई बयान दिया गया। यह बयान था प्रावदा का एक लेख जिसमें बहुत ही कड़ी भाषा में बोस के सोवियत संघ में होने का खंडन किया गया था। 1946 में छपे इस लेख की तरफ ध्यान आकर्षित करते हुए समर गुहा ने कहा कि यह सच्चाई को छिपाने की एक चाल थी। लेकिन खोसला

इससे सहमत नहीं हुए। उन्होंने इसे सिरे से नकारते हुए कहा, "प्रावदा की वह प्रति हाजिर नहीं की गई है और मैं नहीं मान सकता कि ऐसा कोई लेख छपा भी था।"[25]

क्या भारत सरकार द्वारा गठित किसी न्यायिक आयोग के लिए पुराने समाचार पत्रों के अंक देखना इतना ही कठिन था? 8 जनवरी 1946 को *हिंदुस्तान टाइम्स* ने ही रायटर की एक खबर छापी थी जिसमें प्रावदा के उस लेख का हवाला दिया गया था। इसके अनुसार सुभाष बोस के सोवियत संघ में होने को "सोवियत विरोधी झूठ" बताया गया था।[26]

प्रावदा की भाषा बहुत आश्चर्यजनक थी। जिस व्यक्ति को रूसियों ने कुछ अर्सा पहले सुरक्षा प्रदान की थी उसके बारे में ऐसे शब्दों का इस्तेमाल करने की उनको क्या जरूरत आन पड़ी थी। द्विजेंद्रनाथ बोस ने भी इस खंडन को एक आवरण माना। खोसला ने 8 अगस्त 1972 को उनको सुना।

"मैंने (अपने चचेरे भाइयों) शिशिर और अरविंदों से कहा कि प्रावदा में छपा है कि किसी भी देश को सुभाष चंद्र बोस को शरण नहीं देनी चाहिए। मैंने शिशिर से कहा कि देखो तुम मुझ से सहमत हो कि नहीं कि रूस को ऐसा बयान देने की क्या पड़ी है। नेताजी ने रूसियों से युद्ध नहीं किया था। उन्होंने उनके विरुद्ध युद्ध का ऐलान भी नहीं किया था।"

द्विजेंद्र ने इस बात पर जोर दिया कि रूसियों के "इस तरह का बयान बेवजह देने की कोई तुक नहीं थी। रूसियों ने नेताजी को शरण दी थी और वह उनके पास थे।"

अगर ये अनुमान काफी न थे तो कुछ गवाहों के दावे ऐसे थे जिन पर आगे छानबीन की जानी चाहिए थी। सरकार के पूर्व अधिकारी एस. एम. गोस्वामी और सत्यनारायण सिन्हा ने शपथ पूर्वक कहा था कि नेताजी को 1945 के बाद से साइबेरिया में बंदी बना कर रखा गया था। सिन्हा की गवाही में दम था। वह विदेश सेवा में थे और उसके बाद लोकसभा के लिए निर्वाचित हुए थे। सिन्हा ने कहा कि नेताजी के रूस में होने की जानकारी मिलने के बाद मैं यह बात अधिकारियों की जानकारी में लाया। लेकिन मेरा मजाक उड़ाया गया। उनको राजनयिक सेवा से इस्तीफा देना पड़ा जिसका मुख्य कारण "नेताजी के बारे में नेहरूजी से मतभेद और भारत–सोवियत राजनयिक संबंधों का मुद्दा था।"[27]

सिन्हा के बयान से विचलित हो कर सोवियत दूतावास ने 3 नवंबर 1970 को नेताजी के लुप्त होने के बारे में पहला आधिकारिक बयान जारी किया जिसमें उनके 1945 के बाद रूस में होने या न होने के बारे में कुछ नहीं कहा गया था। इसमें "पूरी जिम्मेदारी" के साथ थोड़े शब्दों में कहा गया कि सुभाष चंद्र बोस की

नियति के संबंध से "सोवियत संघ का कुछ लेना–देना नहीं है।" जो लोग उम्मीद लगाए थे कि खोसला इस बारे मे दूतावास के किसी प्रतिनिधि को बुला कर इस विषय पर आगे प्रकाश डालने को कहेंगे उनको निराश ही होना पड़ा। खोसला ने सारा मामला यह कर कर खारिज कर दिया कि "मैं सोवियत दूतावास के बयान को कोई अहमियत नहीं देना चाहता।"[28]

खोसला की रिपोर्ट सरकार द्वारा स्वीकार कर लिए जाने के दो साल बाद एक सनसनीखेज खुलासा हुआ। भारत को स्वाधीनता मिले 30 साल हो गए थे। अंग्रेजों ने इतिहास की रिक्तता की पूर्ति के लिए राज के 1947 तक के गुप्त दस्तावेजों को प्रकाशित किया। इनमें 23 अगस्त 1945 का एक अतिगोपनीय पत्र था। पत्र गृह सदस्य (गृहमंत्री) सर राबर्ट फ्रांसिस मुडी ने वाइसराय वेवल के निजी सचिव सर इवान मेरेडिथ जेनकिन को लिखा था। मृत्यु की खबर से अप्रभावित मुडी ने सारी चिंता इस बात पर जाहिर की थी कि सुभाष को कैसे पकड़ा जाए। जापान के आत्मसमर्पण के बाद ऐसा सोचना स्वाभाविक ही था। इस पत्र के साथ गृह विभाग का तैयार किया गया एक विस्तृत नोट भी था।

नोट की शुरुआत इस बात से की गई थी कि निकट भविष्य में "गृह विभाग को जिन सबसे कठिन स्थितियों का सामाना करना पड़ेगा उनमें से एक सुभाष चंद्र बोस का मामला होगा।" फिर उसके लिए कई विकल्प सुझाए गए थे जिनमें उनको गिरफ्तार कर के भारत ला कर युद्ध छेड़ने के लिए उन पर मुकादमा चलाना या फिर दुश्मन के एजेंटों के अध्यादेश के अंतर्गत उनके विरुद्ध कार्रवाई करने का विकल्प भी था। या फिर यह भी सुझाया गया था कि क्या उनको जहां हैं वहीं छोड़ दिया जाए और आत्मसमर्पण करने को न कहा जाए। तो क्या गृह विभाग को आत्मसमर्पण के बाद की नेताजी की योजना के बारे में कुछ अनुमान था?

नोट में आशंका प्रकट की गई थी कि उन्हें भारत लाने पर बड़ी जबरदस्त प्रतिक्रिया होगी। इसके बाद उनको रिहा करने पर वह फिर बच कर रूस जा सकते हैं जैसा कि उन्होंने 1940 में किया था।

"कई मायनों में सबसे आसान रास्ता यही होगा कि वह जहां हैं उनको वहीं छोड़ दिया जाए। कुछेक हालात में ऐसा भी हो सकता है कि रूसी उनका स्वागत करें।"[29]

इसके करीब नौ महीने बाद अंग्रेज बोस के रूस में होने की संभावना से अधिक चिंतित थे। अगस्त 1997 में इंडियन पोलिटिकल इंटेलिजेंस की बहुत सी गोपनीय फाइलें सार्वजनिक की गई थीं। इस संगठन का काम सुभाष सरीखे भारतीय क्रांतिकारियों की गतिविधियों पर नजर रखना था। 2 मई 1946 को

आई. पी. आई. को जानकारी दी गई थी कि नार्मन स्मिथ को जानकारी है कि बोस रूस में हैं। इस बारे में "परिस्थितिजन्य ब्योरा साथ दिया गया।"[30] लेकिन सार्वजनिक किए गए सारे दस्तावेजों में यह परिस्थितिजन्य ब्योरा नहीं दिया गया था जिसने इंटेलिजेंसे ब्यूरो के निदेशक (स्मिथ) को लंदन में रिपोर्ट देने को विवश किया था।

1980 के दशक के आरंभ में नेताजी के बारे में रूसियों की धारणा में परिवर्तन के लक्षण दिखाई पड़े। दो रूसी भारतविदों का कहना था कि सोवियत विद्वानों ने नेताजी व आजाद हिंद फौज के बारे में अपनी नकारात्मक धारणा में संशोधन किया है।[31] डा. पोदुबनी ने इस धारणा का खंडन किया कि नेताजी को फासिस्टों से हमदर्दी थी। "जब नाजी जर्मनी ने सोवियत संघ पर हमला किया तो नेताजी ने रोम से जर्मनी के विदेश मंत्री को लिखा कि इस युद्ध में भारतीयों की सहानुभूति रूस के साथ होगी। इतना ही नहीं उन्होंने भारतीय सैनिकों को सलाह दी कि वे सोवियत संघ के खिलाफ न लड़ें। बाद में जर्मनी में भारतीय सेना को सोवियत संघ के विरुद्ध पूर्वी मोर्चे पर मार्च करने को कहा गया तो उसने इनकार कर दिया। यह इनकार उन सैनिकों ने नेताजी से प्रेरित हो कर ही किया था।"[32]

बाद के वर्षों में रूसी और खुले तौर पर इस बारे में बोलने लगे। 1989 में *सोवियत लैंड* के एक लेख में भारतीय क्रांतिकारियों बिरेंद्रनाथ चटर्जी और अबानी मुखर्जी के बारे में चर्चा की गई जो अचानक सोवियत समाज से लुप्त हो गए थे।"[33] नेताजी के बारे में बेचैनी भी स्पष्ट थी। "सोवियत जनता नेहरू, गांधी, तिलक आदि भारतीय स्वाधीनता सेनानियों के बारे में जानती है लेकिन आश्चर्य की बात है कि उनमें से बहुत कम आज भी सुभाष चंद्र बोस को जानते हैं। सोवियत अनुसंधाताओं को भारत के इस महान देशप्रेमी के बारे में शोध करने की अनुमति नहीं दी गई थी। 1992 में *इको प्लेंतेई* पत्रिका ने एक लेख 'दी लाइफ एंड डेथ आफ नेताजी बोस' प्रकाशित किया। इसके लेखक ए. विगोग्रादोव भारत में तास के संवाददाता रह चुके थे। इस लेख से संबंधित संपादकीय टिप्पणी में कहा गया कि "बोस की वास्तविक नियति के बारे में मास्को और दिल्ली चुप्पी साधे रहे हैं। जहां तक अनिधिकृत सूचना का संबंध है, हमारे संवाददाता (विनोग्रोदाव) ने नेताजी के जीवन के बारे में काफी काम किया है। उनको मास्को में विश्वस्त सूत्रों से पता चला है कि वहां तथ्यों की वास्तविक जानकारी ही नहीं इस बारे में पुष्टि करने वाले दस्तावेज भी मौजूद हैं।"[34]

भारत में कोई कुछ नहीं जानता था जब तक कि एक साहसी महिला ने सबकी अंतर्रात्मा को झकझोर नहीं दिया। कलकत्ता की जाधवपुर यूनिवर्सिटी में

अंतर्राष्ट्रीय मामलों की प्रोफेसर डा. पूर्वी राय ने कुछ ऐसा कर दिखाया जो किसी भारतीय ने इससे पहले नहीं किया था। वह रूस और रूसी भाषा की विशेषज्ञ थीं। उन्होंने रूस में पता लगाया और जोरदार दावा किया कि सुभाष जापानियों द्वारा मृत घोषित किए जाने के बाद सोवियत संघ में थे। राय मई 1994 में जब मास्को गईं तो सोवियत संघ का विघटन हो चुका था। वहां अब लोकतांत्रिक रूसी फेडरेशन का शासन था। नई सत्ता को अपने अभिलेखागार खोलने में कोई एतराज न था। राय का महत्वपूर्ण शोध एशियाटिक सोसाइटी आफ बंगाल के इंस्टीट्यूट आफ ओरिएंटल स्टडीज, मास्को के साथ अनुबंध के साथ आरंभ हुआ था जिसका उद्देश्य भारतीय इतिहास की लुप्त कड़ियों को खोजने का था। वह 1917 से 1947 तक के भारत–रूस संबंधों का अध्ययन करने वाली पहली भारतीय शोधकार्ता थीं। 1995 में शोभनलाला दत्ता गुप्ता और डा. हरि वासुदेवन भी उनके साथ काम करने के लिए आ गए। बोस का रहस्य डा. राय की कार्यसूची में नहीं था। पर उन्होंने देखा कि बहुत से विदेशी विद्वान रूस से सामग्री एकत्र करने में लगे हैं जिससे कई तरह के रहस्य उजागर हो रहे हैं।"[35]

जब रूस से कुछ विशेष मित्रता न रखने वाले देशों के शोधकर्ता उनके अभिलेखागारों से सामग्री एकत्र कर सकते हैं तो भारतीय क्यों नहीं कर सकते? डा. राय का उत्साह उस समय और बढ़ गया जब उन्होंने देखा कि बहुत से रूसी विद्वान भी खुलेआम सुभाष के बारे में रहस्य उजागर करने के लिए काम कर रहे हैं। उनकी 1994 की मास्को यात्रा के दौरान उनकी मुलाकात विक्टर तुराद्जेव से हुई। वह रूसी पत्रिका *एशिया एंड अफ्रीका टुडे* के एक संपादक थे। उन्होंने नेताजी के बारे में लिखा था और विमान दुर्घटना वाले सिद्धांत के समर्थक थे। रूसियों व भारतीयों में इस बारे में फैली अफवाहों को दूर करने के लिए उन्होंने आगे काम करना शुरू किया। पर हुआ इसका उलट। उनको के. जी. बी. के अभिलेखों का अध्ययन करते हुए इस बात के अकाट्य साक्ष्य मिले कि नेताजी ने सचमुच सोवियत संघ में प्रवेश करने का प्रयास किया था। सुभाष के सब साथियों का कहना था कि नेताजी ने 1944–45 में टोकियो स्थित रूसी राजदूत जैकब मलिक से संपर्क करने की कोशिश की थी। ब्रिटिश खुफिया विभाग को भी इस की कुछ गंध मिली थी। लेकिन उपलब्ध रिकार्डों में इस की पुष्टि दिखाई नहीं देती। 1990 के दशक तक यह माना गया कि मलिक को सुभाष बोस का एक पत्र मिला था, लेकिन उन्होंने बिना खोले ही उसे लौटा दिया था। एक वरिष्ठ राजनयिक से इस तरह के व्यवहार की उम्मीद कैसे की जा सकती थी, जिसे बाद में सोवियत संघ का उप विदेशमंत्री बनना था?[36] तुराद्जेव ने उस लुप्त पत्र को अक्षरशः उद्धृत किया।

यह पत्र सचमुच आगे एन. के. वी. डी. की पहली कमान की पांचवीं डिवीजन के चीफ कर्नल ए. आट्रोशेकेनो को पहुंचाया गया था। नेताजी ने वह पत्र अपने आरजी हकूमते आजाद हिंद के पैड पर 20 नवंबर 1944 को इंपीरियल होटल टोकियो से लिखा था। उसमें उन्होंने बिना किसी भूमिका के लिखा था : "मैं आप के माध्यम से भारत को आजाद करने का अपना लक्ष्य पूरा करने के लिए हमारे स्वाधीनता संघर्ष में सोवियत सरकार की मदद के लिए लिख रहा हूं।"

"मैं इस तथ्य से इनकार नहीं करता कि इस समय हम लोग इंगलैंड–अमेरिका धड़े के खिलाफ अपने साझे संघर्ष में धुरी राष्ट्रों के साथ हैं। मुझे आपको बताते हुए हर्ष होता है कि धुरी राष्ट्रों ने भारत की मुख्य समस्याओं को समझा है और उन्होंने आजाद हिंद सरकार को मान्यता दे दी है। इस के अलावा जापान के रूस के साथ संबंध तटस्थता वाले हैं। जर्मन भी इस बात को पूरी तरह समझते हैं कि हम भारतीय केवल इंगलैंड और अमेरिका के खिलाफ लड़ रहे हैं और हम सोवियत संघ के खिलाफ नहीं हैं। हमारे संगठन और धुरी शक्तियों के बीच समझौते में भी हमारी यह नीति बिलकुल स्पष्ट थी। जर्मन सरकार और इटली की फासिस्ट सरकार ने हमारी इस नीति का अनुमोदन भी किया है।"

इस के बाद के पैरे में उन्होंने 1941 में सोवियत संघ द्वारा सहायता करने के लिए धन्यवाद किया था और लिखा था, " मुझे सदा इस तथ्य से प्रेरणा मिली है कि लेनिन उपनिवेशवादी शक्तियों के विरुद्ध संघर्ष करने वाले देशों के सहायक रहे हैं। मेरे खयाल में उनके निधन के बाद भारत जैसे दमित देश के लिए सोवियत रवैए में कोई अंतर नहीं आया।"

नेताजी ने जैकब को यह भी याद दिलाया कि उनका सोवियत समर्थन नया नहीं है।" 1939–40 में जब भारत की लगभग सभी राजनीतिक पार्टियां सोवियत विदेश नीति का विरोध कर रही थीं, मेरी पार्टी फार्वर्ड ब्लाक ने तब भी जर्मनी और फिनलैंड के संदर्भ में सोवियत नीति का समर्थन किया था।" अंत में उन्होंने लिखा था, "मेरी हार्दिक इच्छा आपसे मिल कर यह पता लगाने की है कि आपकी सरकार किसी तरह हमारे स्वाधीनता संघर्ष में सहायक हो सकती है। सहायता का स्वरूप युद्ध की वर्तमान स्थिति पर ही निर्भर करेगा।"[37] तुराद्जेव के लेख ने मास्को स्थित भारतीय दूतवास में बैचेनी फैला दी। उस रूसी को बताया गया कि अपने काम से काम रखे तो बेहतर होगा। इससे तुराद्जेव स्वभावतः विचलित हो गए।

"नेताजी के बारे में दस्तावेज खोजो और तथ्यों का पता लगाओ," तुराद्जेव ने डा. पूर्वी राय से मुलाकात होने पर उनको सलाह दी। उन्होंने कहा कि शोध

की शुरुआत पादोलस्क और ओमस्क के अभिलेखागारों से करो। मई–जून 1995 में पूर्वी राय को इंस्टीट्यूट आफ ओरिएंटल स्टडीज में कई उच्चस्तरीय विशेषज्ञ मिले। उनमें से एक ने भी इस संभावना से इनकार नहीं किया कि नेताजी अगस्त 1945 में रूस आ सकते थे। निदेशक डा. आर. बी. रिबाकोव ने पूर्वी को अभिलेखागार के प्रमुख पिखोई से मिलने की सलाह दी। डा. राय पिखोई से मिलीं तो उन्होंने कहा कि वह सहायता करने में असमर्थ हैं क्योंकि दस्तावेजों के लिए अनुरोध भारत सरकार की ओर से आना चाहिए।

भारतीय विषयों के विशेषज्ञ डा. ए. ए. कुत्सेनकोव और अधिक जानकारी रखते थे। के. जी. बी. में रह चुके डा. कुत्सेनकोव ने बताया कि के. जी. बी. के अभिलेखागार में बहुत से दस्तावेज हैं। "भारत सरकार को चाहिए कि वह इनको अगोपनीय कराने के लिए अनुरोध करे।" अंतर्राष्ट्रीय विभाग के अध्यक्ष ए. किरिचेन्को ने डा. राय को बताया कि "उनको पक्का पता है कि नेताजी से संबंधित कुछ दस्तावेज के. जी. बी. के अभिलेखागार में हैं।" किरिचेन्को ने कहा कि उन्होंने खुद जापान, आईएनए और सोवियत संघ से संबंधित कुछ दस्तावेजों का अध्ययन किया है। पर इनको देखने के लिए सरकारी अनुमति आवश्यक है। वह निश्चित तौर पर जानते थे कि "सुभाष चंद्र बोस के 1945 के बाद रूस आने के बारे में कुछ दस्तावेज मौजूद हैं।"[38] उनकी राय में स्तालिन के निजी अभिलेखागार को देखना उपयोगी हो सकता था।

एशियाटिक सोसाइटी की शोध टीम के द्वारा सुनिश्चित कर लेने पर कि रूस में नेताजी विषयक दस्तावेज हैं, सोसाइटी ने भारत सरकार से अनुरोध किया ताकि उन दस्तावेजों का अध्ययन किया जा सके। भारत और रूस के बहुत अच्छे संबंधों के कारण इसमें कोई कठिनाई नहीं होनी चाहिए थी। लेकिन सोसाइटी के शोधकर्ताओं को यह जान कर बहुत आश्चर्य हुआ कि सरकार ऐसे किसी भी विचार के खिलाफ है। मास्को स्थित भारतीय राजदूत रोनेन सेन ने इससे भी इनकार किया कि कभी तुरादजेव को नेताजी पर शोध करने से मना किया गया था जबकि ऐसा हुआ था।[39] दिल्ली में सरकार ने सोसाइटी के इस अनुरोध पर रत्ती भर भी दिलचस्पी जाहिर नहीं की। सोसाइटी के महासचिव चंदन रायचौधरी ने विदेश मंत्री प्रणव मुखर्जी और उनके डिप्टी सलमान खुर्शीद को अनेक पत्र लिखे। फिर उन्होंने अपने आप को नेताजी का अनुयायी बताने वाले प्रधानमंत्री नरसिंहराव को भी लिखा लेकिन इनमें से कइयों ने तो इतनी प्रतिष्ठित संस्था से मिले पत्रों की प्राप्ति–स्वीकृति देने तक की शालीनता नहीं दिखाई।

सितंबर 1945 तक रायचौधरी और पूर्वी राय का सब्र का बांध टूट गया था। वे मीडिया के पास गए और जल्दी ही सभी प्रमुख दैनिक समाचारपत्रों ने प्रकाशित

करना शुरू कर दिया कि शोधकार्ताओं को क्या सामग्री मिली है। 14 सितंबर 1945 के *स्टेटस्मैन* के दिल्ली संस्करण ने छापा *डाक्यूमेंट्स ऑन नेताजी लाइंग इन के. जी.* बी. वाल्ट्स। समाचार में बताया गया कि शोधकर्ताओं को अधिकांश मामलों में संबंधित सामग्री का अध्ययन करने की अनुमति नहीं दी गई। मास्को स्थित भारतीय दूतावास के कुछ अधिकारियों के प्रतिबंध लगाने से समस्या और भी जटिल हो गई।

"शोधकर्ताओं ने एक लेख का हवाल दिया जिसमें रूसी एजेंटों ने सितंबर 1946 में कहा था कि मास्को को यह संदेश पहुंचा दिया जाए कि सोवियत सरकार को भारत की एक प्रमुख राजनीतिक पार्टी फार्वर्ड ब्लाक और उसके नेता सुभाष चंद्र बोस से संपर्क करना चाहिए। इसका मतलब यह होता है कि नेताजी 1946 में जीवित थे। शोधकर्ताओं ने इस बात पर खेद प्रकट किया कि बार–बार अनुरोध करने पर भी रूसी अभिलेखागारों ने नेताजी के स्तालिन सहित रूसी नेताओं के युद्ध के दिनों में संपर्क करने से संबंधित सामग्री को देखने की अनुमति नहीं दी।"

कलकत्ता के *अमृतबाजार पत्रिका* ने 14 सितंबर 1995 को खबर दी कि नेताजी सुभाष चंद्र बोस और उनके गायब हो जाने से संबंधित बहुत से दस्तावेज के. जी. बी. व रूसी राष्ट्रपति के अभिलेखागार में बंद हैं। पूर्वी राय ने बताया कि तास के एक संवाददाता ने 1992 में नेताजी से संबंधित सामग्री एकत्र की थी। उसने नेताजी के बारे में पूछताछ की तो जवाब में दिल्ली और मास्को दोनों ने चुप्पी साध ली।

टाइम्स आफ इंडिया और *इंडियन एक्सप्रेस* ने भी सरकार के इस रवैए को उजागर करने वाले समाचार प्रकाशित किए।

लोकतांत्रिक पद्धति की किसी भी सरकार के लिए समाचार पत्रों में इस तरह की भर्त्सना छपने के बाद सरकार को अपनी स्थिति स्पष्ट करनी चाहिए थी। सरकार पर एक राष्ट्रीय वीर नायक के बारे में सच्चाई जानने की कोशिशों पर पानी फेरने का आरोप था। राव और उनके मंत्रियों ने चुपचाप यह अपमान का घूंट पी लिया लेकिन जबान नहीं खोली। मीडिया और उनके साथियों के कोशिशें छोड़ देने के बाद भी पूर्वी राय चुप न रह सकीं। "अगर सरकार को पूरा यकीन है कि नेताजी का निधन 1945 की विमान दुर्घटना में हो गया था तो फिर उनको किसी नई जांच में रोड़े अटकाने की क्या जरूरत है? उनको चाहिए कि हमें उन अभिलेखागारों में देखने दें कि वहां क्या है।"[40]

राय ने रूसी अभिलेखागार में आवेदन किए पर कोई जवाब नहीं दिया गया। लंदन में कुछ सफलता मिली। एक प्रवासी भारतीय रिशिरंजन चक्रवर्ती ने

लार्ड पीटर आर्चर से मदद दिलाई। उनके प्रयास से बोस से संबंधित कुछ फाइलों को अगोपनीय किया गया। उनको देखने के बाद राय ने टिप्पणी की, " कुछ नोट्स, पैराग्राफ, पेज और संदर्भ रहस्यमय तौर से गायब थे।"[41]

जबकि राय को हैरानी हो रही थी कि अंग्रेज व रूसी अधिकारी ऐसा क्यों करेंगे, भारत में जनमत को भ्रमित करने तथा भारतीय व रूसी शोधकर्ताओं के काम की जड़ें खोदने की कोशिशें चल रही थीं। दिसंबर 1996 में एक 'शोधकर्ता' जयचंद सिंह ने मीडिया को यह विश्वास दिलाने की कोशिश की कि रूसी मृत्यु वाली कहानी को सच मानते हैं। इसके लिए उन्होंने कर्नल ब्रेलेव के नपेतुले जवाब की अपने ढंग से व्याख्या की थी। ब्रेलेव रूस के रक्षा मंत्रालय के मास्को स्थित केंद्रीय अभिलेखागार के प्रमुख थे। दरअसल कर्नल ने लिखा था कि "अभिलेखागार में नेताजी सुभाष चंद्र बोस की ताइपेई में विमान दुर्घटना में मृत्यु संबंधी या उनके सोवियत सेना द्वारा गिरफ्तार किए जाने संबंधी कोई रिकार्ड नहीं है।"[42] यानी के उनके पास जानकारी के अनुसार नेताजी की ताइपेई में मृत्यु होने की कोई पुष्टि नहीं थी और लाल सेना ने उनको गिरफ्तार नहीं किया था। नेताजी ने खुद रूसियों से शरण मांगी थी लिहाजा उनको गिरफ्तार करने की कोई जरूरत नहीं थी।

इंफाल में अपने संवाददाता सम्मेलन में जयचंद सिंह ने अपने "12 साल के शोध" की बात की और कहा कि नेताजी का निधन हो चुका है। 23 मई 1984 को उन्होंने प्रधानमंत्री इंदिरा गांधी को एक पत्र लिख कर अनुरोध किया था, "नेताजी के अवशेष रेनकोजी मंदिर से भारत लाए जाएं।"[43] बेचारे एशियाटिक सोसाइटी के शोधकर्ता राव सरकार से सहायता का अनुरोध ही करते रहे लेकिन किसी के कान पर जूं तक न रेंगी। लेकिन 1984 में जब एक शोधकर्ता ने सरकारी कथन का समर्थन किया तो सरकार ने फौरन जवाब दिया। 21 जून 1984 को राव ने प्रधानमंत्री की ओर से सिंह को लिखा, "मैं आपसे पूरी तरह समहत हूं कि इस मामले में राष्ट्रव्यापी एकमत होना चाहिए। इसके लिए (विमान दुर्घटना को साबित करने के लिए) किए जाने वाले हर प्रयास का स्वागत किया जाएगा।"[44] सिंह से एक गलती हो गई। उनके मुंह से यह भी निकल गया कि शोध के लिए उनको प्रेरणा इसी पत्र से मिली। फिर इससे पैदा होने वाले शक को मिटाने के लिए उन्होंने डींगें मारना शुरू किया कि शोध के लिए वह किन–किन देशों में गए। इस संदर्भ में उन्होंने एक पत्र भी दिखाया जिसमें उनको ताइपेई के किसी पुस्तकालय के सभी रिकार्ड देखने की अनुमति दी गई थी। हालांकि इसका कुछ भी अर्थ नहीं होता था।

इस स्वांग की परवाह न करते हुए पूर्वी राय एक रहस्योद्घाटन में सफल हो गईं। 1994 में उनकी मुलाकात जिन शोधकर्ताओं से हुई थी उनमें से एक

अलेक्जेंडर कोलेस्निकोव कुछ बताना चाहते थे। सोवियत संघ के पूर्व सेना अधिकारी कोलेस्निकोव राजनयिक बनने से पहले प्राच्य अध्ययन संस्थान में थे। उन्होंने सुभाष से संबंधित कुछ गोपनीय दस्तावेज देख रखे थे। अक्तूबर 1996 में जब वह मास्कों में थीं, राय को पता चला कि भारतीय सांसदों का एक दल वहां आया हुआ है। इनमें लोकसभाध्यक्ष पी. ए. संगमा, बीजेपी नेता सुषमा स्वराज और फार्वर्ड ब्लाक के चित्त बसु व जयंत राय शामिल थे। राय ने कोलेस्निकोव से अनुरोध किया कि वह फार्वर्ड ब्लाक के नेताओं के बताएं कि उन्होंने क्या देखा था। कोलेस्निकोव राजी हो गए और मास्को के प्रेजिडेंट होटल की लॉबी में मीटिंग तय हुई।

चित्त बसु ने उनसे सीधे पूछा, "कृपया इस अफवाह पर प्रकाश डालें कि नेताजी अगस्त 1945 के बाद रूस में थे।" जवाब में भावावेग के कारण कोलेस्निकोव कुछ हकला से गए। चित्त बसु ने उनसे अनुरोध किया कि आप लिख कर बताएं। इस पर उन्होंने लिखा कि नेताजी 1946 में सोवियत संघ में थे। उन्होंने भारतीयों से कहा कि आप को भारत सरकार के साथ मामला उठाना चाहिए और सोवियत अभिलेखागारों को देखने की अनुमति लेनी चाहिए। कोलेस्निकोव ने जो दस्तावेज देखा था वह अगस्त 1946 की एक मीटिंग का विवरण था। इसमें सोवियत पोलित ब्यूरो के सदस्यों, वोरोशिलोव, वशिनस्की, मिकोयान और मोलोतोव ने इस बात पर चर्चा की थी कि क्या बोस को सोवियत संघ में रहने की इजाजत देनी चाहिए।[45]

भारत लौटने के बाद राय ने फिर अनुरोध किया, "मुझे केवल भारत सरकार से एक पत्र रूसी सरकार के नाम चाहिए कि वह हमें विभिन्न अभिलेखागारों के रिकार्ड देखने दे। मैं साबित कर दूंगी कि नेताजी 18 अगस्त 1945 के बाद जीवित थे और वह सोवियत रूस में थे।"[46] लेकिन उनके अनुरोध पर किसी ने कान नहीं दिए। 1997 में कोलेस्निकोव ने रूसी समाचार पत्र *पेट्रियट* में एक लेख लिखा, *डेस्टिनी एंड डेथ आफ चंद्र बोस* । इसमें उन्होंने लिखा कि नेताजी की स्मृतियों को न केवल भारतीयों ने बल्कि उनके मित्र रूसियों ने भी बड़े आदर से संजो कर रखा है।

उन्होंने नेताजी की 1941 में काबुल यात्रा और फिर वहां से सोवियत संघ आने का जिक्र करते हुए बताया कि बोस के एक मित्र अच्छर सिंह चीमा ने मास्को में उच्चतम स्तर के नेताओं के साथ उनकी मीटिंग कराने की कोशिशें की थीं। "इस बात की काफी संभावना है कि वह मीटिंग हुई थी। क्योंकि बोस ने बाद में बर्लिन से मोलोतोव को पत्र लिख कर कृतज्ञता प्रकट की थी। लेकिन इस बारे में ब्योरा पार्टी के अभिलेखगारों में हो सकता है जो अब भी पहुंच से बाहर हैं।"

"1944 के अंत में बोस ने एक बार फिर सोवियत नेतृत्व से संपर्क साधने की कोशिश की। इसके लिए उन्होंने राजदूत के पद के अपने दूत कातो कुची को ओमस्क भेजा। बोस टोकियो गए और वहां उन्होंने रूसी राजदूत जैकब मलिक से मुलाकात करने की कोशिश की। बोस का पत्र उनको मिल गया था। उसके बाद क्या हुआ इस बारे में इतिहास मौन है।

"ताइपेई में विमान गिरा था। उसके बाद रहस्यमय गवाहियों का सिलसिला शुरू हुआ जिनमें से हरेक दूसरे से भिन्न थी। इनसे जो कुछ हुआ उसके बारे में भ्रम ही पैदा होता है। इतने बड़े राजनीतिक नेता के बारे में ऐसा होना बड़े आश्चर्य की बात है कि उनके निधन का कोई सुबूत नहीं रखा गया। न कोई फोटो, न विधिवत पहचान न राजनय। कोई ठोस सुबूत न था। इस सब का मतलब क्या था? क्या बोस खुद गायब हो गए थे या किसी ने उनको गायब कर दिया था?

"एक और विवरण भी है। बोस को स्तालिन ने अगवा करवा लिया था। उन दिनों भारत में राजनीतिक स्थिति बड़ी अनिश्चय भरी व डांवाडोल थी। तो उन्होंने सोचा कि क्यों न बोस को कुछ समय अपने पास रखा जाए? स्तालिन ने चीन के आखिरी सम्राट को भी अपने पास बंदी बना कर रखा था। शायद इस बारे में सोवियत संघ और ब्रिटेन में कोई गुप्त समझौता हुआ हो।

"गौरतलब है कि बोस की मृत्यु की जांच करने वाले किसी भी भारतीय आयोग ने इन विवरणों को स्वीकार नहीं किया। यह भारत–सोवियत संघ के संबंधों का एक रहस्यमय पहलू है। इस बात के बार–बार दोहराए जाने पर भी कि बोस जीवित थे और वह सोवियत संघ में थे, सोवियत पक्ष से इस बारे में कभी कोई निश्चित जवाब नहीं दिया गया।"[47]

कातो कुची के बारे में पूर्वी राय ने आगे शोध किया। उनके अनुसार कातो कुची शायद किसी भारतीय का उपनाम था। मार्च 1999 में दिल्ली के राष्ट्रीय अभिलेखागार के प्रमोद मेहरा ने एक सेमिनार पेपर पेश किया जिस में उन्होंने इस रहस्य का उद्घाटन किया कि अन्य देशों की तरह सोवियत संघ ने भी आजाद हिंद की आरजी सरकार को मान्यता दी थी।

इस तरह नेताजी के बच कर सोवियत संघ निकल जाने की रूपरेखा स्पष्ट होनी शुरू हुई। सुभाष बोस और सोवियत संघ के आपस में आरंभ से ही प्रगाढ़ संबंध हैं। हालात सुभाष को एक ऐसे कैंप में जाने को बाध्य करते हैं जो सोवियत संघ का विरोधी बन जाता है। लेकिन दोनों में परस्पर सौहार्द बना रहता है। युद्ध समाप्ति की ओर बढ़ता है। नेताजी जापानियों से अनुरोध करते हैं कि वे उनकी रूस जाने में मदद करें जिसका जापान के साथ युद्ध नहीं है। ऐसा इंतजाम

करने की कोशिश की जाए जो जापान और भारत दोनों के लिए लाभकारी हो। जापान सरकार या उसका एक अंग इस योजना को मंजूरी देता है। 1944 के अंत में सुभाष टोकियो स्थित रूसी राजदूत को पत्र लिखते हैं। दिसंबर में वह उनसे मुलाकात करते हैं। बोस के पत्र पर मास्को में अनुकूलता के साथ विचार किया जाता है। लाल सेना 9 अगस्त को जापानी नियंत्रण वाले मंचूरिया के क्षेत्र में प्रवेश करती है। 11 अगस्त को जापानी नेताजी को बताते हैं कि उनका पराभव निश्चित है पर वह अपना संघर्ष जारी रखें। हिकारी किकन जनरल इसोदा के नेतृत्व में हरकत में आ जाती है। बोस को लाल सेना के आगे बढ़ने की जानकारी निरंतर दी जाती है। वह सैगोन जा कर क्वांतुंग सेना के जनरल शिदेई से मुलाकात करते हैं जो मंचूरिया में लाल सेना के सामने आत्मसमर्पण करने वाली है। शिदेई मंचूरिया के भूगोल और रूसी भाषा के विशेषज्ञ हैं। उन्हें अपने दो वरिष्ठ अधिकारियों जनरल यामादा ओतोजो और लेफ्टिनेंट जनरल हाता हिकोसाबुरो के साथ आत्मसमर्पण की योजना को अंतिम रूप देना हैं। उनको फील्ड मार्शल तेराउची से आदेश मिला है कि वे सुभाष को रूसियों तक पहुंचाया जाए। 17 अगस्त को विमान मंचूरिया में दायरन जाने के लिए उड़ान भरता है। कुछ सौ किलोमीटर दूर बोस के मित्र तेराउची मस्तिष्क रक्तस्राव से पीड़ित हो कर बिस्तर पर पड़े हैं। उनको पक्षाघात का जबरदस्त दौरा पड़ा है। उन्होंने बोस के बच कर निकल जाने की जिम्मेदारी ली हुई है। वह जानते हैं कि मित्रराष्ट्रों के आने से पहले मौत उनको अपने आगोश में ले लेगी। 18 अगस्त को विमान ताइहोकू में "दुर्घटनाग्रस्त" हो जाता है। लेकिन इस समाचार को गुप्त रखा जाता है। जनरल हिकोसाबुरो रूसी मेजर जनरल शेलाकोर से आत्मसमर्पण का विवरण तय करने के लिए मुलाकात करते हैं। अंततः 22 अगस्त 1945 को जनरल ओतोजो के नेतृत्व में क्वांतुंग सेना लाल सेना के जनरल एलक्जेंडर वासिलेवस्की के सामने मंचूरिया की राजधानी में आत्मसमर्पण कर देती है। उसी दिन जापानी सुभाष बोस की "मृत्यु" का समाचार प्रसारित करने का फैसला करते हैं। 23 अगस्त 1945 को जनरल इसोदा का सामना बोस के सहायक एस. सी. सेनगुप्ता से होता है। इसोदा उनको तसल्ली देते हैं, "चिंता न करो, महामहिम चंद्र बोस सुरक्षित हैं।"

तो क्या इसके बाद रूस में नेताजी के बारे मे कुछ सुना गया? 2000 में एक इंजीनियर अर्देंदु सरकार ने अपनी दशकों पुरानी चुप्पी तोड़ी। वह 1962 में सोवियत रूस गए थे। यूक्रेन में दोनेतस्क के पास जहां वह काम कर रहे थे उन के वरिष्ठ एक जर्मन थे, जेरोविन। उनकी मुलाकात कभी नेताजी से हुई थी। जेरोविन 1947–48 में सोवियत संघ लाए गए थे। उनको 'शिक्षा' देने के लिए

साइबेरिया भेजा गया था। जिस जगह उनको रखा गया वहां कुछ अतिविशिष्ट लोग भी थे। 1948 के आसपास एक दिन उन्होंने सुभाष चंद्र बोस को वहां देखा। उनके साथ दो रक्षक थे जिनका रवैया बहुत मैत्रीपूर्ण नहीं था। जेरोविन ने उनसे थोड़ी सी जर्मन में बात की।

"सर, मैं आप से बर्लिन में मिला था।"

"हो सकता है," सुभाष ने जवाब दिया।

"आप यहां क्या कर रहे हैं?"

"मुझे पता नहीं किसलिए –"

"सर, आप की आगे की योजना क्या है? क्या आप भारत वापस जा रहे हैं?"

"मुझे उम्मीद है जल्दी ही।"

जरोविन से सरकार ने वादा लिया कि जब तक वह सोवियत संघ में हैं इस बारे में किसी को कुछ नहीं बताएंगे। कुछ दिनों बाद ही सरकार अपने वादे के खिलाफ भास्को स्थित भारतीय दूतावास में गए और वहां सब कुछ एक सचिव को बता दिया। इस पर सचिव ने कहा, "आप इस देश में किस लिए आए हैं ? क्या आपकी जिम्मेदारियों में राजनीति में टांग अड़ाना भी शामिल है?" सरकार पत्ते की तरह कांप उठे। सचिव ने चेतावनी दी, "किसी से यह बात नहीं कहना। जिस काम के लिए यहां आए हो वह करो।" सरकार अपने दफ्तर लौट आए। उनको पता चला कि दूतावास ने उनको रूस से बाहर खदेड़ने का फैसला कर लिया है। दूतावास में से किसी ने उनके खिलाफ कंपनी में शिकायत की थी कि वह "कुछ ऐसा कर रहे हैं जो उनको नहीं करना चाहिए।" कुछ दिनों में उनको रवानगी के आदेश मिल गए। वह भारत लौट आए। अपने और अपने परिवार के लिए चिंता का बोझ लिए।[48] अर्देंदु सरकार को एक दुस्वप्न का भय सता रहा था। नेताजी साइबेरिया में किसी कैंप में थे और भारत सरकार को इसकी जानकारी थी।

समय के साथ नेताजी के कथित रूप से सोवियत संघ में होने के बारे में भारत सरकार की विमुखता एक अड़ंगा लगाने वाली नीति ही बन गई। डा. पूर्वी राय की कोशिशों के फलस्वरूप संसद में निरंतर इस बारे में सवाल पूछे जाते रहे। लेकिन हर बार लगता था कि भारत सरकार एक लक्ष्मणरेखा लांघ कर उससे आगे जाने को तैयार नहीं हैं। हैरानी की बात यह थी कि देवगौड़ा और अटलबिहारी की सरकार ने भी नरसिंह राव के समय वाले जवाब ही तोते की तरह दोहराए। उन्होंने 1992 और 1995 में रूस के विदेश मंत्रालय से किसी स्तर पर मिले जवाब के आधार पर सुभाष के रहस्य का रूस से संबंध नकार दिया।

रूसियों ने अपने जवाब में कहा था कि नेताजी के 1945 के बाद सोवियत संघ में होने के बारे में उनके कुछ अभिलेखागारों में कोई रिकार्ड नहीं है। क्या ये वहीं रूसी नहीं थे जिन्होंने अंग्रेजों को बताया था कि उनको 1941 में बोस के जर्मनी पहुंचने के बारे में कोई जानकारी नहीं है? भारत सरकार का रवैया यह था कि वह उचित स्तर पर इस मामले को सोवियत सरकार से उठाने को तैयार नहीं है। ऐसा कोई काम वह किसी और को भी करने देने के मूड में नहीं है। वह गुप्तचरी व सुरक्षा संबंधी दस्तावेजों वाले रूसी अभिलेखागारों तक भी किसी की पहुंच पसंद नहीं करती।

दिल्ली में एक व्यक्ति ऐसे भी थे जिन्हें सरकार के इस रवैए से हैरानी न थी। सेवानिवृत्त राजनयिक राय सिंह यादव ने हंस कर कहा, "वे संबंध बिगाड़ना नहीं चाहते। उनको पता था कि नेताजी साइबेरिया में हैं। उनको वहां उनके हाल पर छोड़ दिया गया।" सिंह 1950 में भारतीय सूचना सेवा में शामिल हुए थे। जब भी उनको मौका मिला उन्होंने विभिन्न देशो के राजनीतिज्ञों और राजनयिकों से नेताजी के बारे में जानकारी हासिल की। उनका पहला काम सोवियत प्रसारण सुनने का था। उसके बाद वह अनेक देशों के भारतीय दूतावासों में संवेदनशील पदों पर रहे। 1960 में उनकी मुलाकात काबुल में इतालवी वाणिज्यदूत अल्बर्तो कारानी से हुई जिन्होंने 1941 में सुभाष की रोम जाने में मदद की थी। बाद में जब कारानी इटली के सूचना मंत्री बने तब भी वह सुभाष को आदर से याद करते थे।

राय सिंह की नेहरूजी की बहन विजयलक्ष्मी पंडित से भी, जो सोवियत रूस में भारत की प्रथम राजदूत थीं, एक अच्छी–खासी मुलाकात हुई। स्वदेश में राय सिंह विदेशी मामलों से संबंधित संसद में पूछे जाने वाले सवालों के जवाबों के लिए काम करते रहे। इस काम के लिए उनको प्रधानमंत्री जवाहरलाल नेहरू से हर तीसरे दिन मिलना होता था। प्रधानमंत्री कार्यालय में उनका सामना लोक छवि से भिन्न एक शिष्टाचारहीन अहंकारी बौस से होता था।

अपने काम के सिलसिले में राय सिंह प्रधानमंत्री लालबहादुर शास्त्री और इंदिरा गांधी के संपर्क में भी रहे। लेकिन व्यक्तिगत रूप से उनकी दोस्ती तिब्बती मामलों के विशेषज्ञ जवाहरलाल नेहरू विश्वविद्यालय के राम राहुल से हुई। उनके बहुत से उच्च पदों पर आसीन लोगों से गहरे संबंध थे। उनकी दोस्ती अमेरिका के सर्वोच्च न्यायालय के एक न्यायाधीश से भी थी। राहुल की सोवियत संघ की एक बड़ी हस्ती बाबाजान गुफरोव से बहुत बनती थी। वह उनसे पहली बार ताशकंद में मिले थे। गुफरोव मास्को के सबसे प्रभावशाली लोगों में थे। वह

उन दो सहायकों में से थे जिनको स्तालिन अपना मित्र मानते थे। गुफरोव उन दिनों मास्को के अतिमहत्वपूर्ण प्राच्य विद्या संस्थान के निदेशक थे। स्तालिन दक्षिणपूर्व एशिया, मध्य एशिया और विशेषतौर पर भारत, चीन व तिब्बत से संबंधित मामलों के लिए गुफरोव पर निर्भर करते थे। गुफरोव सत्ता से हट जाने के बाद बहुत बार भारत आए और राहुल से मिले। ऐसी ही एक मुलाकात के दौरान सुभाष के बारे में चर्चा हुई। गुफरोव ने जो कुछ बताया उसे उजागर करने का साहस राहुल को कभी नहीं हुआ। सन 2000 में गंभीर रूप से बीमार हो जाने के बाद राहुल ने अपने दोस्त राय सिंह को बुला भेजा।

"मुझे आपको कुछ बताना है। मैं इस के साथ चिता पर नहीं जाना चाहता। यह नेताजी के बारे में है।" प्रोफेसर ने बताना शुरू किया तो राय सिंह का दिल बैठ गया। गुफरोव ने स्वीकार किया था कि "1945 में नेताजी मंचूरिया से सीमा पार कर के सोवियत संघ पहुंच गए थे।[49] धुरी राष्ट्रों के सहयोगी होने के कारण उनको मौत की सजा हो सकती थी। लेकिन जोसफ स्तालिन ने सोचा कि वह नेताजी को भारत व ब्रिटेन के साथ भविष्य में सौदेबाजी करने के लिए मोहरे की तरह इस्तेमाल कर सकते हैं। इसलिए उन्होंने नेताजी को साइबेरिया के एक लेबर कैंप में बंदी बना कर रखने का आदेश दिया।"[50]

"गुफरोव ने बताया कि सोवियत संघ में भारतीय राजदूत को नेताजी की एक झलक देखने की अनुमति दी गई थी बशर्ते वह उनसे बात न करें।"[51] "इस के बाद राजदूत को साइबेरिया ले जाया गया जहां उन्होंने नेताजी को एक लेबर कैंप में 10 मीटर की दूरी से देखा। लौटने पर राजदूत ने प्रधानमंत्री को इस बारे में रिपोर्ट भेजी।"

नेताजी को किस ने देखा था? गुफरोव ने उस राजदूत का नाम नहीं बताया था, लेकिन राहुल ने जानने की कोशश की। उन्होंने पूछा कि क्या वह बाद में भारत के राष्ट्रपति बने थे? राय सिंह के अनुसार " गुफारोव ने न तो इसकी पुष्टि की और न ही इससे इनकार किया।"[53]

लेकिन सिंह का अनुमान था कि वह डा. सर्वपल्ली राधाकृष्णन थे जो 1949 से 1953 तक मास्को में भारत के राजदूत थे। किसी किस्म के राजनीतिक नेताओं मे उनकी गिनती न थी। अगर उन में कोई देश प्रेम था भी तो उन्होंने कभी उसे प्रकट नहीं किया।"[53]

मास्को में राधाकृष्णन का कार्यकाल समाप्त होने पर नेहरूजी ने कबीना की बैठक में भारत के पहले उपराष्ट्रपति के लिए उनके नाम का प्रस्ताव रखा। पहले इसलिए क्योंकि संविधान में इस लिए कोई प्रावधान नहीं था। राय सिंह ने एक

और किस्सा सुनाया जो उन्होंने मौलाना के करीबी एक कांग्रेसी नेता से सुना था। उनके अनुसार मौलाना आजाद को यह पसंद नहीं आया। उन्होंने खीज पर कहा, "क्या हम सब मर गए हैं? यह सर सर्वपल्ली कहां से आ गए उपराष्ट्रपति बनने के लिए?!"

इंगलैंड के सम्राट से सर की उपाधि पाए राधाकृष्णन को सबसे पहले भारत रत्न से भी नवाजा गया। खोसला आयोग के सामने अनेक गवाहों ने आरोप लगाया कि विजयलक्ष्मी पंडित और राधाकृष्णन को बोस के सोवियत संघ में होने की कुछ जानकारी थी। सत्यनारायण सिन्हा ने कहा कि जब मैं ने राजदूत राधाकृष्णन से नेताजी के साइबेरिया में होने की बात की तो उन्होंने मुझे चेतावनी दी कि इस मामले में न पड़ूं। पूर्व राष्ट्रपति और विजयलक्ष्मी पंडित को इन आरोपों के बारे में बताया गया। दोनों ने हलफनामे दे कर इन का खंडन किया। आयोग के वकील ने 6 जुलाई 1972 को खुद कहा कि इन दोनों को आयोग के सामने अपनी सफाई देने के लिए पेश होना चाहिए। "रिकार्ड कहते हैं कि इनको बोस के बारे में कुछ जानकारी जरूर थी।" समाचारपत्रों में भी छपा कि वे आएंगे। पर दोनों में से कोई भी आयोग के सामने पेश नहीं हुआ।

गुफरोव की आत्मस्वीकृति का असर राहुल पर उम्र भर रहा। दुर्भाग्य से इस जानकारी को सार्वजनिक करने के अनुकूल स्थितियां आने से पहले ही उनका अपना अंतिम समय आ गया। इसलिए उन्होंने अपने दिल का बोझ अपने मित्र राय सिंह के सामने हल्का किया। साथ ही उनको यह हिदायत भी दी कि "इस जानकारी को तभी सार्वजनिक करना जब भारत नेताजी के बारे में सवाल पूछने को तैयार हो जाए।"[54]

संदर्भ/टिप्पणियां

1. *हिंदुस्तान टाइम्स डाट काम* की रिपोर्ट, एमिली न्यू सुभाष बोस वाज एजाइव। नेताजी प्रोब फंज –1.
2. *सुभाष ए पोलिटिकल बायोग्राफी,* लेखक सीतांशु दास, पृ. 409.
3. 23 जनवरी 1994 के *पेट्रियट* में शीलभद्र याजी का लेख **सुभाष, सोवियत्स एंड जापान.**
4. वही.
5. वियाना में 1 मई 1941 को राइक के विदेश मंत्री और बोस की बैठक। स्रोत अमेरिकी विदेश विभाग, जर्मन विदेश नीति संबंधी दस्तावेज, (1918–1945) खंड 12.

6. 11 अप्रैल 1970 के *टाइम्स आफ इंडिया* में लेख, **वेन नेताजी वाज इन जर्मनी**, लेखक जे. सी. जैन.
7. राजनीतिक विभाग.
8. *हिंदुस्तान टाइम्स डाट काम* में लेखक का समाचार **नाजीज सस्पेक्टेड नेताजीज रशियन कनेक्शन,** दिनांक 23 नवंबर 2002.
9. नेताजी जांच कमेटी 1956 की रिपोर्ट, पृ. 10.
10. नेताजी जांच आयोग 1974 की रिपोर्ट, पृ. 16.
11. सुरेश बोस की असहमति रिपोर्ट, पृ. 5.
12. खोसला आयोग की सुनवाई के रिकार्ड, 17 नवंबर 1970 खंड 2, पृ. 736.
13. *नेताजी डेड ऑर अलाइव*, लेखक समर गुहा. पृ. 182.
14. नं. 63/2/34/जी. एस. आई. (बी), कमांडर एस. ए. सी. एस. ई. ए. कमीशन नं. 1 से मुख्यालय एस. ए. सी. एस. ई. ए. को.
15. कमान एस. सेक्शन सी. एस. डी. आई. सी. (1) से कमांडेंट सी. एस. डी. आई. सी, लाल किला दिल्ली को दिनांक 15 जनवरी 1946.
16. डी. ओ. नं. एस. ए. /661 इंटेलिजेंस ब्यूरो के डबलू. मक्राइट से सी. आई. सी. बी. इंटेलिजेंस डिवीजन मुख्यालय एस. ए. सी. ई. ए. सिंगापुर मेजर कोर्टनी यंग को दिनांक 19 फरवरी 1946.
17. एस. टी. /12/104 कमान एस. सेक्शन सी. एस. डी. आई. सी. (1) से कमांडेंट सी. एस. डी. आई. सी, लाल किला दिल्ली, दक्षिणपूर्व एशिया कमान को दिनांक 28 फरवरी 1946.
18. नेताजी के गायब होने के समय मामारू शिगेमित्सु जापान के विदेश मंत्री थे। टोकियो ट्रायल के बाद उनको "ए" वर्ग का युद्ध अपराधी करार दे कर जेल में बंद कर दिया गया था। पर वह आश्चर्यजनक तरीके से 1950 के दशक में फिर जापान के विदेशमंत्री बने थे। शाहनवाज कमेटी जब जापान गई वह अपने पद कर आसीन थे। उनके साथ लंबी वार्ता में सुरेश बोस ने उनको उस सब के लिए धन्यवाद दिया जो जापान ने नेताजी के लिए किया था। 7 फरवरी 1996 के *स्टेट्समैन* में छपे एक पत्र में गौहाटी के बी. के. भट्टाचार्य ने लिखा, " अगस्त या सितंबर 1956 में जापान के विदेशमंत्री (शिगेमित्सु) ने एक बयान दिया कि नेताजी सुभाष चंद्र बोस जीवित हैं। हम सब खुशी से झूम उठे। पर कुछ दिनों बाद उन्होंने अपने बयान का खंडन करते हुए कहा कि मेरा मतलब यह था कि नेताजी की आत्मा अमर है। बहुतों का कहना था कि जापानी मंत्री पर किन्हीं ताकतों का दबाव था जिसके तहत उनको अपना पहला बयान बदलना पड़ा".
19. 19. फाइल नं. 400/आईएनए नं. 1300/एस.ई.,सी.एस.डी.सी., दिनांक 21 मार्च 1946.

20. *नेताजी डेड ऑर अलाइव,* लेखक समर गुहा के. पृ. 187 पर उद्धृत
21. फाइल नं. 273/आईएनए किंजी तातानाबे के 15 नवंबर 1945 के बयान से उद्धरण.
22. एस. ए. अय्यर की 5 जून 1951 की प्रधानमंत्री को रिपोर्ट.
23. मुखर्जी आयोग ने उन की मृत्यु से पहले अक्तूबर 2001 में भास्करन मेनन से जिरह की थी.
24. रिपोर्ट सी. –4 भाग 4, दिनांक 8 अप्रैल 1946, राष्ट्रीय अभिलेखागार, दिल्ली
25. **नेताजी जांच आयोग 1974 की रिपोर्ट,** पृ. 111.
26. 8 जनवरी 1946 के *हिंदुस्तान टाइम्स* की रिपोर्ट, **सोवियत आउटबर्स्ट अगेंस्ट नेताजी**.
27. *अमृतबाजार पत्रिका* 3 नवंबर 1970 की रिपोर्ट **शाह नवाज रिपोर्ट ऑन नेताजी काल्ड ए फ्राड.**
28. 7 नवंबर 1970 की *नार्दन इंडिया पत्रिका* की रिपोर्ट, **जापानीज प्लान फार नेताजी टू सीक रिफ्यूज इन रशिया**.
29. ट्रांस्फर आफ पावर, खंड 6, पृ. 138, 39.
30. आई. पी. आई. सीरीज, एल/पी आई/12/217, फोलियो 108. दि ब्रिटिश लाइब्रेरी लंदन, ओरिएंटल एंड इंडिया आफिस कलेक्शंस.
31. 26 अक्तूबर 1942 के *टाइम्स आफ इंडिया* की रिपोर्ट, **सोवियत स्कालर्स रिवाइज ओपीनियन ऑन नेताजी**.
32. वही.
33. डा. पूर्वी राय का मुखर्जी आयोग के समक्ष हलफनामा। प्राच्य विद्या के विद्वान वॉन राचिनस्की ने पता लगाया कि राजनीति में सक्रिय करीब 45 भारतीयों को रूसियों ने गुप्तचरी के आरोप में मौत की सजा दी थी। इनमें अबानी मुखर्जी और सरोजिनी नायडू के भाई बिरेंद्र नाथ चटर्जी भी शामिल थे। 24 जनवरी 2001 के *हिंदुस्तान टाइम्स* के समाचार **दी ट्रुथ अबाउट नेताजी इज स्टिल आउट देयर,** के अनुसार डा. हरि वासुदेवन ने बताया कि "यूरोप से नेताजी के अनेक सहयोगी नाजी जर्मनी के पतन के बाद भाग कर सोवियत संघ चले गए थे जिनके बारे में कुछ पता नहीं चल पाया। संभवतः मास्को में उनके बारे में फाइलें हैं".
34. सुष्मिता भट्टाचार्य द्वारा अंग्रेजी में अनूदित। बोस संस्मारक स्काटलैंड के चर्च कालेज के खंड में प्रकाशित.
35. स्वीडन के इस राजनयिक ने नाजियों से हजारों यहूदियों की रक्षा की थी। युद्ध समाप्त होने के लगभग वह लापता हो गए थे। बाद में उनके बारे में कहा गया कि वह साइबेरिया में हैं। रूसियों ने हमेशा इसका खंडन किया। लेकिन बाद में उन्होंने माना कि उन्होंने वालनबर्ग का अपहरण किया था.

36. शोधकर्ताओं ने वाइसराय वेवल और इंडिया आफिस के बीच तथा जैकब मलिक और वी. कोजोलोव के बीच संचार में दिलचस्पी दिखाई है। 1940 में जब बोस अफगानिस्तान आए थे तब कोजोरोव वहां सोवियत संघ के राजदूत थे। वेवल के पत्र में रूस के विदेशमंत्री एम. मोलोतोव और नेहरू के दूत कृष्ण मेनन के बीच पेरिस में सितंबर 1946 में हुई गोपनीय वार्ता की चर्चा थी.
37. *एशिया एंड अफ्रीका टुडे*, संस्करण नं. 10, 1993.
38. मुखर्जी अयोग के समक्ष डा. पूर्वी राय का हलफनामा.
39. अब अमेरिका में भारत के राजदूत.
40. *हिंदुस्तान टाइम्स डाट काम* की रिपोर्ट, **पूर्वी रायज अपील ऑन बोस रिसर्च इग्नोर्ड.**
41.. मुखर्जी अयोग के समक्ष डा. पूर्वी राय का हलफनामा.
42. *स्टेट्समैन* 3 दिसंबर 1996 की रिपोर्ट, **रशिया हैज नो रिकार्ड्स ऑन नेताजीज ''डेथ''.**
43. पत्र संख्या 1665–ईएएम /84 जो विदेशमंत्री नरसिंह राव ने एल. जयचंद सिंह को लिखा.
44. वही.
45. चित्त बसु का निधन हो गया है। लेकिन जयंत राय मुखर्जी आयोग के सामने पेश हुए। लेखक ने उनसे भेट की। चित्त बसु ने नेताजी के रहस्य पर बरसों तक खोज की थी। 1990 में उन्होंने तत्कालीन प्रधानमंत्री नरसिंहराव, मानव संसाधन मंत्री अर्जुन सिंह, मास्को स्थित भारतीय राजदूत तथा इंडियन काउंसिल फार हिस्टोरिकल रिसर्च से सहायता मांगी लेकिन इसका कोई परिणाम नहीं निकला।
46. दी वीक में तपाश गागुली का मुख्य लेख, **नेताजी मिस्ट्रीः दी लास्ट हीरो** दिनांक 21 जुलाई 2002.
47. *मेनस्ट्रीम* में प्रकाशित अनुवाद से जो 19 जूलाई 1997 को प्रकाशित हुआ – **ए रशियन ट्रिब्यूट टू नेताजी सुभाष**.
48. अरदेंदु सरकार ने मुखर्जी आयोग के सामने 28 सितंबर 2000 को गवाही दी। लेखक ने उनसे मुलाकात की.
49. 2 जनवरी 2001 के *हिंदुस्तान टाइम्स* में प्रकाशित राय सिंह के पत्र से.
50 वही। राय सिंह मुखर्जी आयोग के सामने पेश हुए और लेखक ने उनसे मुलाकात की.
51. 4 मार्च 2001 के *हिदुस्तान टाइम्स* का प्रमुख समाचार **बोस वाज इन रशिया** लेखक सुधीर रंजन सेन.
52. वही.

53. *विद टू प्रेजिडेंट्स,* लेखक कैप्टन सी. एल. दत्ता, पृ. 73.

54. 4 मार्च 2001 के *हिंदुस्तान टाइम्स* का प्रमुख समाचार **बोस वाज इन रशिया** लेखक सुधीर रंजन सेन.

 इसी समाचार में बताया गया कि एक शोधकर्ता ने सोवियत संघ के भूतपूर्व राष्ट्रपति मिखाइल गोर्बोचोव से नेताजी के बारे में पूछताछ की। गोर्बाचोव ने शोधकर्ता के सवाल का सीधा जवाब न दे कर कहा, ''यह मामला दोनों सरकारों को मिल कर हमेशा के लिए सुलझा लेना चाहिए''.

9

जांच शुरू हुई मगर

प्रधानमंत्री (देसाई) के 1978 के बयान के बाद से ऐसा लगता है कि आगे नए सिरे से जांच का कोई सार्थक प्रयास नहीं हुआ है. . . इस (नेताजी के गायब हो जाने) के बारे में गंभीरता से कोई कोशिश नहीं की गई। ऐसा लगता है कि समय-समय पर कमियां रह गईं और जनता इन से असंतुष्ट है।

3 अप्रैल 1998 को कलकत्ता उच्च न्यायालय की व्यवस्था।

एक और जांच का आदेश देने से भला कौन सा मकसद हल होगा. . . ?

29 मार्च 1999 के एक समाचारपत्र का संपादकीय

यह एकदम निरर्थक है।

इतिहासकार डा. हरबंस मुखिया की मुखर्जी आयोग

यह मामला बहुत महत्त्वपूर्ण और संवेदन

आंतरिक सुरक्षा (गृह मंत्रालय) के

2000 को रॉ के संयुक्त सचिव अशो

नेताजी के बारे में जो कुछ प्रा
जाएगा। लेकिन एक सीमा
सकतीं। वे बहुत अधिक

23 जनवरी 2001

समर गुहा हर लिहाज से
औसत से ऊपर के सांसद थ
से उनको इतना अधिक लगा

था। लेकिन ऐसे और भी थे जिनका संबंध अधिक गाढ़ा था। वरिष्ठ सांसद एच. वी. कामथ तो इस मामले को ले कर 1947 से सरकार से तलवारें भांजते रहे थे। पर गुहा सब से अलग थे। वह अत्यधिक भावुक थे। 1967 में लोकसभा में अपने पहले भाषण से पूर्व उन्होंने इतना परिश्रम किया कि दिल का दौरा पड़ गया। नेताजी का समय बहुत पीछे छूट गया था लेकिन वह नेताजी की महानता की चर्चा सदा वर्तमान काल का प्रयोग करते हुए करते थे।

गुहा आखिर एक सीमा तक ही कोशिशें कर सकते थे। वह अकेले लड़ते रहे जिसने एक दिन उनको थका दिया। पचपन की उम्र के आसपास पहुंचने तक असफलता की हताशा उनके चेहरे पर साफ झलकने लगी थी। उनकी कोशिशों से नेताजी को कुछ सम्मान जरूर मिला पर वह नहीं जो उन के लायक था। एक आयोग का गठन भी किया गया पर उसने उनकी आशाओं पर पानी फेरने का काम किया। वह पलटवार की तैयारी कर रह थे कि आपादकाल लागू हो गया। कारावास के समय का उपयोग उन्होंने खोसला की लीपापोती का विधिवत जवाब देने के लिए अपना विधान लिखने मे लगाया। उन्होंने अपनी पुस्तक का शीर्षक *नेताजी डेड ऑर अलाइव?* (नेताजी जीवित या मृत?) रखा। क्या इस पुस्तक का उद्देश्य यह सिद्ध करना नहीं था कि ताइवान में कोई विमान दुर्घटनां नहीं हुई थी? उसमें यह दावा जरूर था कि वह बच कर रूस चले गए थे। लेकिन 70 के दशक में नेताजी जीवित थे, यह मसला कहां से आ गया? उनकी पुस्तक के 14 अध्यायों में कहीं भी इसकी चर्चा नहीं की गई। गुहा ने [illegible] लिखा, " सोवियत सीमा में प्रवेश के बाद उन (नेताजी) क्या [illegible] पुस्तक में नहीं की गई है।"[1]

[illegible] दुर्घटना के बाद जीवित थे तो फिर यह सवाल [illegible] भी जीवित हैं? इस सवाल के साथ कई [illegible] की मृत्यु प्राकृतिक तौर से रूसियों की [illegible] ही डाला हो जैसा कि उन्होंने कई [illegible] साइबेरिया की किसी कालकोठरी [illegible] वहां से भी बच निकले हों और [illegible] मय आने पर अपने देशवासियों [illegible] जानकारी है जिससे संकेत

[illegible] स पर सहसा विश्वास नहीं [illegible] हीं करने देती थी। लोगों ने [illegible] स्ते प्रचार के लालच में ऐसा

कर रहे हैं। मीडिया ही नहीं, गुहा के समर्थक भी इस मामले में शंकालु हो गए। एक दशक तक सार्थक तर्क देने के बाद एकाएक प्रोफेसर गुहा बहकी–बहकी बातें करने लगे। मीडिया तर्क पर चलता है। जिहाजा उन्होंने इस बारे में गुहा का साथ नहीं दिया। एक समाचार पत्र ने अपने संपादकीय में यह मसला उठाते हुए कहा, '"यह महत्वपूर्ण जानकारी क्या है? इसे साफ और निर्णयक शब्दों में क्यों नहीं बताया जा रहा, बजाय इसके कि दुनिया अंदाजे लगाती रहे? जो लोग दावा करते हैं कि नेताजी जीवित हैं, वे इसे साबित क्यों नहीं करते ताकि यह रहस्य हमेशा के लिए सुलझ जाए। वह कौन सी वजह है जिसके कारण नेताजी प्रकट नहीं हो रहे हैं, या उनको प्रकट होने से कौन सी बात रोक रही है। प्रोफेसर समर गुहा जैसे व्यक्ति को ठोस जानकारी के आधार पर अपनी बात कहनी चाहिए और इस रहस्य को सदा के लिए समाप्त किया जाना चाहिए।"[3]

बहरहाल, गुहा के प्रयास कुछ रंग लाए। 23 जनवरी 1978 को राष्ट्रपति नीलम संजीव रेड्डी और प्रधानमंत्री मोरारजी देसाई ने संसद भवन के केंद्रीय कक्ष में नेताजी के एक चित्र का अनावरण किया। विदेशमंत्री अटल बिहारी वाजपेयी ने कहा कि देश ने नेताजी का ऋण तीस साल बाद आज चुकाया है। उन्होंने अन्यत्र कहा कि "इतिहासकारों और शोधकर्ताओं को पता लगाना चाहिए कि कांग्रेस सरकार ने नेताजी की इतने साल अवहेलना कर के उनके साथ अन्याय क्यों किया?"[4]

28 अगस्त 1978 को लोकसभा में क्या हुआ उसका महत्व आम जनता तक नहीं पहुंचा। यह एक बहुत महत्वपूर्ण घटना थी जिसकी मीडिया ने आम जनता के समझने के लिए व्याख्या नहीं की। उस दिन गुहा ने सरकार को इस बात के लिए बाध्य कर दिया कि वह पिछली दो जांचों को रद्द करे। इस के साथ ही अल्प लाभ के रूप में कुछ फुटकार बयान आए जिन्होंने नए सिरे से जांच करने का रास्ता खोलने में मदद की। दो दशकों के बाद जा कर यह प्रयास सार्थक हुआ। अगस्त 1978 में लोकसभा में हुई चर्चा 3 अगस्त 1977 को गुहा द्वारा लोकसभा में उठाए गए मामले का निष्कर्ष था। इस प्रस्ताव में सरकार से अनुरोध किया गया था कि वह खोसला आयोग के फैसले को रद्द करते हुए एक नए जांच आयोग का गठन करे। 28 अगस्त को जब प्रधानमंत्री मोरारजी देसाई सरकार की तरफ से जवाब देने उठे तो गुहा के इतने परिश्रम से बनाए मामले का प्रभाव उन पर स्पष्ट था।

देसाई संभवतः यह महसूस कर रहे थे कि अगर इस समय कुछ रियायत न की गई तो वह इससे बड़ी कठिनाई में फंस सकते हैं। सांसद दिलीप चक्रवर्ती ने अगस्त 1977 में कहा था कि "एकमात्र विकल्प नए सिरे से जांच कराने की

घोषणा करना ही है।" एक और जांच का मतलब था और बहस, समाचार पत्रों में और खबरें, गोपनीय फाइलों को सार्वजनिक करने व सोवियत संघ और ताइवान से और तथ्य मंगवाने की और मांगें। मामला इसलिए और भी पेचीदा हो गया था कि वही लोग जो सरकार को इस मामले में लापरवाही बरतने के लिए कोस रहे थे, वे अब खुद सत्ता में थे। वही वाजपेयी जो विदेश मंत्रालय के खोसला की ताइवान यात्रा के दौरान की गई हरकतों मे खिलाफ आवाज उठाने के लिए गुहा के साथ थे वहीं अब विदेश मंत्रालय के मालिक थे। क्या वाजपेयी स्वर्ण सिंह के चरण चिन्हों पर चलते हुए आयोग के ताइवान दौरे को असफल करने की कोशिश कर सकते थे? क्या नेताजी के प्रशंसक गृहमंत्री चरण सिंह किसी जांच आयोग के अध्यक्ष सर्वोच्च न्यायालय के किसी निष्पक्ष न्यायाधीश से कह सकते थे कि बोस के रहस्य से संबंधित अतिगोपनीय फाइलों को नष्ट कर दिया गया है और फिर उम्मीद कर सकते थे कि कुछ नहीं होगा?

देसाई ने मध्यम मार्ग चुना। उन्हें आशंका थी कि उनकी सरकार न तो किसी निष्पक्ष न्यायाधीश के आदेश का पालन कर सकती थी और न ही वह पिछली सरकार जैसे ओछे हथकंडे अपना सकती थी। इस बात का आभास हो जाने पर कि गृहमंत्री चरण सिंह झुक रहे हैं, उन्होंने सांसदों के सामने स्वीकार किया कि पिछली दोनों जांचों के परिणाम साक्ष्यों व सरकारी गोपनीय दस्तावेजों में उपलब्ध नई जानकारी के विपरीत जाते थे। लेकिन साथ ही मोरारजी ने कहा कि नए सिरे से जांच कराने से भी कुछ हासिल नहीं होने वाला। इसके पीछे क्या तर्क है, इसकी व्याख्या उन्होंने नहीं की। लेकिन प्रधानमंत्री ने समर गुहा से कहा कि "मुझे उम्मीद है मेरे माननीय मित्र अपना प्रस्ताव वापस ले लेंगे।" गुहा ने कहा, "अगर मैं यह कहूं कि नेताजी को राजनीतिक तौर पर दफ्न करने की साजिश की गई थी तो यह अतिशयोक्ति न होगी। आज मैं प्रधानमंत्री के प्रति कृतज्ञता प्रकट करता हूं। आज भारत की जनता की तरफ से जो धर्मयुद्ध मैंने शुरू किया था उसका अंत हुआ। कम से कम इतना तो हुआ कि नेताजी को आधिकारिक व कानूनी तौर पर मृत घोषित नहीं किया गया। पहले की दो रिपोर्टों को खारिज कर के इतना तो किया गया।"

नम आंखों और रुंधे गले से गुहा ने कहा, "अगर नेताजी की मृत्यु विमान दुर्घटना में नहीं हुई थी तो उनका क्या हुआ? मुझे निजी जानकारी के आधार पर कुछ मालूम है कि नेताजी जीवित हैं। आज मेरे सामने अनिश्चय की स्थिति नहीं है। मैं इस सदन में भगवान को साक्षी मान कर कहता हूं कि नेताजी जीवित हैं।"

सदन में हो रहे हो हल्ले और हीही–ठीठी की परवा न करते हुए वह आगे बोले, "मैं जानता हूं, मेरे दोस्त कहेंगे कि अगर तुम को मालूम है कि वह कहां हैं

तो बताते क्यों नहीं? पर जो मैं जानता हूं उसे बताने की आजादी मुझे नहीं है। मेरे पास जो सुबूत हैं उनको दिखाने की आजादी भी आज नहीं है। नेताजी अब आजाद हैं। उनपर कोई दबाव नहीं है। मैं आप सबके साथ भगवान से प्रार्थना करता हूं कि वह सही–सलामत रहें और जल्दी से जल्दी हमारे बीच आएं।"[5]

इस के बाद अध्यक्ष ने गुहा से पूछा कि आप अपना प्रस्ताव वापस ले रहे हैं या नहीं। थके हुए और भावावेग से व्याकुल गुहा बुदबुदाए, "किसी जांच की जरूरत नहीं, क्योंकि नेताजी जीवित है।"

प्रधानमंत्री ने चैन की सांस ली। गुहा ने अपना प्रस्ताव वापस ले लिया। एक बहुत बड़ा राजनीतिक धमाका पिनपिनाहट में बदल कर रह गया।

पांच महीने बाद गुहा ने ऐसा कुछ किया जिससे उनका राजनीतिक कैरियर और विश्वसनीयता खत्म हो गई। संसद में चर्चा के दौरान उन्होंने कहा था कि उनके पास नेताजी के जीवित होने का सुबूत है। जनवरी 1979 में उन्होंने वह दिखाया। यह एक फोटो था। 22 जनवरी को कलकत्ता के प्रेस क्लब में उन्होंने वह फोटो मीडिया को दिखाते हुए कहा, "नेताजी सुभाष चंद्र बोस जीवित हैं। वह स्वस्थ हैं और आजाद हैं।"[6] उन्होंने कहा, "यह मेरा नैतिक कर्तव्य हो जाता है कि लोगों को बताऊं कि नेताजी जीवित है [7] और किसी तरह की कोई जांच करने की जरूरत नहीं है।"[8]

"नेताजी के जन्मदिवस पर उनका सम्मान करते हुए हमें गुरुद्वारों, गिरजाघरों, मस्जिदों, मंदिरों में प्रार्थनाएं करनी चाहिए कि वह दीर्घायु हों और शीघ्र ही अपने देशवासियों के सामने प्रकट हों।"[9] उन्होंने फोटो दिखाते हुए कहा, "नेताजी का हाल ही में भारत में लिया गया यह चित्र सारे भ्रम दूर कर देता है। वह अपने लक्ष्य की प्राप्ति के लिए घोर तपस्या कर रहे हैं।"[10]

यह फोटो किसी मंदिर में लिया गया था जिसका पता गुहा बताने को तैयार न थे। उन्होंने कहा कि यह बताने का उपयुक्त समय अभी नहीं आया है।[11] उन्होंने कहा कि मैं ने खुद तो नेताजी को नहीं देखा पर उन गैरराजनीतिक लोगों को जानता हूं जिन्हें उन्हें देखने का सौभाग्य मिला।[12] वे लोग उनके संपर्क में हैं और उन्होंने ने ही मुझे यह फोटो दिया है। गुहा ने कहा कि मैं यह फोटो जयप्रकाश नारायण और लोकसभा के अध्यक्ष के. एस. हेगड़े को दिखा चुका हूं। इनके अलावा और भी थे, जिनका उन्होंने नाम नहीं लिया – राष्ट्रपति नीलम संजीव रेड्डी, अटल बिहारी वाजपेयी, एच. वी. कामथ और गोविंद मुखौटी। उन्होंने कहा कि अक्तूबर 1978 में जब यह फोटो जयप्रकाश नारायण ने देखा तो वह हर्षविभोर हो गए कि हमारे महान नेता अभी जीवित हैं।[13]

इस पर संवाददाता चुप तो नहीं बैठ सकते थे। उन्होंने सवालों की झड़ी लगा दी। "कृपया और कुछ न पूछें। या तो मेरी बात का विश्वास करें या नहीं।

मुझे इससे अधिक बताने की अनुमति नहीं है, "गुहा ने जवाब दिया।[14] "इस समय यह बताना भी संभव नहीं है कि वह कहां रह रहे हैं।[15] नेताजी जब लौट कर आएंगे तो देश में एक राजनीतिक भूचाल आ जाएगा।" [17]

"नेताजी की विमान दुर्घटना में मौत की कहानी उनके अनुयायी हबीबुर रहमान ने उनको अंग्रेजों'–अमरीकनों की बढ़ती सेना की नजरों से बचाने के लिए गढ़ी थी। नेताजी कई सालों तक सोवियत संघ में जेल में रहे।"[18] गुहा को इस बारे में कुछ पता न था कि नेताजी भारत में एक मंदिर में कैसे पहुंचे। उन्होंने दो भूतपूर्व प्रधानमंत्रियों पर खलनायकों वाली भूमिका अदा करने का आरोप लगाया। मोरारजी देसाई के बारे में उन्होंने कहा कि वर्तमान सरकार ने जो कुछ किया वह "साजिश को खत्म करने की तरफ एक कदम है।"[19] "इस सरकार ने पिता व पुत्री की साजिश को खत्म कर दिया है।"[20] नेहरू और इंदिरा गांधी ने "देश की जनता को गुमराह करने का एक अक्षम्य अपराध किया है। उन्होंने नेताजी की मृत्यु की पुष्टि के लिए झूठी जांच भी करवाई।"[21]

उनका उत्तेजना भरा भाषण प्रेस कांफ्रेंस के अंत तक जारी रहा, "सब से बड़ा धोखा पंडित जवाहरलाल नेहरू ने दिया। भारत की जनता अपने तीर्थयात्रियों को 1946 में ही वापस पा लेती। उनका सब से बड़ धोखा उन साक्ष्यों को दबाने और छिपाने का था जिनसे आभास मिलता था कि ताइहोकू में विमान दुर्घटना की कहानी मित्रराष्ट्रों और भारत सरकार को चकमा देने के लिए गढ़ी गई थी।[22]

अगले दिन 23 जनवरी 1979 को देश के सभी समाचारपत्रों ने गुहा की प्रेस कांफ्रेंस को प्रमुखता से छापा। इनमें से कुछ ने गुहा को या तो कम महत्व दिया या फिर उनकी आलोचना की। *ट्रिब्यून* ने अपने संपादकीय में यहां तक कहा कि भावना और विवेक अक्सर साथ–साथ नहीं रहते। गुहा एक ऐसी बात को स्वीकार करने से इनकार कर रहे हैं जिस पर वह विश्वास नहीं करना चाहते। रहस्य का तत्व साजिश की उस कहानी से और भी गहरा हो जाता है जिसके अनुसार स्वाधीनता के बाद कुछ प्रमुख राजनीतिक नेता, जिनमें जवाहरलाल नेहरू भी शामिल थे, नेताजी के स्वदेश लौटने के खिलाफ थे। उन्होंने एक विदेशी शक्ति के साथ मिल कर उनकी मृत्यु का समाचार फैलाया. . . खेद का विषय है कि श्री गुहा जैसे राजनीतिक नेता भी एक काल्पनिक कथा को दोहराते जा रहे हैं, जिसका आधार केवल एक राष्ट्रीय वीर नायक के प्रति उनका भावनात्मक लगाव है। प्रधानमंत्री अपनी साफगोई के लिए मशहूर हैं। उनको चाहिए कि इस बारे में वक्तव्य दे कर इस समय भी स्थिति को स्पष्ट करें।"

किसी ने इस बात पर ध्यान नहीं दिया कि गुहा ने दो भूतपर्व प्रधानमंत्रियों पर गंभीर आरोप लगाए थे फिर भी मोरारजी देसाई ने, जो गुहा और पं. नेहरू

दोनों को बहुत करीब से जानते थे, इस के खंडन में कुछ नहीं कहा। जयप्रकाश नारायण और अटल बिहारी वाजपेयी, जिन्होंने फोटो देखे थे, वे भी इस बारे में मौन साधे रहे।

कांग्रेसी चुप नहीं रह सके। कुछ ने गुहा को अदालत में घसीटने का फैसला किया। पश्चिम बंगाल कांग्रेस के महासचिव सुब्रत मुखर्जी ने कहा कि गुहा जो फोटो दिखा रहे हैं वह शरत बोस के चित्र पर नेताजी का सिर लगा कर बनाई गई है।

असल में नेताजी के बारे में गुहा ने जो कुछ कहा उससे कांग्रेसी दुखी न थे। उनको तकलीफ नेहरू और इंदिरा पर लगे गंभीर आरोपों से पहुंची थी। 31 जनवरी को कलकत्ता के एडीशनल चीफ मेट्रोपोलिटन मेजिस्ट्रेट ने समर गुहा के खिलाफ एक "झूठे समाचार" को फैलाने के आरोप में समन जारी किए। लल्लन सिंह ने मानहानि का मामला बनाते हुए शिकायत की थी कि गुहा ने पं. नेहरू की छवि पर आघात किया हैः बोस ने नेहरू को सोवियत संघ से पांच पत्र लिखे थे कि वह स्वदेश लौटना चाहते हैं। लेकिन नेहरू ने बोस की सहायता करने के बजाय अंग्रेजों को उनके बारे में खबर कर दी। प्रदीप घोष ने अदालत में कहा कि पंडितजी के विरुद्ध इस लांछन से मेरी भावनाओं को ठेस लगी है।[23]

बहरहाल यह मामला बहुत दिन नहीं चला, न ही गुहा के खिलाफ कुछ हुआ। लोग जल्द ही इसे भूल गए। गुहा के बारे में धारणा यह बनी कि वह अब खतरे की झूठी घंटियां बजाने लगे हैं। आने वाले सालों में इस बारे में बहुत कम सुना गया। इंदिरा गांधी की हत्या हो गई और उनके बाद उनके बेटे राजीव प्रधानमंत्री बने। देश के सामने और कई महत्वपूर्ण मसले थे। लिहाजा मीडिया की वरीयता बदल गई और नेताजी का रहस्य एक "मृत" मुद्दा हो गया।

गुहा अपनी कोशिशों में लगे रहे हालांकि वह 1979 के बाद कोई चुनाव नहीं जीत सके। उनको राष्ट्रपति आर. वेंकटरमन के रूप में एक सहानुभूति रखने वाला मिल ही गया जिन्होंने नए प्रधानमंत्रियों से गुहा के मामले पर विचार करने को कहा। गुहा ने वी. पी. सिंह से गुहार लगाई। सिंह ने विदेशमंत्री आई. के. गुजराल को इस मामले को देखने के निर्देश दिए। वी. पी. सिंह की सरकार का पतन हुआ तो गुहा ने अपने एक पुराने मित्र को ऊंचे पद पर पाया। उपप्रधानमंत्री देवीलाल को फरवरी 1969 में गुहा का एक पत्र मिला। देवीलाल ने उप विदेशमंत्री दिग्विजय सिंह को नेताजी के लुप्त होने के बारे में गोपनीय दस्तावेजों की उच्च स्तर पर पूरी छानबीन करने के आदेश दिए। 1969 के बाद से गुहा को यही एक ठोस आधिकारिक जवाब मिला था। उनको विदेश मंत्रालय ने बताया कि इस मामले में कार्रवाई की जा रही है और इसके नतीजे का इंतजार है। लेकिन

चंद्रशेखर सरकार के पतन के बाद इस उम्मीद पर भी पानी फिर गया जब कांग्रेस फिर सत्ता में आई और नरसिंह राव प्रधानमंत्री बने। गुहा ने नरसिंहराव से उनके स्वाधीनता सेनानी होने की याद दिलाई और सारा मामला उनके सामने रखा। उन्होंने सोवियत संघ के अंतिम राष्ट्रपति मिखाइल गोर्बाचोव को भी लिखा। रूसी फेडरेशन के राष्ट्रपति बोरिस याल्तसिन के साथ भी यह मामला उठाया। गोर्बाचोव को लिखे उनके पत्र को दो भूतपूर्व राष्ट्रपतियों नीलम संजीव रेड्डी और ज्ञानी जैल सिंह ने अलग से अग्रप्रेषित किया। कांग्रेस के भूतपूर्व अध्यक्ष, वयोवृद्ध एस. निजलिंप्पा ने भी रूसी नेता को एक पत्र लिखा। इन पत्रों का न तो कोई जवाब आया न प्राप्ति स्वीकृति। इस तरह गुहा के अपने जीवन के अंतिम प्रयत्नों पर भी पानी फिर गया।

सुभाष बोस के बारे में समाचारपत्रों में फिर से चर्चा 1992 में हुई। ऐसा नरसिंहराव सरकार की एक चूक से हुआ। उन्होंने बोस की 95वीं जयंती पर उनको भारत रत्न देने का फैसला किया था। इस तरह वह शायद एक तीर से दो शिकार करना चाहते थे। एक तो यह कि कांग्रेस पर नेताजी का उचित सम्मान न करने का दाग मिट जाएगा। साथ ही उनकी मृत्यु का विवाद भी खत्म हो जाएगा। इसके लिए 22 जनवरी 1992 को ऐलान किया कि यह अलंकरण नेताजी को मरणोपरांत दिया जा रहा है। नेताजी के परिजनों द्वारा अलंकरण स्वीकार कर लेने का अर्थ यह होता कि उन्होंने 1945 में उनकी मृत्यु की बात मान ली है। इसके बाद सरकार टोकियो से उनके अवशेष मंगवाने की प्रक्रिया भी शुरू कर सकती थी। पर यह चाल विफल हुई और इस तरह आधुनिक भारत के इतिहास का एक नया अध्याय आरंभ हुआ।

नेताजी के अनुयायियों और परिजनों के लिए अलंकरण देने की घोषणा पुराने जख्मों को कुरेदने वाली थी। विलंब से दिखाई गई यह सदाशयता बोस, उनकी विरासत व अनुयायियों के साथ हुए अन्याय को इस तरह एक झटके में नहीं धो सकती थी। नेताजी की पुत्री अनिता ने मानो सब की ओर से कह दिया, "सुभाष बोस को तो यह अलंकरण सबसे पहले मिलना चाहिए था।"[24] अब क्यों ? उन्होंने सवाल उठाया, जब कि नेताजी के मुकाबले बहुत कम महत्ता रखने वालों को इससे अलंकृत किया जा चुका है।

"मरणोपरांत" वाली बात सरकार के गले की हड्डी बन गई। वे नेताजी की मृत्यु को साबित किए बिना इस शब्द का प्रयोग कैसे कर सकते थे? यह सवाल एक युवा वकील बिजन घोष ने कलकत्ता उच्च न्यायालय में उठाया और मामला सर्वोच्च न्यायालय तक पहुंचा। लेकिन इसी बीच पसोपेश में पड़ी सरकार ने अलंकरण वापस ले लिया। लेकिन घोष ने सरकार को इतनी आसानी से पिंड

नहीं छुड़ाने दिया। उन्होंने प्रार्थना की कि भारत सरकार देश को बताए कि नेताजी की मृत्यु कब और कैसे हुई या फिर इस बारे में नए सिरे से जांच कराए। मुख्य न्यायाधीश एम. एन. वेंकटचलैय्या ने मामले में दिलचस्पी दिखाई लेकिन भारत सरकार ने यह कह कर कि सारी सामग्री गोपनीय है कोई भी रिकार्ड पेश नहीं किया।

1997 के अपने फैसले में सवोच्च न्यायालय ने कहा कि यह मामला खत्म हो जाता है क्योंकि भारत रत्न अलंकरण देने के लिए आगे कोई कार्रवाई नहीं की गई। लिहाजा अलंकरण के रद्द किए जाने का सवाल नहीं उठता। इसलिए इस मामले पर आगे विचार करने की जरूरत नहीं रह जाती कि ''मरणोपरांत'' शब्द उपयुक्त था अथवा नहीं। चूंकि बात प्रेस विज्ञप्ति की थी इसलिए इस बारे में और विचार की आवश्यकता नहीं है। मामले को खत्म किया जाता है और उक्त प्रेस विज्ञप्ति को रद्द माना जाए।''[25]

जब यह फैसला आया इंद्रकुमार गुजराल सर्वोच्च पद पर थे। मुलायम सिंह यादव रक्षामंत्री थे। वह नेताजी के प्रशंसकों में से थे इसलिए उन्होंने सैकड़ों आईएनए फाइलों की गोपनीयता समाप्त करने के आदेश दिए। उन्होंने देशवासियों और बोस के जापानी अनुयायियों की भावनाओं की कद्र करते हुए कहा कि वह चाहेंगे कि ''नेताजी की भस्मी'' भारत में लाई जाए। यह भिड़ के छत्ते को छेड़ने वाली बात साबित हुई। इस से फार्वर्ड ब्लाक वाले उत्तेजित हो गए। उन्होंने इसे ''राजनीतिक साजिश'' तक कह डाला। पार्टी के महासचिव देवव्रत विश्वास ने रोष प्रकट करते हुए कहा, ''जब इसकी पुष्टि करने वाला कोई तथ्य नहीं है तो यह मानना कि नेताजी की मृत्यु हो गई है, अनर्गल ही होगा। सरकार को बहुत से सवालों का जवाब देना होगा और इसके लिए हम उसे अदालत में ले जाएंगे।''

नेताजी से संबंधित फाइलों के सार्वजनिक करने से भी फारवर्ड ब्लाक के नेता की तसल्ली नहीं हुई। ''जो दस्तावेज अभिलेखागार को सौंपे गए हैं उनमें सिर्फ नेताजी के भाषणों का संकलन है। इनसे नेताजी के रहस्य का क्या लेना–देना है?

''इन नौ सौ से अधिक कागजात में असली कहानी नदारद है। हमें आईएनए और कथित विमान दुर्घटना से संबंधित सभी दस्तावेज चाहिए। श्री गुजराल, श्री यादव और श्री बोम्मई को अदालत में बहुत से सवालों का जवाब देना होगा। हमें कह कहने में संकोच नहीं कि सरकार तथ्यों को दबा रही है। इसका कारण यह है कि इनके उजागर हो जाने से तो भारत का इतिहास दोबारा लिखना पड़ेगा। हमारी इतिहास की पाठ्य पुस्तकें बताती हैं कि भारत को आजादी अहिंसा के दम पर मिली थी। क्या यह सच है? अगर असली कहानी सार्वजनिक हो जाए

तो बहुत से नेताओं की कलई खुल जाएगी और भारत का इतिहास नौटंकी बन के रह जाएगा।"[27]

सरकार किसी विवाद में फंसना नहीं चाहती थी। लेकिन 29 अगस्त 1997 को रक्षामंत्री के भस्मी वाले मामले को उठाए जाने के बाद कलकत्ता निवासी असिम गांगुली ने कलकत्ता उच्च न्यायालय में गुहार की। उन्होंने अपनी रिट याचिका में कहा कि किसी निश्चित प्रमाण के अभाव में केंद्र सरकार यह नहीं मान सकती कि नेताजी सुभाष चंद्र बोस की मृत्यु ताईवान में हुई थी। यह एक अकाट्य तर्क था जिसे अदालत ने मान लिया। न्यायमूर्ति प्रभाशंकर मिश्र और न्यायमूर्ति बारीन घोष ने 7 अप्रैल 1998 के अपने फैसले में कहा कि भस्मी को स्वीकार करने से पहले सरकार को पूरे तथ्य हासिल करने चाहिए और इस बात की तसल्ली करनी चाहिए कि रेनकोजी मंदिर में रखे गए अवशेष नेताजी सुभाष चंद्र बोस के ही हैं और देश की जनता को इस बारे में पूरी जानकारी देनी चाहिए।[29] इस बात का असर होने से पहले ही उसी अदालत ने एक और फैसला सुनाया। यह भारत सरकार के विरुद्ध वकील रुद्रज्योति भट्टाचार्य की विस्तृत जनहित याचिका पर दिया गया था। इसमें पर्दे के पीछे वकील सुनील कृष्ण गुप्ता का हाथ था जिन्होंने सुरेश बोस और समर गुहा को अपनी पुस्तकें लिखने में बहुत सहायता की थी। अपने 30 अप्रैल 1998 के फैसले में न्यायमूर्ति मिश्र और न्यायमूर्ति बी. भट्टाचार्य ने इस याचिका के सभी पहलुओं पर प्रकाश डाला। दरअसल यह जनहित याचिका 1956 में मुथुरामलिंगम थेवर और सुरेश बोस द्वारा उठाई गई मांगों के अनुरूप ही लिपिबद्ध की गई थी।

याचिकाकर्ता ने सरकार से नेताजी, उनके गायब होने व आईएनए से संबंधित सभी गुप्त दस्तावेजों को सार्वजनिक करने की मांग की थी। उससे कहा गया था कि एक प्रेस विज्ञप्ति निकाल कर साफतौर पर कहे कि दूसरे विश्वयुद्ध के बाद बनाई गई किसी भी युद्ध अपराधियों की सूची में बोस का नाम नहीं था। माननीय न्यायाधीशों ने 7 अप्रैल को सुनाए फैसले का हवाला देते हुए अगस्त 1978 को लोकसभा में देसाई के बयान का जिक्र किया। उन्होंने कहा कि प्रधानमंत्री का बयान सरकार की आधिकारिक स्थिति है। दो विचलन या विपथगमन अवश्य हुए। एक तब जब भारत सरकार ने श्री सुभाष चंद्र बोस को भारत रत्न दे कर उनका सम्मान करना चाहा और उसके लिए "मरणोपरांत" शब्द का प्रयोग किया। दूसरा तब जब देश के रक्षामंत्री ने नेताजी के पार्थिव अवशेष विषयक बयान दिया। ये दोनों बातें न तो संसद मे कहीं गई थीं और न ही सरकार के आधिकारिक वक्तव्य थे। रक्षामंत्री ने अनजाने में ऐसा कह डाला था।[30]

न्यायाधीशों ने तब निष्कर्षतः कहा कि "सरकार की आधिकारिक स्थिति यह है कि जांच कमेटी व जांच आयोग की रिपोर्टों के बावजूद नेताजी की बताई गई

स्थिति में हुई मृत्यु में संदेह है। अंतिम रूप में फैसला करने के लिए इस बात की जरूरत है कि और अधिक जांच की जाए कि क्या वाकई नेताजी की विमान दुर्घटना में मृत्यु हुई थी और उनके पार्थिव अवशेष जापान के किसी मंदिर में रखे हैं।[31]''

माननीय न्यायाधीशों का कहना था कि नेताजी की मृत्यु के बारे में सरकार की स्थिति अस्पष्ट है। उन्होंने सरकार को आदेश दिया कि वह विवाद का अंत करने के लिए गहन जांच करवाए।[32] कुछ राजनीतिक पर्यवेक्षकों का मत था कि अदालत का फैसला बहुत अनुकूल समय पर आया है। अप्रैल 1998 में अटल बिहारी वाजपेयी दूसरी बार प्रधानमंत्री के पद पर आसीन हुए थे। नेताजी के रहस्य के बारे में भी उनका रिकार्ड बहुत आशान्वित करने वाला था। अतीत के बारे में सोचें तो वाजपेयी भी गांधी, नेहरू और बोस के समय से ही राजनीति में थे। नए प्रधानमंत्री पं. नेहरू और नेताजी के प्रति अपनी श्रद्धा व्यक्त करने में गर्व का अनुभव करते थे। वर्षों तक विपक्ष के नेता रहने, 1970 के अंतिम वर्षों में विदेशमंत्री रहने और समर गुहा के मित्र होने के नाते वह अच्छी तरह जानते थे कि पिछली सरकारों ने नेताजी व उनकी मृत्यु के रहस्य के साथ क्या सुलूक किया है। इसके लिए उन्हें बहुत अतीत में झांकने की जरूरत न थी। वह तो पिछले साल ही अपकीर्ति झेल चुके थे।

23 जनवरी 1997 को नेताजी की जन्मशती के अवसर पर लालकिले से बोलते हुए वाज़पेयी ने अपने विचार बहुत स्पष्ट तौर पर व्यक्त किए। उनको लाल किले से बोलते समय कोई चुप नहीं करा सकता था। इसका दूसरा विकल्प यही था कि टीवी पर उनको सुना जाना रोका जाए। जैसे ही वाजपेयी ने नेहरू, गांधी व कांग्रेस द्वारा बोस की अवमानाना की चर्चा करनी आरंभ की, प्रसारण में रुकावट आ गई। बहुत से दर्शकों की समझ में आ गया कि विपक्ष के नेता के भाषण को सेंसर किया गया है। उन्होंने फोन पर दूरदर्शन व समाचारपत्रों के स्टाफ से अपनी शिकायत दर्ज कराई कि कैसी जुगुप्सा का अनुभव कर रहे हैं। पांच मिनट बाद इस प्रखर वक्ता का भाषण जब समाप्त हो गया था, प्रसारण फिर आरंभ हो गया। अगले दिन *हिंदुस्तान टाइम्स* में सरकार की भर्त्सना करते हुए कहा गया कि वह वाजपेयी से माफी मांगे और देशवासियों से स्पष्ट करे कि ऐसी हरकत कैसे हुई।

देवव्रत विश्वास के नेतृत्व में एक शिष्टमंडल प्रधानमंत्री वाजपेयी से मिला। उन्होंने उनको डा. पूर्वी राय के शोध के बारे में जानकारी दी। उनको यह भी बताया कि किस तरह उनके पूर्वगों ने सच्चाई के रास्ते में रोड़े अटकाए थे। प्रधानमंत्री ने सही रास्ते पर कदम बढ़ाने शुरू किए। मानव संसाधन विकास मंत्री

डा. मुरली मनोहर जोशी तीन दिन की यात्रा पर कलकत्ता गए। वहां उन्होंने डा. राय सहित कई लोगों से अनौपचारिक बातचीत की। एक और मीटिंग 25 मई को दिल्ली में हुई। इन का ब्योरा तो पता नहीं चला पर खबर यही मिली की सरकार इस मामले को ले कर गंभीर है। इसका पहला संकेत तब मिला जब गृहमंत्री एल. के. आडवाणी फारवर्ड ब्लाक के एक प्रतिनिधिमंडल से मिलने को राजी हो गए। ये प्रतिनिधि चाहते थे कि सरकार जल्दी ही एक और जांच आयोग बैठाए। शरत बोस के पुत्र सुब्रत बोस ने मंत्री के कक्ष से बाहर आने के बाद कहा कि नई जांच से जो तथ्य सामने आएंगे, स्वाधीनता पूर्व के कई वरिष्ठ नेताओ के लिए क्षतिकारी होंगे।[33]

18 अगस्त 1998 को *हिंदुस्तान टाइम्स* ने समाचार दिया कि सरकार नेताजी के नाटकीय रूप से लापता होने के बारे में नए सिरे से जांच कराने अथवा इसके बारे में "वाइट पेपर" प्रकाशित करने पर विचार कर रही है। गृहमंत्रालय से मिलने वाले संकेतों की विभिन्न समाचारपत्रों ने अपने–अपने तरीके से व्याख्या की। कलकत्ता के *टेलीग्राफ* ने 19 अगस्त को लिखा, "गृहमंत्री लालकृभण आडवाणी ने गृहसचिव को निदेश दिए हैं कि वह बोस के परिजनों व आईएनए में सुभाष के अनुयायियों से मिल कर उनके विचार जानें कि महान नेता के 'अवशेषों' के बारे में क्या किया जाना चाहिए।" अखबार ने लिखा कि अगर वे लोग चाहते हैं तो अवशेष भारत लाए जाने चाहिए। इससे आगे पत्र ने लिखा कि गृहमंत्री की राय में जांच के लिए कोई नया आयोग गठित करने से शायद ही कोई लाभ हो।

अगले दिन के *इंडियन एक्सप्रेस* ने सही तस्वीर पेश की। गृहमंत्री ने नए आयोग के गठन की मांग करने वालों में आशा का संचार किया था। इस रिपोर्ट में फारवर्ड ब्लाक के नेताओं के हवाले से पत्र ने लिखा कि "केंद्र सरकार ने अंततः भानुमती का पिटारा खोलने को साहस जुटा लिया है।"

उत्साहजनक शुरुआत के बाद इस मामले की रफ्तार सुस्त हो गई। कारगिल युद्ध सहित सरकार की अनेक व्यस्तताओं के चलते ऐसा होना स्वाभाविक भी था। नतीजतन नेताजी के 102 वें जन्मदिन पर उनके अनुयायियों के चेहरों पर उदासी और निराशा के भाव नजर आए। किसी ने खेदपूर्वक कहा कि अंततः नेताजी भारतीय क्रांति के ट्राटस्की साबित हुए जिनको कोई भी सामाजिक–राजनीतिक परिवर्तन पुनर्स्थापित नहीं कर सकता। फारवर्ड ब्लाक ने सब पार्टियों के प्रति कटुता व्यक्त की। पश्चिम बंगाल में यह जिस दल के साथ सत्ता में सहभागी थी उसे भी उसने नहीं बक्शा। मीडिया में एक रिपोर्ट में कहा गया कि फारवर्ड ब्लाक ने अपने बड़े राजनीतिक सहयोगी सी. पी. एम. के इस मसले पर चतुराई से तटस्थ रहने के चलते उसके प्रति भी अरुची जाहिर करनी शुरू कर

दी है। "बीजेपी के कुछ राज्यस्तर के नेता जो बड़े दावे से कहते थे कि हमारी सरकार में इस रहस्य को सदा के लिए समाप्त करने का साहस है और वह भारत तथा रूसी अभिलेखागारों में पड़े हजारों दस्तावेजों को शोधकर्ताओं के लिए सार्वजनिक कर देगी। लेकिन अब वे कोई सवाल पूछे जाने पर कन्नी काटने लगे हैं।" बिस्वास ने शिकायत की कि राजनीतिक दल हमारे लोकसभा में बहुत कम संख्या में होने का फायदा उठा रहे हैं। "जब हम बोस के बारे में बात करते हैं तो चाहे वह बीजेपी हो, कांग्रेस हो या सी. पी. एम. , सभी सच का गला घोंटने के लिए एकजुट हो जाते हैं। हमारी अपनी मित्र साझा मोर्चा सरकार को भी अभिलेखागारों में रखे दस्तावजों को सार्वजनिक करने में कठिनाई हो रही है। भतपूर्व रक्षामंत्री मुलायम सिंह यादव ने 700 के करीब दस्तावेज सार्वजनिक किए थे। उन्होंने स्पष्ट कहा कि इससे अधिक दस्तावेज खोले नहीं जा सकते क्योंकि वे अतिगोपनीय हैं।" डा. पूर्वी राय ने उनका अनुमोदन किया, " मेरा विश्वास था कि यह सरकार सच्चाई को सामने लाने के लिए कुछ करेगी। लेकिन अब मुझे लगता है कि यह आशा भी छलावा ही है।"[34]

थोड़ी चुप्पी के बाद नेताजी के अनुयायियों ने जांच आयोग की मांग पर जोर देना शुरू किया। 22 मार्च 1999 को दिल्ली में हुई एक रैली में एक बार फिर यह मांग उठाई गई। पश्चिम बंगाल और जम्मू–कश्मीर विधानसभाओं में पारित जांच समर्थक प्रस्तावों से इसे बल मिला। बिस्वास को लगभग 30 सांसदों का समर्थन जुटाने में सफलता मिली। भूतपर्व रक्षामंत्री शरद पवार भी इसमें शामिल थे। 23 मार्च 1999 को बोस के परिजनों, अनुयायियों, उन पर शोध करने वालों तथा जीवनीकारों आदि का एक प्रतिनिधिमंडल प्रधानमंत्री से मिला। तब तक सरकार भी एक नए आयोग के गठन की प्रविधि को अंतिम रूप दे चुकी थी।

24 मार्च को गृहमंत्री आडवाणी ने सुभाष के नौ अनुयायियों के साथ एक मीटिंग की। इसमें प्रधानमंत्री के प्रमुख सचिव ब्रजेश मिश्र, अटार्नी जनरल सोली सोरबजी तथा गृहसचिव कमल पांडे उपस्थित थे। कर्नल जी. एस. ढिल्लों, डा. शिशिर कुमार बोस, न्यायमूर्ति (सेवानिवृत्त) आए. एस. नरूला और अखिल भारतीय फार्वर्ड ब्लाक के डी. बी. कलमान्कर मीटिंग में उपस्थित थे। कैप्टन लक्ष्मी सहगल ने अपनी टिप्पणी लिखित रूप में भेजी। इसके बाद घोषणा की गई कि बोस की मृत्यु की जांच के लिए तीसरे आयोग का गठन किया जाएगा। अगले दिन त्रिपुरा व मणिपुर की विधानसभाओं ने भी आयोग के समर्थन में प्रस्ताव पारित कर के इसे राष्ट्रीय स्वरूप दिया।

लेकिन मीडिया की इस विषय में कोई खास प्रतिक्रिया नजर नहीं आई। जिन पत्रकारों को नेताजी प्रकरण के बारे में जानकारी थी, वे अब नहीं रहे थे।

नई पौध के पास इसकी न तो पर्याप्त जानकारी थी न ही उन्हें संदर्भ सामग्री उपलब्ध थी। वर्षों के निष्फल प्रयासों ने भी अपना असर दिखाया था जो कुछ व्यंग्यात्मक आलेखों की शक्ल में भी सामने आया। संपादकीय टिप्पणियां लिखने वालों ने तथ्यों को समझे और खोज किए बिना कोरी लफ्फाजी से काम लिया।

1945 में और उसके बाद क्या हुआ था, इसके बारे में किसी को सही–सही पता न था। लगभग सभी आयोग को कमेटी समझ कर भ्रम में थे। ताइहाकू उनके लिए एक विचित्र शब्द था। कइयों को यह भी पता न था कि नेताजी की "मृत्यु" कहां और कैसे हुई थी। कुछ ऐसे भी थे जिनके खयाल में बीजपी सरकार ने स्वेच्छा से आयोग का गठन किया था।

28 मार्च के अपने संपादकीय में *स्टेट्समैन* ने आयोग के गठन पर कुछ ऐसी टिप्पणी की जो मीडिया का आयोग के गठन के प्रति नकारात्मक रवैया जाहिर करती थी।

उसी दिन के *टेलीग्राफ* के संपादकीय में उसके लेखक ने लिखा "मान्य विवरण यही है कि बोस का निधन 1945 में ताईवान में हुई एक विमान दुर्घटना में जलने के घावों के कारण हो गया था और उनके अवशेष जापान के किसी मंदिर में रखे हुए हैं। बोस का निधन या उनका गायब हो जाना आधुनिक भारत के स्थायी रहस्यों में से एक है। यह ऐसा है जिस के साथ जनता की प्रबल भावनाएं भड़क उठती हैं। सरकार के गोपनीयता बरतने के रवैए ने इस मामले को निबटाना मुश्किल कर दिया है। कुछ साल पहले यह प्रस्ताव रखा गया था कि बोस के अवशेषों की डी. एन. ए. जांच की जाए और फिर उन का बोस के अतिनिकट के किसी संबंधी के डी. एन. ए. नमूने से उसका मेल किया जाए। इससे अवशेषों को ले कर जो विवाद है वह समाप्त हो जाता। लेकिन तत्कालीन नरसिंहराव की सरकार ने इस ओर बिलकुल ध्यान नहीं दिया।"

पचास साल पहले हुई एक मौत के बारे में सरकार के गोपनीयता बरतने पर लेखक को कोई संदेह नहीं हुआ। उसने अपने केबिन में बैठे–बैठे बता दिया कि कितनी आसानी से इस रहस्य को सुलझाया जा सकता है। "महत्वपूर्ण बात यह है कि किसी आयोग की क्या आवश्यकता है। शाहनवाज कमेटी और खोसला आयोग ने जांच कर के जो मालूम किया वह धूल फांक रहा है। एक काबिल इतिहासकार को वे दस्तावेज और संबद्ध सुबूत मुहैया करा दिए जाएं और उसे स्वतंत्र रूप से बिना किसी दबाव या भेदभाव के निष्कर्ष निकालने दिया जाए तो वह आसानी से इस रहस्य को सुलझा लेगा।"

ट्रिब्यून ने 29 मार्च के संपादकीय स्पेयर नेताजी प्लीज (नेताजी पर मेहरबानी करें) में लिखा, "आईएनए के लिए सहायता जुटाते हुए दक्षिणपूर्व एशिया में

नेताजी के एकाएक गायब हो जाने के बारे में एक और जांच आयोग बैठाने से क्या लाभ होगा?'' गौरतलब है कि इस वाक्य में एक नई जानकारी थी। नेताजी जापान पर अणुबम गिराए जाने और जनरल उंग सांग के अंग्रेजों के साथ मिल जाने के बाद आईएनए के लिए सहायता जुटा रहे थे। अगले पैरे में और भी रोचक बात कही गई थी, ''देश भर ने इस सिद्धांत को लगभग स्वीकार कर लिया है कि नेताजी. . . नेताजी एक विमान दुर्घटना में मारे गए थे। जापान के एक मंदिर में रखे कलश में उनकी भस्मी संग्रहीत है। ऐसा नहीं है कि अतीत में सरकार ने विमान हादसे की घटनाओं का पुननिर्माण करने की कोशिश न की हो या यह जानने की कोशिश न की हो कि जले अवशेष जो नेताजी के समझे जाते हैं क्या सचमुच उनके हैं।''

इंडियन एक्सप्रेस ने इससे जरा हट के अपने विचार प्रकट किए। ''18 अगस्त 1945 में आईएनए के वीरनायक की विमान दुर्धटना में हुई मृत्यु से संबंधित रहस्य का जो कुहासा है वह केंद्र के नए सिरे से जांच कराने से छंट सकता है। बशर्ते उनको हाल ही में लंदन, मास्को और टोकियो के अभिलेखागारों से जो ढेरों सामग्री सार्वजनिक की गई है, उसे मुहैया कराई जाए। *हिंदू* ने अपने संपादकीय में जांच कराने की निर्णय का स्वागत करते हुए लिखा कि शायद पांच दशक पहले बैंकाक से नेताजी सुभाष चंद्र बोस के लुप्त हो जाने की अब जांच कराना अजीब सा लगता हो लेकिन उनके लाखों प्रशंसक इस का स्वागत करेंगे जिनकी राय में केंद्र ने अब तक सच्चाई जानने के लिए पर्याप्त कदम नहीं उठाए।''

सरकार के निर्णय पर नेताजी के परिजनों और बुद्धिजीवियों की प्रतिक्रियाओं से जो लोग समझते थे कि नेताजी की विमान दुर्घटना में मौत हो चुकी है और जो समझते थे कि नहीं हुई, उनके विचारों का विरोध सामने आया। एक तरफ शोधकर्ता डा. पूर्वी राय, वी. पी. सैनी, सीतांशु दास, बोस की भतीजी चित्रा घोष और भतीजे प्रदीप बोस और सुब्रत बोस आदि थे। दूसरी ओर कुछ जाने–माने इतिहासकार व बोस के परिवार के लोग व अन्य थे । इस गुट की अगुआई आईएनए की कैप्टन लक्ष्मी सहगल और सुभाष के भतीजे व नेताजी रिसर्च ब्यूरो के निदेशक डा. शिशिर बोस कर रहे थे। मार्च 1999 में जांच की घोषणा के साथ ही इतिहासकार उग्र हो गए। जवाहरलाल नेहरू यूनिवर्सिटी के डा. हरबंस मुखिया ने कहा कि हम लोग क्यों नहीं मान लेते कि इस व्यक्ति की मृत्यु हो चुकी है। वह भी पचास साल से ज्यादा अरसा पहले। यह तो समय की बरबादी ही होगी। उनके दर्शन के मुताबिक सारे विवाद की जड़ यह सोच थी कि महान लोग मरा नहीं करते। उनको लगा कि इसके पीछे गृहमंत्रालय का कुछ राजनीतिक

उद्देश्य भी था लेकिन उन्होंने यह बात बहुत स्पष्ट नहीं की।" हो सकता है ऐसा कर के बीजेपी वाम, दक्षिण व मध्यमार्गियों को किसी सीमा तक तुष्ट करना चाहती हो। लेकिन नए सिरे से जांच करने से वह भी नहीं होने वाला।"[34]

इतिहासकार सलिल घोष ने कहा कि जांच कराना "समय और धन का अपव्यय करना ही होगा।" सरकार ऐसा कर के बंगाली लौबी को तुष्ट करना चाहती है। लेकिन जांच खत्म होने पर जनता को समय व धन की फिजूलखर्ची का हिसाब मांगने का हक होगा।"[36] दिल्ली विश्वविद्यालय के इतिहासकार डा. सुमित सरकार ने कहा, "ऐसी कोई भी जांच कराना समय नष्ट करना ही होगा।" इससे आगे उनको कुछ न सूझा तो बोले कि यह विषय इतना महत्वहीन व नीरस है कि इस बारे में मैं और प्रतिक्रिया व्यक्त करना नहीं चाहता।[37]

3 अप्रैल 1999 को डा. पूर्वी राय संघर्ष पर आमादा हो गईं। उनका निशाना डा. शिशिर बोस थे जो यह जानने के लिए गंभीर न थे कि उनके चाचा के साथ क्या बीती थी। डा. राय इस अफवाह से और भी चिंतित हो उठी थीं कि शायद शिशिर को नए आयोग में कोई पद दिया जाने वाला है। डा. राय ने फिर वह सब खुलेआम कह डाला जो अब तक निजी तौर पर कहा जा रहा था। उन्होंने *पायनियर* से कहा, "अगर डा. बोस को जांच करने वाले पैनल में रखा जाता है तो मैं इस मामले को अदालत में ले जाऊंगी। डा. बोस ने अनेक बार किसी भी ईमानदारी से होने वाली जांच में रोड़े अटकाने की कोशिश की है। उन्होंने नेताजी रिसर्च ब्यूरो की गतिविधियों की जांच करने की अनुमति नहीं दी। मैं ऐसा आग्रहपूर्वक कह रही हूं कि वह दुनिया के सामने यह साबित करने की कोशिश कर रहे हैं कि नेताजी की ताइहोकू विमान दुर्घटना में मौत हो गई थी। वह दुनिया के सामने यह भी साबित करना चाहते हैं कि टोकियो के रेनकोजी मंदिर के कलश में रखे अवशेष उनके चाचा के ही हैं। इसमें उनका निहित स्वार्थ है। वह कीमत वसूल कर जापान सरकार को खुश रखने की कोशिश में हैं। वहां की सरकार कलश या उससे संबंधित विवाद से छुटकारा पाना चाहती है।[38] शिशिर ने भी प्रेस में बयान दिए पर जरा परिष्कृत तरीके से। 1999 के अंत में आई उनकी प्रतिक्रियास्वरूप विदेशमंत्री जसवंत सिंह टोकियो के रेनकोजी मंदिर में गए। इससे बहुत लोगों में रोष भड़का। लेकिन उनमें शिशिर नहीं थे। वह तो खुश हुए, "बहुत हो गया नेताजी सुभाष चंद्र बोस के निधन पर विवाद। अगर संभव हो तो उन के अवशेष दिल्ली ला कर राजघाट के पास कहीं रखे जाने चाहिए। जापानियों ने उन्हें आदर से सहेज कर रखा है। लेकिन नेताजी की भस्मी वहां पचास साल से अधिक समय तक क्यों रखी रहे?"[39]

शिशिर को पूर्वी राय के रूस में तथाकथित शोध में कुछ भी काम का नजर नहीं आ रहा था। "इस में ऐसा कुछ भी निर्णायक नहीं मिला जो नेताजी की

विमान दुर्घटना में मृत्यु के विरुद्ध जाता हो। हर साक्ष्य से यही संकेत मिलता है कि वे दुर्घटना में मारे गए थे। इसके विरुद्ध जो भी कहा जा रहा है उसका कोई सुबूत नहीं है।"[40] उनके पुत्र सुगाता बोस ने भी अपने पिता का समर्थन किया, "एक इतिहासकार और बोस परिवार की संतान होने के नाते जहां तक मैं जानता हूं ऐसा रत्ती भर साक्ष्य भी उपलब्ध नहीं है कि जिससे साबित हो सके कि नेताजी उस विमान दुर्घटना में बच कर सोवियत संघ पहुंच गए थे। अब तक जो सुबूत जुटाए गए हैं वे सब उनकी विमान दुर्घटना में मृत्यु की ओर संकेत करते हैं।"[41]

इस सारे वाद–विवाद के बीच ही सरकार ने 14 मई 1999 को नए आयोग के गठन की घोषणा कर दी। भारत के प्रधान न्यायाधीश की सिफारिश पर बंबई व लखनऊ उच्च न्यायालय के पूर्व मुख्य न्यायाधीश व तत्कालीन सर्वोच्च न्यायालय के सेवानिवृत्त न्यायाधीश न्यायमूर्ति मनोज कुमार मुखर्जी को इस एक सदस्यीय आयोग का अध्यक्ष नियुक्त किया गया।

सन 2000 की दूसरी अर्धली में नेताजी का नाम एक बार फिर सुर्खियों में आया। 5 अक्तूबर 2000 के *इंडियन एक्सप्रेस* ने खबर दी कि "नेताजी को साइबेरिया के वीआईपी कैंप में देखा गया था।" *हिंदुस्तान टाइम्स* ने मुखपृष्ठ पर समाचार दिया कि "शोधकर्ताओं ने खोजा है कि नेताजी कम से कम 1946 तक जीवित थे।" 23 तारीख को लक्ष्मी सहगल ने कलकत्ते में एक जनसमूह को संबोधित करते हुए कहा कि आईएनए के नेता की ताइपेई विमान दुर्घटना में मृत्यु हो गई थी और इस मामले में एक के बाद एक आयोग गठित करने की कोई तुक नहीं है।[42] उसी दिन दिल्ली में प्रधानमंत्री वाजपेयी ने एक सभा को संबोधित किया तो वहां भी यह विवाद उठा। उन्होंने संकेत दिया कि सरकार नेताजी के अवशेष भारत ला कर उनको लाल किले में सुरक्षित रखने को तैयार है।[43] 27 जनवरी 2001 को देवब्रत विश्वास ने उनको अपनी नाराजगी जाहिर करते हुए पत्र लिखा। 2 फरवरी को अपने जवाब में प्रधानमंत्री ने लिखा कि उपरोक्त बात बहुत से पत्राचार के संदर्भ में कही गई थी जिसमें सरकार से ऐसा करने का अनुरोध था। लेकिन इस बारे में कोई कार्रवाई तभी की जाएगी जब आमतौर पर सहमति हो जाए। कहने की आवश्यकता नहीं कि जांच आयोग के निष्कर्ष इस निर्णय के आधार होंगे।

किसी समय नेताजी की मृत्यु के रहस्य के बारे में मंत्रीगण दबी जबान से चर्चा करते थे। लेकिन वाजपेयी सरकार के मंत्री इस पर खुल कर बोले। 24 जनवरी को रेलमंत्री ममता बनर्जी ने कलकत्ते में कहा, "केंद्र सरकार आयोग को मामले की तथ्यपरक जाच के लिए सहायता देने को तत्पर है ताकि नेताजी के

गायब हो जाने के बारे में निश्चित निष्कर्ष पर पहुंचा जा सके। आयोग जो भी दस्तावेज मांगेगा उसे मुहैया कराए जाएंगे।" संचार राज्य मंत्री तपन सिकदर नेताजी के बच कर निकल जाने की 66वीं वर्षगांठ पर डाक टिकट जारी करते हुए अत्यंत भावुक हो उठे। उन्होंने पूर्वी राय की तारीफ की और 1945 के बाद नेताजी के रूस में होने की संभावना का भी जिक्र किया। लेकिन इसके तुरंत बाद ही अनिता फाफ ने *टाइम्स आफ इंडिया* को बताया कि उनको यकीन है कि उनके पिता की मृत्यु विमान दुर्घटना में हो गई थी। मार्च में वह दिल्ली आईं तो उन्होंने इस बात को फिर दोहराया। उन्होंने *पायनियर* को बताया कि उनके पिता की मृत्यु के बारे में विवाद बेमानी है और यह उनकी स्मृति का अपमान है। उन्होंने *हिंदुस्तान टाइम्स* को बताया, "मेरे पिता दो बार बच कर निकले। एक बार जब वह यूरोप चले गए थे। और फिर जब वह पनडुब्बी में सुदूरपूर्व निकल गए थे। इसलिए जब वह विमान दुर्घटना के बाद गायब हो गए तो हर किसी ने, इस में मेरी मां भी शामिल थीं, यही सोचा कि उनकी मृत्यु नहीं हुई। लेकिन कोई भी दूसरा विवरण विश्वसनीय नहीं लगता। विमान दुर्घटना वाला विवरण ही एकमात्र सही विवरण प्रतीत होता है।"[44]

पायनियर ने 25 जनवरी 2001 के अपने संपादकीय में डा. राय के दस्तावेजी साक्ष्य को आधार बना कर इस बात पर जोर दिया कि नेताजी के साथ क्या बीती, इसे उजागर किए जाने की महती आवश्यकता है। यह देश पर अपने नेता का कर्ज है। लेकिन *स्टेट्समैन* ने अपने 25 जनवरी के संपादकीय में सुगाता बोस को उद्धृत करते हुए कहा कि नेताजी के वंशज और इतिहासकार को इस बारे में अंतिम रूप से कुछ कहने का अधिकार है। उनके अलावा इस बारे में कुछ कहने वाला और है ही कौन? लिहाजा इस विवाद को समाप्त कर देना चाहिए। 28 जनवरी को प्रेस ट्रस्ट का लंदन से एक समाचार आया। सुभाष की मृत्यु के सभी गवाहों में से एकमात्र डा. तेनायोशी योशिमी जीवित थे। उन्होंने अपने वर्षों के दावे को दोहराया कि उनका निधन ताइपेई में हो गया था। इस खबर की तरफ कुछ लोगों का ध्यान गया। लेकिन बहुतों को इस पर शक भी हुआ। इस की शुरूआत ही इस दावे के साथ हुई थी कि विवाद खत्म हो चुका है जब कि एक जांच आयोग अपना काम कर रहा था। पुराने लोगों ने याद दिलाया कि खोसला आयोग के गठन के समय भी कुछ जापानी गवाह प्रेस के पास दौड़े गए थे और उन्होंने इसी तरह के बयान दिए थे। इसलिए यह समझा गया कि इसमें उनका कुछ निहित स्वार्थ छिपा है। संपादकीय लिखने वालों ने इस महत्वपूर्ण समाचार पर टिप्पणी करना जरूरी समझा। *हिंदू* ने तो अपने संपादकीय में कुछ

इस अंदाज में विचार प्रकट किए मानो वह इस रहस्य के बारे में अंतिम और निश्चित जानकारी रखता हो :

"दूसरे विश्वयुद्ध के दौरान हुई बोस की मृत्यु को रहस्यमय माना जाता है। अपने आपको नेताजी का अनुयायी मानने वाले कुछ लोगों ने उस समय भी जो अभियान चलाया कि बोस दुर्घटना में बच निकले थे, उसमें विश्वसनीयता का अभाव था। बाद में जवाहरलाल नेहरू के भारत के स्वाभाविक नेता व प्रधानमंत्री बन जाने के बाद इस अभियान को एक अवांछनीय मोड़ दिया गया। डा. तेनायोशी योशिमी का बयान ही इस विवाद को तोपने के लिए काफी है। उस समय भी इस बात पर विश्वास करने वाले अधिक न थे कि नेताजी दुर्घटना में बच निकले थे। यह कहानी किसी काल्पनिक कथा से ज्यादा न थी। लेकिन यह राजनीतिक अखाड़े में कुछ लोगों के लिए उपयोगी थी। सुभाष बोस की विरासत को कुछ इस तरह से पेश किया गया कि मानो सुभाष बोस और नेहरू में कोई स्थायी विरोध था। इसी संदर्भ में कहानियां गढ़ी जाने लगीं कि बोस को सोवियत संघ में 'गिरफ्तार' कर लिया गया था। इससे आगे यह कहानी गढ़ी गई कि स्वाधीन भारत और सोवियत संघ के नेताओं के बीच एक 'साजिश' रची गई कि बोस कभी भी लौट कर भारत न आ सकें।"

इसकी और व्याख्या *ट्रिब्यून* ने पेश की। स्पष्टतः कोई दूसरा संपादकीय लिखने वाला रहा होगा। इसमें कहा गया कि डा. योशिमी के बयान से विवाद का अंत होने के बजाय उसकी नए सिरे से शुरुआत हो सकती है। उत्तरी जापान में रहने वाले इस डाक्टर ने फारमोसा में हुई विमान दुर्घटना के 56 साल बाद अपनी चुप्पी क्यों तोड़ी? संभव है उन्होंने विमान दुर्घटना के बाद ब्रिटिश खुफिया विभाग को जो बयान दिया था, यह रिपोर्ट उस पर आधारित हो। तो फिर उस बयान का ब्योरा लंदन से मीडिया में अब क्यों दिया जा रहा है?"[45]

करीब एक महीने बाद *स्टेट्समैन* ने बहुत युक्तिसंगत बात कही। 22 अगस्त 2001 के अपने संपादकीय में उसने विवाद का मुख्य मुद्दा उठाया।" सवाल यह नहीं है कि उनकी मृत्यु हो गई है। सवाल यह है कि क्या उनकी मृत्यु 1945 में ताईवान में एक विमान दुर्घटना में हुई थी जैसा कि खोसला और शाहनवाज खान के दो आयोगों ने नतीजा निकाला। बोस के सोवियत संघ जाने के बारे में सच्चाई का पता लगाने के लिए मास्को के अभिलेखागारों को खंगालना चाहिए और प्रत्यक्षदर्शियों की खोज की जानी चाहिए।"

प्रेस में आए इन तरह–तरह के समाचारों व टिप्पणियों का कुल मिला कर यह परिणाम हुआ कि एक बड़े अंतराल के बाद नेताजी का रहस्य फिर से सुर्खियों में आ गया।

संदर्भ/टिप्पणियां

1. *नेताजी डेड ऑर अलाइव,* में समर गुहा की टिप्पणी, पृ. 9.
2. वही पृ. 9,10.
3. *नागपुर टाइम्स* का संपादकीय **मिस्ट्री डीपेंस,** 14 मार्च 1978.
4. *टाइम्स आफ इंडिया* में समाचार **नेशन हैज रीपेड नेताजीज डेटः वाजपेयी**, 24 जनवरी 1978.
5. 28 अगस्त 1978 के लोकसभा डिबेट के रिकार्ड से उदृधृत.
6. *हिंदुस्तान टाइम्स* का समाचार **नेताजी अलाइव, कमिंग ऐनी डेः गुहा,** 23 जनवरी 1979.
7. वही.
8. *हिंदू* में समाचार **नेताजी इज अलाइव क्लेम्स जनता एम पी,** 23 जनवरी 1979.
9. *हिंदुस्तान टाइम्स* का समाचार **नेताजी अलाइव, कमिंग ऐनी डेः गुहा,** 23 जनवरी 1979.
10. *अमृतबाजार पत्रिका* में समाचार **नेताजी इज अलाइव, क्लेम्स गुहा,** 23 जनवरी 1979.
11. *हिंदू* में समाचार **नेताजी अलाइव क्लेम्ज जनता एम पी,** 23 जनवरी 1979
12. *इंडियन एक्सप्रेस* में समाचार **नेताजी इज अलाइव सेज समर गुहा,** 23 जनवरी 1979.
13. *अमृतबाजार पत्रिका* में समाचार **नेताजी इज अलाइव क्लेमस समर गुहा,** 23 जनवरी 1979.
14. वही.
15. *हिंदुस्तान टाइम्स* में समाचार **नेताजी अलाइव, कमिंग ऐनी डेः गुहा,** 23 जनवरी 1979.
16. वही.
17. *इंडियन एक्सप्रेस* में समाचार **नेताजी इज एलाइव, सेज समर गुहा,** 23 जनवरी 1979.
18. वही.
19. वही.
20. *हिंदुस्तान टाइम्स* में समाचार, **नेताजी इज अलाइव, कमिंग ऐनी डेः गुहा,** 23 जनवरी 1979.
21. *इंडियन एक्सप्रेस* में समाचार **नेताजी इज अलाइव, सेज समर गुहा,** 23 जनवरी 1979.

22. *अमृतबाजार पत्रिका* में समाचार **नेताजी इज अलाइव क्लेमस समर गुहा,** 23 जनवरी 1979.
23. *अमृमबाजार पत्रिका* में समाचार **समर गुहा सम्मन्ड,** 31 जनवरी 1979.
24. *हिंदुस्तान टाइम्स* में समाचार, **इंडिया हैज डन टू लिटिल फार नेताजी, फील्स डाटर,** 23 जनवरी 1998.
25. ए. आई. आर. 1997 सुप्रीम कोर्ट 3019, स्पेशल लीव पेटि. (सी), नं. 628 ऑफ 1994 विद ट्रांस्फर्ड केस (सी) नं. 7 ऑफ 1994 डी./4 बी. 1997.
26. *पायनियर* में समाचार **एफ. बी. टू सू गोवर्नमेंट ऑन बिड टू गेट नेताजीज ऐशेज.**
27. वही । इतिहासकार डा. आर. सी. मजूमदार ने इस आधिकारिक विवरण को गलत बताया है कि गांधीजी ने भारत छोड़ो आंदोलन द्वारा देश को आजादी दिलाई थी। उनके अनुसार यह आंदोलन तो 1947 से बहुत पहले ही खत्म हो गया था और इसके हिंसक हो जाने पर कांग्रेस व गांधीजी ने इससे नाता तोड़ लिया था। गांधीजी ने भारत छोड़ो आंदोलन में भाग लेने वाले लोगों के "पागलपन" के लिए अंग्रेजों से माफी भी मांगी। लेखक ने इस से संबद्ध कागजात देखे हैं। अंग्रेजों के भारत छोड़ कर जाने के पीछे मुख्य आंतरिक कारण नेताजी की भूमिका थी.
28. डबलू. पी. नं. 1805 ऑफ 1998, कलकत्ता उच्च न्यायालय में.
29. वही.
30. डबलू. पी. नं. 281 ऑफ 1998, कलकत्ता उच्च न्यायालय में.
31. वही.
32. वही.
33. *स्टेट्समैन* में समाचार **डिसअपीयरेंस ऑफ नेताजी—अडवानी आस्क्ड टू रिओपन प्रोब,** 12 अगस्त 1998.
34. *इंडियन एक्सप्रेस* में समाचार **बोस मिस्ट्र स्टिल अनरिजालव्ड एज लीडर्स शाइ अवे फ्राम क्वैरीज,** 24 जनवरी 1999.
35. *इंडियन एक्सप्रेस* में समाचार **हिस्टोरियंस डिसमिस नेताजी डेड प्रोब,** 29 मार्च 1999.
36. *पायनियर* में समाचार **बैंगाली लौबी एंड नेताजी प्रोब,** 28 मार्च 1999.
37. *इंडियन एक्सप्रेस* में समाचार **हिस्टोरियंस डिसमिस नेताजी डेड प्रोब,** 29 मार्च 1999.
38. *पायनियर* में समाचार **नेताजी डिसअपीयरेंस प्रोब रन्स इनटू रफ बैदर,** 3 अप्रैल 1999. लेखक को पता चला कि सरकार ने 1996–97 के नेताजी रिसर्च ब्यूरो के फंड के लिए 30000000 रुपए की मंजूरी दी थी.
39. *टाइम्स आफ इंडिया* में समाचार **नेताजी इज डेड, ब्रिंग हिज एशेज होमः सिसिर बोस,** 1 दिसंबर 1999.

40. वही.
41. *टाइम्स आफ इंडिया* में समाचार **नेताजी डिड नाट सर्वाइव एयर क्रैशः ग्रैंड नेफ्यू,** 15 जनवरी 2001.
42. *हिंदू* में समाचार **सेंटर टू रिलीज आल डाक्यूमेंट्स ऑन नेताजी,** 24 जनवरी 2001.
43. *हिंदुस्तान टाइम्स* में समाचार **गवर्नमेंट रेडी टू हेल्प ब्रिंग बैक नेताजीज ऐशेजः अटल,** 24 जनवरी 2000.
44. *हिंदुस्तान टाइम्स* में रिपोर्ट **स्टाप दी सर्च, नेताजी इज डेड,** 9 मार्च 2001. नेताजी की मौत और भस्मी के बारे में अनिता के विचारों से नेताजी के परिवार के अधिकांश सदस्य सहमत नहीं थे.
45. यह संदेह उस समय और भी गहरा हो गया जब न्यायमूर्ति मनोज कुमार मुखर्जी ने डा. योशिमी से अगस्त 1988 में ''नया'' मृत्यु प्रमाणपत्र जारी करने के बारे में पूछा जिसे कि ताइपेई दुर्घटना को सत्य मानने वाले शोधकर्ताओं ने बहुत प्रचारित किया था.

10

नया मोड़

यह सचमुच अंधरे में छलांग लगाने के समान था। वह वहां से लौट कर नहीं आए।

1945 में नेताजी के सोवियत संघ में बच कर निकल जाने के "असफल" प्रयास पर शाहनवाज कमेटी की रिपोर्ट में टिप्पणी।

अगर नेताजी जीवित होते तो वह जरूर स्वदे । लौट कर आते।

1983 में पूर्व प्रधानमंत्री मोरारजी देसाई।

वह जीवित हैं और भारत में हैं।

सुभाष बोस की निकट सहयोगी लीला राय उनके अभिन्न मित्र दिलीप कुमार राय से 1963 में।

संयोग ने मुझे नेताजी के गायब होने के बारे में कुछ करने का मौका दे दिया। एक दिन *हिंदुस्तान टाइम्स* के रिकार्ड रूम में मैं अखबार की पुरानी फाइलें देख रहा था। मैंने उन दिनों के बारे में अपनी जानकारी बढ़ाने के लिए 15 अगस्त 1947, 30 जून 1948, 26 जनवरी 1950 के अखबार निकाले। अगस्त 1945 की फाइल देखी तो लगा कि इसे कभी किसी ने छुआ ही नहीं। मैं ने इसे खोला। 19 अगस्त 1945 के अखबार में नेताजी के निधन का समाचार होना चाहिए था। लेकिन उसमें ऐसा कोई समाचार नहीं था। मैं ने आगे खोजना शुरू किया तो निधन का समाचार 25 अगस्त 1945 के अखबार में मिला। मैं ने उस दो कालम के लंबे समाचार पर नजर दौड़ाई तो लगा कि कुछ नया खोज लिया है। नेताजी की मृत्यु का रहस्य उनके निधन का समाचार आने के साथ ही शुरू हो गया था न कि 1950 के दशक में, जैसा कि मैं सोचता था।

"इस में नया क्या है?" संपादक ने मुझ से पूछा। इसका जवाब देने के लिए मेरे पास पर्याप्त जानकारी न थी। लेकिन सौभाग्य से बात 2001 में उनकी समझ

में आ गई जब मेरे कुछ वरिष्ठ सहयोगियों ने नेताजी के रहस्य पर समाचार दिए। इन सब को मिला कर एक अच्छी–खासी कहानी बन गई। इसमें मेरा दिया समाचार उनके साथ जम गया। फिर मैं इस बारे में भूल गया। *हिंदुस्तान डाट काम* के एक नए संपादक एवं जनरल मैनेजर के आने के बाद स्थिति बदल गई। उसके बाद शाली इत्तमान को भरती किया गया। वह नेताजी के रहस्य को मन–मस्तिष्क में बैठा कर *हिंदुस्तान डाट काम* में आए थे। उन्होंने इस बारे में खोज करने का प्रस्ताव रखा जिसे स्वीकार कर लिया गया। मुझे इस टीम में रखा गया। शाली ने सारी तैयारी अपने दम पर अकेले ही की। उसमें सब से महत्वपूर्ण बात थी सुभाष बोस विषयक एक विद्वान को टीम में शामिल कर लेना।

सीतांशु दास ने हाल ही में राजमोहन गांधी की सलाह पर 10 साल के अंतर्राष्ट्रीय शोध पर आधारित एक ग्रंथ प्रकाशित किया था –– *सुभाष ए पोलिटिकल बायोग्राफी*। अनेक समाचार पत्रों में उच्च संपादकीय पदों पर काम कर चुके दास बी. बी. सी. व कई अन्य विदेशी टीवी व रेडियो नेटवर्क व संस्थानों से भी जुड़े हुए थे।

हिंदुस्तान टाइम्स के संपादक वीर सांघवी से अनुमोदन पा कर हम लोगों ने एक प्रभावशाली घोषणा के साथ अपना काम शुरू कर दिया। शाली ने इसकी शुरुआत भावुकता के साथ की, "देशवासियो जागो। 56 साल बीत जाने पर और कई बार जांच होने पर भी हमें इस सवाल का जवाब नहीं मिला है कि क्या नेताजी का निधन 18 अगस्त 1945 की विमान दुर्घटना में हुआ था। *हिंदुस्तान टाइम्स* स्वाधीन भारत के एक सब से जीवंत रहस्य के बारे में सार्वजनिक खोज की शुरुआत कर रहा है। काम बहुत बड़ा है। इसका उद्देश्य महत्वपूर्ण है। *हिंदुस्तान टाइम्स* सब देशवासियों से अपील करता है कि वे आगे आएं और इसमें अपना सहयोग दें।"

इसका उत्तर जिस तरह देश भर से मिला वह अभिभूत करने वाला था। हमें साधारण जनों से ले कर बहुत विशिष्ट लोगों तक के जवाब मिले। आईएनए के कैडेट रह चुके डी. दासन ने तुरंत हम से संपर्क किया। उन्होंने नेताजी के "अवशेष" टोकियो के रेनकोजी मंदिर में पहुंचाए थे। आईएनए के कैप्टन एल. सी. मलिक ने बताया कि उनको विश्वास है कि नेताजी का निधन नहीं हुआ था। आईएनए के खुफिया विभाग के कैप्टन गणेशीलाल ने बताया कि एक जापानी आफिसर ने खुद उनको बताया था कि दुर्घटना वाली कहानी मनगढ़ंत है। उन्होंने यह भी कहा कि अगर हबीबुर रहमान ने नेताजी के सामने शपथ ली थी कि वह किसी को सच्चाई नहीं बताएंगे तो वह मरते दम तक किसी को कुछ नहीं बताते। ऐसे भी कई थे जिनको ताइपेई दुर्घटना की सच्चाई पर विश्वास था।

बीजेपी के वरिष्ठ नेता के. आर. मलकानी ने कई अलग–अलग विवरणों की चर्चा की। दिल्ली के मदनलाल वर्मा 1945 में रायल इंडियन एयर फोर्स में वायरलेस आपरेटर थे। उन्होंने बताया कि डोमेई समाचार एजेंसी के ऐलान से कई दिन पहले ही अंग्रेजों को नेताजी के निधन का पता चल गया था। उन्होंने खुद ताइपेई से टोकियो भेजे गए एक मोर्स के कूटलिपि के संदेश को पकड़ा था। इसमें सुभाष के निधन की सूचना दी गई थी। वर्मा ने यह भी कहा कि जापानी ब्रिटिश और अमेरिकी जासूस एजेंसियों को भ्रमित करने के लिए "मिथ्या" संदेश भी भेजा करते थे। आई. बी. के एक पूर्व उपनिदेशक वी. के. कौल ने बताया कि उन्होंने अपने मित्र और आईएनए के पूर्व मंत्री व मेजर जनरल जे. के. भोंसले पर 1960 के आरंभिक वर्षों में नेताजी की मृत्यु के रहस्य के बारे में जासूसी की थी। भोंसले से कौल को जो कुछ पता चला उसका पूरा ब्योरा उन्होंने बी. एन. मलिक को दिया था। कौल ने लिखा कि उनके पास फाइल करने के लिए लौटाए जाने से पहले वह सारा ब्योरा उच्चतम स्तर के अधिकारियों ने देखा था। "वह आज भी कहीं पुरानी फाइलों में होगा।"

सर्वोच्च न्यायालय के वरिष्ठ वकील सुबोध मार्कंडेय ने नेताजी की मृत्यु संबंधी अपने प्रपत्र "डार्कनेस ऐट डॉन" को प्रकाशित करने की अनुमति दी। इसे आपादकाल में सेंसर कर दिया गया था। शोधकर्ता वी. पी. सैनी से काफी सामग्री हासिल हुई। फार्वर्ड ब्लाक के देवव्रत बिस्वास और अनिल मुखर्जी बहुत सहायक सिद्ध हुए। डा. पूर्वी राय हमारे नई दिल्ली कार्यालय में पधारीं। बोस परिवार ने भी इस आवाहन पर ध्यान दिया। जर्मनी से नेताजी के भतीजे के पुत्र सूर्य कुमार बोस ने एमिली शेंकल की प्रतिक्रिया हमें दी, जो अब तक अज्ञात थी। सुरेश बोस की पुत्री शीला सेनगुप्ता हमारे कार्यालय में आईं और घंटों हम से चर्चा की। उनके छोटे भाई प्रदीप बोस ने बहुत से मुद्दों पर प्रकाश डाला।

तीन लोगों ने दिन–रात काम कर के एक महीने में जितनी सामग्री एकत्र की जा सकती थी, वह इकट्ठी की। इसमें शाहनवाज कमेटी की रिपोर्ट, खोसला आयोग की रिपोर्ट, *हिंदुस्तान टाइम्स* की 1945 से आगे की फाइलों को खंगालने से मिली सारी प्रासंगिक सामग्री व विमान दुर्घटना के चित्र आदि शामिल थे। सीतांशु दास ने ऐसे विद्वतापूर्ण संपादकीय भी लिखे जैसे पहले कभी नहीं लिखे गए थे। "सुभाष बोस के साथ क्या हुआ, यह जानना महत्वपूर्ण क्यों है?" इस शीर्षक के साथ अपने लेख में उन्होंने सारगर्भित रूप में पाठकों को उस त्रासदी का एहसास कराया जो भारत के साथ घटी थी। नेताजी के लुप्त हो जाने से भारत का भाग्य ही बदल गया था।

"यह सच है कि उस समय जब कि अविभाजित भारत के भविष्य का फैसला हो रहा था, किसी अपेक्षाकृत युवा नेता के अभाव ने 1947 में भारत के साथ जो

हुआ उस पर गुणात्मक असर डाला। उस समय जो हुआ उसने काफी हद तक तय किया कि आज हम किस तरह का देश हैं।''

अंत में *हिंदुस्तान टाइम्स* की वेबसाइट ने ऐलान किया कि ''वर्तमान साक्ष्यों के आलोक ने हमें यह कहने को विवश कर दिया है कि बोस की 18 अगस्त 1945 को विमान दुर्घटना में मृत्यु होना असंभव सा लगता है।'' हम ने किसी के मुख में अपने शब्द डालने की चेष्टा नहीं की थी। साथ ही किसी भी दैनिक ने आजतक इस विस्फोटक विषय पर इतना साहसपूर्ण कदम नहीं उठाया था। पाठकों की अनुकूल प्रतिक्रियाएं आईं, पाकिस्तान और बांगला देश से भी। ये समाचार व आलेख इंटरनेट पर पढ़े जाने वाले भारतीय समाचारों में सबसे अधिक पढ़े गए। अमेरिका, यूरोप, खाड़ी के देशों में व अन्यत्र काम कर रहे युवा भारतीय व्यवसायियों ने अपना पर्याप्त समय इन को पढ़ने में लगाया। जिन्होंने इस बारे में हमें अपनी प्रतिक्रिया लिख भेजी उनमें से अधिकांश पं. नेहरू से और दुर्भाग्यवश गांधीजी से नाराज थे। कुछ ने तो नेताजी के गायब होने में उनका हाथ होने तक का आरोप इन नेताओं पर लगाया। इसका दूसरा पहलू यह था कि *हिंदुस्तान टाइम्स* की खोज ने वैसा सशक्त प्रभाव आरंभ नहीं किया जिसकी हमें आशा थी। शेष मीडिया ने नेताजी के रहस्य की अवहेलना ही की। राष्ट्रीय स्तर के इस दुखद मामले पर ऐसा रवैया अपनाना हठधर्मिता ही जाहिर करता था।

हिंदुस्तान टाइम्स की खोज जब अपने निष्कर्षों तक पहुंची, न्यायमूर्ति मुखर्जी के जांच आयोग के कार्यकाल का तीसरा वर्ष चल रहा था। इसका गठन 14 मई 1999 को छः महीनों के लिए हुआ था। इस दौरान आयोग का कोई कार्यालय न था। ''कायदे कानून की पेचीदगी'' के चलते वे नवंबर 1999 तक कोई पैसा भी नहीं निकाल सके। आयोग के लिए एक सेक्रेटरी की नियुक्ति संबंधी अधिसूचना भी अक्तूबर 1999 के अंत में जा कर जारी हुई। नतीजतन नेताजी के गायब हो जाने के बारे में सर्वसाधारण से सहायता का आवाहन करने की अधिसूचना भी 3 दिसंबर 1999 में जा कर जारी हुई। क्या ये आरंभिक कठिनाइयां थीं? मैं ने निजी तौर पर सरकारी अधिकारियों से इस बारे में चर्चा की। नई जांच को ले कर उनमें बेचैनी सी थी और वे हर बात को टालने की मुद्रा में थे। रॉ और आई. बी. वालों ने इससे अधिक कुछ कहने से इनकार कर दिया कि मामला बहुत संवेदनशील है। घटनाचक्र झकझोरने वाला था लेकिन मीडिया उस पर मौन सा दिखा। न्यायमूर्ति मुखर्जी आरंभ से ही समझ गए थे कि सरकार इस मामले में सहयोग करने वाली नहीं। पर उन्होंने उम्मीद की थी कि कम से कम सूचना व प्रसारण मंत्रालय आयोग के काम के बारे में सूचना प्रसारित करने में सकारात्मक भूमिका निभाएगा। ऐसा कुछ नहीं हुआ। अधिकारियों के रवैए में फर्क न आता देख

मुखर्जी ने 14 अप्रैल 2000 को सूचना व प्रसारण मंत्री अरुण जेतली को एक लंबा पत्र लिखा।

"आयोग ने गृह मंत्रालय के माध्यम से डी. ए. वी. पी. से अनुरोध किया था कि अधिसूचना को आकाशवाणी व दूरदर्शन के चैनलों पर व्यापक रूप से प्रसारित किया जाए। लेकिन लगता है कि राष्ट्रीय स्तर पर इसे आकाशवाणी या दूरदर्शन ने प्रसारित नहीं किया। मुझे लगता है कि दूरदर्शन व आकाशवाणी के अधिकारियों ने इस मामले को वांछित महत्व नहीं दिया। अतः मैं ने प्रसार भारती के श्री रजिव शाह को आवश्यक कदम उठाने का आग्रह करते हुए एक पत्र लिखा। दुर्भाग्यवश पत्र पर कोई कार्रबाई नहीं की गई है। खेद है कि श्री शाह ने मेरे पत्र का उत्तर देने का शिष्टाचार भी नहीं दिखाया जबकि पत्र फैक्स व डाक दोनों से भेजा गया था।"

शीघ्र ही मुखर्जी हताश करने वाले संवादों में फंस गए लगते थे। उनको लगा कि सरकार की दिलचस्पी किसी गवाह को सुने जाने में न थी। ऐसा लगता था कि नेताजी के साथ क्या हुआ, यह उसे पहले से पता था। 22 मार्च 2000 को "एक सरकारी नुमाइंदे को भेजने या कलकत्ता स्थित अतिरिक्त सालीसीटर जनरल को आयोग की सुनवाई में सरकार की तरफ से उपस्थित रहने को कहने के लिए "स्पष्ट निर्देश जारी किए।"[2] 28 सितंबर 2000 तक किसी के न आने पर आयोग को कहना पड़ा, "क्योंकि सरकार की तरफ से स्थिति स्पष्ट करने के लिए या किसी तरह के प्रतिनिधित्व के लिए कोई नहीं आया इसलिए आयोग यह मानने को विवश है कि भारत सरकार किसी गवाह से पूछताछ करने में दिलचस्पी नहीं रखती।"[3]

आयोग को पहली कठिनाई हलफनामे के बारे में हुई। आयोग का निर्देश था कि संयुक्त–सचिव से कम ओहदे के अधिकारी के हलफनामे के साथ दस्तावेज दायर न किए जाएं। प्रधानमंत्री कार्यालय ने ही सबसे पहले इसका उल्लंघन किया। इस पर आयोग ने झिड़का, "प्रधानमंत्री कार्यालय ने एक हलफनामा अंडर सक्रेटरी का भेजा है। आयोग इसे स्वीकार नहीं कर सकता और इस कार्यालय को ताकीद करता है कि निर्देशों का पालन किया जाए।[5] केंद्र और पश्चिम बंगाल की सरकार, दोनों ने ही जांच आरंभ करने के लिए आवश्यक दस्तावेज उपलब्ध कराने में बेचैनी जाहिर की। अधिकांश गवाहों के निधन के कारण मुखर्जी आयोग मूलभूत दस्तावेजों के अभाव में एक इंच भी आगे नहीं बढ़ सकता था। पश्चिम बंगाल की सरकार नेताजी से संबंधित कुछ सदर्भ सामग्री मुहैया कराने में हिचकिचा रही थी। केंद्रीय गृहमंत्रालय को न्यायमूर्ति खोसला के आयोग की सुनवाई के सारे मूल दस्तावेज खोजने में ही दिक्कत हो रही थी। इनमें

आयोग के सामने पेश किए गए दस्तावेज और उसके द्वारा रिकार्ड की गई गवाहियां शामिल थीं।[5] विदेश मंत्रालय नहीं जानता था कि शाहनवाज कमेटी की जांच के रिकार्ड कहां गायब हो गए थे। आई. बी. और रॉ दोनों ही[7] इस मामले पर हलफनामे दायर करने से कतरा रहे थे।

सूचना का आना शुरू हुआ तो उसके साथ अजीब अनुरोध आने लगे। 24 जुलाई 2000 को प्रधानमंत्री कार्यालय ने कुछ गोपनीय/अतिगोपनीय फाइलें भिजवाईं। उनके साथ यह अनुरोध भी आया कि इन फाइलों का उपयोग आयोग बंद कमरे में करे और उसकी अतिगोपनीय सामग्री को प्रकाशित न किया जाए।[7] कई बार तो कुछ जवाब मिलना ही मुश्किल हो रहा था। आयोग ने 25 अगस्त 2000 को सी. एस. डी. आई. सी. के भेदिए बी. सी. चक्रवर्ती की 31 दिसंबर 1945 को दायर की गई रिपोर्ट की प्रति मांगी। सरकार को यह भी याद दिलाया गया कि खोसला आयोग की प्रकाशित रिपोर्ट में भी उस रिपोर्ट का हवाला दिया गया है।[8] इसका मतलब है कि ऐसी कोई रिपोर्ट सरकार के पास है। लेकिन इसका कोई वाजिब जवाब नहीं आया।

प्रधानमंत्री कार्यालय की कुछ स्वीकृतियां रहस्य का साजिश वाला पहलू उजागर करने लगीं। आयोग के इसरार पर प्रधानमंत्री कार्यालय ने स्वीकार किया कि नेताजी से संबंधित कुछ फाइलें नष्ट कर दी गई हैं। इस पर 25 अगस्त 2000 को न्यायमूर्ति मुखर्जी ने प्रधानमंत्री कार्यालय को निर्देश दिए कि वह "तुरंत फाइलें नष्ट करने के आदेश की फोटो प्रतियां और नेताजी सुभाष चंद्र बोस से संबंधित नष्ट की गई फाइलों की सूची उपलब्ध कराए।"[9] वह जानना चाहते थे कि किस के आदेश से और किन हालात में फाइलें नष्ट की गई थीं। प्रधानमंत्री कार्यालय से इसके ज़वाब में बताया गया कि " फाइलें नष्ट करने का कोई आदेश नहीं ढूंढा जा सका है। मतलब यह कि नियमों को ताक पर रख कर नेताजी से संबंधित अनेक गुप्त फाइलें नष्ट कर दी गई थीं। इस के बाद आयोग ने उन वर्तमान फाइलों को उपलब्ध कराने को कहा जिनके आधार पर प्रधानमंत्री मोरारजी देसाई ने समर गुहा को लोकसभा में उत्तर दिया था। 18 दिसंबर 2001 को प्रधानमंत्री कार्यालय से आने वाला जवाब अचंभे में डालने वाला था। संयुक्त सचिव जरनैल सिंह ने जवाब दिया कि 28 अगस्त 1978 को तत्कालीन प्रधानमंत्री ने संसद में जिस आधार पर उत्तर दिया था उससे संबंधित कोई फाइल नहीं खोजी जा सकी है। इस बारे में भी वह कोई स्पष्टीकरण नहीं दे सके कि किसी आधार पर प्रधानमंत्री ने यह जवाब दिया था।[10]

कोई भी प्रधानमंत्री संसद में बिना संबंधित रिकार्ड देखे बयान नहीं देता। देसाई ने साफतौर पर "वर्तमान सरकारी दस्तावेजों के आधार पर कहा" था।

बाद में न्यायमूर्ति मुखर्जी को पता चल गया कि ऐसे रिकार्ड थे जो बाद में गायब हो गए।

ये सब कुछ संदेह उत्पन्न करने वाला था। मंत्रालय में आंतरिक सुरक्षा निदेशक ने हल्फिया बयान 20 में जून 2000 को बताया कि मंत्रालय में नेताजी से संबंधित सिर्फ दो फाइलें हैं और उनका आगे जांच करने से कोई संबंध नही है। न्यायमूर्ति मुखर्जी ने इस पर गृह मंत्रालय को निर्देश दिया कि तुरंत वे फाइलें उपलब्ध कराई जाएं। इस पर जो कुछ मंत्रालय ने किया वह कल्पना से परे था। उसने कई नियमों का हवाला देते हुए कहा कि वह आदेश मानने को बाध्य नहीं है। गृह सचिव कमल पांडे ने दो हलफनामों में दावा किया कि साक्ष्य अधिनियम व संविधान के अनुच्छेद 74(2) के अनुसार मंत्रियों द्वारा राष्ट्रपति को दी गई सलाह को सार्वजनिक नहीं किया जा सकता। 27 अप्रैल 2001 के अपने पूरक शपथपत्र में पांडे ने कहा कि वह न तो वे रिकार्ड उपलब्ध कराएंगे न उनमें निहित सामग्री के बारे में बताएंगे और न वह इस बारे में कोई गवाही देंगे। इसकी वजह थी कि उन फाइलों में वरिष्ठ पदाधिकारियों के नेताजी संबंधित विवादों, उनकी भस्मी व उनको भारत रत्न देने से संबंधित विचारों का संकलन था।

आखिर उन फाइलों में ऐसा क्या कुछ था जिसकी वजह से 2001 में भी उनको गुप्त रखने की इतनी जरूरत आन पड़ी? ऐसा लगता है कि 1990 के आरंभ में गृह मंत्रालय, विदेश मंत्रालय और इंटेलिजेंस ब्यूरो ने नेताजी की मृत्यु संबंधी विवाद और जापान में उनके कथित अवशेष पर कुछ रिपोर्टें तैयार की थीं। 1993 के अंतिम वर्षों में रूसी पत्रिका *एशिया एंड अफ्रीका टुडे* ने नेताजी संबंधित लेख प्रकाशित करने शुरू कर दिए थे। रूस से आने वाले इन समाचारों पर सरकार का तुरंत ध्यान गया। 18 मार्च 1994 को गृह मंत्रालय में विशेष सचिव वी. के. जैन ने विदेश सचिव के. श्रीनिवासन और रॉ को इस बारे में लिखा। के. जी. बी. के गुप्त रिकार्डों पर आधारित इन लेखों में जो रहस्योद्घाटन हुए थे उन के बारे में रॉ ने 25 मार्च 1994 को एक रिपोर्ट तैयार की। (नं 11/1/94–आई. सी. –2829)। करीब एक महीने के बाद गृहसचिव एन. एन. वोहरा ने के. श्रीनिवासन को लिखा। नेताजी की मृत्यु तथा उनकी भस्मी जापान से भारत लाने के विवाद के बारे में वोहरा ने इसके साथ ही प्रधानमंत्री के मुख्य सचिव को भी लिखा।

सचिवों की समिति द्वारा इस मामले पर निर्णय लेने के लिए दोपहर तक तैयारी कर ली गई। रक्षा, गृह, विदेश व वित्त मंत्रालय के सचिवों की यह समिति देश की सर्वोच्च प्रशासनिक समिति है। 11 जुलाई 1994 को नेताजी की मृत्यु के

विवाद पर मंत्रिमंडल के नोट पर विचार करने के लिए इसकी बैठक हुई। मंत्रिमंडल के सचिव जफर सैफुल्लाह इस बैठक के अध्यक्ष थे। 20 जुलाई को कोर ग्रुप की एक और बैठक हुई जिसमें सचिवों की समिति के इस बारे में नोट पर विचार किया गया। क्या भारत के सर्वोच्च प्रशासकों के पास 53 साल पहले हुई एक दुर्घटना पर विचार करने से जरूरी और कोई काम न था? 9 सितंबर को नए गृह सचिव के. पद्मनाभैया ने ए. एन. वर्मा को इस बारे में लिखा। 2 फरवरी 1995 को जापान से नेताजी के पार्थिव अवशेष भारत लाने के बारे में मंत्रिमंडल के लिए एक नोट तैयार किया गया।

14 तारीख को रेनकोजी मंदिर में अवशेषों को सुरक्षित रखे जाने के बारे में एक आपादकालीन योजना बनाई गईं। क्या सरकार को किसी तरह के संकट की आशंका थी? 2 जुलाई 1996 को मंत्रिमंडलीय सचिवालय में अतिरिक्त सचिव डी. दासगुप्ता ने नेताजी की भस्मी को जापान से लाने के बारे में काबीना के निर्देश के बारे में एक पत्र लिखा। नवंबर में गृह मंत्रालय में संयुक्त सचिव एस. प्रकाश ने "नेताजी की समझी जाने वाली भस्मी के डी. एन. ए. टैस्ट" के बारे में प्रधानमंत्री कार्यालय को नोट लिखा। अंततः गृहमंत्री एस. बी. चव्हाण ने एक अदिनांकित नोट में प्रधानमंत्री राव को रेनकोजी मंदिर की भस्मी को भारत लाने की संभावना के बारे में लिखा।

गृह सचिव कमल पांडे को पता था कि सारा माजरा क्या है। उन्होंने इन दोनों फाइलों और संभवतः इनसे संबंद्ध दूसरे दस्तावेजों को भी देखा और फिर जांच आयोग से कह दिया कि वे दस्तावेज उसे नहीं दिखाए जा सकते जो कि सार्वजनिक दृष्टि से इतने महत्वपूर्ण मामले की जांच कर रही थी।

"मैं ने दस्तावेजों का ध्यानपूर्वक अध्ययन किया है। इनको सार्वजनिक करना जनहित में न होगा। इससे नेताजी की छवि प्रभावित हो सकती है। इससे जनाक्रोश भड़क सकता है। इससे मित्र देशों के साथ हमारे राजनयिक संबंधों पर भी असर पड़ सकता है।"

हिंदुस्तान टाइम्स में जब हम लोग दुर्घटना वाली कहानी को सही मानने पर विचार कर रहे थे तभी यह सब घटा। हमारा माथा ठनका। आखिर गृह मंत्रालय और प्रधानमंत्री कार्यालय इस तरह की बहानेबाजी क्यों कर रहा है? यह फाइलें गुम हो जाने का मामला क्या है? रूस में छपे कुछ लेखों में जो रहस्योद्घाटन हुए थे उनसे सरकार में ऐसी हलचल आखिर क्यों मच रही थी? सीतांशु दास का कहना था कि लोगों की नजरों में नेताजी की छवि प्रभावित होने की बात समझ में आने लायक नहीं। इसकी कोई संभावना या कारण नजर नहीं आता। उन फाइलों में कुछ ऐसा है जिसका असर मित्र देशों के साथ हमारे राजनयिक संबंधों

पर पड़े, यह भी बात बेमानी सी लगती थी। इसी संदेह के आधार पर मैं ने पांडे के हलफनामे को ले कर एक लेख लिखा।

जिन मुद्दों पर मेरी सोच सही थी, वे थे : ये दो फाइलें उस बहुत बड़े मामले का छोटा सा हिस्सा थीं जिसे सरकार देशवासियों की आंखों से ओझल रखना चाहती थी। अगर ये फाइलें आयोग को दे दी जातीं तो न्यायमूर्ति मुखर्जी उन सभी मंत्रियों व प्रशासकों को तलब करते जिनका इन में जिक्र था। वह उनसे मुश्किल सवाल पूछते। नरसिंहराव के स्तर के व्यक्ति से पूछताछ का मीडिया में बड़ा जबरदस्त असर पड़ता और सारे देश का ध्यान आयोग की तरफ जाता। इसके अलावा दोनों फाइलों में जो कुछ सामग्री व निर्णय आदि थे वे जिस आधार पर लिए गए थे, उस सारी सामग्री की मांग भी आयोग करता।

हमें यह जान कर करारा झटका लगा कि कई विश्वसनीय लोग जो ताइपेई में हुई विमान दुर्घटना की कहानी सुना रहे थे, वे देशवासियों को भ्रमित करने के लिए झूठ बोल रहे थे। सभी दूसरे भारतीयों की तरह हमारे मन में डा. शिशिर बोस के लिए बहुत आदर था। वह नेताजी के परिजनों में सब से ज्यादा मशहूर भी थे। हमने सारी बात पर डा. पूर्वी राय से चर्चा की पर डा. बोस पर उन्होंने जो आरोप लगाए थे उसका जिक्र नहीं किया। वह नेताजी के संबंधी थे। अतः संदेह से परे थे। यह सारा भ्रम उस वक्त टूटा जब डा. बोस ने मुखर्जी आयोग के सामने वह सब शपथपूर्वक कहने से इनकार कर दिया जो वह सार्वजनिक तौर पर कहते फिरते थे। 1985 से वह बार–बार कहते आ रहे थे कि उनके चाचा की ताइपेई विमान दुर्घटना में मौत हो गई थी और उनके अवशेष भारत लाए जाने चाहिए। वह नए आयोग और उसके कार्य के हक में न थे।

उनसे उम्मीद की जाती थी कि एक हलफनामे के तहत अपने विचारों को स्पष्ट करें व उनका आधार बताएं ताकि इस रहस्य को जानने में आयोग व देश को सहायता मिले। लेकिन उन्होंने ऐसा नहीं किया। जब आयोग ने उनको बुलाया तो वह उसके सामने पेश नहीं हुए। भतीजे ने अपने चाचा के बारे में की जाने वाली जांच में सहयोग देने से इनकार कर दिया। उन्होंने 22 सितंबर 2000 को आयोग के सचिव प्रद्योत कुमार गुप्ता को लिखा, "अगस्त 1945 में दूसरे विश्वयुद्ध के समाप्त होने के बाद से मुझे उन (नेताजी) से या उनके बारे में कोई सीधी सूचना नहीं मिली है। आयोग जिस विषय पर काम कर रहा है उसके बारे में मुझे कोई व्यक्तिगत जानकारी नहीं है। लिहाजा मैं इस बारे में गवाही देने की योग्यता नहीं रखता।"[11] उन्होंने आगे लिखा कि अस्सी साल की उम्र में और दिल का मरीज होने की वजह से मेरे लिए वहां पेश होना खतरनाक साबित हो सकता है।

आयोग इस नतीजे पर पहुंचा कि उनसे पूछताछ करने से कोई लाभ न होगा। शिशिर की अपनी स्वीकारोक्ति के मुताबिक इस रहस्य के बारे में उनकी किसी बात को गंभीरता से नहीं लिया जाना चाहिए था। लेकिन जहां तक हमारा सवाल था, हमें उस आदमी से यह उम्मीद कतई न थी जिसने 1941 में नेताजी के लिए अपनी जान जोखिम में डाली थी। अगर शिशिर को कोई ठोस जानकारी न थी तो उन्होंने मीडिया में ऐसे बयान क्यों दिए कि ताइपेई विमान दुर्घटना घटी थी? अगर उनको अपने चाचा के बारे में कोई सूचना नहीं मिली थी या उनका उनसे कोई संवाद नहीं हुआ था तो उसका यह मतलब तो नहीं निकलता था कि उनकी मौत हो गई है। हम ने पुराने संदर्भ खंगाले तो पाया कि शिशिर और उनका नेताजी रिसर्च ब्यूरो दुर्घटना का खंडन करने वाले हर समाचार का विरोध करता रहा।

शायद डा. पूर्वी राय सही थीं। मुझे पता चला कि शिशिर 1960 में ताईवान गए थे। संभवतः उनको वहां वही जानकारी मिली होगी जो दूसरों को मिली। लेकिन वह खोसला आयोग के सामने पेश नहीं हुए। यह तो सभी जानते थे कि शिशिर के माता–पिता नेताजी के लौटने का इंतजार करते हुए इस संसार से विदा हो गए थे। तो फिर शिशिर इस बारे में हर समाचार का लगातार खंडन क्यों कर रहे थे? अपनी जिस बीमारी का उन्होंने जिक्र किया था वह तो सच थी । लेकिन वह चाहते तो अपने विचार लिख कर भेज सकते थे या फिर आयोग से अनुरोध कर सकते थे कि उनके निवास पर उनका बयान लेने का इंतजाम किया जाए। इतना महत्वपूर्ण मामला होने के कारण समर गुहा और मेजर ई. भास्करन ने आयोग से अनुरोध किया था कि उनसे उनके निवास पर पूछताछ की जाए। दोनों अस्सी से अधिक आयु के थे और जीवन के निशाकाल में थे। पी. के. सेनगुप्ता जब कलकत्ते में उनसे मिलने गए, गुहा पक्षाघात से पीड़ित होने के कारण चलने–फिरने में भी असमर्थ थे। चेन्नई में जब सेनगुप्ता भास्करन से उनकी बेटी के निवास पर मिलने गए तो वह नेत्रहीन व बिस्तर से लगे हुए थे।

स्वर्गीय डा. शिशिर बोस ही नहीं, उनकी पत्नी कृष्णा बोस (पूर्व कांग्रेस सांसद) व उनका बड़बोला बेटा प्रोफेसर सुगाता बोस भी ऐसी गतिविधियों में लगे रहे जो मुखर्जी आयोग के काम को क्षति पहुंचाएं। सुगाता बोस ने ऐसे बयान दिए जिनमें साफ तौर पर न्यायमूर्ति मुखर्जी की जांच के प्रति अरुचि जाहिर होती थी। 28 मार्च 2001 को आयोग ने उनको बुलाया ताकि वह देशहित में इस बारे में अपना बयान दे सकें। प्रोफेसर अमेरिका में अपने काम में व्यस्त थे। अतः आयोग ने उनसे अनुरोध किया कि वह हलफनामे के तहत यह लिख भेजें कि "इस बात के पर्याप्त प्रमाण हैं कि नेताजी सुभाष चंद्र बोस की 18 अगस्त 1945 को ताइपेई विमान दुर्घटना में दुखद मृत्यु हो गई थी।"

उनसे यह अनुरोध भी किया गया कि वह डा. शिशिर कुमार बोस द्वारा एकत्रित सारी सामग्री की प्रतियां भी उपलब्ध कराएं जिनका जिक्र उन्होंने अपने 2–2–2001 के पत्र में किया था। उनसे यह कहा गया कि वह अपनी अगली भारत यात्रा के बारे में पहले से सूचित कर दें ताकि अगर आयोग जरूरत समझे तो उनकी भारत में गवाही का बंदोबस्त किया जा सके। आयोग ने अपनी 2 अप्रैल 2001 की रिपोर्ट में लिखा कि उसके 23–2–2001 के इस पत्र का प्रोफेसर बोस ने कोई जवाब अब तक नहीं दिया। सुगाता ने अंततः जवाब दिया लेकिन उसके साथ किसी तरह का कोई ब्योरा या जानकारी पेश नहीं की। वह या उनकी मां कभी आयोग के सामने उपस्थित नहीं हुए।

दूसरा उदाहरण एक ऐसी हस्ती का था जिसे आईएनए का प्रतीक माना जाता रहा। शिशिर बोस की तरह ही कैप्टन लक्ष्मी सहगल भी जगह–जगह कहती फिर रही थीं कि नेताजी की मृत्यु 1945 में हो गई थी। इस बारे में उनको पूरा इत्मीनान था और उन्होंने सुरेश बोस की असहमति रिपोर्ट को पढ़ने की तकलीफ नहीं उठाई थी। लेकिन इसके बावजूद उन्होंने शाहनवाज खान या न्यायमूर्ति खोसला को यह बताने की कोशिश नहीं की कि उनको क्या पता है। इन दोनों ने उनको बुलाया भी नहीं था। लेकिन मुखर्जी आयोग ने उनको बुलाया। आयोग ने उनके इस दावे को देखा था जैसा कि 4 दिसंबर 2000 के *अमृत बाजार पत्रिका* में छपा था कि रेनकोजी मंदिर में जो भस्मी रखी है वह नेताजी की ही है। उनको 28 मार्च 2001 को आयोग के सामने पेश होने के सम्मन भेजे गए। वैसे तो सहगल अनेक बार कलकत्ता आ चुकी थीं। पर इस बार उन्होंने आने से इनकार कर दिया। उन्होंने लिखा, "मेरा स्वास्थ्य ठीक नहीं है। मैं आयोग से निवेदन करती हूं कि वह मुझे कलकत्ते तक सफर करने को न कहे। मुझे पूरा विश्वास है कि नेताजी सुभाष चंद्र बोस का निधन 18 अगस्त 1945 को ताइहोकू में विमान दुर्घटना के बाद 90 प्रतिशत जलने के कारण हो गया था।" आयोग ने इस वयोवृद्धा की सुविधा के लिए उनके निवास पर बयान लेने की व्यवस्था कर दी। इस बार वह न नहीं कर सकीं।

4 जून 2001 को साम्यवादी नेता लक्ष्मी सहगल ने शपथ ली कि वह "सच कहेंगी, पूरा सच कहेंगी, सच के सिवा कुछ न कहेंगी और न ही कुछ छिपाएंगी।" आयोग के सचिव पी. के. सेनगुप्ता के पूछताछ करने पर वह अपने पहले वाले बयानों पर डटी रहीं। "हमें तब ऐसी कोई जानकारी नहीं थी कि नेताजी मंचूरिया जाने का इरादा रखते थे। उनके गायब हो जाने का मामला अब एक रहस्य बन चुका है। मुझे नहीं लगता कि यह जांच आयोग पहले की दो जांचों के अतिरिक्त और किसी सत्य तक पहुंचेगा।"

फारवर्ड ब्लाक के वी. पी. सैनी के एक टेप दिखाने पर कामरेड सहगल के चेहरे का रंग बदल गया। सैनी 13 जुलाई 1992 को उनके घर पर उनसे मिले थे। वहां उन्होंने इस रहस्य के बारे में उनसे दो घंटे तक चर्चा की थी। "कृपया बताएं कि क्या यह उस बातचीत की वीडियो रिकार्डिंग नहीं है?" उन्होंने पूछा। वीसीआर पर टेप चलते ही उन्होंने कहा कि "हां यह वही है।" इसमें सैनी ने उनसे पूछा था कि क्या नेताजी के भारत लौट कर न आने का कारण उनका रूस में कैद होना हो सकता था।

"इस पर आपने जवाब दिया था कि आपके कुछ साथियों का खयाल था कि नेताजी को गिरफ्तार कर लिया गया था और वह रूस में बंदी थे। इन में नेताजी के निजी सहायक आबिद हसन भी थे। क्या मैं ठीक कह रहा हूं?"

सहगल ने अपनी पहली बात से एकदम पलटा खाते हुए कहा, "हां यह सही है। मैं ने इंटर्व्यू के दौरान ऐसा ही कहा था।" सारी भेंटवार्ता में सहगल ने यही विचार प्रकट किए थे कि नेताजी के 1945 के बाद जीवित बचे रहने की बहुत गुंजाइश थी। उनको यह भी याद आ गया कि दूसरे विश्वयुद्ध के अंत में अमेरिकी गुप्तचरों ने उनसे पूछताछ की थी। "इस दौरान उनमें से एक ने मुझे बताया था कि उन लोगों ने नेताजी से मिलते जुलते हुलिए वाले एक आदमी का रूसी सीमा तक पीछा किया था।" वह नेहरू के बोस के रहस्य से संबद्ध होने की बात भी ध्यान से सुनती दिखाई दे रही थीं। उन्होंने एक कथित पत्र का हवाला भी दिया था। इसमें नेहरू ने मांउंटबैटन को लिखा था कि "जब तक विभाजन की प्रक्रिया पूरी नहीं हो जाती, बोस को भारत न आने दिया जाए।" वह सैनी की इस बात से सहमत दिखाई पड़ी कि "नेताजी को भारत से बाहर रखने की कोई अंतर्राष्ट्रीय साजिश थी और भारत उस साजिश का हिस्सा था। इन सब के बाद उनको यह भी कहना ही पड़ा कि " मामले को निश्चित रूप देने के लिए और जांच होनी चाहिए।"[12]

लक्ष्मी सहगल वाले इस मामले की तरफ शायद तब तक लोगों का ध्यान नहीं गया जब तक कि हिंदुस्तान टाइम्स डाट काम उसे सबके सामने नहीं ले आया। दुर्भाग्य से किसी और मीडिया ने हमारे इस विचार का समर्थन नहीं किया कि वह देश के प्रति जवाबदेह हैं। 2002 में वह राष्ट्रपति पद की उम्मीदवार थीं। तब उन्होंने सारे देश का दौरा किया। इसमें उनकी सेहत आड़े नहीं आई। उनके साथी यह कहते थकते नहीं थे कि वह नेताजी की साथी थीं।

एक और भी गवाह थे जिन पर आयोग का समय बर्बाद हुआ। ये थे *आनंद बाजार पत्रिका* के कार्यकारी निदेशक और वरिष्ठ पत्रकार सुमन चट्टोपाध्याय। उन्होंने नेताजी के रहस्य पर अनेक लेख लिखे। वह उन सभी के सख्त खिलाफ

थे जो दुर्घटना वाली बात से सहमत न थे। इतना ही नहीं उन्होंने मुखर्जी आयोग को भी अपने लेखों का निशाना बनाया। "यह कहना निरी मूर्खता ही होगी कि तीसरे जांच आयोग का नतीजा नेताजी के रहस्य को सुलझाने के लिए गठित पहले दो आयोगों से भिन्न होगा।"

समझा जाता था कि इस वरिष्ठ पत्रकार के इन विचारों के पीछे कोई ठोस कारण या साक्ष्य होगा। उनको रजिस्ट्री से सम्मन भेजे गए पर उनके पास कलकत्ता के मध्य में स्थित आयोग के कार्यालय तक आने का समय न था। न्यायमूर्ति मुखर्जी ने कुपित हो कर नए सिरे से सम्मन भेजे और ताकीद की कि अगर इस बार भी वह न आए तो उनके विरुद्ध आवश्यक कानूनी कार्रवाई की जाएगी। अंततः वह 23 नवंबर को आयोग के सामने उपस्थित हुए।

उन्होंने नेताजी विषयक अपना ज्ञान बघारना शुरू किया, "मैंने इस रहस्य के बारे में और इस आयोग के बारे में भी कई लेख लिखे हैं। मैं वरिष्ठ पत्रकार हूं। मैं नेताजी रिसर्च ब्यूरो का कोषपाल भी हूं। मैंने प्रधानमंत्री (नरसिंह राव) के साथ टोकियो की दो बार यात्रा की। वहां मैं समय निकाल कर रेनकोजी मंदिर भी गया और सब कुछ अपनी आंखों से देखा..."

न्यायमूर्ति मुखर्जी ने उनके भाषण को बीच मे टोकते हुए पूछा कि क्या आपका विश्वास शाहनवाज खां और न्यायमूर्ति खोसला की जांच से उपजा है?

"जैसा कि मैंने आप को बताया, मैं इस काम में अरसे से लगा रहा हूं। मैं ने खुद अपने कई शोध किया है। वैसे यह सच है कि मुझे कोई आधारभूत साक्ष्य नहीं मिला। लेकिन विभिन्न स्रोतों से जो कुछ आकलित साक्ष्य मुझे मिले उनको मैं सहेजता रहा हूं।"

न्यायमूर्ति मुखर्जी कोई ठोस बात चाहते थे। लिहाजा उन्होंने चट्टोपाध्याय से पूछा कि अपनी बात को साबित करने के लिए उनके पास क्या कोई दस्तावेज हैं?

"जी नहीं।" उन्होंने जवाब दिया।

आयोग के वकील भास्कर सेन ने चट्टोपाध्याय का ध्यान उनके एक लेख की ओर आकर्षित किया जिसमें उन्होंने निधन वाली कहानी के माने जाने के लिए कई कारण गिनाए थे।

"आप ने लिखा कि माउंटबैटन के मुख्यालय में गुप्तचर विभाग के प्रमुख जान फिग्गस ने सितंबर 1945 में उस विमान के दुर्घटनाग्रस्त होने के बारे में एक जांच कराई थी जिस में नेताजी सवार थे। वह इस नतीजे पर पहुंचे कि उस में नेताजी का निधन हो गया था। क्या आप के पास उस रिपोर्ट की कोई प्रति है?"

"नहीं। लेकिन मुझे बताया गया है कि वह रिपोर्ट लंदन की इंडिया आफिस लाइब्रेरी में है और कोई भी उसे देख सकता है।"

"क्या आप ने वह रिपोर्ट देखी है?"

"नहीं।"

"इस लेख में आपने लिखा है कि 1945 में भारत सरकार ने फिन्नी और डेविस की अगुआई में दो टीमें सैगोन और ताइपेई भेजी थीं। उन्होंने वापस आ कर अपनी रिपोर्टें दी थीं। क्या आप के पास उनकी प्रतियां हैं?"

"नहीं। लेकिन वे भारत सरकार के कार्यालय में उपलब्ध हैं।"

"क्या आप ने रिपोर्टें देखी हैं?"

"मैं ने उनका सारांश देखा है।"

"किस का तैयार किया सारांश?"

"जीवनीकारों व शोधकर्ताओं का तैयार किया हुआ सारांश।"

शायद चट्टोपाध्याय का मतलब पूर्व कांग्रेसी विधायक शिशिर बोस की अध्यक्षता वाले नेताजी रिसर्च ब्यूरो से संबद्ध शोधकर्ताओं से था। इस सब का कोई अर्थ नहीं निकल रहा था। एक मूर्धन्य पत्रकार ने देश के एक प्रमुख पत्र में दुर्घटना की कहानी को जिस आधार पर सत्य सिद्ध करने की कोशिश की थी वह उसने कभी देखा ही न था। वकील श्री सेन क्षुब्ध हो गए, " तो इन्हीं साक्ष्यों के आधार पर आपने अपने लेख लिखे?"

इस पर चट्टोपाध्याय ने पास पलटा। उन्होंने मास्को स्थित भारतीय दूतावास में एक मीटिंग का हवाला दिया जिसमें एक रूसी इतिहासकार श्री वर्गोव ने कहा था कि कुछ लेखों में नेताजी के रूस आने का जो दिन बताया जा रहा है उस दिन उनके यहां आने का सवाल ही पैदा नहीं होता। आगे पूछने पर चट्टोपाध्याय इस बैठक के बारे में और कोई ब्योरा नहीं दे सके। उन्होंने यह जरूर कहा कि मास्को में तत्कालीन भारतीय राजदूत श्री रोनेन सेन ने रूसी विद्वान की इस बात का अनुमोदन किया था। यह वही सेन थे जिन्होंने एशियाटिक सोसाइटी के शोधकर्ताओं की बात पर कोई ध्यान नहीं दिया था जब वे उन के पास नेताजी के साइबेरिया में होने के सुबूत ले कर गए थे। न्यायमूर्ति मुखर्जी ने एक बार फिर चट्टोपाध्याय से पूछा, "आपके पास नेताजी की मृत्यु या विमान दुर्घटना को साबित करने वाला कोई दस्तावेज है?"

"नहीं। मेरे पास ऐसा कोई साक्ष्य नहीं है।"

इस के बाद बयान का सबसे दिलचस्प हिस्सा सामने आया। चट्टोपाध्याय ने बताया, "नरसिंह राव के प्रधानमंत्री होने के समय तब के विदेशमंत्री श्री प्रणव मुखर्जी ने रूसी भाषा में मुझे एक पत्र दिखाया था जिसमें लिखा था कि रूस के अभिलेखागारों में 1945 के बाद नेताजी से संबंधित कोई दस्तावेज नहीं हैं। इसके बाद मास्को में भारतीय राजदूत श्री रोनेन सेन ने इसका अनुमोदन किया।"[13]

अगर मंत्री और राजदूत के पास ऐसा कोई तुरुप का पत्ता था तो उन्होंने वह देशवासियों को पहले क्यों न दिखाया? और फिर सरकारी गोपनीयता कानून का क्या हुआ जो उन्होंने इतना बड़ा गोपनीय दस्तावेज इस तरह जाहिर कर डाला?

हिंदुस्तान टाइम्स की टीम के पास यह मानने के अनेक कारण थे कि दुर्घटना की कहानी सही नहीं है। अब तो हमारे लिए एक त्रासदी हारर स्टोरी बन गई थी। अगर विमान दुर्घटना हुई ही न थी तो फिर नेताजी कहां गायब हो गए? शायद सोवियत संघ में। स्तालिन – साइबेरिया – एक भयावह दुस्वप्न की तरह हमारी आंखों के सामने छा गए। 15 अक्तूबर 2001 को मुखर्जी आयोग ने हमें गवाही के लिए दिल्ली के विज्ञान भवन में बुलाया। वहां कोई मीडिया वाला न था। पर प्रणव मुखर्जी थे। न्यायमूर्ति मुखर्जी ने हमसे कुछ सरल सवाल पूछे। इस तरह के विषय पर आयोग के सामने पेश होना मेरे लिए कुछ जटिल मामला था। पर प्रणव मुखर्जी को क्या हुआ था? वह गवाह के कटघरे में खड़े हुए तो उनका मुंह तमतमाया हुआ था। शायद उनको आशंका थी कि छः साल पहले के उनके कारनामे के बारे में कुछ कठिन सवाल पूछे जा सकते हैं, जब वह विदेशमंत्री थे। 20 अक्तूबर 1995 को रात के करीब साढ़े दस बजे एमिली शेंकल ने अपने भतीजे के पुत्र सूर्य कुमार बोस को ओसबर्ग, जर्मनी में फोन किया। वह काफी गुस्से में थीं। अगले दिन प्रणव मुखर्जी उनको नेताजी की "भस्मी" भारत लाने की अनुमति देने के लिए राजी करने के इरादे से आ रहे थे। मुखर्जी यह भी चाहते थे कि वह एक दस्तावेज पर हस्ताक्षर कर दें जिसे वह अपने साथ उनकी अनुमति के प्रमाणस्वरूप अपने साथ भारत ले जा सकें।

सूर्य कुमार ने अपनी 'चाची' से अनेक बार सुन रखा था कि उनका मानना था कि नेताजी सोवियत संघ निकल गए थे। उस रात भी उन्होंने इस बात को दोहराया कि मैंने कभी भी दुर्घटना की कहानी पर यकीन नहीं किया। उन्होंने कहा, "न तो मैं किसी ऐसी कागज पर दस्तखत करूंगी और न ही कथित भस्मी को भारत या कहीं और ले जाने की इजाजत दूंगी। अगले दिन अनिता और उनके पति प्रणव मुखर्जी को दोपहर के भोजन के लिए बाहर ले गए क्योंकि चाची बोस की भस्मी संबंधी कोई भी चर्चा सहन नहीं कर सकती थीं। उन्होंने प्रणव मुखर्जी को साफ तौर पर बता दिया था कि मुझे ताइहोकू विमान दुर्घटना में बोस के निधन पर जरा भी विश्वास नहीं है और रेनकोजी मंदिर में रखी 'भस्मी' का सुभाष से कोई वास्ता नहीं है।" इस मीटिंग का नतीजा चौंकाने वाला था। 28 अक्तूबर को एक भारतीय समाचारपत्र में खबर छपी कि प्रणव मुखर्जी ने बताया है कि "एमिली शेंकल ने भारत सरकार के नेताजी के अवशेषों को भारत लाने की योजना को अपनी स्वीकृति दे दी है और उनके पास इसे साबित करने

का दस्तावेज भी है।" सूर्य ने यह खबर देखते ही अपनी चाची को फोन किया। उन्होंने फिर कहा, "मैं ने ऐसी कोई स्वीकृति नहीं दी, न ही ऐसे किसी दस्तावेज पर हस्ताक्षर किए हैं। प्रणव मुखर्जी एक असत्य का प्रचार कर रहे हैं जिसकी वजह उनको और भारत सरकार को ही मालूम होगी।"[14] 31 दिसंबर 1995 को सांसद पसुंपन थाकिरतिरन ने राज्य सभा में विदेशमंत्री की आसबर्ग यात्रा के बारे में सवाल पूछा। इस पर प्रणव मुखर्जी के डिप्टी आर. एल. भाटिया ने गुमराह करने वाला जवाब दिया।

बहरहाल श्री मुखर्जी से इस मामले में सवाल नहीं पूछे गए। न्यायमूर्ति मुखर्जी ने उन से नेताजी की भस्मी भारत लाने में उन की भूमिका के बारे में ही पूछा। इस पर उन का जवाब था, " मंत्रालय में ऐसे एक प्रस्ताव पर विचार किया गया था क्योंकि रेनकोजी मंदिर के प्रबंधकों से इस बारे में भारत सरकार के पास अनुरोध आया था।"इस पर न्यायमूर्ति मुखर्जी ने पूछा, " क्या इस का अर्थ यह नहीं कि आप को नेताजी की मृत्यु का पूरा यकीन था?" पूर्व मंत्री ने अपने उत्तर में कहा, " उस समय भारत सरकार का ऐसा मत था कि भस्मी नेताजी की ही है।"

"भारत सरकार के ऐसे विश्वास का आधार क्या था?"

"इस का आधार शाहनवाज कमेटी और खोसला आयोग की जांच के परिणाम थे।"

न्यायमूर्ति मुखर्जी ने पूछा, " अगर ऐसा विश्वास था तो फिर रेनकोजी मंदिर से अवशेष भारत क्यों नहीं लाए गए?"

"अवशेषों को भारत लाने के बारे में देश में विवाद उठ खड़ा हुआ था।"

एक बयान देने वाले ने प्रणव मुखर्जी को याद दिलाया कि जब सरकार उन के अवशेष भारत लाने पर विचार कर रही थी तब एक जनहित याचिका पर सर्वोच्च न्यायालय में सुनवाई चल रही थी। उस में विदेशमंत्रालय भी एक पक्ष था।

इस पर सुविज्ञ श्री प्रणव मुखर्जी बोले, ' मुझे याद नहीं।" तो यह थे उन के प्रसिद्ध भारत रत्न याचिका के बारे में विचार। उन को पूर्व प्रधानमंत्री मोरारजी देसाई का लोकसभा में वह बयान भी खास याद न था। "मैं ने अखबारों में पढ़ा था कि इस बारे में लोकसभा में कुछ चर्चा हुई थी," उन्होंने लोकसभा में इस ऐतिहासिक महत्व की घटना पर हुई घोषणा को हल्के ढंग से लेते हुए जवाब दिया। जब उन से पूछा गया कि क्या आप पूर्व प्रधानमंत्री के लोकसभा में दिए बयान से सहमत हैं, तो उन्होंने उस का जवाब भी न में दिया। उन के जवाबों से ऐसा लगा मानो नेताजी की मृत्यु का विषय दलगत राजनीतिक चर्चा का मुद्दा

था। जनता सरकार का मत था कि प्राप्त साक्ष्यों से मृत्यु प्रमाणित नहीं होती। जबकि कांग्रेस पार्टी ताइपेई दुर्घटना पर यकीन करती थी। सारी गवाही के दौरान वह सिर्फ एक बार लड़खड़ाए जब उन से सुभाष को भारत रत्न देने के काबीना के फैसले के बारे में पूछा गया। एक बार वह बोले कि हां यह मंत्रिमंडल का फैसला था। दूसरी बार बोले नहीं।

आयोग के सामने पेश होने के बाद *हिंदुस्तान टाइम्स डाट काम* की नेताजी के रहस्य के बारे में भूमिका का अंत हो गया। मेरे सिवा सब लोग इस मामले से मुक्त हो गए। पर मैं इस में लिप्त रहा क्योंकि दफ्तर में अभी भी इस बारे में तमाम तरह के फोन आ रहे थे। मैं आगे के ब्योरे को ले कर उत्सुक था। अगर नेताजी 1945 में बच कर सोवियत संघ चले गए थे तो इसकी जानकारी देरसवेर भारतीयों को लगनी चाहिए थी। आखिर हम लोगों के उस देश से निकट संबंध थे।

मैं इस बारे में कुछ और मदद चाहता था। पर कैसे? पत्रकार, सरकारी अधिकारी, राजनीतिज्ञ इनमें से अधिकांश का मत था कि अगर नेताजी 1945 के बाद जीवित भी थे तो इस मामले को अब उठाने का कोई फायदा नहीं। यह दुखद कृतघ्नता ही तो थी। जो कुछ जानते थे उनका कहना था कि मामला अतिगोपनीय है। मुझे लग रहा था कि सब खत्म हो गया। तभी एक और फोन आया। फोन करने वाले ने किसी पूर्व गृह सचिव का निकट संबंधी बताते हुए कहा कि "मेरी अपने अंकल से नेताजी के बारे में जो बात हुई थी वह आप को बताना चाहता हूं।" "बताइए" मैं ने यह सोच कर कहा कि सुनने में हर्ज ही क्या है। उसके मुताबिक उसके अंकल ने उसे बताया था कि "भारत सरकार का नेताजी से 1985 तक संपर्क रहा। लेकिन सारा मामला इतना जटिल है कि वह देशवासियों की समझ से परे है। इसे सार्वजनिक नहीं किया जाना चाहिए। इससे कई लोग परेशानी में पड़ जाएंगे। इससे किसी को लाभ नहीं होगा। इसे ऐसे ही ढका रहने देना चाहिए। "क्या बक रहे हो!" मैंने कहा।

हिंदुस्तान टाइम्स में हमारे पास बहुत से काल्पनिक पत्र, फोन वगैरा आते रहे। एक आदमी ने सेना द्वारा तख्ता पलटने की एक दिलचस्प कहानी सुना डाली। उसके कहे मुताबिक 1962 के बाद में यह प्रयास नेताजी के कारण हुआ था। "नेहरूजी ने चीन के साथ युद्ध में जिस तरह की भूमिका निभाई उससे सेना के अधिकारी खफा थे। उनमें से एक को पता था कि नेताजी भारत में हैं।" उसने कहा कि इस सारी साजिश का सुराग गुप्तचर विभाग को लग गया। नतीजतन सेना के कुछ उच्च अधिकारियों को हेलीकाप्टर दुर्घटना में उड़ा दिया गया। उसने इस दुर्घटना में मारे जाने वाले जनरलों के नाम तो बताए पर यह न बता

सका कि इनमें से नेताजी के संपर्क में कौन सा था। दौलत सिंह, विक्रम सिंह, पिंटो – मैं ने कभी ऐसी कोई बात नहीं सुनी थी। मैं इन जनरलों के बारे में भी कुछ नहीं जानता था। यह "जानकारी" और एक दूसरे फोन करने वाले के "अंकल की कहानी" मेरे गले न उतरी।

लेकिन फैजाबाद से आने वाला संदेश कुछ हट कर था। संदेश भेजने वाले डा. इंद्रनील बनर्जी ने ईमेल में लिखा था, "मुझे मालूम है कि नेताजी का निधन 1945 में नहीं हुआ था। क्योंकि वह 1985 तक हमारे साथ थे।" यानी हमारे वक्तों में। तब तो राजीव गांधी प्रधानमंत्री थे। उत्सुकतावश मैंने उनको जवाब दिया। यह युवा होमियोपैथ डाक्टरों की तीसरी पीढ़ी से था। उसने तुरंत जवाब दिया कि संदेश मैंने अपने पिता डा. प्रियव्रत बनर्जी की तरफ से भेजा था। मैंने डा. प्रियव्रत को फोन किया तो उन्होंने बताया कि हमारे पड़ोस में रहने वाले एक स्वामीजी वास्तव में नेताजी ही थे। यह बात समाचार पत्रों में भी प्रकाशित हो चुकी है। मुझे ऐसा याद नहीं आया। आपको कैसे पता कि वह नेताजी ही थे? यह पूछने पर उन्होंने कहा कि स्वामीजी बंगाली थे। "मेरे खयाल से आपने नेताजी के गायब होने से पहले उनको कभी नहीं देखा होगा।" मैंने अपना शक जाहिर किया।" नहीं, "वह बोले," लेकिन मेरे मातापिता ने उनको देखा था। इसके बाद उन्होंने उनको 1979 में देखा।" मैं ने डाक्टर से पूछा कि क्या इन स्वामीजी ने कभी किसी विमान दुर्घटना का जिक्र भी किया था? "नहीं, कभी नहीं। हम ने कभी उनसे यह सवाल पूछा भी नहीं। न तो मुझे विमान दुर्घटना के बारे में कुछ मालूम था और न ही पूछने की जरूरत थी। वह तो हमारी आंखों के सामने थे।"

इससे कुछ साबित नहीं होता था। इसलिए मैं ने डाक्टर साहब से कुछ और पूछने की सोची। मैंने उनसे स्वामीजी के कद और रंगरूप के बारे में सवाल किए। उनके जवाब से यह नतीजा निकला कि उनके स्वामीजी का कद और रंगरूप सचमुच नेताजी से मेल खाता था। मैं ने डाक्टर को चक्कर में डालने के लिए कहा कि नेताजी आपके स्वामीजी से लंबे थे। पर वह अपनी बात पर अड़े रहे। इससे मैं इस नतीजे पर पहुंचा कि डाक्टर सच बोल रहे थे। यानी जिसे वह सच मानते थे वह बता रहे थे। डाक्टर ने मुझे सलाह दी कि मैं स्वामीजी द्वारा प्रयोग में लाई जाने वाली कुछ चीजों की सूची देखूं। इसके लिए मैं ने डाक्टर आलोकेश बागची से संपर्क किया। यह वही डाक्टर थे जिनसे मिलने के लिए मैंने कुछ अर्सा पहले शाली को निरुत्साहित किया था। उन्होंने ने भी वही कहानी सुनाई। नेताजी भारत में किसी स्वामी के भेस में रह रहे हैं, यह सोच कर ही मैं आश्चर्य चकित था। अब मैं सारी बात समझने के लिए डाक्टर बागची से मिलने को तैयार हो गया। उनसे मिलने के बाद सारी कहानी में एक नया मोड़ आया।

मैंने पाया कि डाक्टर बागची की नेताजी के रहस्य में गहरी दिलचस्पी थी। वह सर्जन थे और अपनी पत्नी के साथ गोरखपुर में एक बहुत सफल क्लीनिक चला रहे थे। वह एक स्वाधीनता सेनानी के पोते थे और नेताजी कभी उनके दादा के मेहमान रहे थे। डाक्टर बागची ने फैजाबाद वाले स्वामीजी के बारे में बहुत पूछताछ की थी। मेरी तो इसी बात में दिलचस्पी थी कि आखिर सच क्या है। उन्होंने मुझे 1985–86 के बहुत से अखबारों की कतरनें दिखाई जिनमें दावा किया गया कि फैजाबाद के गुमनामी बाबा ही सुभाष चंद्र बोस थे।

डा. बागची ने मुझे उन चीजों की सूची भी दी जो गुमनामी बाबा के निवास से मिली थीं। इस मोटी फाइल में करीब 2500 चीजों का जिक्र था। "क्या आयोग ने यह देखा है?" मैंने उनसे पूछा। "हां, मैंने बहुत पहले उनको इसकी एक प्रति दी थी।" उन्होंने गर्व से कहा। मैंने जानने की कोशिश की कि आयोग इसमें कितनी दिलचस्पी ले रहा है। खोसला आयोग की तरह मुखर्जी आयोग के सामने भी कई महात्माओं के सुभाष होने के दावे पेश किए गए थे। देहरादून में 1977 में मरने वाले शौलमारी बाबा की कहानियां तो आज भी चल ही रही थीं। कुछ नए बाबा मध्यप्रदेश और उत्तर प्रदेश में सीतापुर में भी प्रकट हुए थे। डाक्टर बागची वहां भी गए थे। लेकिन मैं ने पाया कि आयोग गुमनामी बाबा में बहुत दिलचस्पी ले रहा है। आयोग इस मामले में कई लोगों की गवाही ले चुका था। इस में डाक्टर बनर्जी और उन का परिवार भी शामिल था। इन में से एकाध को छोड़ कर सभी ने दावा किया था कि गुमनामी बाबा ही नेताजी सुभाष चंद्र बोस थे। यह सब 2001 में हुआ था। तब न्यायमूर्ति मुखर्जी ने एक भूतपूर्व जज और अपने मुख्य निजी सचिव एन. के. पांजा को गवाहों के बयान लेने का काम सौंपा था। मुझे पता चला कि पांजा की रिपोर्ट से न्यायमूर्ति मुखर्जी बहुत प्रभावित हुए थे और अब वह खुद फैजाबाद जाने के बारे में सोच रहे थे।

यह बड़ी दिलचस्प स्थिति थी। भारत के सर्वोच्च न्यायालय के एक भूतपूर्व न्यायाधीश एक अविश्वसनीय सी लगने वाली कहानी पर गंभीरता से विचार कर रहे थे।

संदर्भ/टिप्पणियां

1. पब्लिक अपील। *हिंदुस्तान टाइम्स डाट काम,* नेताजी प्रोब का पहला चरण.
2. मुखर्जी आयोग की स्थिति रिपोर्ट दिनांक 22 मार्च 2000.
3. मुखर्जी आयोग की सुनवाई, दिनांक 28 सिंतबर 2000.
4. मुखर्जी आयोग की सुनवाई, दिनांक 28 सिंतबर 2000.
5. मुखर्जी आयोग की सुनवाई, दिनांक 31 अगस्त 2000.

6. आई. बी. ने अंततः एक ''गोपनीय '' हलफनामा दायर किया। लेकिन रॉ ने नहीं किया.
7. मुखर्जी आयोग की सुनवाई, दिनांक 31 अगस्त 2000.
8. मुखर्जी आयोग की सुनवाई, दिनांक 28 सितंबर 2000.
9. मुखर्जी आयोग की स्थिति रिपोर्ट, दिनांक 26 सितंबर 2000.
10. मुखर्जी आयोग को दिया गया 18 दिसंबर 2001 का हलफनामा.
11. मुखर्जी आयोग की स्थिति रिपोर्ट, दिनांक 26 सितंबर 2000.
12. मुखर्जी आयोग की सुनवाई, दिनांक 4 जून 2001.
13. मुखर्जी आयोग की सुनवाई, दिनांक 23 नवंबर 2000
14. मुखर्जी आयोग के समक्ष प्रस्तुत सूर्य कुमार बोस का हलफनामा, दिनांक 6 मार्च 2000.

11

गहरा रहस्य

हम ने जांच की। दिन-रात परिश्रम से एकत्र की गई सामग्री में तालमेल बैठाया। तब हमें यह अटल वि वास हुआ कि वह (भगवनजी) भारत भूमि पर अवतरित होने वाली महानतम हस्तियों में से एक थे।

नार्दन इंडिया पत्रिका 20 दिसंबर 1985 में संपादकीय

हम ने खोजा-तो पाया भी कि गुमनामी बाबा ही 'महाकाल' और 'महाकाल' ही नेताजी थे। अब इस राष्ट्र की जनता, सरकार व न्यायपालिका जो चाहे वह इतिहास में दर्ज करे।

गंगा पत्रिका के फरवरी 1988 के अंक में अशोक टंडन

यह साक्ष्य पे ा करते हुए हम कांप रहे हैं। लेकिन यह हम इस वि वास के साथ कर रहे हैं कि भारतीयों में सत्य को स्वीकार करने की परिपक्वता और मानसिक बल है। फिर वह सत्य कितना ही कठोर क्यों न हो।

हिंदुस्तान टाइम्स डाट काम, नेताजी प्रोब फेज–2 का आरंभिक संपादकीय, जिस ने अप्रैल 2002 में भगवनजी के सुभाष बोस होने के पुराने दावे को जीवंत किया।

सैगोन से गायब होने पर सुभाष बोस जो सुराग छोड़ गए थे वह 56 साल बाद भारत में "प्रकट" हुआ। 26 नवंबर 2001 को सत्य की खोज सुभाष बोस के रहस्य को साइबेरिया के बर्फानी इलाके से उत्तर प्रदेश के एक छोटे शहर फैजाबाद ले आई। न्यायमूर्ति मुखर्जी साक्ष्य की खोज में स्वयं फैजाबाद आए। उन्होंने एक साधारण से कलई पुते भवन के बाहर अपनी सफेद अंबैसेडर गाड़ी ठहराई। यह फैजाबाद के जिला कोषागार का भवन था। यहां विशेष बात थी उमड़ता जनसमुद्र। आयोग की किसी भी बैठक में इतनी भीड़ देखने को नहीं मिली थी। दिल्ली और कलकत्ता के उलट यहां नेताजी के लिए जनता का

उत्साह देखते ही बनता था। लखनऊ, बस्ती, सीतापुर और अयोध्या से आए वृद्धों और प्रौढ़ों की भीड़ सुबह से ही उमड़ने लगी थी।

इस रोंमाच का कारण थे पास की कोठरी में सील कर के पिछले 15 साल से रखे गए दो दर्जन ट्रंक। इनमें फैजाबाद के उन रहस्यमय साधु महाराज के बारे में जानकारी का खजाना छिपा था जिनके बारे में विश्वास किया जाता था कि वही नेताजी सुभाष चंद्र बोस थे जो गुमनामी की जिंदगी गुजार रहे थे।

कहानी में यह रोमांचक मोड़ नवंबर 2001 में नहीं बल्कि 16 साल पहले आया था। 16 सितंबर 1985 को जन–संपर्क से दूर रहने वाले साधु महाराज को उनके डाक्टर शिष्यों ने ब्रह्मलीन घोषित कर दिया। ये शिष्य थे, डा. रघुनाथ प्रसाद मिश्र और डा. प्रियव्रत बनर्जी। साधु महाराज गुरबसंत सिंह के बड़े से घर ''राम भवन'' से लगे कुटीर में सन 1983 से रहते थे। चूंकि उनको कभी आम लोगों ने देखा न था इसलिए उनके निधन का जनसाधारण पर विशेष असर नहीं हुआ। उनकी उम्र लगभग 90 वर्ष बताई जाती थी। अपनी साधना के कारण वह जन–संपर्क से दूर रहते थे। यहां तक कि उनके शिष्य भी बहुधा परदे के पीछे से उनकी आवाज ही सुनते। वह अपने कमरे से बाहर कभी नहीं निकलते थे और कुछेक को छोड़ कोई भीतर नहीं जाता था। उनको लोग भगवनजी, श्री स्वामी, स्वामीजी, बाबाजी, श्री विजय आदि नामों से पुकारते थे। वे दशनामी संन्यासी भी कहलाते थे –– अपने दस नामों के कारण। उनसे अपरिचित उनको गुमनामी बाबा या अनाम संत कहते थे।

भगवनजी की दंतकथा स्थानीय स्तर पर ही रह जाती अगर 16 सितंबर की रात को कुछ विचित्र घटना न घटी होती। गुरबसंत सिंह को भगवनजी के शिष्यों ने उनके किराएदार के पार्थिव शरीर को देखने से मनाही कर दी । उनका कहना था कि गुरुजी की आज्ञा का पालन उनके निधन के बाद भी किया जाना चाहिए। जिस कमरे में भगवनजी दो साल रहे थे, शरीर वहां अगले दो दिन तक रखा गया। डा. मिश्रा, डा. बनर्जी और तीन दशकों से उनकी सेवा कर रही सरस्वती देवी शुक्ला उसकी निरंतर पहरेदारी करते रहे। बताया गया कि यह भगवनजी के कुछ शिष्यों का बंगाल से आने का इंतजार है। 19 सितंबर को तिरंगे झंडे में लिपटे शरीर को रात के अंधेरे में तेजी से निकाला गया। आननफानन में सरयू तट पर निर्जन गुप्तार घाट पर चिता सजाई गई और पार्थिव शरीर को अग्नि के हवाले कर दिया गया। कहा जाता है कि इसी स्थान पर भगवान राम का अंतिम संस्कार किया गया था। उस समय भगवनजी के स्थानीय शिष्य ही उपस्थित थे जो फैजाबाद व अयोध्या से आए थे।

सबसे पहले पंडा रामकिशोर अपने मन के उद्गार न रोक पाया। वह बिलख पड़ा, ''उनकी अंतिम यात्रा में हम तेरह लोग यहां मौजूद है, जबकि तेरह

लाख होने चाहिए थे।" 1977 में जब रामकिशोर ने भगवनजी को अयोध्या लाए जाने में सहायता की थी तब उसे कुछ संकेत दिया गया था कि वह कौन हैं। पर वह इसकी पुष्टि चाहता था। कुछ दिनों बाद वयोवृद्ध संत की तबीयत फिर से खराब हो गई। डा. टी. सी. बनर्जी भागे–भागे आए। पहले दिन से ही फैजाबाद के यह होम्योपैथिक डाक्टर इस विशेष स्थिति में थे कि भगवनजी के कमरे में सीधे प्रवेश करें। 1975 की एक शाम को भी वृद्ध स्वामीजी की तबीयत अचानक खराब हो गई। तब सरस्वती देवी भागी–भागी डा. टी. सी. बनर्जी के क्लीनिक पर आई। वह फौरन क्लीनिक अपने बेटे प्रियव्रत के हवाले कर के कुछ किलोमीटर दूर अयोध्या के लिए चल दिए। डा. मरीज को देखने के लिए पर्दे के उस तरफ गए। भगवनजी को देखते ही उनके बदन में झुरझुरी आ गई। 1939 के लखनऊ की याद एकदम उनके स्मृतिपटल पर उभर आई जब युवा टी. सी. बनर्जी पास खड़े हो कर कांग्रेस अध्यक्ष को अपलक निहार रहे थे।

रामकिशोर ने डा. साहब को कमरे से बाहर आते देखा तो पास जा कर पूछा कि स्वामीजी अब कैसे हैं? डा. बनर्जी बोले कि अब उनकी हालत स्थिर है। फिर जाते–जाते वह कुछ भावविभोर हो कर बोले, " यह तुम्हारा सौभाग्य है कि तुम्हें सुभाष बाबू की सेवा करने का मौका मिल रहा है।"

19 सितंबर के बाद से भगवनजी के शिष्य अपने मन के उद्‌गारों को रोक नहीं पा रहे थे। हर दिन उनकी मानसिक बेचैनी बढ़ रही थी। उनके पास बताने को केवल उनके अनुभव व विश्वास ही था। जहां भी भगवनजी रहे, उनके सुभाष बाबू होने की अफवाह फैली, भले ही उन्होंने खुद को एक कमरे मे बंद कर रखा था। राजकुमार से उसके स्कूल के साथियों ने कहा कि तुम्हारे नाना महादेव प्रसाद मिश्रा और मां सरस्वती देवी जिन स्वामीजी की सेवा करते हैं वह सुभाष बोस हैं। इस पर राजकुमार ने सीधे भगवनजी से ही यह सवाल पूछ लिया। "मेरे भगवे कपड़ों को देखो, "स्वामीजी बोले ,"क्या मैं संन्यासी नहीं ?" बड़े होने पर राजकुमार को उसकी मां ने बता दिया कि भगवनजी वास्तव में कौन हैं। लेकिन साथ ही चेताया भी कि इस बात को गुप्त रखे। फिर उसने एक बार खुद एक शिष्य के जिद करने पर उनको स्वीकार करते सुना कि वह सुभाष हैं। फुसफुसाहटें बढ़ने लगीं। 1977 तक भगवनजी को छः घर बदलने को विवश होना पड़ा। भगवान राम की नगरी में उनको शांति नहीं मिली। 3 जुलाई 1977 को एक स्थानीय साप्ताहिक ने सनसनीखेज लेख प्रकाशित किया, "महात्मा के लिबास में यह कौन हैं? लोगों का कहना है कि वह कोई महान हस्ती हैं। अगर उन्होंने अपना स्वरूप प्रकट कर दिया तो भारतीय राजनीति में भूकंप आ जाएगा।"

गुरुबक्श सिंह सोढी को अपना किराएदार पसंद न आया। एक तो इस "नजरों से ओझल रहने वाले" महात्मा को आधी रात को चुपके से लाया गया

था। तिस पर शिष्यों ने अयोध्या के ऐतिहासिक ब्रह्मकुंड गुरुद्वारे के स्थान में थोड़ा फेरबदल भी किया। सरयू के सामने की एक चट्टान पर बने घर के चारो तरफ उन्होंने दीवार बना कर किलेबंदी सी कर दी। भगवनजी के सोढी के बड़े भाई महंत नारायण सिंह के परिवार से स्नेह करने से वह और भी चिढ़ गया क्योंकि उसकी बड़े भाई से नहीं बनती थी। सोढ़ी ने कुछ समय बाद ही अपने किराएदार को निकालने की कोशिशें शुरू कर दीं। उसने पुलिस में लिखित शिकायत की। उच्च अधिकारियों को भी लिखा। पर उसे फटकार ही मिली। अंततः उसे किसी ने सलाह दी कि तुम इन पर मुकदमा कर दो। अदालत में पेश होना तो भगवनजी को गवारा न था। इसलिए उन्होंने 15 मई 1978 की रात को चुपचाप घर खाली कर दिया।

सोढी ने *करेंट* पत्रिका के स्थानीय संवाददाता विरेंद्रकुमार मिश्रा से संपर्क किया। वह भी भगवनजी की असलियत सबके सामने लाने को बेचैन था। उसने सात पेज की एक रिपोर्ट बना कर 19 फरवरी 1979 को फैजाबाद के एस. पी. ज्ञानेश्वर झा को सौंपी। इस में मिश्रा ने वे कारण गिनाए कि उसे गुरुदेव स्वामी पर संदेह क्यों था।

"कुछ लोगों का कहना है कि बाबाजी सी. आई. ए. एजेंट हैं। उनके पास ट्रांसमीटर है जिससे वे खबरें बाहर भेजते हैं। कुछ का कहना है कि बाबाजी सुभाष चंद्र बोस हैं और वे गुमनामी में रहना चाहते हैं। चार साल पहले जब एक अध्यापक बाबाजी को बस्ती से यहां लाए तब उनके सेवादारों ने भी ऐसा ही आभास दिया। इस साल गणेश चतुर्थी पर बाबाजी का देवकाली आवास सजाया गया था। तब 23–24 जनवरी को नेताजी सुभाष चंद्र बोस का जन्मदिन मनाया गया था। पिछले तीन वर्षों से पांच बंगाली अपने परिवारों के बिना दुर्गापूजा के दिनों में उनसे मिलने आते हैं। वे तीन–चार दिन उनके पास ठहरते हैं। कुछ पूछने पर टालमटोल वाले जवाब देते हैं। उनके शिष्यों का विभिन्न व्यवसायों में होना भी शक जाहिर करता है। उनमें अध्यापक, डाक्टर, वकील, कलाकार, राजनीतिज्ञ और बहुत पढ़ी–लिखी महिलाएं शामिल हैं। बाबाजी अपने आप को दशनामी संन्यासी कहते हैं पर उनको धूम्रपान की बुरी लत है। शंकर निवास दर्शन नगर में (जहां वह रहते थे) कुछ लोगों ने पेड़ पर चढ़ कर उनको देखने की कोशिश की तो बाबाजी ने उन पर बंदूक तान दी। अयोध्या के पूर्व इंस्पेक्टर श्री जालिम सिंह ने बाबाजी के बारे में छानबीन करने की कोशिश की। लेकिन पंडा रामकिशोर की कोशिशों से वह भी बाबाजी के भक्त हो गए।"

झा ने मिश्रा के पत्र को गंभीरता से लिया। उन्होंने भगवनजी से मिलने की इच्छा जाहिर की । लेकिन उनको अनुमति नहीं दी गई। जब उन्होंने ज्यादा जोर

दिया तो उनका तबादला हो गया। यह अन्यत्र होने वाली घटनाओं की आवृत्ति ही थी। फैजाबाद, अयोध्या और बस्ती में भगवनजी के आवास के पास रात को तरह–तरह की कारें दिखाई देती थीं। यह वह जमाना था जब देश के इन हिस्सों में कार दिखाई देना मात्र ही एक खास बात होती थी। उन कारों में से सूट–बूट धारी लोग उतर कर भगवनजी से मिलने जाते थे। लोगों का कहना था कि उनमें से कई उच्च सरकारी अधिकारी होते थे। एक बार गुरबसंत सिंह ने एक कर्नल को देखा। वह सीना तान कर अंदर गया था। जब बाहर निकला तो बहुत विनम्र हो रहा था। उसने इशारा कर के कहा, "अंदर जो बैठे हैं, वह सेना के जनरल हैं।" भगवनजी के बारे में बताया जाता है कि उनके उपदेश राष्ट्रीय और अंतर्राष्ट्रीय राजनीति पर होते थे। भाषा होती थी, अंग्रेजी, हिंदी, उर्दू और संस्कृत भी। कभी–कभी थोड़ी जर्मन भी बोलते थे। लेकिन अपने करीबी लोगों से वह अपनी मातृभाषा बंगाली में बात करते। उनके लहजे से लगता था कि बहुत साल कलकत्ता रहे होंगे।

कई बार भगवनजी अपनी यादों में से तरह–तरह के प्रसंग चला देते। जिनमें भारतीय स्वाधीनता संग्राम, वियतनाम युद्ध और उससे आगे की बातें भी होतीं। वह कभी कहते कि बहुत पहले एक बार उन्होंने पनडुब्बी में एक लंबी यात्रा की थी। स्टटगार्ट, बर्लिन, साइबेरिया, टोकियो, लंदन, काबुल, सैगोन, सिंगापुर आदि जगहों पर वह जा चुके थे। गांधी, नेहरू, जिन्ना, उनके लिए ऐतिहासिक पात्र नहीं थे। उनके बारे में वह इस तरह बात करते थे जैसे उनको बहुत करीब से जानते रहे हों। "ओह, आप तो धूम्रपान भी करते हैं," एक शिष्य ने उनको सिगार पीते देख कर कहा। "मुसोलिनी ने मुझे यह बुरी लत लगाई।" अचानक उनके मुंह से निकल गया। उनके अतीत की स्मृतियों में युद्ध व कटु वाद–विवाद भी शामिल थे। वह 'चांस्लर हिटलर' से मुलाकात की बात करते। कभी कहते, "तुम्हें पता है, चर्चिल एस. का उच्चारण नहीं कर पाते थे।" वह जर्मन व जापानी सैनिकों की बड़ी प्रशंसा करते। देश का विभाजन उनको सालता था। बांग्लादेश के स्वतंत्र होने से वह खुश हुए। वह घंटों तक उन युक्तियों की चर्चा करते जिनके दम पर भारतीय व मुक्तिवाहिनी के जवानों ने याहिया खां के सैनिकों को हराया। वह अपने बारे में कम बोलते। कभी अपनी चर्चा करते तो "यह शरीर" ही कह कर करते। "तुम जानते हो इस शरीर के काजी नजरुल हसन से बहुत अभिन्न संबंध थे।" एक बार उन्होंने मशहूर बंगाली गायक के बारे में कहा जो सुभाष के अभिन्न मित्र थे।

कभी–कभी भगवनजी परदे वाली अंबैसेडर कार में बैठ कर दूरदराज कहीं जाते। उनका चेहरा अक्सर ढका होता। किसी को उनकी तरफ देखने की

अनुमति नहीं थी। 1964 में इंसपेक्टर जितेंद्र बहादुर सिंह ने उनके यहां छापा मारा। इसकी खबर पहले से लग गई थी। उसे वहां खाली कमरों के सिवा कुछ नहीं मिला। कुछ दिनों बाद बस्ती के जिलाधीश टी. के. चार्लू ने भी ऐसी कोशिश करनी चाही। लेकिन वह असफल रहे। फार्वर्ड ब्लाक के कार्यकर्ताओं ने भी इस रहस्य का पता लगाने की कोशिशें कीं। लेकिन भगवनजी ने अपने कमरे में बैठे–बैठे उनके प्रयत्नों को व्यर्थ कर दिया।

भगवानजी के निधन का समाचार मिलते ही इस तरह की कहानियां फैजाबाद और उसके आस–पास फैलने लगीं। अधिकारियों व आसूचना एजेंसियों तक यह बात न पहुंचती यह तो संभव न था। राम भवन नगर के उच्च अधिकारियों के आवास के पास ही था। राष्ट्रीय ध्वज में लिपटे एक मृत शरीर का अंतिम संस्कार सेना की छावनी के निकटवर्ती स्थान पर किया गया था। इसके लिए अधिकारियों को न तो कोई सूचना दी गई थी और न ही उन से अनुमति ली गई थी। सभी 13 शिष्यों के खिलाफ सार्वजनिक स्थान पर गैरकानूनी तरीके से शवदाह करने के लिए प्राथमिकी दर्ज की गई थी। सिविल सर्जन डा. मिश्रा बहुत जाने–माने लोगों में से थे। डा. प्रियव्रत बनर्जी को अपने पिता का यश और अपने पेशे की शोहरत विरासत में मिली थी। फैजाबाद के डी. आई. जी. अजय राज से उनके मैत्री संबंध थे। यही अजय राज शर्मा बाद में सीमा सुरक्षा बल के महानिदेशक बने। बाकी शिष्यों, डा. बी. एन. राय, रवींद्र शुक्ला, डा. मिश्रा और उनके पुत्र अनुपम ने इस बात से कभी इनकार नही किया कि उन्होंने गुप्तार घाट पर शवदाह किया था। अधिकांश शिष्यों ने खुलेआम कहा कि महात्मा नेताजी थे। कुछ ने तो अधिकारियों को चुनौती भी दी कि उनके खिलाफ कार्रवाई कर के दिखाएं। इस सबके बावजूद पुलिसवाले चुप रहे। क्यों? एक अनुयायी ने जवाब में कहा, "क्योंकि उनको पता था कि वह नेताजी ही थे। अगर ऐसा न होता तो वह हमारे खिलाफ कार्रवाई करते और हमें जेल में ठूंस देते। आपको पता नहीं कि उत्तर प्रदेश की पुलिस कैसी है।"

करीब एक महीने बाद पुलिस की नींद टूटी। सब इंसपेक्टर हरीश चंद्र सिंह 27 अक्तूबर 1985 को सरस्वती देवी व राजकुमार को थाने ले गया। उनकी 'गिरफ्तारी' से शिष्यों का क्रोध भड़क उठा। अगले दिन एक स्थानीय दैनिक ने सारी पोल खोल दी। इस दैनिक *नए लोग* के संपादक अशोक टंडन भगवनजी के कुछ शिष्यों को जानते थे। उन्होंने अपने संवाददाता चंद्रेश श्रीवास्तव और रामतीर्थ विकल से तहकीकात करने को कहा। नतीजतन 28 अक्तूबर 1985 के दैनिक में छः कालम का मुख्य शीर्षक नजर आया, " फैजाबाद के नेता सुभाष चंद्र बोस का निधन ?" इस के साथ ही टंडन ने अपने संपादकीय में अधिकारियों

से अपील की कि वे सारी बात की जांच कराएं। सरस्वती देवी तो भगवनजी के बारे में सबसे ज्यादा जानती थीं। उन्होंने भी खुलेआम कहा कि मैंने और मेरे पिता ने जिनकी सेवा की वह नेताजी ही थे। उन्होंने *नए लोग* को बताया कि भगवनजी अपने कष्टों के लिए नेहरू–गांधी राजवंश को जिम्मेदार मानते थे। उनकी वास्तविकता से बहुत से महत्वपूर्ण लोग परिचित थे।

इस समाचार से नगर में सनसनी दौड़ गई। टंडन को पता चला कि *नए लोग* का प्रसार रोकने की कोशिशें की जा रही हैं। लेकिन इतनी बड़ी खबर को छिपाना असंभव था। प्रशासन की कंपकंपी छूट गई। उसी दिन जिलाधीश ने बयान दे कर एक साधु का संबंध महान स्वाधीनता सेनानी से जोड़ने को अनर्गल बताया। उन्होंने कहा कि एस. पी. और जिलाधीश की जांच में ऐसा कुछ नहीं मिला है। अगले दिन पंडा रामकिशोर ने कुछ और जानकारी भी दी। कांग्रेसी सांसद निर्मल चंद खत्री ने उसकी बात ध्यान से सुनी और कहा कि मैं यह मामला दिल्ली में उठाऊंगा। उसके बाद खत्री गायब हो गए। लेकिन उसी दिन से स्थानीय तौर पर राजनीतिज्ञों की जन–सभाओं का दौर शुरू हो गया। सब इस मामले में अपनी–अपनी रोटियां सेंक रहे थे। एक वकील ने जिलाधीश के यहां आवेदन किया कि भगवनजी की संपत्ति का कुछ किया जाए जिसके बारे में कुछ विवाद शुरू हो गया था। उन्होंने यह भी कहा कि अगर *नए लोग* के संपादक लोगों को गुमराह कर रहे हैं तो उनको गिरफ्तार किया जाना चाहिए।

30 अक्तूबर को फैजाबाद के वरिष्ठ एस. पी. ने मृतक के सामान की सूची बनाने का आदेश दिया। इसके लिए इंस्पेक्टर हरीश चंद्र और एक सिपाही राम भवन आए। अशोक टंडन और उनके संबंधी वी. एन. अरोरा भी मौके पर आए। अरोरा *नार्दर्न इंडिया पत्रिका* के संवाददाता थे। पहली बार पर्दे के दूसरी ओर आगंतुकों को देखने का मौका मिला। यहां–वहां ट्रंक और बक्से बिखरे पड़े थे। कुछ सामान गायब बताया गया। इसमें एक ट्रांस्मीटर (या हैम रेडियो) भी शामिल था। जो बचा उसमें पुस्तकें थीं। इतनी कि उस कमरे को एक छोटा पुस्तकालय कहा जा सकता था। पुलिसवालों के काम करने के तरीके से उपस्थित लोग संतुष्ट नहीं हुए। खासतौर से फोटो और पत्र सुभाष से संबंधित प्रतीत हो रहे थे। पर सूची बनाने का काम लापरवाही से किया जा रहा था जिसमें आवश्यक ब्योरे का अभाव था। उन्होंने एक ऐसे पत्र को भी सूची में शामिल किया, जो किसी दुर्गा प्रसाद पांडे ने बस्ती से भगवनजी को अंग्रेजी में लिखा था, लेकिन उसका विवरण छोड़ दिया। पांडे ने संकेत दिया था कि वह भगवनजी का असली परिचय जानता है और उन से मिलने की अनुमति मांगी थी।

"चुंगी के पूर्व अधिकारी और बस्ती के वकील स्वर्गीय श्री ज्वाला मिश्रा ने अपने अंतिम समय में मुझे आपका असली परिचय बता दिया था और कहा था

कि मैं इस बात को गुप्त ही रखूं। सच्चाई को दबाया नहीं जा सकता। कभी न कभी वह सामने आ ही जाती है। आप आई. सी. एस. अधिकारी रह चुके हैं। 23 जनवरी को आपका जन्मदिन मनाया गया था! देश का वह शुभ दिन जब *जयहिंद* का नारा भी गूंजा था।"

उसी कमरे में उस अंग्रेजी पत्र का कच्चा मसौदा भी था जो भगवनजी ने जवाब में पांडे का लिखा था और जिस तरफ पुलिसवालों ने ध्यान नहीं दिया।

"तुम्हारे दो भावपूर्ण पत्र मिले। मैं अनुमान कर सकता हूं कि किन लोगों ने तुम से अवांछित बातचीत की है। यह उनका बचपना था। मैं तो दशनामी संन्यासी हूं। संन्यासी अपना पहले का जीवन मर चुका होता है। अब तो मेरा जीवन मां दुर्गा और भगवान शिव की आराधना को अर्पित है। तुम्हारे विचार जो पत्र में व्यक्त हैं और जो तुम्हारे हृदय में छिपे हैं, उन सब के उत्तर जब शांतिपूर्वक अपने हृदय को टटोलोगे तो पा जाओगे।[2]

अपने 1 नवंबर 1985 के अंक में *नए लोग* ने लिखा कि उस घर से सुभाष बोस से संबंधित बहुत सामग्री मिली है। इसके बाद भाषाई पत्रों में ऐसे समाचारों की बाढ़ सी आ गई। *स्वतंत्र भारत, आज, दैनिक जागरण, अमृत प्रभात, दिनमान* और कलकत्ता के *जुगांतर* ने इस से संबंधित समाचार छापे। *अमृत बाजार पत्रिका* ग्रुप की *नार्दन इंडिया पत्रिका* ने अरोरा के भेजे विवरण के चलते इस सनसनीखेज समाचार को प्रमुखता से छापा। अपने 3 नवंबर के अंक में पत्र ने वह सवाल उठाया जो फैजाबाद में हर किसी की जबान पर था। "अनाम संत नेताजी थे?" 9 नबंवर को *स्वतंत्र भारत* ने भी ऐसा ही सवाल उठाया। इससे राजनीतिक हलकों में भी हलचलें बढ़ीं। बड़े पैमाने पर प्रदर्शन होने लगे। सब तरह के राजनीतिज्ञों ने सर्वोच्च न्यायालय के किसी न्यायाधीश से जांच कराए जाने की मांग की। सरकारी हलकों से मिलने वाली खबरों से संकेत मिले कि पुलिस मामले की छानबीन कर रही है और शायद इंटेलिजेंस ब्यूरो को सहायता करने को कहा जाएगा। कुछ सरकारी अधिकारी निजी तौर पर कहने लगे कि भगवनजी राजनीतिक विचारक थे और शायद सुभाष बोस से उनके कुछ संबंध थे।

अगले हफ्ते भी भ्रांति का वातावरण बना रहा। 15 नवंबर को स्वाधीनता सेनानियों की समिति के एक प्रतिनिधि ने दावे का खंडन किया। इलाहाबाद की *माया* पत्रिका ने उत्तर प्रदेश के मुख्य सचिव का बयान छापा कि भगवनजी सुभाष नहीं थे। अधिक से अधिक वह उनके कोई सहयोगी रहे होंगे और इस का पता लगाया जा सकता है। डी. आई. जी. अजय राज शर्मा के विचार भिन्नता लिए हुए थे। 24 नवंबर को उन्होंने *नए लोग* को बताया, "बाबा में कुछ खास

बात जरूर थी। सारे मामले से कई सवाल उठते हैं। वह राष्ट्रवादी और राजनीति के ज्ञाता थे। उनकी हस्तलिपि को नेताजी के साथ मिलाना चाहिए।" उन्होंने कहा कि इस बारे में जांच हो रही है और इसमें महीना डेढ़ महीना लग जाएगा। *साप्ताहिक सहारा* के 24–30 नवंबर के अंक के मुख्य लेख से यह बात और भी प्रकाश में आई। इसकी शुरुआत कुछ ऐसे हुई कि भगवनज़ी कोई सामान्य साधु–संत न थे। अंततः निष्कर्ष यह निकाला गया कि नेताजी का निधन ताइहोकू विमान दुर्घटना में नहीं हुआ था और वह भारत में छद्मवेश में रह रहे थे। इसलिए इस बात की प्रबल संभावना है कि गुमनामी बाबा नेताजी ही थे। इससे भी अधिक प्रासंगिक था इसके साथ का लेख जिसमें सरकारी अमले का असमंजस झलकता था।

"रामभवन के बगल में ही फैजाबाद के कमिश्नर कमल तिवारी का आवास है। दो दिन तक लाश सिविल लाइन जैसी पौश कालोनी के राम भवन में रखी गई किंतु पुलिस को इसकी कोई सूचना नहीं थी। वह रहस्यमय ढंग से छिप कर रह रहे थे, यह बात पुलिस और प्रशासन दोनों को ही पता थी। किंतु इस के बावजूद बाबा की मृत्यु के बाद पुलिस ने न तो लाश का पंचनामा किया और न ही मृत्यु पत्रिका में उनकी मृत्यु की सूचना दर्ज कराई गई। दो दिन बाद लाश चुपचाप गुप्तार घाट पर जला दी गई। इस पर भी पुलिस ने कोई कार्रवाई नहीं की। जबकि गुप्तार घाट कोई श्मशान घाट नहीं है!

जिलाधिकारी इंदु कुमार पांडे ने इस संवाददाता (पुनीत टंडन) को बताया कि प्रशासन ने ऐसी कोई अनुमति नहीं दी थी। फैजाबाद के जिला अधिकारी श्री पांडे के बयान भी इस पूरे घटनाक्रम में समय–समय पर बदलते रहे हैं। बाबा की मौत के बाद जब एक स्थानीय पत्र ने यह रहस्योद्घाटन किया कि गुमनामी बाबा नेताजी सुभाष चंद्र बोस थे तो जिलाधिकारी श्री पांडे ने तुरंत बिना मामले की किसी प्रकार की जांच कराए इस खबर का खंडन कर दिया। श्री पांडे के इन बयानों से सामान्य नागरिकों में रोष व्याप्त हो जाना स्वाभाविक था।

बताया जाता है कि प्रशासन ने बाबा के सामान का सूचीबद्ध करने की मांग भी तब मानी थी जब लोकल इंटेलिजेंस यूनिट (एल. आई. यू.) ने यह सूचना दी कि वहां कोई महत्वपूर्ण सामान नहीं है। यदि इसे खोल कर नागरिक प्रतिनिधिमंडल को दिखा दिया जाए तो मामला रफा–दफा हो जाएगा। ... बताया जाता है कि इसके बाद से जिला प्रशासन के वरिष्ठ अधिकारियों की केंद्रीय खुफिया अधिकारियों तथा राज्य के वरिष्ठ अधिकारियों के साथ लगातार कई लंबी व गुप्त मंत्रणाएं हुई हैं। किंतु ऊपर से कोई आदेश न प्राप्त होने के कारण मामले पर प्रशासन चुप्पी साधे हुए है।"

दिसंबर में राष्ट्रीय पत्र भी इस मुहिम में शामिल हो गए। 7 दिसंबर को *ब्लिट्ज* ने एक लेख प्रकाशित किया। दिसंबर 1985 के अंक में *धर्मयुग* ने नेताजी और भगवनजी की हस्पलिपि के परीक्षण की चर्चा की। इसका चरम तब सामने आया जब लखनऊ, इलाहाबाद और कानपुर से प्रकाशित होने वाली *नार्दन इंडिया पत्रिका* ने *मैन आफ मिस्ट्री* सीरीज प्रकाशित करनी आरंभ की। इसके सहयोगी प्रकाशन *अमृत प्रभात* में इस का हिंदी रूपांतर भी प्रकाशित होने लगा। इसका श्रेय *नार्दन इंडिया पत्रिका* के संपादक सैयद कौसर हुसैन को जाता था। उन्होंने वी. एन. अरोरा से सारी बात सुनने के बाद दिल्ली से उनकी सहायता के लिए एक वरिष्ठ पत्रकार को भी बुला लिया। यह थे अंतर्राष्ट्रीय ख्याति प्राप्त निर्मल निबेदन जो उत्तर–पूर्व के विशेषज्ञ थे। लेखमाला की पहली किस्त इस घोषणा के साथ प्रकाशित हुई, "यह गुमनामी बाबा के बारे में हमारी जांच रिपोर्ट की पहली किस्त है। मामले की गंभीरता और राजनीतिक संवेदनशीलता को समझते हुए हमने सारी जांच बहुत निर्पेक्ष रूप से की है और हम अपनी रिपोर्ट के लिए किसी भी अधिकरण का सामना करने को तैयार हैं। हम चाहते हैं कि हमारे पाठक इसे खुले दिमाग से पढ़ें और इसके गुणनुसार इसका आकलन करें।" इन की त्रयी अपने बनाए मानदंडो पर कायम रही। अपनी 17 किस्तों में उन्होंने सारे वृतांत की गरिमा बनाए रखी। उन्होंने आरंभ में बताया कि भगवनजी जब अपनी गहन–गंभीर वाणी में अपना ओजस्वी प्रवचन करते थे तो पता चलता था कि गहन अतीत में उनकी कितनी पैठ थी। उनकी गुंजायमान वाणी से निकले शब्दों को आत्मसात करते हुए साधारण ग्रामीणों से ले कर विद्वान डाक्टरों तक सब उनके विषद् ज्ञान से अभिभूत हो जाते। जबकि उन्होंने कभी अपना वास्तविक परिचय किसी को नहीं दिया।

नार्दर्न इंडिया पत्रिका की लेखमाला की तरफ से पाठकों का ध्यान हटाने की गरज से लखनऊ के एक प्रमुख हिंदी दैनिक ने इस कथा का एक भ्रांतिकारी विवरण देना आरंभ कर दिया। उसने दावा किया कि भगवनजी के कुछ भक्तों का अपराधी अतीत रहा है। एक राजनीतिज्ञ के हवाले से बताया गया कि लखनऊ से कोई इंटेलिजेंस अधिकारी भगवनजी से मिलने आएगा। इस बात पर घृणा व्यक्त की गई कि स्थानीय पुलिस भगवनजी को सुभाष मानती रही थी। उत्तरप्रदेश के मुख्यमुंत्री वीरबहादुर सिंह से इस पर टिप्पणी करने को कहा गया तो उन्होंने भगवनजी के बोस से किसी तरह के संबंध होने से इनकार करते हुए कहा कि जांच कराने की कोई जरूरत नहीं है। 7 जनवरी 1986 के अंक में पत्र ने लिखा कि भगवनजी "जांच" से नतीजा निकला है कि भगवनजी या तो कोई जासूस थे, या बोस के अंधभक्त या फिर कोई गुमराह आनंदमार्गी।

नार्दर्न इंडिया पत्रिका अविचिलित भाव से *नए लोग* की तर्ज पर अपनी लेखमाला प्रकाशित कर रही थी। इसका अंतिम लेख 23 जनवरी 1986 को नेताजी के जन्मदिवस पर प्रकाशित हुआ। इसका शीर्षक था, "दी मैन वाज नेताजी "।

फैजाबाद में भावावेश की एक और तरंग उठी। इस खबर से उत्तेजित हो कर कि प्रशासन भगवनजी की संपत्ति को नीलाम करने पर विचार कर रहा है, सामाजिक कार्यकर्ता डा. एम. ए. हलीम और विश्व बांधव तिवारी 30 जनवरी 1986 को जिलाध्यक्ष इंदुकुमार पांडे से मिले। उन्होंने उनको एक पत्र दिया जिसकी प्रतियां मुख्यमंत्री नारायणदत्त तिवारी और दिल्ली में विदेश सचिव के नाम थीं। इसमें आगे जांच के लिए अनुरोध किया गया था :

"उत्तरप्रदेश के एक महत्वपूर्ण अंग्रेजी दैनिक *नार्दर्न इंडिया पत्रिका* ने महीनों की खोजबीन व जांच के बाद यह नतीजा निकाला है कि वह महात्मा और कोई नहीं नेताजी सुभाष चंद्र बोस ही थे। इसके लिए दैनिक ने उन रिकार्ड, दस्तावेजों व सामग्री को आधार बनाया है जिसकी सूची छोटे ओहदे के पुलिस अधिकारी ने सरसरी तौर पर तैयार की थी। आपने ऐलान किया है कि अगर उस घर की संपत्ति नब्बे दिनों तक बिना किसी दावेदार के रही तो उसे इच्छापत्रहीन घोषित कर दिया जाएगा। इसका अर्थ होगा उस साक्ष्य को नष्ट करना जो उन महात्मा की असली पहचान बताने में बहुमूल्य सबित हो सकते हैं। हम आप का ध्यान इस तथ्य की ओर भी दिलाना चाहते हैं कि एक श्री नंदलाल शर्मा [4] ने राजस्थान उच्च न्यायालय में एक रिट याचिका दायर की है। इसमें आदेश हुआ है कि केंद्र सरकार नए सिरे से जांच कराए। इस तरह से नेताजी सुभाष चंद्र बोस से संबंधित मामला न्यायालय के विचाराधीन बनता है। अतः स्वामीजी के आवास पर मिलने वाली चीजों की केंद्र सरकार द्वारा नियुक्त कोई भी अधिकारी कभी भी जांच करने आ सकता है ताकि उच्च न्यायालय के आदेश का पालन हो सके। अतः हम आप से अनुरोध करते हैं कि उक्त भवन में मिलने वाले दस्तावेजों वा सामग्री को सीलबंद कर के राष्ट्र हित में सुरक्षित रखा जाए।"

जिलाधीश ने न तो उनकी प्रार्थना पर गौर किया और न ही उनको खबर करने की तकलीफ उठाई कि इस बारे में क्या कार्रवाई की जा रही है। यहां तक कि नेताजी की एक भतीजी भी उनकी उदासीनता को भंग नही कर सकीं। 5 फरवरी 1986 को उन्होंने उनके साथ काफी समय लगाया पर सब व्यर्थ गया। इसके बाद सुरेश बोस की बेटी ललिता बोस उत्तरप्रदेश के मुख्यमंत्री वीरबहादुर सिंह से मिलीं। पर वह उदासीनता में जिलाध्यक्ष से भी बढ़ कर निकले। उन्होंने ललिता बोस की भगवनजी की संपत्ति की सूची किसी वरिष्ठ पुलिस अधिकारी

या वकील कमिश्नर से बनवाए जाने की मांग भी ठुकरा दी। उन्होंने फैजाबाद आ कर स्थानीय लोगों के साथ अपनी बैठकें आरंभ कर दी। उन्होंने स्वर्गीय डा. टी. बनर्जी की पत्नी पुष्पा बनर्जी से भगवनजी के डीलडौल, चेहरे –मोहरे व स्वभाव के बारे में पूछा। उन्होंने उन को कुछ और बंगालियों के बारे में भी बताया जो भगवनजी से मिलने आया करते थे। इनमें से कुछ उनके चाचा के करीबी रहे थे। उनको वह दिन याद आए जब उनके संभ्रांत पिता से बस्ती का एक ग्रामीण मिलने आया करता था। भगवनजी वाले मामले में शिशिर बोस के रवैए पर पूछे जाने से ललिता गुस्से में आ गईं। उन्होंने आरोप लगाया कि उनका चचेरा भाई पैसे के लिए सरकार के इशारों पर नाच रहा है।

ललिता बोस चुप न रहीं। न ही अशोक टंडन ने हार मानी। 10 फरवरी 1986 को वह उच्च न्यायालय में गईं। उसी महीने अशोक टंडन ने भगवनजी के रहस्य पर अपनी जल्दी में लिखी पुस्तिका का जारी की। ललिता बोस, मुहम्मद हलीम व विश्वबांधव तिवारी की साझी याचिका सफल रही। इलाहाबाद उच्च न्यायालय की लखनऊ बैंच में दायर की गई रिट याचिका में उत्तरप्रदेश राज्य, उसके मुख्यमंत्री, राज्य के गृहसचिव एवं फैजाबाद के जिलाध्यक्ष को प्रतिवादी बनाया गया। इसमें *नार्दर्न इंडिया पत्रिका* की जांच को ''महान देशसेवा'' बताया गया था जिस पर आगे किसी उच्च अधिकरण द्वारा जांच कराए जाने की आवश्यता थी। प्रार्थियों ने खेद प्रकट किया था कि जनता की सच जानने की अभिलाशा के बावजूद जिलाध्यक्ष ने इस बारे में कुछ भी नहीं किया। संपत्ति की नीलामी का जवाब याचिका में इस तर्क से दिया गया कि अगर यह सिद्ध हो जाता है कि भगवनजी ही नेताजी थे तो ललिता बोस भतीजी होने के कारण उसकी वारिस बनती हैं।''

याचिका में कहा गया कि सारा मामला राष्ट्रीय महत्व का है। अगर उक्त संपत्ति को इच्छापत्रहीन मान लिया गया तो इससे देश की महान क्षति होगी क्योंकि तब नेताजी के रहस्य से संबंधित बहुमूल्य साक्ष्य नष्ट हो सकते हैं। अतः उसे राष्ट्रीय अभिलेखागार में सुरक्षित रखा जाना चाहिए। मुख्यमंत्री सहित सभी प्रतिवादियों का रवैया अत्यंत उपेक्षापूर्ण रहा हैं, जो नितांत अनुचित है।

न्यायमूर्ति एस. एस. अहमद और जी. बी. सिंह ने उसी दिन अंतरिम राहत दी। प्रतिवादियों को आदेश दिया गया कि वे छः सप्ताह के अंदर–अंदर जवाबी हलफनामा दायर करें ताकि अदालत अप्रैल 1986 में इस मामले की सुनवाई कर सके। याचिका की मुख्य प्रार्थना स्वीकार कर ली गई। फैजाबाद के जिलाध्यक्ष को आदेश दिया गया कि वह भगवनजी के सारे सामान, पत्रों व अन्य दस्तावेजों की विस्तृत सूची तैयार करवाएं। इसके बाद सारी सामग्री को राम भवन से हटा कर फैजाबाद के कोषागार में जिलाध्यक्ष की सीलबंदी में सुरक्षित रखा जाए।

25 फरवरी 1985 को उत्तरप्रदेश विधानसभा में यह मामला उठाया गया। किशनपाल सिंह और नित्यानंद स्वामी (उत्तरांचल के होने वाले मुख्यमंत्री) ने भगवनजी के बारे में सवाल पूछे। कांग्रेस के जगदंबिका पाल को हालांकि इसमें बोस विषयक कुछ नहीं लग रहा था तो भी उन्होंने कहा कि इस बारे में पूरी जांच होनी चाहिए। सरकार की तरफ से जवाब देते हुए वित्तमंत्री बलदेव सिंह आर्य ने कहा कि जांच करने पर पता चला है कि भगवनजी सुभाष बोस नहीं थे। इस पर विधायकों ने उस जांच की रिपोर्ट मांगी पर मंत्री ने इनकार कर दिया।

23 मार्च 1986 को भगवनजी की संपत्ति की सूची वकील कमिश्नर सत्यनारायण सिंह की निगरानी में बननी शुरू हुई। अशोक टंडन भी चूंकि वकील थे, वह सिंह के सहायक के तौर पर उसमें शामिल हो गए। भगवनजी के कुछ शिष्य और अन्य अधिकारी भी सहायकों के तौर पर इस काम में लगे थे। आरंभिक अवस्था में ललिता बोस और उनके रिश्ते के भाई, नेताजी के भांजे जितेंद्रनाथ राय भी वहां मौजूद थे। 23 अप्रैल 1987 तक चले इस काम में 2673 वस्तुओं की सूची बना कर उनको सुरक्षित किया गया। ललिता बोस के लिए यह दिल हिला देने वाला अनुभव था। पहली नजर में ही उनको पता चल गया कि इस कमरे में रहने वाले स्वामीजी बंगाली थे। अंग्रेजी व बंगला की अनगिनत पुस्तकों के साथ वहां मां काली, रामकृष्ण परमहंस, शारदा देवी और विवेकानंद के चित्र रखे थे। हस्तलिपि भी पहचानी लग रही थी। ललिता बोस ने ध्यान से देखा। वह हस्तलिपि उनके चाचा की ही थी। एक बक्से में कुछ ऐसे चित्र मिले जो भगवनजी ने कभी किसी को नहीं दिखाए थे। ललिता बोस ने अपने दादा–दादी के चित्र देखे। कलकत्ते से बहुत से फोटो भगवनजी को भेजे जाते थे। इनमें से एक के साथ यह भी लिखा था कि ये चित्र आदरणीय ''माता–पिता'' के हैं। 1980 के दशक में फैजाबाद में एक अकेला बूढ़ा आदमी अपने सुनसान कमरे में जानकीनाथ और प्रभावती बोस के फोटो निहारा करता था, मानो वह उसके अपने हों।

किसी ने कलकत्ता से एक पुराने जमाने का छाता भेजा था। उसके साथ लिखा था कि यह पिता जानकीनाथ बोस का है। भगवनजी इन स्मारकों को सहेज कर रखते थे। सुभाष बोस के निकट संबंधियों के ग्रुप फोटो भी थे। सुभाष के अभिन्न मित्र दिलीप कुमार राय और सुरेश बोस के चित्र भगवनजी ने रेशमी कपड़े में लपेट कर रखे थे। ललिता बोस ने अपने पिता के लिखे खोसला आयोग से संबंधित कुछ नोट्स भी देखे। उनके पिता को खोसला आयोग ने जो सम्मन भेजे थे वह भी राम भवन में मिले तो ललिता बोस स्तब्ध रह गईं। तो क्या उनके पिता भगवनजी को जानते थे?

मीडिया से संबंधित कागजात व अखबारों की कतरनें तो बहुत अधिक संख्या में थीं। बरसों तक भगवनजी बोस के रहस्य से संबंधित खबरों को सहेज

कर रख रहे थे। खासतौर पर उनकी मृत्यु के रहस्य विषयक खबरों को। इसमें कलकत्ता के उनके अनुयायी सहायता करते थे। 16 अक्तूबर 1980 के बंगाली में लिखे गए पत्र में कहा गया था, "हम ने सारी गुप्तचर रिपोर्टों की फोटोकापियां हासिल कर ली हैं जो संग्रहालयों व जर्मन अभिलेखागारों में थी। ब्रिटिश म्यूजियम की रिपोर्टें अगले महीने प्रकाशित होंगी। नंदा मुखर्जी [5] उन्हें एकत्र कर रहे हैं। समाचार व फोटो एकत्र करने के लिए एक आदमी को आस्ट्रिया भेजा जा रहा है।" उसी आदमी ने एक साल बाद लिखा, " पिछली दुर्गा पूजा पर मैं ने आप को जर्मन व ब्रिटिश दस्तावेजों के बारे में लिखा था। इंगलैंड के दस्तावेज 3 अक्तूबर 1981 को प्रकाशित हुए थे। मैं उन की एक प्रति आप को भेज रहा हूं। आपके आशीर्वाद की कामना सहित"। भगवनजी को लिखे पत्रों में लिखने वालों की उनके प्रति अपार श्रद्धा प्रकट होती थी। इटावा नरेश सुरेंद्र चौधरी ने एक खत में लिखा, "आप ने देशहित में ब्रह्मऋषि के पद को पा लिया है।" डेरा बाबा नानक, गुरदासपुर से गुरुचरण सिंह बेदी ने गुरुग्रंथ साहब की एक प्रति उनको भेजी और लिखा, "करोड़ों भारतीयों की नजरें आप पर टिकीं रही हैं। एक दिन प्रभु स्वयं उनके दुख दूर करेंगे। बुराई का नाश होगा और अच्छाई की जीत होगी। हमारे लिए आप मानव देहधारी भगवान हैं।" कलकत्ता से आए एक पत्र में भगवनजी की तुलना भीष्मपितामह से की गई थी।

कई ऐसे पत्र थे जो उनका संबंध सुभाष बोस से जोड़ते थे। अब्दुल हफीज ने लिखा, "आदरणीय रहस्यमय साधु। मैं देश के लिए देखे गए उस सपने से भली भांति परिचित हूं जो जल कर कोयला हो गया। मुझे पता है आप कौन हैं। आप कौन थे और आप के साथ ऐसा क्यों हुआ। कृपया जल्दी से जल्दी अपने मूल रूप में आ जाएं।" किसी और ने लिखा, "देश की वर्तमान दशा बहुत बड़ा परिवर्तन चाहती है। हम सही समय का इंतजार कर रहे हैं।" 21 जनवरी 1981 के एक पत्र में लिखने वाले ने दुख व्यक्त किया, " इस लंबे इंतजार में मैं कई बार व्यग्र और निराश हो जाता हूं। श्री सीताराम ओंकारनाथ ठाकुर[6] ने मुझे बताया कि उनको कई लोगों ने बता रखा है कि उनके नेताजी सुभाष चंद्र बोस से संबंध हैं।" गुरुचरण सिंह के एक और पत्र में लिखा था, " लोग कहते हैं आप (भगवनजी) भारत माता के सबसे बड़े सपूत नेताजी ही हैं। अगर यह सच है तो भाग्य के इस फेरबदल पर खून के आंसू बहाने चाहिए।"

इस विशेषण का कई बार इस्तेमाल किया गया। भगवनजी ने स्वयं काशी नरेश को एक पत्र लिखा जो भेजा नहीं गया। इसमें उन्होंने खुद लिखा कि "मैं भारत मां का बेटा हूं।" 2 मार्च 1983 को कलकत्ता से कौशल किशोर ने लिखा, "मेरी प्रभु से प्रार्थना है कि भारत को संसार में सबसे बेहतर दर्जा मिले। जननी

जन्मभूमि अपने सपूत को जल्दी से जल्दी चंगा करे।'' जनवरी 1984 को भगवनजी के 87वें जन्मदिन पर कलकत्ता से बंगाली में लिखे गए एक खत में भी ऐसे ही उद्गार प्रकट किए गए थे। जगतजीत दासगुप्ता ने लिखा, ''मुझे मामा ने बताया कि आपके घुटने में चोट लगी है। ओ, भारत माता के महानतम सपूत, 23 जनवरी को मैं आप को यह कविता समर्पित करता हूं।'' इसके साथ ही उन्होंने रवींद्रनाथ टैगोर का उद्धरण दिया। भगवनजी के गिरते स्वास्थ्य से चिंतित हो कर एक और अनुयायी ने दुखी हो कर लिखा, ''अगर मैं आप के पास होता तो आपके पांव दबा रहा होता। जिसने एक नए युग का सूत्रपात करने का जोखिम उठाया था वह आज एक निर्जन, गुप्त स्थान पर बिस्तर से लगा कष्ट पा रहा है। शायद उसकी देखभाल करने वाला भी कोई नहीं है। निश्चय ही अच्छा भोजन और दवाइयां भी न होंगी। जो जरा सा इशारा करता तो राजसी ऐशोआराम उसके कदमों में होते वही दुख भोग रहा है। यह इतिहासकारों के लिए चर्चा का विषय हो सकता है, लेकिन मेरे लिए बहुत पीड़ाजनक है।''

इस बात के संकेत भी थे कि भगवनजी का संपर्क बहुत से महत्वपूर्ण लोगों से था। एक पत्र से जाहिर हुआ कि राष्ट्रीय स्वयंसेवक संघ के प्रमुख गोलवलकरजी इन अनजाने संन्यासी से किसी तरह के निर्देश लिया करते थे। 1972 में विजयानंदजी (भगवनजी) को लिखा उनका एक खत आदर से ओतप्रोत था। ''सेवा में शतशः प्रणाम'', से उन्होंने पत्र की शुरुआत की थी। अनेक वर्षों में मनाए गए सुभाष बोस के जन्मदिन के अनेक चित्र अपनी अलग गाथा सुनाते थे। कलकत्ता में लोग जन्मदिन मनाते थे, बरसी नहीं और उसके फोटो भगवनजी को भेजते थे। एक फोटो में लोग बैंड बजा रहे थे। उस पर अंकित था ''नेताजी जन्मदिन 1973 बैंड पार्टी।'' एक और फोटो नेताजी के जन्मदिन की दीपमालिका का था। इस के साथ यह विश्वास भी जुड़ा हुआ था कि भगवनजी का जन्म उसी दिन, उसी सन में व उसी समय हुआ था जब सुभाष का जन्म हुआ था। उनको लिखे और एक पत्र का सारांश था : '' मैं 23 जनवरी के इस दिन का सारा साल इंतजार करता हूं। मेरे पवित्र महामानव, मैं आपके चरण–कमलों में नमन करता हूं।'' 23 जनवरी 1967 के एक अन्य पत्र में लिखा था, ''आप के 70 वें जन्मदिवस पर मैं अपने मन के उद्गार प्रकट नहीं कर पा रहा हूं। मैं कुछ कह सकने में असमर्थ हूं। अपने एक नमन के साथ मैं आपको अगणित प्रणाम भेजता हूं।'' भगवनजी के अनुयायियों ने बताया कि हर साल 22 से 24 जनवरी को उनके जन्मदिन पर सारा समय उनके कलकत्ता से आने वाले अनुयायियों के लिए तय रहता था जो यहां आ कर उनका जन्मदिन मनाते थे।

भगवनजी अपने बारे में क्या सोचते थे उसका भाव उनके लिखे नोटों से स्पष्ट होता था। अशोक टंडन को उनके कमरे से अंग्रेजी में लिखा दो पेज का

एक बिना दस्तखत व तारीख का खत मिला। यह व्यवसायी व सामाजिक कार्यकर्ता मनुभाई भिमानी के बारे में था। उन्होंने कांग्रेस अध्यक्षता के दिनों में सुभाष का समर्थन किया था। पत्र का सार यह था कि वह जीवित माने जा रहे सुभाष के लिए था। पत्र को भगवनजी को भेजने से पहले बिचौलिए ने शिशिर बोस से कुछ तथ्यों को परख लिया था :

"वह (भिमानी) एक दोस्त के जरीए मिला था। वह बहुत बोलता है। उस का कहना है:

1. अगर नेताजी भारत में हैं तो वह सामने क्यों नहीं आते और प्रसारण क्यों नहीं करते? सारे देशवासी तुरंत उनको अपना नेता स्वीकार कर लेंगे।...

3. उस (भिमानी) ने आजीवन शरत चंद्र बोस की सहायता की।

4. जब नेताजी कलकत्ता से काबुल गए तब उसने उनकी सहायता की थी। शिशिर और मनु भाई भी उसके साथ गए थे। जब वह नेताजी के साथ गया उसके पास एक खास किस्म का सफेद बैग था।

मैं ने शिशिर बोस से तीसरे और चौथे पाइंट्स की पुष्टि की। तीसरा सही है, चौथा नहीं। भिमानी ने मुझे एक पत्र भी भेजा है, जो आपके अवलोकनार्थ है।"

भगवनजी ने भिमानी के दावे को गलत बताया। "वह झूठ बोलता है," उन्होंने पाइंट चार के सामने अंग्रेजी में लिखा। उन्होंने शिशिर बोस द्वारा कथित रूप से ही बताए पाइंट तीन पर भी आपत्ति की, "गलत"। भगवनजी ने भिमानी के इस दावे को सही नहीं माना कि उसने 1950 में उन की मृत्यु तक शरत बोस की मदद की थी। उन्होंने दोनों पाइंट काट दिए थे। "तुम्हें सच का पता नहीं। मेजदा ने उसकी मदद की थी। बेवकूफ, तुम्हारे सिवा सब को यह मालूम है।"

सुभाष, शरत बोस को मेजदा कहा करते थे।

कलकत्ता के प्रसाद को भगवनजी ने जो पत्र लिखा वह उलझन पैदा करने वाला था। यह रोमन बांगला में था और इसमें अंग्रेजी व लैटिन का मिश्रण भी था। इसमें खुद को उन्होंने "मृतभूत" कहा।

"बहुत पहले जिस आदमी को तुम जानते थे – जिसकी तरफ तुम देखते थे – जिसका अनुकरण करते थे – उसे भूल जाओ। उसे उसके अपने ही निकटवर्तियो ने और सारे बंगाल ने मार डाला। वह एक प्रेतात्मा बन गया। इसलिए उसे जानने की कोशिश न करो। तुम उसे समझ नहीं पाओगे। अतीत में दूसरों ने जो नजारे दिखाए वे कभी न भूलने वाले सबक हैं। इसलिए मृत्यु के बाद वह मृतभूत बन गया। तुम और तुम्हारी यह सरकार बड़ी विचित्र है जो बार–बार यह जानने के लिए आयोगों का गठन करती है कि वह मर गया या जिंदा है। इसका कारण तुम सब हो। तुम सब चाहते हो कि तुम को मूर्ख बनाया जाए। बहरहाल यह सब

बाते बेमानी हैं। सच यह है कि पहले वाला वह अब जीवित नहीं है। अब वह मृतभूत बन गया है। वह अबोधगम्य है, अगाध है, सबकी शक्तियों से परे है। सही या गलत, उसकी मृत्यु अभेद्य रहस्यों से घिरी है।''

अनुयायी समझते थे कि इस सबका अर्थ क्या है। दुर्गा प्रसाद पांडे सूची तैयार होने के समय मौजूद थे। उन्हें वे दिन याद आ गए जब सरिष्ठा कोठी, बस्ती में उनको भगवनजी के कमरे में जाने की अनुमति मिली थी। पांडे ने 1939 में सुभाष बोस को एक घंटे से अधिक समय तक बहुत पास से देखा था। कमरे में घुसते ही उनके सामने वही नजारा फिर प्रकट हो गया। वही अंडाकार गोरा चेहरा। गोल चश्मे के पीछे मंगोलियन आंखें। पेट थोड़ा बाहर निकल आया था। बाल कुछ और कम हो गए थे। लंबी मूंछें और बड़ी दाढ़ी थी। फिर भी चेहरा वही था। उम्र के साथ कुछ झुर्रियां आ गई थीं। लेकिन ऊपर वाले दांतों में थोड़ा अंतर साफ दिख रहा था। पांडे ने गहरी सांस ली, ''ने–ता–जी,'' उसके मुंह से बरबस निकला। ''तुम एक मरे हुए आदमी के बारे में बात कर रहे हो।'' भगवनजी बोले।'' नहीं। मैं तो जीवित नेताजी के बारे में बात कर रहा हूं, ''पांडे बोले और अपनी बात पर अड़े रहे जब तक भगवनजी ने हार नहीं मान ली। 1978 में बनर्जी परिवार को इससे भी बेहतर अनुभव हुआ। पुष्पा बनर्जी भगवनजी के लिए बेटी के समान प्रिय थीं। अपने पति के बाद उनको भी भगवनजी के कमरे में जाने की इजाजत मिल गई थी। हर कोई चाहता था कि भगवनजी अपने बारे मे कुछ बोलें। अपने असली मकसद को छिपाते हुए पुष्पा भारत के बारे में निराशापूर्ण बातें करने लगीं। ''तुम कह कुछ रही हो, जबकि तुम्हारे मन में कुछ और है,'' भगवनजी ने उसे टोका। ''आप तो जानते ही हो कि मैं क्या कहना चाहती हूं,'' पुष्पा ने जवाब दिया। भगवनजी अपने चश्मे के रुपहले फ्रेम को छूते हुए बोले, '' देखो कहीं मैं सुभाष तो नहीं हूं?'' ''हम कौन होते हैं यह सब कहने वाले। यह तो आप पर निर्भर करता है।'' पुष्पा बोलीं। वह तो उनके मुंह से सुनना चाहती थीं। भगवनजी का सिर हां की मुद्रा में नीचे को झुका और उनके मुंह से निकला, ''हूं।'' उनका चेहरा निर्विकार था। जब बनर्जी परिवार वहां से जाने लगा तो उनको एक बार फिर याद दिला दिया गया कि यहां जो कुछ घटता है, उस का जिक्र बाहर न करें। ''मुझे पता है कलकत्ता में आपके संबंधी रहते हैं। किसी से कुछ न बताना। इससे देश का कोई हित न होगा।''

1987 में भगवनजी की सारी चीजें 23 बक्सों में रख कर जिला कोषागार में रख दी गईं। इसके साथ ही प्रशासन के लिए यह प्रसंग समाप्त हो गया। अशोक टंडन ने जब लौट कर हिंदी की लोकप्रिय पत्रिका *गंगा* में 19 भागों में लेखमाला प्रकाशित की तो किसी ने उनका खंडन नहीं किया। तब कमलेश्वर उस पत्रिका

के संपादक थे। "अगर वह सुभाष बोस नहीं थे तो फिर कौन थे?" टंडन ने अकाट्य तर्क दिया। टंडन ने लिखा कि यह मामला राज्यसभा में भी उठा था जब एक सांसद ने राजीव गांधी सरकार से इस बारे में स्पष्टीकरण मांगा था। जवाब मिला कि भगवनजी न तो सुभाष बोस थे न सी. आई. ए. के एजेंट। लेकिन वह कौन थे, इस पर सरकार मौन रही। ललिता बोस ने 31 मार्च 1986 को *पायनियर* से बात करते हुए इस पर अपनी प्रतिक्रिया जाहिर की, "अगर वह नेताजी न थे तो फिर थे कौन? फिर उनके पास नेताजी की कुछ निजी चीजें कहां से आईं जिनमें नितांत निजी पत्र भी थे। अगर सरकार उन महात्मा की असलियत नहीं बता सकती तो इससे यही साबित होता है कि वह नेताजी ही थे।" 23 अक्तूबर 1989 को दिल्ली में उन्होंने मीडिया के सामने एक बार फिर कहा, "सरकार पूरी गंभीरता से इस का पता क्यों नहीं लगाती कि फैजाबाद के गुमनामी बाबा नेताजी ही थे। इस बात के भी पर्याप्त प्रमाण मौजूद हैं कि नेताजी का निधन विमान दुर्घटना में नहीं हुआ था। उनके कमरे में मिले पत्रों से साबित होता है कि उनके भारत के कई शीर्ष नेताओं से सीधे व निकट संपर्क थे।"[7]

समय के साथ ललिता बोस ने हार मान ली। मुहम्मद हलीम गुजर गए। मोर्चा संभालने को रह गए अकेले विश्व बांधव तिवारी। उन्होंने प्रधानमंत्री, गृहमंत्री, लोकसभा अध्यक्ष, उत्तरप्रदेश के राज्यपाल, मुख्यमंत्री, सबको पत्र लिखे। लेकिन सब व्यर्थ गया। 1997 में पता चला कि ललिता बोस की याचिका वाली फाइल ही गायब हो गई है। राज्य सरकार बिना कुछ वाजिब कारण बताए रामभवन की चीजों की तैयार की गई सूची पेश करने में भी असमर्थ रही। तिवारी व उनके कुछ अन्य साथियों के अथक प्रयास से न्यायालय का मई 1998 में एक और निर्देश आया। उत्तरप्रदेश उच्च न्यायालय के न्यायाधीश न्यायमूर्ति ब्रजेश कुमार ने दोबारा फाइल तैयार करने के आदेश दिए। फिर भी कुछ नहीं हुआ। नेताजी के प्रशंसक डा. अलोकेश बागची ने कल्याण सिंह सरकार से भगवनजी के सामान की सूची मुहैया कराने की कोशिशें कीं क्योंकि यही भगवनजी की असलियत को उजागर करने वाली कुंजी थी। बागची को पता चला कि किसी ने अदालत में जालसाजी कर के ललिता बोस के मामले को रफादफा कर दिया गया लिख कर दाखिल दफ्तर कर दिया था। आखिर बागची सफल हुए। सूची खोज निकाली गई और सरकार ने अदालत के आदेश के 13 साल बाद अपना जवाबी हलफनामा दायर किया।

29 जनवरी 1999 को दायर इस हलफनामे का मसौदा दफ्तरी बाबुओं का तैयार किया हुआ था। इसे उत्तरप्रदेश राज्य, गृह सचिव व फैजाबाद के जिलाध्यक्ष की ओर से दायर किया गया था। ललिता बोस के प्रतिवादहीन मामले के जवाब

में सभी महत्वपूर्ण बातों को सरसरी तौर पर टाल दिया गया था। "नेताजी की मृत्यु के बारे में बहुत अधिक विवाद और रहस्य है।" इसके जवाब में कहा गया था कि इस पर "कोई टिप्पणी करने की आवश्यकता नहीं है।" ललिता बोस ने दावा किया था कि अगर भगवनजी नेताजी सिद्ध होते हैं तो उनकी संपत्ति की उत्तराधिकारी वह हैं। इसे यह कह कर रफा–दफा कर दिया गया कि "जानकारी के अभाव में यह अमान्य है।" सरकारी उदासीनता को सिरे से नकारा गया था। मीडिया के हवालों को यह कह कर नकारा गया था कि अखबारों में छपी खबरों को विश्वसनीय नहीं माना जा सकता जब तक कि उनके पुख्ता सुबूत न मिल जाएं।

भगवनजी से संबद्ध लोगों के बारे में कहा गया कि "पुलिस ने उन चारों लोगो से पूछताछ की है। उनमें से कोई भी ठोस प्रमाण नहीं दे सका कि वह नेताजी ही थे। उनमें से कोई यह दावा नहीं कर सका कि उसने जीवित अवस्था में इस व्यक्ति का चेहरा देखा था। एक पुलिस दल नेताजी के अनुयायियों से बात करने के लिए कलकत्ता भेजा गया था। लेकिन उनमें से कोई भी इस बारे में जानकारी नहीं दे सका। इस अनामी संत की मृत्यु के बाद कोई भी व्यक्ति उनका चेहरा देख कर नहीं कह सका कि वह नेताजी सुभाष चंद्र बोस थे। कुछ ने कहा कि मृतक का चेहरा किसी बौद्ध भिक्षु सा लगता था।"

इस तरह पुलिस जांच ने इस मामले को सुलझाने का सारा दारोमदार भगवनजी के भक्तों पर डाल दिया। कलकत्ता में उनके अनुयायी सारे रहस्य को अपनी छाती में छिपाए हुए थे। यह शक पैदा करता था। जो उत्तरप्रदेश में थे, वे अपना मुंह खोलने से डरते थे। इसका पक्का सुबूत भगवनजी की हस्तलिपि नेताजी से मिलाने से मिल सकता था, जैसा कि आला अफसर अजय राज शर्मा ने सुझाया था। राम भवन में उनकी उंगलियों के निशान खोजे जा सकते थे। उनके चेहरेमोहरे के बारे में जो कुछ पुलिस ने कहा वह गलत था। कई अनुयायियों ने उनको देख कर दावा किया था कि वह बिलकुल सुभाष जैसे लगते थे। उत्तरप्रदेश की पुलिस को यह बताने के लिए स्काटलैंड यार्ड की मदद लेने की जरूरत न थी कि नेताजी किसी बौद्ध भिक्षु से ही लगते थे। अखबारों की सुर्खियों के अलावा राज्य आसूचना ब्यूरो की इकाई ने भी इस बारे में अपनी रिपोर्ट दी होगी। लेकिन सरकार ने इस बारे में कुछ भी करने की जरूरत नहीं समझी।

बहरहाल, न्यामूर्ति मनोज मुखर्जी बात की तह तक पहुंचना चाहते थे। उन्होंने फैजाबाद में अपने स्टाफ को समझा दिया कि उनको भगवनजी की चीजों में से किस तरह के साक्ष्य चाहिए। उन्होंने उन चीजों की एक संक्षिप्त सूची भी

बना दी थी जो कलकत्ता ले जाई जानी थीं। इनमें अन्य चीजों के साथ एंपायर कारोना टाइपराइटर व एक शक्तिशाली जर्मन दूरबीन भी थी। इन सब से यह तो सिद्ध होता था कि भगवनजी आसाधारण संत थे। न्यायमूर्ति मुखर्जी इससे सहमत हो चुके थे। उनका विचार भगवनजी की हस्तलिपि के नमूने लेने का था ताकि उसका वैज्ञानिक विश्लेषण किया जा सके। अगर हो सके तो कोई ऐसा नमूना भी, जिससे डी. एन. ए. हासिल हो सके। जब बक्से खोल कर उनमें से भगवनजी की चीजें निकाली जाने लगीं तो देखने वालों ने दम साध लिया। एक केस में से पुराने फैशन की गोल रुपहले फ्रेम वाली ऐनक निकली। फिर घड़ियां सामने आईं। एक रौलेक्स थी। एक ओमेगा गोल्ड। "नेताजी की घड़ी," किसी के मुंह से निकला। नेताजी के पास एक ओमेगा रिस्टवाच थी। इस पर शाहनवाज कमेटी और खोसला आयोग में बहुत चर्चा हुई थी।

आयोग के अधिकारियों को यह जान कर हैरानी हुई कि जब वह साधना में लीन नहीं होते थे तो गुमनामी बाबा *टाइम, रीडर्स डाइजेस्ट, इंडियन एक्सप्रेस* वगैरह हिंदी, अंग्रेजी की लगभग सभी प्रमुख पत्र–पत्रिकाएं पढ़ते थे। उनके संग्रह में अंग्रेजी का उत्कृष्ट साहित्य था। इसके अलावा आध्यात्म पर तो हिंदी, संस्कृत बंगाली में अनेक ग्रंथ थे। गुरुदेव रवींद्रनाथ टैगोर और शरत चंद्र चट्टोपाध्याय का तो संपूर्ण साहित्य मौजूद था। भगवनजी सिख धर्म, ईसाई धर्म, यहूदी धर्म और इस्लाम के बारे में भी पढ़ते थे जो किसी हिंदू संत के लिए अनोखी बात थी। एन. के. पांजा पुस्तकों को खोलते–खोलते थक गए।

न्यायमूर्ति मुखर्जी को अंततः पुस्तकों के इस अंबार में वह भी मिल गया जिसकी उनको तलाश थी। कथा साहित्य से इतर इन पुस्तकों में भी भगवनजी की अगाध रुचि थी। उनमें से कुछ के हाशियों पर उन्होंने ऐसी टिप्पणियां की हुई थीं मानो उस विवरण के साक्षी रहे हों। साथ ही कई बातों को रेखांकित भी किया हुआ था। "फार ईस्ट, डिसिडेंट जजमेंट आफ जस्टिस राधाविनोद पाल," के मिलते ही न्यायमूर्ति मुखर्जी बोले, "यह मुझे दो।" इस में भगवनजी ने कई पैराग्राफ रेखांकित कर के उनके प्रति अपनी सहमति व राधाविनोद पाल की हिम्मत के लिए प्रशंसा जाहिर की थी। *स्टोरी आफ सिविलाइजेशन* के दस खंडों में उन्होंने पाश्चात्य इतिहासकारों के प्राच्य देशों के प्रति पक्षपातपूर्ण रवैए पर टिप्पणियां की थीं। ब्रिगेडियर दलवी के *हिमालयन ब्लंडर* पर भगवनजी ने अंग्रेजी में टिप्पणी लिखी थी, "आपकी नेकनीयती व ईमानदारी के लिए प्रभु आप पर कृपालु हों। उन्होंने आपको मौत से बचा कर अपने लोगों के पास लौटने का मौका दिया।" दलवी 1962 में युद्धबंदी बना लिए गए थे।

भगवनजी की खास दिलचस्पी किन विषयों में थी, यह संग्रह से साफ जाहिर होता था। मौलाना आजाद की *इंडिया विंस फ्रीडम,* डा. आर. सी. मजूमदार

की तीन भागों में *दी हिस्ट्री आफ दी फ्रीडम मूवमेंट इन इंडिया,* लियोनार्ड मोस्ले की *दी लास्ट डेज आफ दी ब्रिटिश राज* पीटर सेंगर की *मास्कोज हैंड इन इंडिया,* रजनी मुखर्जी की *मास्कोज शैडो ओवर वेस्ट बंगाल,* रवींद्रनाथ की *फ्रीडम एंड आफ्टर,* सीताराम गोयल की *नेहरूज फैटल फ्रेंडशिप,* और अलेक्जेंडर सोल्जेनित्सयेन की *चार्टर्ड आफ दि यूनाइटेड नेशंस* व *गुलाग आर्चिपोलेगो* इसमें शामिल थीं। इनमें की गई टिप्पणियों में भगवनजी की हस्तलिपि के अगणित नमूने मौजूद थे। इस बीच पत्रकारों की आंख से छिपा कर एक छोटा सा बंडल चुपचाप न्यायमूर्ति मुखर्जी तक पहुंचा दिया गया। इसमें माचिस की डिबिया में कुछ दांत भी थे। यह आयोग के लिए बहुत महत्वपूर्ण चीज थी। अगर ये भगवनजी के थे तो उनसे डी. एन. ए. टैस्ट की संभावना हो सकती थी।

हिंदुस्तान टाइम्स के प्रतिनिधि की हैसियत से मैं फैजाबाद और उसके इर्द–गिर्द घूमा। डा. अलोकेश बागची और 'भारत रत्न' वकील बिजेन घोष से मुझे अपने काम में बहुत सहायता मिली। भगवनजी वाले मामले से संबंधित अनेक लोगों से मिलने का अवसर मुझे मिला। विश्वबांधव तिवारी, डा. पी. बनर्जी, डा. बी. एन. राय, दुर्गाप्रसाद पांडे, श्रीकांत शर्मा, रवींद्र शुक्ला, गुरबसंत सिंह और उनके बेटे शक्ति सिंह ––इन सभी ने काफी जानकारी दी। मुझे बताया गया कि 'मैन आफ मिस्ट्री' लेखमाला के ख़त्म होने के तुरंत बाद ही निर्मल निबेदन की एक रहस्यमय सड़क दुर्घटना में मौत हो गई थी। मैं वी. एन. अरोरा से भी मिला था। ये दोनों मुखर्जी आयोग के सामने भी पेश हुए थे और अपनी बात पर अटल रहे थे। अशोक टंडन ने मेरी भरपूर सहायता की। मैं 1985–87 के बीच रामभवन में मिले दस्तावेजों की प्रतियों के साथ दिल्ली लौटा। जाने क्यों भगवनजी वाली कहानी मुझे जम नहीं रही थी। नेताजी इतने लंबे समय तक ऐसी दयनीय अवस्था में नहीं रह सकते थे और नेताजी जैसा साहसी व्यक्ति भगवनजी जैसा पलायनवादी नहीं हो सकता था। अगर वह धर्मात्मा ही होना चाहते थे तो अरविंद की तरह हो सकते थे। और मेरे विश्वास के अनुसार नेताजी 1945 में रूस चले गए थे।

हिंदुस्तान टाइम्स डाट काम की खोज का दूसरा चरण फैजाबाद वाले कोण से इसकी जांच करने के लिए आरंभ हुआ। हम इस नतीजे पर पहुंचे कि जांच के तीन रास्ते थे। उंगलियों के निशानों की जांच, डी. एन. ए. जांच और हस्तलिपि की जांच। पहले दो तरीके हमारी पहुंच से बाहर थे। तीसरा हम आजमा सकते थे। इससे साफ हो जाता कि भगवनजी नेताजी थे या उनका नाम ओढ़े कोई दूसरा आदमी। शाली ने कहा कि हमें भारत के सबसे आला हस्तलिपि विशेषज्ञ को खोजना चाहिए। हम चाहते थे कि वह विशेषज्ञ निश्चित तौर पर किसी नतीजे पर पहुंचे और अगर जरूरत पड़े तो आयोग का सामना भी कर सके।

बी. लाल कपूर ऐसे ही विशेषज्ञ थे। वह ईमानदारी व महारत के लिहाज से सी. बी. आई. व पुलिस की सूची में भी सबसे ऊपर थे। उन्होंने बड़े–बड़े जटिल मामले सुलझाने में मदद की थी। वह अवकाश पा चुके थे पर अब भी बड़ी एजेंसियां महत्वपूर्ण मामलों में उनकी सेवा लेती थीं। कई दशकों तक वह इंगलैंड, अमेरिका, जर्मनी, स्विट्जरलैंड आदि देशों में परीक्षण कर चुके थे। भारत में रिटायर होने से पहले वह हस्तलिपि विशेषज्ञ के सर्वोच्च पद पर थे। अपने क्षेत्र में विशेषज्ञता के लिए उनको राष्ट्रीय विज्ञान कांग्रेस में सन 2000 का लाइफटाइम एचीवमेंट अवार्ड भी मिला था।

हमारे कुछ साथी पत्रकारों को हस्तलिपि परीक्षण के बारे में कुछ संदेह थे। कपूर ने हमें बताया कि अगर ऐसा होता तो दुनिया भर की सरकारें इसे इतना महत्व न देतीं और न ही इसके लिए बड़े–बड़े विभाग चलाने में इतना खर्चा करतीं। उन्होंने बताया कि हस्तलिपि परीक्षण नितांत वैज्ञानिक पद्धति है और किसी की हस्तलिपि को निश्चित तौर पर पहचाना जा सकता है। इसीलिए अदालतें भी हस्तलिपि विशेषज्ञों की रिपोर्ट को मानती हैं।

मैं ने राष्ट्रीय अभिलेखागार से मिले नेताजी की हस्तलिपि के नमूने और भगवनजी की हस्तलिपि के नमूने उनको मिलान के लिए दिए। करीब एक महीने बाद उन्होंने मुझे मेरे बौस के साथ बुलाया। हम उनके यहां पहुचे तो वह कुछ उलझन में थे। उन्होंने मुझ से भगवनजी के बारे में कई सवाल पूछे। फिर बिना किसी भूमिका के एकाएक बोले, "दोनों एक ही हैं। राष्ट्रीय अभिलेखागार वाली लिपि वाला और फैजाबाद में लिखने वाला।"

हमारा दिमाग मानो कुछ देर के लिए सुन्न हो गया। "क्या आप यकीन से ऐसा कह सकते हैं, सर? आप जानते हैं इसका मतलब क्या होगा?" उन्होंने जवाब दिया, "मेरा 44 साल का अनुभव बताता है कि दोनो हस्तलिपियां एक ही आदमी की हैं।" हमने कारण पूछे तो उन्होंने देर तक हमें विस्तार से समझाया। इसके बाद उन्होंने अपनी 19 पेज की रिपोर्ट *हिंदुस्तान टाइम्स डाटकाम* को मार्च 2000 में सौंपी। इसमें उन्होंने यह भी लिखा था कि लेखक ने अपनी पहचान छिपाने की कोशिश की है लेकिन वह इसमें सफल नहीं हुआ।

"इसमें संदेह नहीं कि ये दोनों हस्तलिपियां श्री सुभाष बोरा की ही हैं। यह उनकी हस्तलिपि की नकल करने का प्रयास भी नहीं है। क्योंकि ऐसा होता तो वह भी पता चल जाता। "

बी. लाल कपूर की रिपोर्ट के बाद हम ने इस पहेली के उलझे तार सुलझाने में खुद को लगा दिया। भगवनजी उस व्यक्ति की तस्वीर पेश कर रहे थे जो पिछले 57 साल से लापता था। जहां इस मामले को निर्मल निबेदन और अशोक

टंडन ने छोड़ा था मैं ने वहां से अपना काम शुरू किया। इस कहानी का दूसरा छोर नेताजी की नगरी कलकत्ता में था। मुझे वहां जा कर भगवनजी के कुछ जीवित बचे अनुयायियों की तलाश करनी थी। इनमें भी दो नाम प्रमुख थे। एक जिन को भगवनजी सुकृत कह कर पुकारते थे। उनका नाम सुनील कृष्ण गुप्ता था। वह सुरेश बोस के विश्वासपात्र थे। ये वही वकील थे जिन्होंने खोसला आयोग के सामने अमर प्रसाद चक्रवर्ती के साथ जिरह की थी। गुप्ता उन बंगालियों में शुमार थे जो चुपचाप भगवनजी से मिला करते थे। जब खोसला आयोग अपना काम कर रहा था वह आयोग की कार्रवाई की चर्चा करने बस्ती जाया करते थे। उनके बहुत से खत राम भवन में मिले थे। एक पत्र उन्होंने 24 जुलाई 1973 को ताइवान से भारत लौटने पर लिखा था, "हमें ताइहोकू में सिर्फ 15 दिन मिले। फारमोसा का काम खत्म हो गया है। मैं खत में सब कुछ नहीं लिख सकता। अगर आपकी अनुमति हो तो मैं एक सप्ताह के लिए आ जाऊं। खोसला आयोग में अंतिम बहस अभी शुरू नहीं हुई है। तब मैं आप का आशीर्वाद चाहूंगा।"

दूसरे व्यक्ति बहुत महत्वपूर्ण थे। वह भी गुप्ता के साथ जी. डी. खोसला के काम में सहायतार्थ ताइवान गए थे। जब समर गुहा ने 1978 में संसद में भगवान की सौगंध खा कर कहा था कि नेताजी सुभाष चंद्र बोस जीवित हैं, तब भगवनजी ही उनके दिमाग में थे।

संदर्भ/टिप्पणियां

1. डा. टी. सी. बनर्जी का निधन 1983 में हुआ। डा. प्रियव्रत बनर्जी, उनकी पत्नी रीता बनर्जी और उन की माता की गवाही मुखर्जी आयोग में हुई.
2. वयोवृद्ध पांडे ने मुखर्जी आयोग को बताया कि वह अंततः भगवनजी से मिले और पहचान लिया कि वह नेताजी ही हैं.
3. प्रसिद्ध पुस्तक *नगालैंडः दी नाइट आफ दी गुरिल्लाज* के लेखक निर्मल निबेदन *इंडियन एक्सप्रेस* के प्रधान संपादक शेखर गुप्ता के समकालीन थे.
4. नंदलाल शर्मा बनाम मुख्य सचिव राजस्थान राज्य में मामले में न्यायमूर्ति एस. एन. भार्गव ने आदेश दिए, "यह रिट याचिका श्री नंदलाल शर्मा ने एक अतिमहत्वपूर्ण राष्ट्रीय मामले में दायर की है। इसमें उन्होंने मांग की है कि राष्ट्र के वीर नायक नेताजी सुभाष चंद्र बोस के बारे मे अंतर्राष्ट्रीय स्तर पर खुली जांच की जाए और पता लगाया जाए कि वह कहां हैं। अगर वह किसी देश में युद्धबंदी हैं तो उनको मुक्त कराया जाए। याचिका दायर करने वाले ने विदेश मंत्रालय के सचिव से तलब किए जाने वाले दस्तावेजों की सूची भी संलग्न की है। इस बाबत राजस्थान सरकार व भारत सरकार दोनों को नोटिस जारी किए गए थे, लेकिन यह अत्यंत

दुभाग्यपूर्ण है कि इन दोनों ने ही कोई उत्तर नहीं दिया और अदालत को संबंधित सामग्री मुहैया नहीं कराई जिससे कुछ तथ्य निकला जा सके। इसके लिए हम विदेश मंत्रालय को छः माह का समय देते हैं जो पर्याप्त है जिस दौरान वह सारे मामले पर विचार कर सके। वह जनता से भी इस बारे में और जानकारी व सामग्री मांग सकती है ताकि अंततः प्रत्यक्षतः इस नतीजे पर पहुंचा जा सके कि नए सिरे से जांच की जरूरत है या नहीं।''

5. *नेताजी थ्रू जर्मन लेंस* के लेखक.
6. एक जाने–माने महात्मा। इंटेलिजेंस ब्यूरो के बी. एन. मलिक भी इनके शिष्य थे। ठाकुर का निधन 1982 में हुआ। भगवनजी सीताराम ओंकारनाथ ठाकुर के संपर्क में थे.
7. 24 अक्तूबर 1989 के *हिंदुस्तान टाइम्स* की रिपोर्ट **बोसज नीस वांट्स मिस्ट्री साल्व्ड.**
8. *हिंदुस्तान टाइम्स डाट काम* की खोज के दूसरे चरण को बहुत लोकप्रियता मिली। 15 मई 2002 को कांग्रेस के करुणेंदु भट्टाचार्य ने राज्यसभा में हिंदुस्तान टाइम्स में नेताजी के फैजाबाद में अंतिम दिनों के बारे में छपी लेखमाला पर भारत सरकार की प्रतिक्रिया जाननी चाही.

   ''क्या यह सच है कि भारत सरकार जन–प्रतिक्रिया व कुछ देशों के साथ मैत्रीपूर्ण संबंधों के बिगड़ने के डर से नेताजी के अंतिम दिनों के बारे में प्रकाश नहीं डालना चाहती? '' इसका सरकार की तरफ से संक्षिप्त सा जवाब दिया गया जिसमें मुख्य बात को नजरअंदाज कर दिया गया.

12
जिंदा लाश

मैं ने अपना मुंह खोला तो देश में आग लग जाएगी।

आईएनए की गुप्तचर व भगवनजी की कार्यकारी
डा. प्रवित्र मोहन राय, सितंबर 1985 में

भगवनजी केवल एकांतवासी न थे। वह भारतीय इतिहास की एक महत्वपूर्ण राजनीतिक हस्ती थे।

1986 में *नार्दर्न इंडिया पत्रिका*

इन तथ्यों के आधार पर निष्कर्ष निकालते हुए हमें कंपकंपी आ रही है। हम इस नतीजे से भी भयभीत नहीं कि स्वामीजी नेताजी सुभाष चंद्र बोस थे। लेकिन हम उस व्यक्ति के छोड़े आलेखों व पत्रों से निकलने वाले नतीजे से स्तब्ध हैं। अगर उन को यथातथ्य मान लिया जाए तो वह भारतीय इतिहास को बदलने की सामर्थ्य रखते हैं।

हिंदुस्तान टाइम्स डाट काम 2001 में

मुखर्जी आयोग की सार्वजनिक सुनवाइयों में लगभग 50 वर्षीय नंदलाल चक्रवर्ती अलग से नजर आते थे। उनके गवाहों से सवाल करने के अंदाज से मुझे लगा कि वह वकील होंगे। पर वह अभिसाक्षी निकले। नंदलाल राजनीति विज्ञान के प्राध्यापक थे और "ज्योतिषचंद्र बोस" व अन्य का प्रतिनिधित्व कर रहे थे। नाम सुन कर लगा कि यह बंगालियों का कोई बड़ा समूह होगा, लेकिन ऐसा न था। नेताजी के भाग्य के बारे में अधिकांश बुद्धिजीवी बंगालियों की चिंता बहुत पहले मर चुकी थी। या तो इस प्रसंग से उनका मन भर गया था या फिर वे सुभाष को कुछ नहीं समझते थे। बाकी देशवासियों में यह गलतफहमी है कि हर बंगाली नेताजी सुभाष चंद्र बोस को पूजता है। जबकि ऐसा नहीं है। बंगाल व उसके

आसपास के कम्यूनिस्ट नेताजी से नफरत करते थे। लिहाजा उनकी संतति को उनके लापता होने से के रहस्य से कोई चिंता नहीं है। इंद्रजीत गुप्ता जब गृहमंत्री थे तो उन्होंने कुछ लोगों को बुला कर कहा कि नेताजी के रहस्य के बारे में भूल जाओ। मैं यहां यह बताना चाहूंगा कि कुछ बुद्धिजीवियों का मत है कि भारतीय कम्युनिस्टों को यह जानने में कोई रुचि नहीं है कि सुभाष के साथ क्या हुआ। मुझे बताया गया कि नेताजी को सोवियत संघ में बंदी बनाए जाने की गाथा भारतीय कम्युनिस्टों के लिए सदा से एक हौआ रही है।

जहां तक "ज्योतिषचंद्र बोस व अन्य" की बात है तो वे लोग सामान्य मध्यवर्गीय थे जो अपनी गाढ़ी कमाई का पैसा व कीमती समय मुखर्जी आयोग की सहायता करने में लगा रहे थे। उन्होंने लगभग 300 पृष्ठों का एक मसौदा आयोग के सामने पेश किया। यह अब तक का सबसे सशक्त दस्तावेज था जिसमें सिद्ध करने का प्रयास किया गया था कि नेताजी का निधन 1945 में नहीं हुआ था और उनको युद्धअपराधी घोषित किया गया था। आयोग ने उनके तर्क को बहुत गंभीरता से लिया। और राज की बात यह है कि इंटंलिजेंस ब्यूरो ने भी। मुझे 'ज्योतिषचंद्र बोस व अन्य' के क्रियाकलापों के बारे में भनक फैजाबाद के कोषागार में लगी। भगवनजी की चीजें को जब छांटा जा रहा था तब आयोग का एक अधिकारी फुसफुसाया, "नंदलाल तुम्हारा खत।" नंदलाल व उनके दोस्त डा. मधुसूदन पाल, जगतजीत दासगुप्ता और सुरोजीत दासगुप्ता भगवनजी को खत लिखते थे। ये सभी ज्योतिषचंद्र गुट के थे। डा. पाल भगवनजी के अस्तित्व मात्र से परिचित थे। जगतजीत व सुरोजीत, ये दोनों भाई और अधिक जानकारी रखते थे। जगतजीत ने ही अपने एक पत्र में भगवनजी को 'भारत माता का सपूत' कह कर संबोधित किया था। सुरोजीत भगवनजी की एक झलक पाने में सफल रहे थे। यह उन के लिए अविस्मरणीय क्षण था। उनके एक और दोस्त कौशल किशोर 1983 में भगवनजी के अंग्रेजी व बंगाली में 'प्रवचन' सुनने के लिए फैजाबाद आए थे। "क्या आपको पता है कि रूसियों ने अमेरिकियों से पहले अधिकार करने के लिए अफगानिस्तान पर हमला किया," उन्हें बताया गया। सब दोस्तों को विश्वास था कि भगवनजी सुभाष चंद्र बोस ही हैं।

दरअसल दासगुप्ता बंधुओं के मामा सुनील कृष्ण गुप्ता के कारण ही ये सब दोस्त भगवनजी तक पहुंचे थे। गुप्ता स्वाधीनता सेनानी वयोवृद्ध ज्योतिषचंद्र बोस की तरफ से पर्दे के पीछे रह कर यह मुहिम चला रहे थे। गुप्ता की कलकत्ता उच्च न्यायालय में लगाई गुहार की वजह से ही अटल बिहारी सरकार को मुखर्जी आयोग का गठन करना पड़ा। जिस दिन मैं कलकत्ता पहुंचा मेरी पहली मुलाकात गुप्ता से ही हुई। टूटा–फूटा किराए का मकान था। मैं अंदर

आया। उनका कमरा नेताजी संबंधी किताबों व दूसरी सामग्री से अटा पड़ा था। "यही मेरी जिंदगी है। मैं उन्हीं के लिए जीता हूं।" कभी वकील व मजदूर नेता रह चुके गुप्ता ने मुझे बताया। मुझ से पहले उनसे मिलने एकमात्र पत्रकार *टाइम* का संवाददाता आया था। इस अमेरिकी पत्रिका के एक लेख में बाद में गुप्ता के बारे में यह लिखा गया कि वह एक समर्पित विश्वासी थे जो किसी तरह की शोहरत व नाम नहीं चाहते थे। नेताजी भक्ति मानो गुप्ता के खून में थी। उनका व उनके एक भगवनजी भक्त बड़े भाई अतुल कृष्ण गुप्ता का एक भाई दिनेश भगत सिंह की तरह शहीद हो गया था। 1930 में तीन किशोर दिनेश गुप्ता, सुधीर गुप्ता और विनय कृष्ण बसु बंगाल सरकार के भवन राइटर्स बिल्डिंग में चुपचाप घुसे और वहां उन्होंने बंगाल पुलिस के आई. जी. जेल को दिनदहाड़े गोली से उड़ा दिया। सुभाष बोस जब बंदी थे तब उनको गंभीर चोट पहुंचाने के लिए वे आई. जी. को जिम्मेदार मानते थे। दिनेश पकड़े गए और बाद में उनको मौत की सजा हुई। विनय मौके पर मारे गए। इससे पहले कि उपनिवेशवादियों के हाथ उस तक पहुंचते, तीसरे ने अपना जीवन समाप्त कर लिया।

सुनील कृष्ण गुप्ता मुझ से भगवनजी के बारे में बात नहीं करना चाहते थे। फैजाबाद के संत का सब अनुयायियों को आदेश था कि इस रहस्य को अपने तक रखें। इसीलिए समर गुहा चाह कर भी भगवनजी का नाम सरेआम नहीं ले पाए। इसीलिए उच्च न्यायालय में व मुखर्जी आयोग के सामने गुप्ता व उनके साथियों ने भी कभी भगवनजी का नाम नहीं लिया। यह आश्चर्यजनक था। बाकी संत व उनके अनुयायी उनके नेताजी होने का हो–हल्ला करते थे, लेकिन भगवनजी के अनुयायियों को सिर्फ ताइपेई दुर्घटना को असत्य सिद्ध करने का निर्देश था। इसलिए उन्होंने यही किया।

लेकिन अब तो भगवनजी की कहानी सामने आ चुकी थी। इसलिए मैं ने गुप्ता से खुलासा करने का अनुरोध किया।"आपको कैसे पता चला कि भगवनजी ही नेताजी हैं?" "1963 में सुरेश बोस ने मुझे नीमसार जाने के लिए कहा। उन्होंने कहा कि सुभाष वहां हो सकते हैं।" भगवनजी 1958 से 1964 तक भारत–नेपाल सीमा के अनजाने से स्थान नीमसार में रहे थे। यह जानने के लिए कि कैसे सुरेश बोस को पता चला कि 'सुभाष' नीमासार में थे, मैं कलकत्ता में ही एक महान हस्ती के पुत्र से मिला। मुझे यह बताते हुए शर्म महसूस हो रही है कि उस हस्ती का नाम मैं ने पहले कभी नहीं सुना था। हमें स्कूलों और कालेजों में जो इतिहास पढ़ाया जाता है वह काफी अधूरा है। उपराष्ट्रपति कृष्णकांत जी ने 1997 में लीला राय की जन्मशती पर कहा था कि वह एक "महान स्वाधीनता सेनानी" थीं। उन्होंने वाइसराय की पत्नी का झुक कर अभिवादन करने से

इनकार कर दिया था। राय बहादुर की बेटी होने के बावजूद उन्होंने कांटों भरा रास्ता चुना। वह अपने सहपाठी क्रांतिकारी अनिल चंद्र राय के संपर्क में आईं। उन्होंने मिल कर एक क्रांतिकारी दल 'श्री संघ' बनाया जिसका आदर्श खून का बदला खून था। उन्होंने नागरिक अवज्ञा आंदोलन में भाग लिया। जतिन दास को मारने व कलकत्ता के आक्टरलोनी आंदोलन के दौरान सुभाष बोस पर हमला करने के खिलाफ उन्होंने एक विशाल प्रदर्शन का नेतृत्व किया। 1931 में कोमिल्ला के जिलाध्यक्ष पर जानलेवा हमला किया गया था। उसके कुछ दिनों बाद क्रांतिकारी लीला को गिरफ्तार कर लिया गया और 1937 में उन की रिहाई हुई।

नेताजी के संबंधियों ने मुझे बताया कि लीला राय उनके निकटतम सहयोगियों में थीं। उनकी एक भतीजी ने कहा कि उनको परिवार में 'स्त्रीत्व के प्रतीक स्वरूप' माना जाता था। वे 1920 से परिचित थे। सुभाष के क्रांतिकारियों के बेताज बादशाह होने के नाते लीला और उनके होने वाले पति अनिल राय उनके निकट आए। वह फार्वर्ड ब्लाक में शामिल हुए और सुभाष से उनके 1941 में जर्मनी जाने से कुछ पहले मिले। उन्होंने उनको भविष्य के बारे में कुछ बताया और दोनों को फार्वर्ड ब्लाक का काम देखने की जिम्मेदारी सौंपी। लीला राय सुभाष के बाद साप्ताहिक *फार्वर्ड ब्लाक* की दूसरी संपादक बनीं। वह अन्य अखबारों में भी लिखती थीं। कलकत्ता के एक प्रमुख अंग्रेजी दैनिक ने सुभाष की अनुपस्थिति में उन पर प्रहार करना आरंभ किया। उनको फासिस्ट समर्थक बता कर पत्र ने उनको मत्युदंड दिए जाने की मांग की। *हिंदुस्तान स्टैंडर्ड* में एक लेखमाला "वी शैल नाट स्टैंड इट" लिख कर लीला राय ने इसके विरुद्ध जन–आक्रोश जाहिर किया। 1942 में उनको गिरफ्तार कर लिया गया और उनकी कोठरी के बाहर आठ महीनों तक संतरी तैनात कर दिए गए। अंग्रेजों का खयाल था कि सुभाष ने उनको किसी क्रांतिकारी विप्लव से संबंधित पत्र भेजा है। बाद में उनके खुफिया विभाग ने खबर दी कि आईएनए लीला से संपर्क करना चाहती है।

लीला राय को संविधान सभा के लिए चुना गया था। लेकिन उन्होंने भारत विभाजन के विरोध में इस्तीफा दे दिया। दंगे के दौरान उन्होंने नोआखली में सहायता पहुंचाई जिसकी गांधीजी ने भी तारीफ की। दंगापीड़ित क्षेत्रों से अशरफुद्दीन अहमद चौधरी जैसे अपने कई सहयोगियों को बचा कर निकालने में उन्होंने अपनी जान खतरे में डाली। आजादी के बाद लीला राय के साथ कई दुखद घटनाएं हुईं। अनिल राय का एकाएक देहांत हो गया। फावर्ड ब्लाक[1] का विभाजन हो गया। उनका स्वाथ्य गिरने लगा। उनका सार्वजनिक जीवन बहुत सीमित रह गया। लीला राय ने *जयश्री* पर ध्यान देना शुरू किया। यह पत्रिका उन्होंने 1931

में गुरुदेव रवींद्र नाथ टैगोर के आशीर्वाद से शुरू की थी। 1963 में उनके जीवन में एक नया अध्याय आरंभ हुआ। 2001 में जिस व्यक्ति ने मुझे लीला राय की अजब दास्तान बताई, वह थे विजय नाग –– लीला राय के भतीजे व दत्तक पुत्र। नाग बंगालियों के उस ग्रुप में से थे जो 23 जनवरी को और दुर्गा पूजा पर चुपचाप भगवनजी से मिलने आया करते थे। इन लोगों ने उनको गुमनामी में रहने में मदद की थी। उन्होंने उन की दशकों तक गुपचुप सेवा की जिस के बदले में उनको कुछ नहीं मिला। इसके बदले उनको कठिनाइयां ही उठानी पड़ीं। कइयों को अपने और अपने परिवार के कल्याण से समझौता करना पड़ा। वे ऐसा क्यों करते थे?

18 जनवरी 1963 को नाग सेना के शॉर्ट सर्विस कमीशन की परीक्षा में फेल होने पर निराश हो कर घर लौटे। उनकी माता ने कहा, "देश सेवा का एक अवसर तुम्हारे हाथ से निकल गया। पर निराश मत होओ। एक और अवसर आ गया है। नेताजी जीवित हैं। वह देश की सेवा के लिए लौट आए हैं। मैं ने एक संदेश भेजा है। 23 तक वह पहुंच जाएगा।" लीला राय ने हाल की कुछ रहस्यमय घटनाओं का जिक्र किया। नाग अवाक् सुनते रहे। अप्रैल 1962 में पूर्व विधायक व सुभाष के निकटवर्ती अतुल सेन की मुलाकात नीमसार में *परदेवाला बाबा* से हुई। भगवनजी को नीमसार में इसी नाम से जाना जाता था। कलकत्ता लौटने पर सेन अपने कुछ मित्रों से मिले। इनमें इतिहासकार डा. आर. सी. मजूमदार भी थे। उन्होंने इनको बताया कि उनकी मुलाकात 'सुभाष' से हुई है। उनके ये मित्र अनुशीलन समिति दल के पूर्व क्रांतिकारी थे। फिर सेन ने एक "गलती" कर डाली। उन्होंने भगवनजी के निर्देश का पालन न करते हुए प्रधानमंत्री नेहरु से संपर्क किया और "सुभाष" से दोबारा मिलने के अपने सारे रास्ते बंद कर लिए।

खबर अनुशीलन समिति के हलकों में जंगल की आग की तरह फैल गई। डा. पवित्र मोहन राय ने सेन को खोज निकाला। उनके मुंह से सारी बात सुनने के बाद उन्होंने खुद सच्चाई का पता लगाने का मन बनाया। एक क्रांतिकारी के तौर पर पवित्र दक्षिणपूर्व एशिया भाग गए थे। वहां उन्होंने आईएनए के गुप्त एजेंट के तौर पर काम करने का जोखिम उठाया। 1943 में नेताजी के आदेशानुसार पवित्र, अमरीक सिंह गिल, टी. मुखर्जी व महिंदर सिंह को एक जापानी पनडुब्बी ने पुरी के तट पर पहुंचाया। उनका काम भारत के क्रांतिकारियों से संपर्क कर के देश में राज विरुद्ध गतिविधियां तेज करना था।

कलकत्ता आ कर उन्होंने देखा कि लोग बहुत सहमे हुए थे। वह उनकी मदद करने की हिम्मत नहीं रखते थे। सुरेश बोस की बेटी अमिता मित्रा [2], उनके

पति हरिदास मित्रा और ज्योतिष चंद्र बोस अगर शरण न देते तो वे सब प्रतिगुप्तचरी के जाल में फंस जाते। टी. मुखर्जी के धोखा देने पर उनका अंत आया। महिंदर सिंह बंबई में पकड़े गए। उनको कठोर यातनाएं दी गईं।[3] उन्होंने बाकियों का पता–ठिकाना बता दिया। अमरीक व पवित्र पकड़े गए। महिंदर सिंह ने आत्मग्लानि में आत्महत्या कर ली। उन दोनों व हरिदास मित्रा के विरुद्ध 21 मई 1945 को मुकदमा चला और जून के अंत तक उन्हें फांसी की सजा सुना दी गई। श्रीमती मित्रा ने अथक प्रयास किए। उन्होंने महात्मा गांधी से भी मुलाकात की। गांधीजी ने लार्ड वेवेल से अनुरोध किया तो उन की सजा 4 नवंबर 1945 को आजीवन देशनिकाले में बदल दी गई।[4] अमरीक सिंह को कुछ भी भुगतने की जरूरत न पड़ी। वह हथकड़ियों समेत कलकत्ता की घुमावदार गलियों में भाग कर फरार हो गए।

कई दिनों की खोज के बाद पवित्र उस शिवमंदिर के परिसर में पहुंच गए जहां भगवनजी का डेरा था। उनको करीब महीने भर तक कोशिशें करनी पड़ीं। तब भगवनजी उनसे मिलने को राजी हुए। उन्होंने अतीत और वर्तमान की बहुत सी बातों पर चर्चा की। भगवनजी ने एक किस्सा सुनाया। उनको नया चश्मा चाहिए था। इसके लिए वह एक कार में पीछे की सीट पर लेट कर लखनऊ गए। वहां एक दुकान पर चश्मा पसंद करते हुए उनको अपनी पगड़ी उतारनी पड़ी। दुकान में मौजूद ग्राहकों में सन्नाटा छा गया। ''नेताजी'' किसी ने फुसफुसा कर कहा। दो युवक आगे आए और भगवनजी के चरणों में लोट गए। वह तुरंत दुकान से बाहर निकले और कार में बैठ कर भागे। ''अब तुम समझे, मैं ने यह बड़ी मूंछे और दाढ़ी क्यों रखी हुई है।'' भगवनजी पवित्र से बोले।

इस मुलाकात के बाद पवित्र को पूरा यकीन हो गया कि भगवनजी बोस ही थे। अब तो उनको बार–बार उन से मिलने आना ही था। लेकिन उन्होंने सारी बात को बहुत ही गुप्त रखा। उनके अपने बच्चे हैरान होते थे कि पिता उत्तर भारत में किसी महात्मा से मिलने क्यों जाते हैं? 1979 में पवित्र ने भगवनजी को लिखा, ''जब भी मुझे कोई जानकारी मिलेती, मैं आपके निर्देशानुसार तुरंत बिना किसी देर या डर के आप तक पहुंचा देता हूँ ।'' उनके परिवारिक चित्र राम भवन में मिले थे। उनकी बंगाली की पुस्तक *नेताजी सीक्रेट सर्विस* पर 1980 में लिखा था, ''मैं यह पुस्तक अपने सद्गुरु (भगवनजी) को समर्पित करता हूं। ''बस्ती में एक दिन भगवनजी के मुंह से अनायास निकल गया था, ''मैं ने पवित्र तथा कुछ और लोगों को दक्षिणपूर्व एशिया से भारत भेजा था।'' [5]1985 के अंत में एक पुलिस दल भगवनजी के साथ उन के संबंधों के बारे में पूछताछ करने कलकत्ता आया था। पवित्र ने सहयोग नहीं दिया और टालने वाले जवाब दिए।[6]

1962 में पवित्र नीमसार से कलकत्ता लौटे। उनके पास उस सामान की सूची थी जो भगवनजी ने अगली बार ले कर आने को कहा था। चीजें वह न थीं जो किसी महात्मा की जरूरत की होती हैं। सूची में थे, "एक शक्तिशाली ट्रांजिस्टर रेडियो जो दूर–दराज के स्टेशन भी पकड़ सके, एक क्रोनोमीटर, एक दूरबीन, एक फाउलर या आक्सफोर्ड डिक्शनरी और सिगार।"[7] इसमें सबसे विचित्र चीज थी 48 इंच पनहे का 26 गज सफेद रेशमी कपड़ा। उसी नाप का मलमल का कपड़ा और 48 इंच पनहे की साढ़े तेरह गज मारकीन। इसकी क्या जरूरत थी? "बर्लिन प्रवास के दौरान (भगवनजी) को एक राडार विज्ञानी ने कुछ बताया था। इसकी जरूरत उसी संदर्भ में थी।"

पवित्र की खुद की आमदनी बहुत कम थी। तिस पर बड़े परिवार की जिम्मेदारी थी। ये सारी चीजें खरीदना उनके बूते से बाहर था। इसके लिए किसी की मदद की जरूरत थी। मगर किस की ?

पवित्र के दिमाग में 'दीदी' का नाम कौंधा। क्रांतिकारियों की 'दीदी' लीला राय, जिन का सुभाष के साथ बराबरी का दर्जा था। 7 जनवरी 1963 को पवित्र ने लीला राय को बताया कि उनकी मुलाकात नेताजी सुभाष बोस से नीमसार में हुई है। फिर राय ने यह खबर अपने संबंधियों व श्री संघ के पुराने विश्वासपात्रों को दी। सुनील दास, शैला सेन, विजय नाग, अजित नाग, हैलेना दत्ता, संतोष भट्टाचार्य, सागरिका घोष, बसाना गुहा और प्रोफेसर समर गुहा, इन सब को यह खबर मिल गई। दो दिनों तक 'नेता' के विषय में सब की सम्मिलित बैठक हुई और सब ने गोपनीयता की शपथ ली। 20 जनवरी को राय ने वे सब चीजें भिजवा दीं जो भगवनजी ने पवित्र को लाने को कही थीं। 21 मार्च को अपनी बीमारी के बावजूद वह आईएनए गुप्तचर सेवा के अनिल दास, शैलो सेन और समर गुहा को साथ ले कर नीमसार के लिए रवाना हो गईं। 23 को वहां पहुंच कर वे सब एक धर्मशाला में टिके। वे नहीं जानते थे कि कोई बहुत बड़ी हस्ती उनसे पहले यहां पधार चुकी है। गांधी, नेहरू, बोस और हालीवुड के सितारों के आदर की पात्र एक संन्यासिनी भगवनजी से मिलने नीमसार आई थीं। आनंदमयी मां स्वेच्छा से भगवनजी से मिलने के लिए लंबी प्रतीक्षा में रहीं। लीला राय के साथ भी कुछ ऐसा ही होना था।

कलकत्ता से आने वालों ने भगवनजी के एक अनुयायी को बहुत अच्छा मौका दे दिया। वह उनकी भारी–भरकम आवाज और इस अफवाह से कि वह नेताजी हैं, भगवनजी की तरफ आकृष्ट हुआ था। श्रीकांत शर्मा ने 20 साल पहले सुभाष को देखा था जब वह कांग्रेस अध्यक्ष की हैसियत से उत्तर प्रदेश के दौरे पर आए थे। भगवनजी से बात करने से शर्मा को बहुत राहत हुई। लेकिन

दरवाजे की देहरी से एक कदम आगे जाने की भी इजाजत नहीं थी। 25 मार्च 1963 को उनको पहली बार वह लक्ष्मण रेखा पार करने का मौका मिला और वह 92 साल की उम्र में मुखर्जी आयोग को बता सके कि उन्होंने कमरे में "बूढ़े नेताजी" के दर्शन किए।

लीला राय ने भगवनजी की सेवा करने वाली सरस्वती देवी को उनको भेंट करने के लिए दो पुस्तकें दीं। ये थीं, लियोनार्ड मोसेली की *दी लास्ट डेज आफ ब्रिटिश राज* और डा. आर. सी. मजूमदार की *हिस्ट्री आफ फ्रीडम मूवमेंट* भाग–1. भगवनजी ने बदले में एक कप और प्लेट भगवे वस्त्र में लपेट कर भेजी। लीला राय ने बंगाली में भगवनजी को एक नोट भेजा जिसमें कहा गया था कि "23 तारीख को साढ़े ग्यारह बजे के लगभग यहां पहुंच गई थी। पर संपर्क न हो सका। दो महीने पहले जो व्यक्ति (पवित्र) यहां आया था उस से ज्यादा मालूमात न हो सकीं। मेरी समझ में यह सब नहीं आ रहा है।"

दोनों पक्ष भावविह्वल हो गए। उनके बीच की दूरी पाटने का काम श्रीकांत कर रहे थे। लीला ने उनके जरीए पुछवाया कि आपको सारी चीजें ठीक से मिल गईं। भगवनजी श्रीकांत से बोले, "जा कर उसे कहो कि हां मिल गईं। यह सिर्फ लीला राय को बताना। समर गुहा को नहीं। जब मैं भारत से गया वह बिलकुल बच्चा था।" लीला राय ने पूछा, "मैं कैसे जानूं कि जिसके लिए मैं ने सामान भेजा यह वही व्यक्ति हैं?" इस पर भगवनजी ने लीला राय और अपने कुछ ऐसे कार्यकलाप का जिक्र किया· जो कम लोग जानते थे। जैसे वे दोनों घरवालों से चोरी कलकत्ता में हैजे के मरीजों की सेवा के लिए निकल गए थे। उन्होंने 1941 में अपने बच कर निकलने की भी कुछ गुप्त बातें बताईं। समर गुहा के लिए यह चेतावनी भी भिजवाई कि " तुम मेरे जीवित होने में दिलचस्पी नहीं लोगे। " "अगर मैं अब अपने आप को प्रकट करता हूं तो इस से किसी का भला नहीं होने वाला। "

लीला राय यह संदेश पा कर रोनें लगीं। समर गुहा भड़क गए, " मैं अंदर जाऊंगा। देखता हूं कौन रोकता है।" श्रीकांत रास्ते में अड़ गए, " मेरी लाश पर से हो कर जाओगे। यहां सभी भगवनजी का आदेश मानते हैं।" जब सब शांत हो गए तो लीला राय ने फिर संपर्क बनाए रखने के लिए कहा जिस पर भगवनजी राजी हो गए। लेकिन रूबरू मिलने से मना रहते हुए वह बोले, " ली [8] तुम्हें पक्षाघात के दो दौरे पड़ चुके हैं। मैं तुम्हारी जान खतरे में नहीं डाल सकता। तुम मेरा यह हाल नहीं देख पाओगी।"

लीला राय 30 अप्रैल को वापस कलकत्ता आईं। उनको अब कोई संदेह नहीं था कि भगवनजी ही सुभाष बोस हैं। वह अपने बेटे से बोलीं, "उन्होंने देश के

लिए इतना कुछ किया। वह आज भी कष्ट पा रहे हैं। मैं उनको कुछ आराम देना चाहती हूं।" नेताजी की एक नातेदार ने इस लेखक को बताया, " चाचाजी को पहचानने में लीला राय से गलती हो गई हो, ऐसा हो ही नहीं सकता। वह उनको इतनी अच्छी तरह जानती थीं।" 6 अप्रैल 1963 को लीला राय ने श्रीकांत को अंग्रेजी में लिखा कि हम सब इस उम्मीद में जी रहे हैं कि शायद हमारे और हमारी मातृभूमि के लिए आनंद की घड़ी कभी आएगी। 28 अप्रैल को समर गुहा ने श्रीकांत को अपने भाई के तौर पर संबोधित करते हुए अपनी टूटी-फूटी हिंदी के लिए क्षमा मांगते हुए पत्र लिखा।

"मुझे आपका पत्र मिल गया था। पार्टी के काम से मैं कलकत्ता से बाहर गया हुआ था इसलिए समय से जवाब न दे सका। क्षमा चाहता हूं। आपको दीदी का पत्र मिला होगा। हमारे लौटने पर वह इतनी निराश और उदास थीं जैसा हमने उनको पहले कभी नहीं देखा। भारत में दीदी जैसा भगवनजी का कोई शिष्य नहीं है। ईश्वर जाने भगवनजी के मन में क्या है। यह बहुत जरूरी है कि भगवनजी दीदी से या उनके भेजे किसी व्यक्ति से एक बार फिर मिलें। कृपया ऐसी कोई मीटिंग कराने की कोशिश करें। इसका खास कारण है। मिलने पर हम वह भगवनजी को बता देंगे। 1 मई को मैं पार्टी की केंद्रीय समिति की बैठक में भाग लेने के लिए दिल्ली जा रहा हूं। संभावना है कि मैं राष्ट्रपति राधाकृष्णन से भी मिलूंगा। आप भगवनजी से पूछें। अगर उनकी अनुमति हो तो मैं राष्ट्रपति से पूछ सकता हूं, कि वह इस (भगवनजी) के बारे में क्या सोचते हैं। अगर भगवनजी चाहें तो मैं दिल्ली जाने से पहले उनसे मिलने आ सकता हूं। जैसा भी हो, पत्र का उत्तर शीघ्र देना। जिस हाल में और जिस जगह भगवनजी रह रहे हैं वह हम सब के लिए बहुत चिंताजनक व पीड़ादायक हैं। उन की सुख-सुविधा का खयाल रखना हम सब का फर्ज बनता है।"[9]

लीला राय के जाने के कुछ समय बाद पवित्र पूर्व क्रांतिकारी अमल राय के साथ नीमसार आए।[10] वे दोनों वहां दो महीने ठहरे। फिर एक वैकल्पिक चिकित्सा के विशेषज्ञ कमलकांत घोष आए। उनके आगमन का कारण था लीला राय की भगवनजी के स्वास्थ्य के बारे में चिंता। इसके बाद लीला राय के भेजे और लोग भी नीमसार आने लगे। इनमें से कई कट्टर क्रांतिकारी और सुभाष बोस के बीते दिनों के साथी थे। लीला राय में पहले जिस व्यक्ति को भगवनजी के बारे में बताया वह पाकिस्तान में बसे हुए थे। वह थे त्रैलोक्यनाथ चक्रवर्ती 'महाराज'। उन्होंने स्वाधीनता संग्राम के दिनों में मानो कीर्तिमान कायम कर दिया था। अंग्रेजों को उनसे ऐसा खौफ था कि उन्होंने उनको अकल्पनीय 30 वर्षों तक जेल में रखा। इसमें से 10 साल से अधिक का समय तो उन्होंने कालापानी में

गुजारा। लीला राय ने अपने एक विश्वस्त शैलेंद्र राय को निर्देश दिया कि वह पूर्वी पाकिस्तान जा कर महाराज को बताएं कि सुभाष जीवित हैं और भारत में हैं। राय ने जा कर उनको लीला का खत दिया और जवाबी खत ले कर लौटे। शैलेंद्र राय ने 88 साल की उम्र में मुखर्जी आयोग को अपनी यह कहानी सुनाई। आयोग को राम भवन में 11 अप्रैल 1963 के एक बंगाली में लिखे खत का भी पता चला जिसे भेजने वाले का नाम त्रैलाक्यनाथ चक्रवर्ती था।

"देश के विभाजन के बाद मैं ने फैसला किया कि अपनी जन्मभूमि नहीं छोड़ूगा और मैं पूर्वी पाकिस्तान में ही बस गया। जिनके साथ मुझे मांडले जेल में कैद रखा गया – जिनके साथ दुर्गापूजा मनाई, टेनिस खेला – मैं उनको भूला नहीं हूं। मैं आज भी उनके साथ हूं। दिल्ली में शंकरलाल के निवास पर मैं उनके साथ था। जब वह संयुक्त प्रांत के दौरे पर निकले थे, मैं साथ था। आगरा में कड़ाके की सर्दी में काफी रात गए भी सैकड़ों लोग उनका इंतजार खुले मैदान में कर रहे थे। मैं बड़ी उत्कंठा से आज भी उस व्यक्ति का इंतजार कर रहा हूं। दमित व यातनाएं सह रही पूर्वी पाकिस्तान की जनता उनका इंतजार कर रही है।"

नेताजी के एक परिजन ने इस पत्र को ध्यान से पढ़ने के बाद लेखक को कहा कि यह स्पष्ट है कि महाराजजी ने यह पत्र नेताजी के लिए ही लिखा था। शंकरलाल फारवर्ड ब्लाक के महासचिव थे। मांडले के भयावह जेल में त्रैलाक्य चक्रवर्ती को सुभाष बोस के साथ ही बंद किया गया था।

इसके बाद आशुतोष काली का नाम आया। उनको शायद पवित्र ने खबर दी थी। वह भी अनुशीलन समिति के पुराने सदस्य थे। वह सुभाष से उम्र में बड़े थे। वह भी लंबे अर्से तक जेल में बंद रहे और स्वाधीनता संग्राम में कोई बड़ी भूमिका निभाने से वंचित रहे। अब 1963 में उन्होंने भगवनजी को अपनी सेवाएं अर्पित करने की पेशकश की क्योंकि उनको उनके सुभाष होने में रंच मात्र संदेह न था। 9 मार्च 1963 को उन्होंने उन्हें लिखा, "मेरे खयाल में मुझे थोड़ा स्पष्ट कर देना चाहिए कि एक पुराना क्रांतिकारी आपकी ऐसी अवस्था में आपसे क्यों मिलना चाहता है। आपका अता–पता मालूम कर लेने के बाद अब मैं और ढाका के हशिमय सेन आपके पास आने का कार्यक्रम बना रहे हैं। हम अगली बातचीत में डा. पवित्र राय को भी शामिल करना चाहते हैं। वह हमारे क्रांतिकारी दल के पुराने सदस्य हैं। वह आपके विश्वसनीय और प्रेमपात्र भी हैं। हम इस बारे में पूरी गोपनीयता बरतते हुए आप की सुरक्षा का पूरा ध्यान रखेंगे। किसी तरह की चूक इस में न होगी। आपको होने वाला कोई भी खतरा बहुत घातक होगा और उससे देश का भी बहुत बड़ा नुकसान होगा।"

काली का 1965 में एक दुर्घटना में देहांत हो गया। पर उससे पहले वह भगवनजी से मिले थे। उनका लिखा बिना तारीख वाला एक और खत राम भवन में मिला था।

"पिछली मई को मैं ने आप से भेंट की थी। आप की राय जाननी चाही थी कि वर्तमान स्थितियों में हमें क्या करना चाहिए। आप के बारे में पता लगने के बाद से हम सब अनुशीलन दल वाले आप के दिशानिर्देश की कामना करते हैं। आप और (त्रैलाक्यनाथ) महाराजजी सब कुछ जानते–समझते हैं। वह तो पूर्वी पाकिस्तान में हैं। उनका स्वास्थ्य ठीक नहीं रहता। वहां कुछ काम भी नहीं है। हमारे अनुरोध पर वह भारत आ कर रहने को राजी हो गए थे। लेकिन आप के बारे में जानने के बाद से उन्होंने अपना इरादा बदल लिया है। वह अब पूर्वी पाकिस्तान मे ही रहना चाहते हैं। वह भी आप के संदेश का इंतजार कर रहे हैं।

"मेरी उम्र अब सत्तर से ऊपर हो गई हैं। लेकिन वही पुराना जज्बा और हौसला बरकरार है। हमें किसी नेता के दिशानिर्देश की जरूरत है। आप निर्देश दें तो मैं आज भी आंदोलन में कूदने को तैयार हूं। मैं आप को खबर करना चाहता हूं कि बसंती देवी आपके बारे में जानने को बेचैन हैं। वह चाहती हैं कि हम आप का पता–ठिकाना उनको बताएं।"

अपने पत्र के आखिर में काली ने किसी बसंती देवी का जिक्र किया था। वह शायद सुभाष के गुरु देशबंधु चितरंजनदास की पत्नी थीं और सुभाष के लिए माता समान थीं। बसंती देवी ने अपने पति व पुत्र दोनों से अधिक उम्र पाई और 1960 के दशक तक जीवित रहीं। उनकी भगवनजी से मुलाकात हुई या नहीं, यह तो पता नहीं चल पाया। लेकिन बताया जाता है कि सुभाष के *सेजदा* भगवनजी को अपना भाई मानने लगे थे। पवित्र और लीला राय ने सुरेश बोस को भगवनजी के बारे में सूचना दी। 1963 के अंत में सुरेश बोस ने सुनील गुप्ता को नीमसार भेजा। लीला राय ने बोस परिवार के कुछ दूसरे सदस्यों को भी उनके बारे में जानकारी देने की कोशिश की। लेकिन इसका नतीजा क्या निकला यह पता नहीं चल पाया। लीला राय ने व्यक्तिगत तौर पर उद्योगपति आशुतोष गांगुली, स्वामी असीमानंद सरस्वती और सुभाष के मित्र अशफरुद्दीन अहमद चौधरी को "नेताजी" के बारे में खबर दी। बताया जाता है कि अपने जन्मदिन पर भगवनजी बोस परिवार के किसी सदस्य के हाथों के बने पकवान का आनंद उठाया करते थे। जैसी कि भगवनजी को आशंका थी, लीला राय की सेहत नीमसार से लौटने के बाद बहुत खराब हो गई। ऐसी ही हालत में उन्होंने एक दिन सुभाष के सब से करीबी मित्र दिलीप कुमार राय को खत लिखा। इसके लिए दो संदेशवाहक भेजे गए। दिलीप को पत्र पढ़ कर लौटाना था। 27 जुलाई 1963 के पत्र में यह लिखा था कि उनके दोस्त जीवित हैं:

"आशा है आप सानंद होंगें। पक्षाघात के कारण मैं चलने–फिरने मे असमर्थ हो गई हूं। इसी वजह से मैं आपसे मिल नहीं सकती। मैं आपको किसी प्रयोजन से मिलना चाहती थी। पक्षाघात के कारण मेरा दाहिना हाथ नहीं चलता और मुझे लिखने में कठिनाई हो रही है। जो भी है, मेरे आपको पत्र लिखने का मेरा यह कारण नहीं। मैं आपको आपके मित्र के बारे में बताना चाहती हूं। मुझे अधिक बताने की अनुमति नहीं। लेकिन मैं इतना बता सकती हूं कि वह जीवित हैं और भारत मैं हैं। उन्होंने कई बार आपसे दोस्ती का जिक्र किया। उदाहरण के लिए, 'दिलीप हमेशा मुझे साधु बनाना चाहते थे।' इसीलिए यह पत्र इतना महत्वपूर्ण है। पत्र पढ़ कर कृपया संदेशवाहिका श्रीमती शैलो सेन को लौटा दें। इस बारे में किसी को कुछ न बताया जाए। यह मुझे कड़ा निर्देश है।"

जुलाई 1964 में लीला राय ने अनिल दास उर्फ रेनू को भगवनजी के पास भेजा। उन्होंने लिखा कि वह "ईमानदार, विश्वसनीय, कर्तव्यनिष्ठ व आदर्शवादी कार्यकर्ता हैं।" दास आईएनए की गुप्तचर सेवा के सदस्य रह चुके थे। 1930 से वह स्वाधीनता संग्राम से जुड़े रहे और नेताजी के गायब होने के समय 1945 तक इस में लगे रहे। उन्होंने भगवनजी को बंगाली में लिखे अपने पत्र में कारण भी बताए कि उनको दोबारा सेवा करने का मौका क्यों दिया जाए।

अपने लंबे पत्र में अनिल दास ने विस्तार से बताया कि कैसे वह दूसरा महायुद्ध आरंभ होने पर बैंकाक जा कर स्वामी सत्यानंद से मिले और फिर कैसे सिंगापुर में उनकी नेताजी से भेंट हुईं। तब से ले कर नेताजी से आखिरी मुलाकात व उनके निर्देशों की चर्चा भी उन्होंने की। "बैंकाक छोड़ने की पूर्व रात्रि में नेताजी ने कई लोगों का अलग–अलग इंटरव्यू लिया था। उसमें एक मैं भी था। नेताजी ने जब मुझे बुलाया उस समय रात के ढाई बज रहे थे। उन्होंने युद्ध के बाद के काम के बारे बताया और हम लोग पकड़े न जाएं इस बारे में सावधान किया। नेताजी ने हमें हिकारी किकन के नाम एक चिट्ठी दी जिसमें लिखा था कि हमें कुछ हथियार, गोलीबारूद, वायरलेस सेट और ब्रिटिश मुद्रा दी जाए। उस चिट्ठी से हमें हिकारी किकन से कुछ रिवाल्वर और पिस्तौलें मिलीं।

"जब हमें नेताजी की विमान दुर्घटना की खबर मिली तब मैं जानता था कि ऐसी ही एक खबर मिलेगी और इसमें कोई सच्चाई नहीं होगी।"

अंत में उन्होंने लिखा कि "1956 में भारत आने पर मेरी मुलाकात *पीसी मां* (बूआ, लीला राय) से हुई । फिर मैं ने बैकाक हमेशा के लिए छोड़ दिया। मैं जो भी जानना चाहता वह *पीसी मां* से पूछ लेता। उन्होंने मुझे नीमसार भेजा। अब मैं आपके आदेश की प्रतीक्षा कर रहा हूं।"[12]

अनिल दास को भगवनजी से मिलने की अनुमति मिल गई। भगवनजी ने उसकी चिट्ठी में कुछ त्रुटियों में संशोधन किया। उन्होंने अनिल दास से पूछा कि

आजाद हिंद की सरकार के मंत्री देबनाथ दास ने अंग्रेजों को क्या बयान दिया था। अनिल दास को जो कुछ मालूम था उन्होंने लिख कर दिया। यह पत्र भी राम भवन में मिला था।

इस तरह के कितने स्वाधीनता सेनानियों ने भगवनजी से संपर्क किया इसकी गिनती नहीं की जा सकती। वह सारी चिट्ठी–पत्री नष्ट कर देते थे। वह अपने स्थानीय अनुयायियों को अपने मिलने वालों से दूर रखते थे। एक अनुयायी को अगर अतिथि को लाने का काम सौंपा जाता था तो दूसरे को उसका रहने का इंतजाम करने का आदेश होता था। छोड़ने कोई तीसरा जाता था। इस तरह के पत्र कितने संवेदनशील रहे होंगे इसकी एक झलक राम भवन से मिले पश्चिम बंगाल के पूर्व मुख्यमंत्री प्रफुल्ल घोष के एक छोटे नोट से मिली, जिस पर स्पष्टतः घोष के ही हस्ताक्षर थे। इसमें उन्होंने दुख प्रकट किया था, "जो कुछ हरिपुरा अधिवेशन में हुआ और उसके फलस्वरूप वैलिंगटन स्कवायर में हुआ, अगर वह सब न होता तो शायद जीवन की दिशा कुछ और होती। "हरिपुरा में बोस कांग्रेस अध्यक्ष चुने गए थे। उसके बाद गांधी के कहने पर उनको हटा दिया गया था।

लीला राय के साथ के एक और पूर्व क्रांतिकारी सुनील दास[13] के पत्र और भी स्पष्ट थे। दास के तीनों भाई–बहन स्वाधीनता संग्राम की भेंट चढ़ गए थे। उनके बड़े भाई को ढाका जेल में इतनी बुरी तरह मारा गया कि वह स्वर्ग सिधार गए। इस बर्बरता की निंदा अंग्रेज सांसदों ने अपने हाउस आफ कामन्स में भी की थी। फीजिक्स में एम. एससी. दास, जिनका एक लेख प्रतिष्ठित *अमेरिकन जनरल आफ फीजिक्स* में छपा था, का भविष्य उज्ज्वल था। लेकिन उन्होंने उसकी परवाह न कर के स्वाधीनता संग्राम में भाग लेने का फैसला किया। सुभाष बोस के प्रति सदा वफादार रहे इस देशभक्त ने 1963 के बाद से अपना पूरा ध्यान भगवनजी के लिए सूचनाएं एकत्र करने में लगाया। "आज सुबह (24 जनवरी 1964) को हमारी एक मीटिंग पश्चिम बंगाल के मुख्यमंत्री श्री प्रफुल्ल चंद्र सेन के कमरे में हुई। इस में मेरे साथ फारवर्ड ब्लाक के नेता श्री हेमंत बोस, सांसद श्री सुरेंद्र मोहन घोष व अन्य थे। इस में विचार किया गया कि सरकार नेताजी के जन्मदिन पर जुलूस निकालने व जनसभा करने पर पाबंदी हटाएगी या नहीं। मुख्यमंत्री के कमरे से चले जाने के बाद हम लोग देर तक श्री सुरेंद्र मोहन घोष के साथ शौलमारी आश्रम व नेताजी के बारे में बातें करते रहे।"

1968 में अचेत हो जाने तक लीला राय अपने 'नेता' से निरंतर संपर्क बनाए रहीं। *जयश्री* के माध्यम से वह भगवनजी का हवाला दिए बिना नेताजी की मृत्यु वाली कहानी का विरोध करती रहीं। "हम भारत के नए नेतृत्व की प्रतीक्षा करेंगे।

उस नेता की जिसकी मौत की खबर धोखेबाजी से फैला कर उसे देशसेवा का अवसर देने से वंचित रखा गया है।"[14] समर गुहा के नेताजी संबंधी संघर्ष आरंभ करने पर उन्होंने निरंतर उनका मार्गनिर्देशन किया। उन्होंने कहा कि "नेताजी का चित्र संसद के केंद्रीय कक्ष में ही लगेगा और उसका खर्चा हम लोग ही देंगे।" उनके और पवित्र राय के कारण अनेक लोगों का भगवनजी से संपर्क हो सका। स्वर्गीय संतोष भट्टाचार्य व दुलाल नंदी, जिन्होंने मुखर्जी आयोग के सामने बयान दिया, भगवनजी के स्थान बदलने के कार्य को सैनिक कुशलता से अंजाम देते थे। अपनी माता के निधन के बाद विजय नाग पहली बार 1970 में उनसे आ कर मिले। अपूर्व कुमार घोष ने 93 साल की उम्र में मुखर्जी आयोग के सामने अपने बयान दिए थे। उनको 1960 में लीला राय ने अनेक बार भगवनजी के पास भेजा था। 1945 से पहले वह सुभाष की सेवा में रह चुके थे। जब वह बस्ती आए तो भगवनजी ने उनको पहचान लिया और 1940 की एक ऐसी घटना का जिक्र किया जो सिर्फ सुभाष ही बयान कर सकते थे।

अनुयायियों को भगवनजी के साथ सुभाष का नाम जोड़ने की अनुमति न थी। लेकिन कभी ऐसा हो ही जाता था। 22 दिसंबर 1964 के अपने एक पत्र में क्रांतिकारी विश्वनाथ राय ने लिखा, "आपको मालूम है, मैं आपको अपना गुरु क्यों मानता हूँ? 1923 में मैं 12 साल का था। तब आप, देशबंधु चितरंजन दास और संतोष कुमार मेरे घर के पास वाले मैदान में आए थे। तब मैं आपके प्रति आकर्षित हुआ था। मैंने उसी दिन प्रतिज्ञा की थी कि सुभाष चंद्र बोस जैसा ही बनूंगा।"

अपने अनुयायियों, सुनील कृष्ण गुप्ता व समर गुहा के जरीए भगवनजी ने खोसला आयोग के काम पर नजर रखी। पहले दिन से ही उनको जांच के निष्पक्ष होने में संदेह था। 1971 की एक रात को उन्होंने कहा था, "खोसला न्याय नहीं कर सकते। खोसला की कलम इंदिरा गांधी की कलम है।" संकट तब आया जब 1979 में समर गुहा ने एक फोटो दिखा कर दावा किया कि नेताजी जीवित हैं। गुस्से में आ कर भगवनजी ने अपने बंगाल के सभी अनुयायियों से संबंध विच्छेद कर लिए और अपना स्थान बदलने का फैसला कर डाला। महीनों तक उन्होंने कोई संपर्क नहीं साधा। पवित्र ने हौसला कर के उनको लिखा, "आपने खुद कहा था कि तुम मेरे इंटेलिजेंस आफिसर हो। मां काली, देशमाता, बंगजननी, भारत माता और आपके चरणों को साक्षी मान कर मैं कहता हूं कि पहले की तरह ही मुझे आपके प्रति अटूट आस्था, प्रेम, विश्वास, अडिग आज्ञाकारिता, संपूर्ण समर्पण व वफादारी है।"

एक और लंबे पत्र में पवित्र ने राष्ट्रपति संजीव रेड्डी के बारे में भी बहुत कुछ लिखा। उन्होंने 23 जनवरी 1979 की घटना का ब्योरेवार विवरण दिया :

"जनवरी 1978 के अंत में (भगवनजी की तरफ से) पत्र मिलने बंद हो गए । इसकी वजह इन लोगों की कुछ हरकतें थीं। उन्होंने मेरे सद्गुरु को लिप्त करने वाला खतरनाक खेल खेला। 1979 के पवित्र दिन (23 जनवरी) को इसका चरम सामने आया। फिर अदालत में मामला चला और नाम खराब हुआ।

"4 सितंबर 1978: जनवरी के बाद सुकृत पहली बार मुझे मिलने आए। उन्होंने बताया कि उनके पास एक फोटो हैं। यह "उन" का फोटो है। कई लोगों के पास वह फोटो था। यह किसी घने जंगल में मंदिर में लिया गया फोटो था। उन्होंने कहा कि उम्र के बावजूद "उन" को पहचानना नामुमकिन नहीं।

"सुकत ने कहा कि 'उन्होंने' खुद वह फोटो दिया है ताकि भारत भर में प्रकाशित किया जा सके। 'वह' जल्दी ही इस बारे मे अनुमति देने वाले हैं। हम इंतजार कर रहे हैं। उन्होंने कहा कि मुझे भी जल्दी ही एक प्रति मिल जाएगी। 150 प्रतियां तैयार हैं। जिनको ये प्रतियां भेजी जानी हैं उनकी सूची बना ली गई है। कुछ चुनिंदा मंत्री, सांसद व विधायक भी उस सूची में हैं। समाचार पत्रों की सूची भी तैयार है।

"सुकृत ने कहा कि हमें अब उनकी तरफ से हरी झंडी का इंतजार है। तीन और फोटो आने वाले हैं। वे सब प्रकाशित होंगे। नीचे उनका संदेश होगा। सुकृत ने कहा कि उनकी हस्तलिपि में संदेश मिलने में समय लग रहा है। जैसे ही वह मिलेगा फोटो प्रकाशित कर दिए जाएंगे।

"23 जनवरी 1979: कलकत्ता के सभी समाचारपत्रों ने प्रेस कांफ्रेंस का समाचार छापा। फोटो और मास्टर (समर गुहा) का बयान भी प्रमुखता से प्रकाशित हुआ।

"30 जनवरी 1979: इस दिन कांग्रेसी नेता सुब्रतो मुखर्जी का बयान प्रकाशित हुआ। इस के साथ 2–3 फोटो भी छपे। उन्होंने साबित करने की कोशिश की कि मास्टर ने जो फोटो जारी किए थे वे जाली थे। उन्होंने कहा कि इसमें नेताजी के भाई शरत चंद्र बोस का फोटो इस्तेमाल किया गया जिस पर नेताजी का सिर लगा दिया गया।"

पवित्र ने लिखा कि यह प्रकरण समर गुहा का राजनीतिक जीवन समाप्त करने की साजिश थी। उनको ये नकली फोटो आईएनए के स्वर्गीय कर्नल ठाकुर सिंह की पत्नी ने दिए थे। झिझकने के बावजूद उन्होंने वह फोटो ले लिए। भगवनजी ने इसके लिए समर गुहा को माफ नहीं किया। सुनील गुप्ता ने अपनी स्थिति स्पष्ट की तो उनको माफ कर दिया गया। भगवनजी से परित्यक्त हो कर गुहा सदा पश्चाताप करते रहे। "अगर वह सामने नहीं आना चाहते तो मैं कर भी क्या सकता हूं।" वह दुखी हो कर कहते। लोगों ने उनके अंतिम दिनों तक

उनका मजाक उड़ाया। किसी ने उन संकेतों का अर्थ समझने की कोशिश नहीं की जो देश की बड़ी हस्तियां समय–समय पर देती रहीं। 8 मार्च 1978 को राष्ट्रपति नीलम संजीव रेड्डी ने यह जानते हुए कि गुहा कि पुस्तक में लिखा था कि नेताजी जीवित हैं, उस का विमोचन किया। "हम कामना करते हैं कि उनको कम से कम एक दिन देख सकें, "भारत के राष्ट्रपति ने नेताजी के 'निधन' के 33 वर्ष पश्चात कहा।[15] उन्होंने आगे कहा कि "भारत नेताजी के रहस्य का उद्‌घाटन करने का एक और प्रयास करेगा। उन्होंने सोवियत संघ से अपील की कि वह नेताजी के बारे में सत्य का पता लगाने में भारत सरकार के साथ सहयोग करे। उन्होंने कहा कि अगर नेताजी वहां हैं तो मैं सोवियत सरकार को इसके लिए राजी करने की कोशिश करूंगा कि वह उनको वापस भेजे।[16] 1979 में गुहा ने राष्ट्रपति रेड्डी को भगवनजी के बारे में जानकारी दी थी। पहले से अधिक जानकारी पा चुके मोरारजी देसाई ने 1983 में *नेताजी डेड ऑर अलाइव* के विमोचन समारोह की अध्यक्षता की। पूर्व प्रधानमंत्री ने निश्चिय ही प्रधानमंत्री कार्यालय की गुप्त फाइलें देखी हुई थीं। वह उपस्थित जनसमूह से बोले, " ऐसा कहा जाता है कि बोस जीवित हैं और वह संन्यासी हो गए हैं।"[17]

नेताजी के बहुत से संबंधी भी उनकी "मृत्यु" से दशकों बाद तक उनके जीवित होने का विश्वास प्रकट करते रहे। खोसला आयोग के सामने बयान देते हुए सुरेश बोस ने ऐसा ही कहा था। द्विजेंद्रनाथ बोस से जब पूछा गया कि क्या आपने *परदा बाबा* का असली परिचय जानने की कोशिश की है? इस पर उन्होंने जवाब दिया कि वह मेरे चाचा नहीं हैं। पवित्र मोहन राय, सुनील दास, अनिल दास और समर गुहा ने भी आयोग के सामने बयान दिए थे। वह भी भगवनजी के बारे में मौन रहे। भगवनजी नहीं चाहते थे कि लोग उनकी असलियत जानें । उनके अनुयायियों ने उनके आदेश का अक्षरशः पालन किया। गौरतलब है कि द्विजेंद्र राय से पूछा गया था कि क्या आपने 6 मार्च 1966 को *अमृत बाजार पत्रिका* में यह बयान दिया है कि नेताजी जीवित हैं और वह भारत की सरहद के बहुत करीब कहीं काम कर रहे हैं। तो उन्होंने कहा कि हां मैंने ऐसा कहा था। उस रिपोर्ट में यह भी कहा गया था कि नेताजी को पिछली सितंबर को निमोनिया हो गया था और उनका इलाज एक बहुत लायक डाक्टर से कराया गया। द्विजेंद्र ने कहा कि मैं उस डाक्टर को जानता हूं पर उनका नाम नहीं लूंगा।

इस लेखक ने पुष्टि की कि 1966 में लीला राय ने राष्ट्रपति डा. राजेंद्र प्रसाद के निजी चिकित्सक डा. एस. के. दास से बीमार भगवनजी के बारे में परामर्श किया था।

पत्रिका ने द्विजेंद्र के हवाले से यह भी लिखा था कि एक रिपोर्टर ने नेताजी की सच्चाई का लगभग पता लगा लिया था। "कलकत्ता के एक दैनिक का

स्टाफ रिपोर्टर जहां नेताजी रह रह थे, वहां पहुंच गया था। वह आश्वस्त हो कर लौटा कि वह जीवित हैं। वह नेताजी से मिल नहीं सका था।''

यह पूछने पर कि नेताजी अब भी छिपे हुए क्यों हैं, द्विजेंद्र ने जवाब दिया, ''यह कहना गलत होगा कि वह छिपे हुए हैं। ऐसा नहीं है। वह अब भी भारत के लिए काम कर रहे हैं। वह उपयुक्त समय पर भारत में प्रवेश करेंगे ताकि यहां नई व्यवस्था कायम की जा सके।'' यह पूछने पर कि क्या आप अब भी अपने 1966 के बयान पर अडिग हैं, द्विजेंद्र ने कहा कि हां।

''आप के कहने का मतलब यह है कि हालांकि ये सभी साधु नेताजी नहीं हैं, पर नेताजी अभी जीवित हैं।''

''जी, हां।''

''और यह बात आप को अच्छी तरह मालूम है?''

''मुझे रोज–रोज सूचना नहीं मिलती। मेरा मतलब है वह कहां हैं इस बारे में। महीनों बाद या कई बार साल बाद पता चल जाता है कि नेताजी इस जगह रह रहे थे।''[18]

''आपने एक दैनिक के स्टाफ रिपोर्टर का जिक्र किया है। क्या आप उसका नाम बताएंगे?''

''नहीं। मैं ऐसा नहीं कर सकता। वह नेताजी से नहीं मिला, पर उसे विश्वास हो गया था।''[19]

''आपने कहा कि वह उपयुक्त समय पर सामने आएंगे और फिर देश में नई व्यवस्था कायम होगी। क्या यह बात आपसे नेताजी ने स्वयं कही थी। या फिर आपने किसी और से ऐसा सुना था?''

''बातें मालूम होती रहती हैं।''

''आप यह नहीं कह सकते कि नेताजी ने ऐसा कहा। न ही आपने खुद उनको देखा है?''

''न तो मुझे खुद उनका लिखा मिला है, न ही मैं ने उनको देखा है।''

''फिर भी आपको विश्वास है कि वह जीवित हैं?''

''मुझे विश्वास है कि वह जीवित हैं।''

''माफ करना आपसे जरा अखरने वाला सवाल पूछ रहे हैं। सरकार इस जांच पर इतना खर्च [20] कर रही है और इसका मकसद है नेताजी के गायब हो जाने का राज जानना। तो क्या यह देशवासियों व सरकार के प्रति अनुचित न होगा कि इस तरह की जांच जारी रहे जबकि आपको पूरी जानकारी है और आप बताना नहीं चाहते।''

''अगर मैं इस आयोग में कोई सूचना दूं तो वह सार्वजनिक हो जाएगी। सरकार को भी इसका पता चल जाएगा। यह नेताजी के लिए खतरे की बात

होगी। यह तो वही (नेताजी) तय करेंगे कि कब यह बात सार्वजनिक की जाए और वह कब भारत लौटें।"

खोसला आयोग से संबंधित अन्य दस्तावेजो के साथ भगवनजी को द्विजेंद्र के बयान की प्रतियां भी दी गई थीं। 1985–86 में उनके सामान की छानबीन में भगवनजी के संपर्क में रहने वालों के सामूहिक फोटो भी मिले थे। इनमें सुरेश बोस व द्विजेद्र भी नजर आए।

इस बात के स्पष्ट प्रमाण मौजूद थे कि सुनील दास के भगवनजी से संपर्क थे और वह उनको सुभाष बोस मानते थे। 6 सितंबर 1972 को दास से खोसला आयोग ने पूछताछ की। वकीलों ने नेताजी के जीवित होने के बारे में उनकी राय पूछी। लीला राय की इस बारे में क्या राय थी यह भी पूछा।

"मैं आपसे यह पूछना चाहता हूं कि आप नेताजी को बहुत करीब से जानते थे। आपको उनको पहचानने में गलती नहीं हो सकती। "

"मैं उनको पहचाने में भूल कैसे कर सकता हूं। कोई बंगाली उनको पहचानने में गलती नहीं कर सकता। एक बच्चा भी नहीं।"

"क्या आप समझते हैं कि नेताजी सचमुच जीवित हैं लेकिन कोई ऐसी कठिनाई में हैं कि वह देश की इस विकट स्थिति में भी सामने आने में असमर्थ हैं?"

"आप के सवाल के दो हिस्से हैं। पहले का जवाब यह है कि मेरे विश्वास के अनुसार वह जीवित हैं। दूसरे का जवाब देने की पात्रता मुझ में नहीं।"[21]

"आपके खयाल से श्रीमती लीला राय कितनी बार शरत चंद्र बोस से मिली होंगी?"

"मेरे खयाल से करीब रोज ही।"

"क्या उनके साथ नेताजी की कथित विमान दुर्घटना के बारे में कोई चर्चा होती थी?"

"जहां तक मुझे याद है, शरत बाबू इस पर विश्वास नहीं करते थे।"

"क्या दीदी (लीला राय) ने कभी *जयश्री* में नेताजी के विलुप्त होने के बारे में कुछ लिखा?"

"1963 के बाद कई बाद संपादकीय में इस विषय पर लिखा गया। (जब लीला राय भगवनजी से मिली थीं।) उसके बाद से यह परिवर्तन आया। हालांकि मैं उनका निकटतम सहयोगी था और वह बहुत से मामलों में मुझ से परामर्श भी करती थीं, लेकिन, जैसा कि आप जानते हैं, हम लोग गोपनीय क्रांतिकारी राजनीति में प्रशिक्षित हुए हैं। हमने एक आचार संहिता बनाई और हम उसका पालन इस तरह करते हैं कि जब तक कोई वरिष्ठ ऐसा करने को न कहे, अगर

कोई किसी बात को अपने तक रखना चाहता है तो हम उसे जानने की कोशिश नहीं करते। यही हमारा प्रशिक्षण रहा है और मैं आज तक उसका पालन कर रहा हूं।

जयश्री के अक्तूबर–नवंबर 1965 के अंक में उन्होने जोर दे कर लिखा कि शाहनवाज कमेटी की जांच पूरी तरह से अस्वीकार्य व रद्द करने लायक है। नेताजी की विमान दुर्घटना में मृत्यु वाली बात आधारहीन है।"

"क्या प्रमुख इतिहासकार डा. मजूमदार के नेताजी से संबंधित लेख भी *जयश्री* में प्रकाशित होते थे?"

"उन्होंने नेताजी के बारे में *जयश्री* में अनेक लेख लिखे। वह हमारे बहुत निकट हैं।[22] हर साल *जयश्री* का नेताजी विशेषांक निकलता है। उसमें वह कई लेख लिख चुके हैं। इस बारे में मैं एक बात आयोग को बताना चाहूंगा। उन्होंने मुझे बताया कि था उनके एक करीबी दोस्त नेताजी को बहुत निकट से जानते थे। वह भूतपूर्व प्रोफेसर थे जिनका हाल में निधन हो गया।[23] इन्होंने डा. मजूमदार को बताया कि मैं ने परदे के पीछे से या दरवाजे के उस पार से नेताजी से बात की थी। हालांकि नेताजी बाहर नहीं आए, न ही मैं ने उनको देखा, पर उन्होंने कई ऐसी बातें बताईं जो सिर्फ सुभाष बोस ही बता सकते थे। इस तरह इस विद्वान व आदरणीय व्यक्ति को विश्वास हो गया कि उनकी बातचीत नेताजी से ही हुई है।"

"अगर मैं कहूं कि कथित विमान दुर्घटना के बाद भी दीदी के नेताजी के साथ निकट संपर्क थे और दीदी ने इस बारे में आपको बताया तो क्या आप सहमत होंगे?"

"हमारी इन बातों पर चर्चा होती थी। वह अपने संपादकीय में लिखती रहती थीं कि हम नेताजी के निधन पर विश्वास नहीं करते। दिनों–दिन वह इस बारे में और विश्वस्त होती जा रही थीं। उन्होंने यह भी साफ तौर पर लिखा था कि एक दिन भारत को उनके नेतृत्व का लाभ अवश्य मिलेगा।"

"तो वह आश्वस्त थीं कि नेताजी की मृत्यु विमान दुर्घटना में नहीं हुई थी?"

"जी हां। इस में कोई संदेह नहीं।"

"क्या आप के खयाल से लीला राय के पास कोई ऐसा ठोस आधार था जिसकी वजह से वह नेताजी के जीवित होने का दावा करती थीं और क्या उन्होंने वह बात आप को बताई थी?"

"मैं क्रांतिकारियों के वातावरण में रहा हूं। हम लोगों की अपनी गोपनीयता की आचरण संहिता है – अप्रैल 1965 में उन्होंने हम में से कुछ को बुला कर बताया था कि भारत–पूर्वी पाक सीमा पर कुछ अनहोनी घटने वाली है। करीब

50–60 लाख शरणार्थी उस पार से इधर आएंगे। हमारा कर्तव्य है कि उस समय संतप्त मानवता की सेवा करें। फिर दीदी अपने साथ बहुत सी युवा महिलाओं व लड़कियों को ले कर उस दुर्बल स्थिति में भी सीमा पर गईं। उनके इस विश्वास का क्या आधार था यह मैं नहीं जानता। पर यह मुझे बहुत विचित्र लगा।"[24]

"मेरा सवाल यह न था। मैं आपसे उनकी जानकारी का स्रोत नहीं पूछ रहा हूं। मैं यह जानना चाहता हूं कि क्या उन्होंने अपने निधन से पहले आपको कोई ठोस जानकारी दी?"

"जी हां, उन्होंने कई बार बयान दिए थे कि नेताजी की मृत्यु नहीं हुई। इस बात की पूरी संभावना है कि वह आएंगे। यह उनका दावा था।"

लीला राय के बीमार होने के बाद से दास ने *जयश्री* के संपादन का भार संभाला था। इसलिए उनसे पत्रिका में महाकाल के लिखे लेखों के बारे में सवाल किए गए।

"आप जिन प्रकाशनों से जुड़े हैं, उनमें महाकाल के नाम से कोई लेखक अक्सर लिखते हैं। क्या आप उनका नाम बता सकते हैं?"

"इस समय वह लेखक अपना नाम गुप्त रखना चाहते हैं। इसलिए मैं आपको उनका नाम नहीं बता सकता।"

"ये लेख असाधारण होते हैं। सामान्य लेखक ऐसा नहीं लिख सकते। इसलिए मैं ने पूछा। अगर आप बताने की स्थिति में हों तो –"

जयश्री में महाकाल के बहुत से लेख प्रकाशित हुए थे। इनका बाद में बंगाली में एक संग्रह टैगोर के एक गीत की पंक्ति के आधार पर *ओई महामानव आशे* (एक महामानव आएगा) के शीर्षक से प्रकाशित हुआ। संसद में जब नेताजी के चित्र का अनावरण हुआ तब भी राष्ट्रपति व प्रधानमंत्री की उपस्थिति में यह गीत गाया गया था। लेकिन महाकाल यह लेख स्वयं नहीं लिखते थे। ये उनकी अपने अनुयायियों से बातचीत पर आधारित होते थे। इनको संकलित करने वाले का नाम चार्निक था। वह भगवनजी के किसी एक या कई अनुयायियों का छद्मनाम था। महाकाल भगवनजी के कई नामों में से एक था।

मोटे तौर पर यह अनगढ़ तरीके से लिखे लेख होते थे जिनमें सुभाष बोस से संबंधित कई घटनाओं की चर्चा होती थी या फिर उन स्थानों की जहां वह कभी गए थे। जैसे की बेनीमाधव दास और हेमंत की चर्चा जो सुभाष के बचपन के टीचर और मित्र थे। उन लेखों के विश्लेषण से भगवनजी–बोस रहस्य को समझने में बहुत मदद मिल सकती थी। भगवनजी ने उनमें कहा था कि मैं 'मृतक' हूं। क्योंकि मेरा नाम मानव रजिस्टर से काट दिया गया है।

अपने जीवन के बारे में वह कई रहस्य में लिपटी बातें बताते। भगवनजी ने बताया कि मेरी माता परमहंस देव की भक्त थीं। मुझे आध्यात्म घुट्टी में मिला।

उनसे मुझे तत्वशक्ति मिली। रहस्यवाद मुझे अपनी माता, परमहंस व विवेकानंद से मिला। मैं निरंतर इसमें जुटा रहा। जब जीवन अतिव्यस्त था तब भी मैं देर रात समय निकाल कर अभ्यास करता।

"बताया जाता है कि मेरा जन्म अजप योग में हुआ था। बचपन से मैं धर्मग्रंथों का श्रवण करता रहा। कालेज व विश्वविद्यालय के दिनों मे मैं देश भर में और हिमालय की ऊंचाइयों–नीचाइयों पर रहस्यमय सद्‌गुरु की तलाश में भटका पर सफलता न मिली। तब भयानक सर्दी थी। मुझे अपनी ममतामयी मां की याद आई और मैं उनकी गोद व चरणों में लौट आया।"[25]

यह निश्चित ही सुभाष चंद्र बोस के आरंभिक जीवन की दास्तान थी। युद्ध के दिनों में भी सुभाष ने सदा अपने अंदर के संत को जीवंत रखा। सिंगापुर में वह भेस बदल कर रामकृष्ण मिशन जाते और घंटों वहां साधना में लीन रहते। महाकाल ने अपने आप को "योद्धा संन्यासी" कहा। जो अहिंसा को अनर्गल समझता था। उन्होंने यह संकेत भी दिए कि उनको काफी सामरिक अनुभव था।

ओई महामानव आशे में स्पष्टतः गांधी, कांग्रेस और देश के विभाजन पर टिप्पणियां की गईं।

"मैं दो बातें और कहूंगा। उसका बापू से कोई द्वेष न था। हालांकि बापू व कांग्रेस ऐसा नहीं समझते थे। आपके मृतक का बापू से द्वेष न था। क्योंकि बापू ने स्वाधीनता व स्वाभिमान के लिए संघर्ष करने का संदेश दिया। उन्होंने देश के विभाजन का विरोध किया और आखिरी मीटिंग में उनके सामने बच्चे की तरह फूट–फूट कर रोए। यह भी राज रखा गया है कि आपका मृतक बापू व आंतरिक समिति के आशीर्वाद के साथ गया था।"

बहरहाल मेरी दिलचस्पी गायब होने में थी। मैं ने भगवनजी के अनुयायियों से पूछताछ की। कागजात देखे। *ओई महामानव आशे* को खंगाला। इससे बहुत से विवरण सामने आए। 18 अगस्त 1945 को वास्तव में हुआ क्या था? भगवनजी के अनुसार जब "वह" सैगोन हवाई अड्डे पर पहुंचे तो वहां अपने परिवहन सचिव चंद्रामल को देखा। उन्हें शक था कि वह जासूस है। इसलिए उन्होंने अपनी योजना बदल डाली।

जो विमान ताइहोकू के लिए उड़ा वह "दिखावटी" उड़ान थी। उनको वहां जाना ही नहीं था। विमान दुर्घटना एक "मनगढ़ंत" कहानी थी। बस्ती में व दूसरी जगहों पर भी भगवनजी कभी उस विमान दुर्घटना की चर्चा करते थे जो कभी हुई ही नहीं। वह यह भी बताया करते थे कि जनरल शिदेई "बहुत उदार" जनरल थे।[27] कलकत्ता से आए कुछ अतिथियों के सामने उन्होंने सुझाव दिया कि डा. सत्यनारायण सिन्हा को खोसला से पहले ताइपेई जा कर उनके बताए

तथ्यों के अनुरूप साक्ष्य जुटाने चाहिए। *ओई महामानव आशे* में 17 अगस्त की शाम को सैगोन में हुई घटना का ब्योरा दिया गया था। उस दिन महानायक (सुभाष बोस) अपने स्टाफ से विदा ले रहे थे जिनमें उनका युवा एडजुटेंट (हबीबुर रहमान, जो 1945 में सिर्फ 28 साल के थे) भी शामिल थे :

"अपना काम खत्म करने के बाद महानायक घर से बाहर निकले। जापानी जनरल कह रहे थे कि देर करना उचित न होगा। महानायक अपने जनरलों की तरफ बढ़े। सब जानने को उत्सुक थे कि उनके साथ जाने का मौका किसे मिलेगा। महानायक ने कहा कि मैं समझ नहीं पा रहा हूं कि किसे ले जाऊं, किसे नहीं। लेकिन मेरे विदेशी मित्रों का कहना है कि एक जना ही जा सकता है। इसलिए मैं अपने सब से छोटे जनरल को ही ले जाता हूं। इतना कह कर उन्होंने अपने युवा एडजुटेंट को साथ लिया और इससे पहले कि कोई कुछ सोचे विमान उड़ चला। "

"विमान रास्ते में एक जगह रुका। शायद तूरीन में। यहां महानायक ने अपने एडजुटेंट से विदा ली। उसे आगे जाने का आदेश दिया गया।

"विमान फिर एक पूर्वनिश्चित स्थान पर रुका। लेकिन तभी कुछ अनहोनी सी घटी। बताया गया कि कुछ लोग महानायक के पीछे लगे हैं। वह अपने एडजुटेंट से विदा ले कर किसी अनजाने स्थान के लिए रवाना हो गए।"

ओई महामानव आशे के अनुसार एस. ए. अय्यर को बच कर निकलने की योजना के बारे में सब कुछ मालूम था। उनको दूसरे विमान में आईएनए के खजाने के साथ महानायक के पीछे जाना था। लेकिन वह सीधे टोकियो के लिए रवाना हो गए। भगवनजी ने आरोप लगाया कि आईएनए का खजाना न तो जला था न कहीं खोया था। उसे लूटा गया था। इस मामले में शक की सूई एस. ए. अय्यर, राममूर्ति और जवाहरलाल नेहरू की तरफ इंगित की गई थी।

खोसला ने अपनी रिपोर्ट में लिखा, "मैं आईएनए के खजाने व बहुमूल्य रत्नों के बारे में कुछ नहीं लिखना चाहता।" राममूर्ति के भाई जे. मूर्ति ने अपने भाई की अय्यर से 1945 में टोकियो में मुलाकात के बाद उनके रातोरात करोड़पति बन जाने का खंडन करने वाली कोई बात अपनी गवाही में नहीं कही। उन्होंने यह भी कहा कि राममूर्ति आयोग के सामने पेश होने को तैयार नहीं थे।

ब्रिटिश खुफिया विभाग के कर्नल जे. जी. फिग्गस ने नेताजी की मृत्यु होने की पक्की खबर दी थी। वह राममूर्ति के खास दोस्त थे। 1 नवंबर 1951 की विदेश मंत्रालय की एक गुप्त रिपोर्ट से उन तीनों पर सीधा आक्षेप लगाया गया। "आईएनए का खजाना और श्रीराममूर्ति व अय्यर द्वारा उसे संभालना।" रिपोर्ट लिखने वाले थे आर. डी. साठे, जो बाद में कैबिनेट सचिव बने।

"श्री अय्यर हाल ही में खजाने की वर्तमान स्थिति के बारे में जानने के निश्चित उद्देश्य से जापान गए। वहां उनकी गतिविधियां संदेहजनक रहीं। सैगोन में नेताजी के पास भारी मात्रा में सोना और कीमती जवाहरात थे। यहां (टोकियो में) एक पार्टी है जिसने अय्यर के कमरे में वह बक्से देखे। वे लोग इनमें रखी बहुमूल्य चीजें खरीदना चाहते थे। इसके बाद उन बक्सों का क्या हुआ यह रहस्य ही है। अय्यर ने हमें तो सिर्फ 300 ग्राम सोना और 260 रुपए नकद दिए हैं। इससे आप खुद अपना निष्कर्ष निकाल सकते हैं। मेरे विचार में शांति संधि जल्दी हो जाने की आशंका के कारण अय्यर टोकिया आ गए थे और वहां उन्होंने मूर्ति के साथ मिल कर अपनी आत्मा का हनन किया। उन्होने लीपापोती की गरज से सरकार को भी कुछ देने का फैसला कर डाला ताकि मामला रफादफा हो जाए और कोई इस का पीछा न करे।

"1946 के बाद राममूर्ति के अचानक अमीर हो जाने से यह शक और भी गहरा हो जाता है। क्योंकि उन हालात में बाकी भारतीयों की आर्थिक दशा बहुत खराब हो गई थी। इस शक का एक और कारण कर्नल फिग्गस के ओरिएंटल कार्गो धंधे का फलना–फूलना है। बताया जाता है कि उन्होंने राममूर्ति को इंगलैंड में आ कर बस जाने का न्योता भी दिया।"

महानायक इस बीच सैगोन में रहे। वहां के एक छोटे होटल में उनको अचानक कुछ जापानियों व मित्र राष्ट्र के कर्मियों ने देख लिया। महाकाल ने अपने एडजुटेंट के लिए प्रशंसा व कृतज्ञता प्रकट की, "मेरे एडजुटेंट बहुत ही भले इनसान थे। शायद इसी वजह से उनको स्वाधीन भारत में शरण नहीं दी गई। मैं ने अब तक इतना विश्वासपात्र व समर्पित व्यक्ति दूसरा नहीं देखा जो हर निर्देश का इतनी निष्ठा से पालन करता हो।"

भगवनजी की बात माने तो महानायक की मंजिल सोवियत संघ थी। "विमान दुर्घटना" के कुछ दिन बाद वह मंचूरिया में दायरन पहुंचे। वहां से वह जीप में सवार हो कर रूसी कब्जे वाले इलाके में गए। इस वृतांत की पुष्टि दो अलग–अलग स्रोतों से होती है। इनमें एक श्यामलाल जैन थे जिन्होंने खोसला आयोग के सामने गवाही दी थी। वह आसफ अली के गोपनीय काम करने वाले स्टेनोग्राफर थे। उन्होंने बताया कि पंडित नेहरू ने उन्हें हाथ के लिखे एक नोट की टाइप कर के कापियां बनाने को कहा था। उसमें लिखा था कि सुभाष दायरन के रास्ते रूस पहुंच गए हैं। उन्होंने यह भी कहा कि नेहरूजी ने उन्हें इंगलैंड के प्रधानमंत्री एटली के नाम एक पत्र भी लिखवाया था कि "आपके युद्ध अपराधी बोस को स्तालिन ने रूसी क्षेत्र में घुसने की अनुमति दे दी है।"[28] दूसरा पुष्टि करने वाला स्रोत धर्मेंद्र गौड़[29] थे। उनका कहना था कि इंटेलिजेंस ब्यूरो के अधिकारी होने

के नाते उनको कुछ सुनने को मिला था। गौड़ ने इस बारे में 4 अप्रैल 1982 में हिंदी दैनिक *अमर उजाला* में एक लेख भी लिखा था। उन्होंने बताया कि अक्तूबर 1956 में जब ब्रिटेन के पूर्व प्रधानमंत्री क्लेमेंट एटली निजी यात्रा पर आए तो आई. बी. ने उन पर नजर रखी थी। लखनऊ में गौड़ ब्यूरो की सुरक्षा व विदेशियों से संबंधित शाखा का कामकाज देखते थे। तब एटली ने मुख्यमंत्री संपूर्णानंद से खुले दिल से बातचीत की। इस बातचीत को गुपचुप तरीके से रिकार्ड कर लिया गया था। एटली ने संपूर्णानंदजी को बताया था कि जनरल शिदेई की मदद से बोस दायरन से एक जीप में सोवियत संघ में प्रवेश कर गए थे।

भगवनजी ने कहा कि स्तालिन ने "उन" को सोवियत संघ में प्रवेश करने की अनुमति दी थी। बच कर निकलने की यह योजना बहुत पहले से बनाई गई थी और अंततः इस पर अमल किया गया। "क्या किसी को पता है कि महानायक विलुप्त होने से पहले एक बार भालुओं के देश (रूस) का दौरा कर के वहां के नेताओं से संपर्क कर आए थे?" अपने गायब होने से पहले सुभाष बोस सोवियत संघ गए थे यह बात सुरेश बोस ने भी कही थी। लेकिन इस के लिए उन्होंने कोई साक्ष्य पेश नहीं किया। खोसला आयोग के सामने अपने बयान में सुरेश बोस ने कहा, "नेताजी की एक योजना मित्र राष्ट्र की विजय की स्थिति में मंचूरिया के रास्ते रूस जाने की थी। यह योजना 1944 में बनाई गई थी। इसे जापान सरकार ने भी स्वीकार कर लिया था।" *टाइम्स आफ इंडिया* ने 6 नवंबर 1970 के अपने अंक में इस आशय का समाचार प्रकाशित किया था। 18 नवंबर 1970 के *हिंदुस्तान टाइम्स* में बाकी का समाचार था, "सुरेश बोस ने बताया कि दिसंबर 1944 में जब आजाद हिंद सरकार काम कर रही थी और आईएनए युद्ध में संलग्न थी, नेताजी करीब 15 दिन के लिए गायब हो गए थे। इस दौरान वह रूस गए थे और संभवतः उनकी मुलाकात स्तालिन से भी हुई थी।"

हाल ही में मिली एक इंटेलिजेंस की रिपोर्ट से सुरेश बोस के बयान की पुष्टि हुई है। यह फाइल नं. 249–आईएनए–11(एच)जी. एच. क्यू. की इस रिपोर्ट के मुताबिक, "एस. सी. बोस मास्को जाने की तैयारी कर रहे थे। बताया गया कि कर्नल एस. ए. मलिक [30] भी उनके पीछे मास्को जाएंगे। दिसंबर 1944 में आईएनए के क्यू. एम. लेफ्टिनेंट साधु सिंह ने खबर दी कि एस. सी. बोस मास्को के लिए रवाना हो गए हैं और उम्मीद है वह जल्दी ही टोकियो लौट आएंगे।"

कई बार भगवनजी अपने साइबेरिया में होने की चर्चा किया करते थे। " वहां एक–दो नहीं, 49 नजरबंदी शिविर हैं। इनमें अध्यापक, डाक्टर, लेखक, वैज्ञानिक सब तरह के लोग हैं। हर शिविर में 15 से 20 हजार लोग हैं। वहां वे

कड़े जाड़े में उत्पादन का काम करते हैं।" डा. टी. एन. बनर्जी के एक रिश्तेदार बरसों की कोशिशों के बाद भगवनजी के कमरे में प्रवेश की अनुमति पा गए। नेताजी को अपने सामने देख कर दिलीप मुखर्जी जार–जार रोए। बातचीत में महात्मा ने कहा, "तुम कम्यूनिज्म के बारे में क्या जानते हो। मैं ने उन को करीब से देखा है। मैं ने देखा है कि कैसे थोड़े से लोग ऐश से जीते हैं जबकि बाकी दुख भोगते हैं। मैं उनके विशाल भवनों में गया हूं। इस 'शरीर' ने साइबेरिया में कष्ट भी भोगा है।"

साइबेरिया में वह कहां पर थे, इस बारे में भगवनजी अस्पष्ट सा संकेत दिया करते थे। यह कहीं बैकुल झील और युराल की पहाड़ियों के बीच था। इसका अंदाज ही लगाया जा सकता था। सार्वजनिक उपक्रम के अधिकारी अर्धेंदु सरकार ने मुखर्जी आयोग के सामने बयान दिया था। उन्होंने इस लेखक को बताया कि इंजीनियर जिरोबिन के अनुसार उनकी नेताजी से मुलाकात जिस शिविर में हुई थी वह "ट्रांस साइबेरियन रेलवे से परे युराल की पहाड़ियों में कहीं था।" उनकी रूस यात्रा के दौरान डा. पूर्वी राय को प्रोफेसर वी. कुलेव ने सलाह दी कि आप "इर्कुतस्क शहर के बंदीगृह के दस्तावेज देखें।" इर्कुतस्क साइबेरिया में युराल से परे है। वहां कभी बैकुल झील के इलाके में एक नजरबंदी शिविर हुआ करता था।

संदर्भ/टिप्पणियां

1. वरिष्ठ लोग नेताजी की पार्टी को दोफाड़ करने में कम्यूनिस्टों को जिम्मेदार बताते हैं। उनका कहना है कि सी. पी. आई. के के. एन. जोगलेकर और सोली बाटलीवाला पार्टी में इसी उद्देश्य से शामिल हुए थे। सर्दूल सिंह कविशर, लीला राय, अनिल राय, आर. एस. कुइकर, एच. वी. कामथ, सुनील दास, समर गुहा, डा. अतींद्र नाथ बोस आदि अलग हो गए और उन्होंने सुभाषवादी फार्वर्ड ब्लाक का गठन किया। मार्क्सवादियों ने वर्तमान अखिल भारतीय फार्वर्ड ब्लाक का गठन किया। इसमें शीलभद्र याजी, एन. जोगलेकर और हेमंत बोस आदि थे। तमिलनाडु में सुभाषवादी फार्वर्ड ब्लाक अब भी है.
2. फिक्की के महासचिव अमित मित्रा की माता। एक बार भगवनजी 'बेला' (अमिता मित्रा) को याद कर के रो पड़े थे। उनका 1952 में असमय निधन हो गया था।
3. "आईएनए की गुप्तचर सेवा के विरुद्ध राज की प्रतिकार्रवाइयां काफी सफल रहीं। अधिकांश घुसपैठ करने वाले पकड़े गए। उन पर मामला चला और उन्हें मौत की सजा सुनाई गई। *टुवर्ड्स फ्रीडमः डाकुमेंट्स ऑन दी मूवमेंट फार इंडिपेंडेंस इन इंडिया, 1943–44* भाग 3 आई. सी. एच. आर. संपादक सर्वपल्ली गोपाल.
4. वही। पृ. 2801.

5. दुर्गाप्रसाद पांडे का लेखक को मौखिक बयान.
6. पी. एम. राय से पूछताछ को पुलिस ने रिकार्ड किया था। पत्रकार अशोक टंडन को उसे सुनने का अवसर मिला.
7. भगवनजी के रिकार्डों के संकलन में रवींद्रनाथ टैगोर की आवाल में नजरुल गीत, बिसमिल्ला खां की शहनाई, रविशंकर के राग, के. एल. सहगल के गीत और सुभाष बोस के भाषण थे.
8. सुभाष बोस लीला राय को "श्रीमती राय" कहते थे। भगवनजी ने अपने बहुत से अनुयायियों के उपनाम रखे हुए थे.
9. ये दोनों पत्र श्रीकांत शर्मा ने मुखर्जी आयोग के सामने पेश किए.
10. समर गुहा की तरह अमल राय भी भगवनजी के बारे में दूसरों को बताने के लिए बेताब रहते थे। उन्होंने एक बार फोटो खींचने की कोशिश भी की और भगवनजी के कोपभाजन बने.
11. भगवनजी से बहुत से लोग मिलने आते थे। उनके पास तरह–तरह के संदेश भी आते रहते थे। लेखक को तो उनका अंशमात्र ही मालूम है.
12. अनिल दास शाहनवाज कमेटी और खोसला आयोग के सामने पेश हुए थे। उन्होंने एक से बयान दिए। पर उन्होंने खोसला आयोग को भगवनजी के बारे में कुछ नहीं बताया.
13. 1994 में सुनील दास का निधन हो गया। अपनी पुस्तक *ब्रदर्स अगेंस्ट राज* की सामग्री के स्रोत बताते हुए लेखक लियोनार्ड गोर्डन ने उन के नाम का उल्लेख किया है.
14. सुनील दास द्वारा खोसला आयोग के सामने गवाही के दौरान उद्धृत.
15. 13 मार्च 1978 के *नागपुर टाइम्स* में रिपोर्ट **नेताजी इज स्टिल अलाइवः समर गुहा.**
16. 9 मार्च 1978 के *टाइम्स आफ इंडिया* में समाचार **रेड्डी हिंट्स एट एनदर बिड टू अनरिवील नेताजी मिस्ट्री.**
17. *इंडियन एक्सप्रेस* 6 जुलाई 1983.
18. लीला राय और बाद में पवित्र मोहन राय भगवनजी से संपर्क करने के स्रोत थे। सब पत्राचार व निर्देश उन के माध्यम से होते थे.
19. संवाददाता संभवतः बरुन सेनगुप्ता थे.
20. भारत सरकार ने खोसला आयोग पर 7,67,000 रुपए खर्च किए.
21. भगवनजी ने सुनील दास को इस बारे में बात करने से मना कर दिया था.
22. डा. मजूमदार खोसला अयोग के सामने पेश हुए थे। उन्होंने इस बात पर जोर दिया कि सुभाष की मृत्यु 1945 में नहीं हो सकती थी। "किसी ने उनके मृत शरीर को देखा हो, ऐसा कोई साक्ष्य नहीं है".

23. अतुल सेन.
24. भगवनजी ने पूर्वी पाकिस्तान पर और फिर बंगला देश पर करीबी नजर रखी। बंगला देश के संविधान की एक प्रामाणिक प्रति राम भवन में मिली.
25. 1941 में जीवनी लेखक दुर्लभ सिंह ने लिखा, ''परम शांति की तलाश में वह 1914 के जाड़े में हिमालय के जंगलों में किसी सद्गुरु की तलाश में भटकते रहे। उन्होंने पूरे छः महीने वहां बिताए। उनका घर लौट कर आना भी बड़े नाटकीय अंदाज में हुआ। सब लोग ड्राइंगरूम में बैठे थे। तभी वह अचानक आ गए । वह सीधे अपनी माता की ओर बढ़े और उनकी चरणधूलि ली.
26. सुभाष चंद्र बोस की अधूरी आत्मकथा का शीर्षक। बंगला में इसका अर्थ *भारत पथिक* होता है। भगवनजी ने उनको 'पथिक' कहा.
27. लाल सेना ने क्वांतुंग सेना के हजारों आफिसरों को कैद कर लिया था। समर गुहा ने संकेत दिया कि शिदेई संभवतः सुभाष बोस की बच कर रूस निकल जाने में मदद करने के बाद भिक्षु बन गए थे। अगर शिदेई युद्ध के बाद जीवित रहते तो उन पर युद्ध अपराधी होने का आरोप लगा कर उनको मौत की सजा दे दी जाती.
28. 4 मार्च 2001 के *हिंदुस्तान टाइम्स* में बड़ा समाचार **एन इंडियन एंबैसेडर मेट नेताजी इन मास्को** उन की लंदन यात्रा के दौरान न्यायमूर्ति एम. के. मुखर्जी को नेहरू–एटली पत्राचार नहीं दिखाया गया। उन से कहा गया कि वे बोस सं संबंधित कुछ दस्तावेज भारत सरकार की इच्छानुसार 2021 के बाद सार्वजनिक करेगी.
29. गौड़ फोर्स–136 में थे। यह विशेष कमांडो दल था। इसने कोहिमा व बर्मा में आईएनए के खिलाफ जवाबी कार्रवाई में हिस्सा लिया था। स्वाधीनता के बाद वह आई. बी. में शामिल हुए और वहां से सेवानिवृत्त होने पर उन्होंने अनेक पत्र–पत्रिकाओं में लेख लिखे व बहुत सी पुस्तकें भी लिखीं। 1990 में उन्होंने एटली द्वारा बोस के रहस्य का उद्घाटन करने पर विस्तार से लिखा। उनका 1998 में निधन हो गया। लेखक ने उनके पुत्र से बात की जिन्होंने इस विवरण की पुष्टि की.
30. कैप्टन मलिक आईएनए की गुप्तचर सेवा में थे। यह दस्तावेज राष्ट्रीय अभिलेखागार, दिल्ली में सुरक्षित है.

13
उपसंहार

मेरे दुश्मनों को भी यह कहने का साहस नहीं हो सकता कि मैं अपने देश का अहित कर सकता हूं।

नेताजी सुभाष चंद्र बोस

जैसे ही यूनाइटेड प्रेस आफ अमेरिका का कलकत्ता स्थित संवाददाता उनके कमरे में दाखिल हुआ, मृत्यु शैया पर पड़े शरत बोस के चेहरे पर मुस्कान उभर आई। नेताजी के बड़े भाई को अपनी चिंता न थी। उन्होंने कागजों को समेटा और एक अति महत्वपूर्ण ऐलान किया, "मेरा भाई जीवित है।" यही बात अगर शरत ने 1945–46 में कही होती तो उसमें कोई नई बात न होती। लेकिन अब सुभाष को सोवियत संघ गए हुए चार वर्ष हो चुके थे। उन्होंने अनुमान लगाया था कि शायद उन्हें वहां दस साल तक छिप कर रहना पड़ेगा। "बोस को इत्मीनान था कि एक बार अगर रूसी उनको अपने यहां आने की अनुमति दे देते हैं तो वे उनको पूरी सुरक्षा देंगे। उनको यह विश्वास भी था कि एक दिन अंग्रेजों–अमेरिकियों से रूस के मतभेद होंगे। तब वे उनसे अलग हो जाएंगे। ऐसे में वह रूसियों के कुछ काम आ सकेंगे और इस तरह अपने देश के लिए कुछ कर सकेंगे।"[1]

भगवनजी की मानें तो यह अवसर कुछ जल्दी ही आ गया। "स्तालिन ने मेरे साथ दुश्मन की तरह व्यवहार नहीं किया, "उन्होंने कहा। 1949 के अंत में युद्धबंदियों के मुकदमे खत्म हो चुके थे और शीतयुद्ध आरंभ हो चुका था। तब "मृतक" ने सोवियत संघ से सदा के लिए विदा ली। यह समय भारत जाने के लिए उपयुक्त न था। रूसी अब भी भारत को ब्रिटेन के एक उपनिवेश की तरह समझते थे।[2] जिन लोगों ने "पूर्ण स्वराज्य" पाने की शपथ ली थी उन्होंने उसे बदले हालात में भुला दिया।" स्वाधीनता उन्होंने भीख के कटोरे में ली", भगवनजी ने कहा। स्वतंत्र उपनिवेश का मतलब था कि 1947 के बाद भी भारत में ब्रिटिश

राज्य अब भी "जारी" था। इंगलैंड का राजा अब भी भारत का राष्ट्राध्यक्ष था। जार्ज षष्ठम भारतीय राजदूतों के नियुक्ति पत्रों और परिचय पत्रों पर हस्ताक्षर करते थे। भारत सरकार सुभाष के प्रति आज भी उतना ही वैर भाव रखती थी जितना कि 1947 से पहले। भारतीय वायुसेनाध्यक्ष व नौसेनाध्यक्ष आज भी अंग्रेज थे। 1949 में सेनामुख्यालय ने कैंटीनों, क्वाटरों तथा अन्य जगहों पर सुभाष बोस के चित्र लगाने पर पाबंदी लगाने वाला एक परिपत्र जारी किया।[3] स्वाधीन भारत के पहले गवर्नर जनरल और सुभाष के विरोधी लार्ड माउंटबेटन ने 1975 में कहा, "यह न भूलिए कि यूनियन जैक लुप्त नहीं हुआ है। आज भी वे खास मौकों पर उसे फहराते हैं।"[4]

मृत्युशैया पर पड़े शरत बोस को एक अच्छी खबर मिली। "मृतक" को नवगठित चीन जन गणराज्य में आमंत्रित किया गया था। शरत बोस के पत्र *नेशन* ने अपने 7 अक्तूबर 1949 के अंक में प्रमुखता से छापा कि, "श्री शरत चंद्र बोस का कहना है कि भारत सरकार को इस बात की निश्चित सूचना है कि श्री सुभाष चंद्र बोस माओत्से तुंग के लाल चीन में हैं।"[5] उस समय के सभी भारतीय नेता चीनियों के लिए अच्छे विचार रखते थे। शरत बोस ने कहा कि सुभाष अपने कांग्रेस अध्यक्ष होने के दिनों से ही चीन समर्थक थे। जापानी नेताओं की विदेश नीति को ले कर कई बार उनके साथ मतभेद हुए।[6] देबनाथ बोस ने खोसला आयोग को बताया था कि सुभाष ने कभी बच कर " युन्नान जाने का विचार भी बनाया था जो माओ त्से तुंग का मुख्यालय था। उनका विचार था कि वह उनको अंग्रेजों के खिलाफ लड़ाई जारी रखने में मदद करेंगे।"

शरत बोस से पूछा गया कि "अगर नेताजी चीन में हैं तो वह भारत क्यों नहीं आते?" इस पर उन्होंने जवाब दिया कि यह समय उनके स्वदेश लौटने के लिए उपयुक्त नहीं है।"

पश्चिम में भी यह खबर फैल गई। 28 नवंबर 1949 को जर्मन समाचार एजेंसी *इंटरप्रेस* ने "दी मैन बिहाइंड दी फ्रंट" शीर्षक से यह समाचार जारी किया।

"गत अक्तूबर में भारत में एक जबरदस्त राजनीतिक धमाका हुआ है। खबर है कि विलुप्त भारतीय क्रांतिकारी सुभाष चंद्र बोस संभवतः पीकिंग रेडियो से प्रसारण करेंगे। लेकिन इस रहस्यमय खबर के बाद ऐसा कुछ हुआ नहीं।

"हालांकि टोकियो से प्रसारित समाचार में कहा गया था कि बोस का निधन विमान दुर्घटना में हो गया है लेकिन किसी ने भी इस पर ध्यान नहीं दिया था। 1945 में जब सारे चीन में अराजकता फैली हुई थी, वह आसानी से सोवियत सीमा में प्रवेश कर सकते थे।

''लाल चीन में माओ त्से तुंग की विजय से सुभाष चंद्र बोस के लिए क्रेमलिन की मदद से विजय प्राप्त करना आसान हो जाएगा। बौद्ध चेहरे वाले इस भारतीय योगी के लिए भारतवासियों के दिलों में अत्यधिक आदरभाव है। अगर आज उनका मार्शल स्तालिन से समझौता हो जाता है तो वह पीकिंग रेडियो से अपने भाषण प्रसारित कर सकते हैं जैसे कि वह अपने देशवासियों के लिए बर्लिन व टोकियो रेडियो से किया करते थे। अभी तक तो उन्होंने ऐसा नहीं किया लेकिन यदि वह जीवित रहते हैं तो सारी दुनिया एक दिन उनका प्रसारण सुनेगी।''

संसार को वह अवसर नहीं मिला। लेकिन एक सम्माननीय भारतीय ने दावा किया कि उसने न सिर्फ नेताजी को सुना, बल्कि उन्हें देखा भी है। मुथुरामलिंगम थेवर दूसरे महायुद्ध के दिनों में नेताजी की पांच सदस्यीय युद्ध समिति के सदस्य थे। इसमें उनके अलावा शरत बोस, श्रीनिवास अयंगर, शंकर लाल और स्वयं सुभाष थे। तब थेवर का यह सब कहने पर मजाक उड़ाया गया। लेकिन अंततः उनकी महानता और देशसेवा को पहचाना गया और राष्ट्रपति अब्दुल कलाम व अटल बिहारी वाजपेयी ने संसद भवन में उनकी मूर्ति का अनावरण किया। थेवर शरत बोस के निर्देश पर चीन गए। वह बिना किसी पारपत्र के अंदर गए और वापस आए। इंटेलिजेंस ब्यूरो का इसका पता चल गया। थेवर ने दिल्ली, मद्रास व कलकत्ता में मीडिया को अपनी 'गैरकानूनी' चीन यात्रा का विवरण दिया। लेकिन किसी को उनका खंडन करने या उन पर आरोप लगाने का साहस नहीं हुआ।

''थेवर ने बताया कि नेताजी इस समय एशियन लिबरेशन फोर्स में भारत का प्रतिनिधित्व कर रहे हैं। इसका मुख्यालय इस समय असम–चीन सीमा पर चीन के सीक्यांग प्रांत में है। नेताजी भारत को इस समय 'साम्राज्य का गणतंत्र' मान रहे हैं। इसीलिए वह भारत में प्रकट नहीं हुए। उनके सामने कोई उद्देश्य हैं। भारत लौटने के बारे में वही निर्णय लेंगे।'' ''श्री थेवर ने कहा कि वह जनवरी 1950 से अक्तूबर 1950 तक नौ महीने नेताजी के साथ रहे। उन्होंने बताया कि 1949 के अंत में वह बीमार शरत बाबू से मिलने गए थे। वह 7 दिसंबर को उनसे मिले और 10 दिनों तक उन के साथ रहे। श्री बोस को आशंका थी कि वह जीवित नहीं रहेंगे।

श्री थेवर ने कहा कि शरत बाबू से बातचीत के बाद वह छद्मरूप में भारत से रवाना हुए। वह बर्मा सीमा को पार करते हुए चीन में दाखिल हुए। वहां वह लगभग पूरे 1950 तक रहे। नेताजी से उनकी मुलाकात अक्तूबर 1950 में हुई। उन्होंने कहा कि भारत सरकार को पता है कि वह चीन गए थे लेकिन उसके

लिए यह साबित करना मुश्किल होगा। श्री थेवर ने कहा कि युद्ध समिति के नेताजी से निरंतर संपर्क रहे हैं। वह 1949 से उनके साथ लगातार संपर्क बनाए हुए हैं।"

थेवर के अनुसार, "सुभाष बाबू को जापानी मंचूरिया ले गए थे क्योंकि उनके कारण ही जापान व रूस में तटस्थता समझौता कायम रहा। जापान का आत्मसमर्पण पहले से तयशुदा कार्रवाई थी ताकि ब्रिटिश–अमेरिकी फौजें मंचूरिया में प्रवेश न कर पाएं। सितंबर 1945 में युद्ध समाप्त हुआ। नेताजी व जापानियों ने मिल कर एक एशियाटिक लिबरेशन आर्मी का गठन किया। उसके बाद रूसी सरकार की मदद से माओ का लाल चीन, बर्मा, हिंदचीन, मलाया, फिलीपीन्स व सियाम के सैनिक भी उसमें शामिल हो गए।"[9]

भगवनजी चीन से भारत में या उसकी सीमा पर 1953 के आसपास पहुंचे। वह नेपालगंज के रास्ते से आए थे। महादेव प्रसाद मिश्रा की मदद से वह पास के उत्तरप्रदेश में आए। इटावा के पूर्व शासक सुरेंद्र सिंह चौधरी उनके पहले शिष्य बने। उनके बाद दिसंबर 1954 से अप्रैल 1957 तक उत्तरप्रदेश के मुख्यमंत्री संपूर्णानंद उनके शिष्यों ने शामिल हुए। 1955 के आसपास भगवनजी लखनऊ के दर्शन नगर के एक घर में रहे। उनके अनुयायियों का कहना है कि उत्तरप्रदेश के एक और मुख्यमंत्री जो बाद में प्रधानमंत्री भी बने उनके पास आया करते थे। ये थे चौधरी चरण सिंह। जब समर गुहा ने लोकसभा में ऐलान किया कि नेताजी जीवित हैं, तब वह गृहमंत्री थे। उन्होंने गुहा की बात को ध्यान से सुना और नए सिरे से जांच कराने का लगभग ऐलान करने का मन बना लिया। भगवनजी इस जाट नेता की कृषि संबंधी नीतियों की प्रशंसा किया करते थे।

सवाल उठता है कि भगवनजी इन सारे वर्षों में क्या करते रहे? वह सदा अपने कमरे की चारदीवारी में बंद नहीं रहे। खुद उनका कहना था कि वह चुपचाप बाहर जाते रहे। "तुम्हें अंदाज नहीं हो सकता कि तुम्हारा 'मृतक' किस उद्देश्य और शक्तियों से काम कर रहा है। अगर तुम्हें उसकी गतिविधियों की छोटी सी झलक मात्र मिल जाए तो तुम्हारा सिर चकरा जाएगा। यह बूढ़ा जोखिम उठा कर भी दो बार भारत से बाहर यों ही नहीं गया। इसका परिणाम भी तुम्हारे सामने है। युद्ध कोई भावनाओं का खेल नहीं होता। यह बहुत नपेतुले ठंडे दिमाग से किया जाने वाला व्यवसाय है।"

उनका कहने का मतलब क्या था? वह कहां गए थे? एक तो वियतनाम, जो उन्होंने खुद बताया। भगवनजी ने उस युद्ध को प्रत्यक्ष देखने और हो ची मिन्ह द्वारा अपने विशाल राजप्रासाद में स्वागत किए जाने का जिक्र किया। क्या यह उनकी कल्पना की उड़ान थी? क्या यह यों ही उड़ाई हुई गप थी? या फिर इसमें

सच्चाई थी? नेताजी ने गायब होने से पहले अपना एक दूत हो ची मिन्ह के पास भी भेजा था।

भगवनजी ने दावा किया था कि चाहे कुछ हो वियतनाम युद्ध में अमेरिका की हार निश्चित है। उन्होंने एक बार बताया, "यह बात सुनने में हास्यास्पद लग सकती है। लेकिन मैं वियतनाम युद्ध की एक बात बताता हूं जिसमें महाकाल का भी हाथ था। किसी की सलाह पर दक्षिण वियतनाम में उम्दा किस्म की कोकीन और अफीम मुफ्त बांटी गई। अमेरिकियों ने एक हजार टन खा डाली। दुनिया की सबसे बड़ी ताकत चाहे हजार साल लड़े पर वह उत्तर वियतनाम को कभी नहीं जीत सकेगी।" भगवनजी कुछ जाने माने अमेरिकियों के नाम भी लिया करते थे। इनमें विलियम्स राजर्स (निक्सन के जमाने में सक्रेटरी आफ स्टेट) और राबर्ट मैकनमारा (1961 से 1968 तक डिफेंस सेक्रेटरी) मुख्य थे। "जब तक मैकनमारा एक महत्व के सरकारी पद पर थे, वह चुप रहे। लेकिन आई. एम. एफ. के प्रमुख होने के बाद उन्होंने कहा " 'अमुक' की मृत्यु के बारे में जो कहानी प्रचारित की गई उसके बारे में हमारे पास निश्चित तौर पर भिन्न खबर है।" 'श्री अमुक' का प्रयोग भगवनजी हमेशा नेताजी के लिए करते थे," यह भगवनजी के एक अनुयायी रवींद्र शुक्ला ने बताया।

1986 में राम भवन में एक टाइप की हुई खबर मिली। यह खबर मई 1970 में क्वालालंपुर के एक दैनिक में छपी थी जिसके अनुसार वियतनाम की सेना में कुछ पिछले महायुद्ध में गायब हो चुके जनरल भी देखे गए। ये एशियन लिबरेशन आर्मी का नेतृत्व कर रहे थे। फिर 1990 के मध्य में एक और तथ्य सामने आया। वियतनाम गए एक भारतीय पत्रकार को बताया गया कि वहां नेताजी पर कुछ फाइलें मौजूद हैं। चीनी मामलों के विशेषज्ञ जवाहरलाल विश्वविद्यालय के एक प्रोफेसर ने भी कुछ ऐसा ही दावा किया। उनके अनुसार लाल चीन में भी बोस संबंधित फाइलें थीं।

एक उच्च स्रोत ने हो ची मिन्ह सिटी (सैगोन) में आई एक भारतीय पत्रकार प्रभा जगन्नाथन से कहा, "विडंबना यह है कि इस सुराग से आगे कुछ पता लगाने में भारत सरकार ने जरा भी दिलचस्पी नही लेना चाहती। इससे संभवतः. . . नेताजी के गायब हो जाने के बारे मे कुछ दिलचस्प तथ्य सामने आते क्योंकि इससे सारा मामला नए सिरे से खुल जाता।[10]"

"मृतक" ने माओ की तारीफ की लेकिन उनको नास्तिक कम्यूनिस्टों की नस्ल पसंद न थी। उन्होंने भविष्यवाणी की, "देख लेना कम्यूनिज्म जहां पैदा हुआ था, उसका विनाश भी वहीं होगा। इसे भगवान भी नहीं बचा सकते।"

रहस्यमय कहानियों का सिलसिला जारी रहा। भगवनजी के एक नोट में 19 अगस्त 1945 को हो ची मिन्ह और चीनी जनरल लियु पो चेंग की मुलाकात का

जिक्र किया गया था। "अमेरिका का गुप्तचर अधिकारी अल्फ्रेड वाग यह जानता था। उसने अपनी सरकार को इस की सूचना दी।" अल्फ्रेड वाग *शिकागो ट्रिब्यून* का संवाददाता था। वह युद्ध के दिनों में दक्षिणपूर्व एशिया में सक्रिय था। वह भारत में एक सनसनीखेज खबर ले कर आया। उस ने दावा किया कि वह जनरल मैकार्थर की सेना के साथ ताइपेई गया था और उस ने वहां मौके पर जांच भी की थी। उसने गांधी, नेहरू, शरत व अन्य लोगों से मुलाकात कर के उनको बताया कि उसने सैगोन की दुर्घटना के कई दिन बाद सुभाष को देखा था। माउंटबैटन के गुप्तचरों को पता चला कि भारतीय राजनीति में कई लोग विमान दुर्घटना के बाद सुभाष के सैगोन में देखे जाने के समाचार में गहरी दिलचस्पी रख रहे थे।" [11] *नेशन* के संपादक जितेंद्रनाथ घोष ने 22 अप्रैल 1956 को शाहनवाज खां को लिखा कि उन को वाग की रिपोर्ट हासिल करनी चाहिए। लेकिन न तो शाहनवाज ने, न ही खोसला ने इस मामले में कुछ किया।

वाग भारतीय शासकदल में छुट्टा घूमता था। पंजाब कांग्रेस के अध्यक्ष और राज्यमंत्री निरंजन सिंह तालिब की उससे रक्षामंत्री बलदेव सिंह के घर पर मुलाकात हो गई। बलदेव सिंह ने तालिब को बताया कि नेताजी की मृत्यु के बारे में अतिगोपनीय स्तर पर जांच की गई थी। तालिब ने यह सब खोसला आयोग को बताया। एक और कांग्रेसी जगदीश कुदेसिया ने बताया कि वह 1961 में सैगोन गए थे। "वहां हमें एक ग्रीष्म रिजार्ट दलात में ले जाया गया। दलात में हमें खासतौर से लड़कियों के एक स्कूल में एक नुमाइश में ले जाया गया।" दलात वह जगह थी जहां से फील्ड मार्शल तेराउची ने नेताजी के बच कर निकल जाने की योजना को अमली जामा पहनाया था। "वहां एक पादरी ने मुझ से पूछा कि आपकी राय में नेताजी जीवित हैं या नहीं। इस पर मैं ने जवाब दिया, 'मुझे पूरा यकीन है कि उनका निधन विमान दुर्घटना में नहीं हुआ था। 'पादरी ने इस पर मेरी पीठ ठोक कर कहा, 'नौजवान, जिस दिन बी. बी. सी. ने नेताजी के निधन का समाचार प्रसारित किया था तब वह दलात में थे और मैं उनके साथ ठहरा हुआ था।'"

कुदेसिया दिल्ली प्रदेश कांग्रेस के अध्यक्ष रह चुके थे और वह लालबहादुर शास्त्री के बड़े विश्वासपात्र थे। उन्होंने कहा कि "जब कभी संसद में नेताजी के बारे में सवाल पूछे जाते हैं, सरकार की तरफ से एक ही तरह के गढ़े–गढ़ाए से जवाब मिलते हैं। कदाचित नेहरूजी को नेताजी से कुछ विमुखता थी। लेकिन मेरे खयाल से शास्त्रीजी को शाहनवाज कमेटी की रिपोर्ट पर कभी विश्वास नहीं हुआ। वह जानना चाहते थे कि सुभाष बोस जीवित हैं अथवा नहीं। वह निश्चित रूप से चाहते थे कि इस बारे में एक और जांच आयोग बैठाया जाना चाहिए। अगर वह जीवित रहते तो जरूर यह जांच कराते।"[12]

एक आंख वाले ली पो चेंग तरक्की कर के मशहूर चीनी मार्शल बने। 1956 में शिवप्रसाद नाग[13] ने एक पुस्तिका लिख कर यह साबित करने की कोशिश की कि पो चेंग सुभाष बोस ही थे। शिवप्रसाद का भगवनजी से संपर्क था। लेकिन उन्होंने शिवप्रसाद के दावे का समर्थन नहीं किया। भगवनजी ने किसी जनरल शिवा या जनरल डेथ का जिक्र जरूर किया जिस ने दलाई लामा की बच कर भारत आने में मदद की थी। जी. डी. खोसला के सामने बी. एन. मलिक से पूछा गया कि क्या आप को किसी जनरल शिवा के बारे में कुछ पता है या आप ने अमेरिकी लेखक लोवेल थामस जूनियर की पुस्तक *दी दलाई लामा* पढ़ी है? उन्होंने इस का जवाब 'न' में दिया। थामस अपनी 1961 में लिखी पुस्तक में अस्पष्ट थे। उन्होंने किसी जनरल शिवा का जिक्र किया लेकिन साथ ही यह भी लिखा कि उनका असली परिचय कभी नहीं दिया गया।[14] इस लेखक के जनरल शिवा या ''जनरल डेथ'' के बारे में पूछने पर अलास्का के पूर्व लेफ्टिनेंट गर्वनर थामस ने जवाब में लिखा, ''मेरे लिए वह पूरी तरह रहस्यमय थे।''

इस रहस्य से संबंधित हर कहानी को भगवनजी सही बताते हों, ऐसा नहीं था। उन्होंने सुभाष बोस की ''मृत्यु'' के बाद भारत व चीन में लिए गए कई चित्रों को गलत बताया। ''आप किसी आत्मा का फोटो कैसे खींच सकते हैं?'' उन्होंने मजा़क में कहा। नेहरूजी की चिता के पास खड़े एक व्यक्ति को सुभाष बोस बताया गया था। ऐसा शौलमारी बाबा के नेताजी होने का दावा करने वालों ने किया। स्वर्गीय प्रधानमंत्री के अंतिम दिनों पर बनी डाक्यूमेंटरी फिल्म में वह साधु साफ दिखाई दिए। वह सचमुच वृद्ध सुभाष जैसे ही लगे। भगवनजी भी यह देख कर अचंभे में आ गए। इस फिल्म के प्रदर्शन के बाद जनभावनाओं का ज्वार उमड़ पड़ा। 29 मार्च 1965 को प्रधानमंत्री शास्त्री ने संसद में इस बारे में अनभिज्ञता प्रकट की, ''अगर मैं वह फिल्म देखूं, तभी कुछ कह सकता हूं।'' उन्होंने गोलमोल जवाब दिया। खोसला आयोग के सामने अपनी गवाही देते हुए बी. एन. मलिक ने मामले को और उलझाया, ''मैं अधिकांश समय पंडित नेहरू के पार्थिव शरीर के साथ था। मुझे ऐसे किसी साधु या उस के फोटो का ध्यान नहीं आता। फोटोग्राफी में कई तरह की चालाकियां की जा सकती हैं।''

फोटो असली था और उसमें दिखाई देने वाले साधु भी असली थे। वह पं. नेहरू के मित्र कंबोडियाई भिक्षु वीरा धर्मवारा महाथेरा थे।[15] वह कद में नेताजी से छोटे थे लेकिन एक कोण से बहुत कुछ उन के जैसे ही लगते थे। मई 1964 को शास्त्रीजी ने खुद उन की तीन मूर्ति में अगवानी की थी। लेकिन जिस बात को सारा देश जानता था, उस के बारे में और उस के चित्र को ले कर इंटेलिजेंस प्रमुख ने झूठ क्यों बोला? भगवनजी का कहना था कि देशवासियों को शौलमारी

बाबा जैसी कहानियों से भ्रमित करने की एक साजिश चल रही थी जिस के चलते ऐसा किया गया। यह ''राजनीतिक भूकंप'' को टालने के लिए चली जाने वाली राजनीतिक चाल थी। यह चाल कोई ''गठजोड़'' चल रहा था जिसे पता था कि नेताजी भारत में थे। भगवनजी के अनुयायी और पूर्व क्रांतिकारी विश्वानाथ राय ने 1964 में लिखा, ''अशोक सेन (पूर्व कानून मंत्री) ने एक बार मुझे पूछा, 'क्या आप के गुरुदेव भारत में रह रहे हैं? क्या शौलमारी बाबा नेताजी ही हैं?' मैं पहले सवाल को टाल गया। दूसरे का जवाब मैं ने यों दिया, 'मैं ने सुना है कि वह नेताजी नहीं हैं।' इतना कह कर मैं वहां से खिसक लिया। मुझे शक है कि ये लोग कुछ जानते हैं। आप (भगवनजी) को सावधान रहना चाहिए।''

द्विजेंद्रनाथ बोस ने खोसला आयोग के सामने खुलेआम आरोप लगाया कि इंटेलिजेंस ब्यूरो के एस. सी. मुखर्जी आश्रम के प्रबंधक बन कर शौलमारी वाला कुचक्र चला रहे हैं। पूछताछ के दौरान बी. एन. मलिक को मजबूरन मानना पड़ा कि ''1960 के आंरभ में कभी शायद कोई डिप्टी सेंट्रल इंटेलिजेंस आफिसर एस. सी. मुखर्जी शौलमारी आश्रम में थे।'' शौलमारी बाबा के सबसे अधिक समय तक टिकने वाले शिष्य सुरेश पाध्याय ने 1 जुलाई 2003 को *इंडियन एक्सप्रेस* को बताया कि इस विवाद के खत्म हो जाने के बाद शौलमारी बाबा इंटेलिजेंस के भेदियों से दूर भागते फिरे थे। भगवनजी ने यह भी कहा, ''कुछ भी षड़यंत्र हो, भारत माता अपने बेटे की रक्षा करेगी।''

सुभाष बोस की वाकई खोज जारी थी। बरुन सेनगुप्ता ने खोसला आयोग को बताया, ''जब कभी भी इस बारे में कोई अफवाह या कहानी सुनने को मिलती हैं, केंद्रीय इंटेलिजेंस वाले फौरन उस की तहकीकात करते हैं। वे इस के लिए हम लोगों (पत्रकारों) के पास भी पूछने आते हैं कि क्या आप को ऐसी कोई खबर मिली है? वही नहीं अमेरिकी, अंग्रेज, रूसी व दूसरे विदेशी भी वहां जा कर तहकीकात करते हैं।''उन लोगों का गुप्तचरी का जाल तो सारी दुनिया में फैला हुआ है। अगर उन को पूरा यकीन है कि नेताजी की विमान दुर्घटना में मौत हो गई थी तो फिर वे इस तरह की बेसिर–पैर वाली कहानियों के पीछे क्यों दौड़ पड़ते हैं?''

1974 में खोसला आयोग के सामने एक बहस के दौरान गोविंद मुखौटी ने कहा कि 6 नवंबर 1970 को एक आई. बी. अधिकारी ने कलकत्ता के एक अंग्रेजी दैनिक के राजनीतिक संवाददाता से नेताजी के गायब होने के बारे में काफी पूछताछ की। अगर सरकार नेताजी की मृत्यु के बारे में पूरी तरह आश्वस्त है तो फिर आई. बी. वालों को इस तरह की पूछताछ करने की क्या पड़ी है?''

80 के दशक के शुरू में सी. आई. ए. ने एक दस्तावेज सार्वजनिक किया। शीतयुद्ध के दौर में, जबकि अमेरिकी खुफिया एजेंसी को और लाखों काम होंगे,

वह अब भी नेताजी के बारे में चिंतित थी। इस दस्तावेज को सार्वजनिक करने से पहले काफी संशोधित किया गया था। उसे भेजने वाले व प्राप्त करने वाले के नाम पूरी तरह छिपा दिए गए थे।

यह 27 फरवरी 1964 का कोई स्मरणपत्र था। यह किसी चीफ (नाम सेंसर कर दिया गया) के नाम था। भेजने वाला कोई डिप्टी डाइरेक्टर सिक्योरिटी (नाम सेंसर कर दिया गया) था। इस का विषय भी मिटा दिया गया था। उस के स्थान पर स्याही से लिखा था, "सुभाष चंद्र बोस।" यह सूचना एक ऐसे आदमी से आई थी जो महायुद्ध के जमाने में प्रतिआसूचना अधिकारी रह चुका था। इस व्यक्ति से वाशिंगटन डी. सी. में भेंटवार्ता करने का निर्देश उच्च स्तर से मिला था। इस दस्तावेज की सूचना का आधार निम्न थाः

"26 फरवरी को लगभग 13:45 बजे (नाम सेंसर कर दिया गया) ने सुभाष चंद्र बोस के लौटने की संभावना के बारे में सूचना दी। यह व्यक्ति भारतीय राष्ट्रीय कांग्रेस के 1938–39 में अध्यक्ष पद से अपदस्थ हुए थे। विश्वास किया जाता था कि उनकी युद्ध के बाद एक विमान दुर्घटना में मृत्यु हो गई थी। लेकिन इस समय इस बात की संभावना व्यक्त की जा रही है कि बोस वर्तमान नेहरू सरकार को क्षति पहुंचाने वाले विद्रोही दल का नेतृत्व कर रहे हैं।"[16]

मुखर्जी आयोग ने राजनयिक स्रोतों से मदद पानी चाही तो अमेरिकी प्रशासन ने कोई अधिक सहायता नहीं की। जो जवाब वहां से मिला उससे कुछ हासिल नहीं होता था। उन्होंने कहा था कि "हमारे भारत स्थित दूतावास व वाणिज्यदूतावासों में सुभाष से संबंधित कोई दस्तावेज नहीं हैं।" आखिर वे वहां कोई रिकार्ड रखते भी क्यों? क्या इसके लिए उनको अपने विदेश विभाग के अभिलेखों में तथा अन्यत्र नहीं देखना चाहिए था? क्या अमेरिकियों ने ही सब से पहले हबीबुर रहमान से पूछताछ नहीं की थी? क्या सितंबर 1945 में अमेरिकी गुप्तचर सब से पहले ताइवान नहीं पहुंचे थे? क्या उन्होंने सुभाष की गतिविधियों पर लगातार नजर नहीं रखी थी? मुखर्जी आयोग से कहा गया कि आप अमेरिकी सरकार द्वारा सार्वजनिक किए गए दस्तावेज विभिन्न अभिलेखागारों में देख सकते हैं। जहां तक गुप्त दस्तावेजों का सवाल था उसके लिए भी आयोग सूचना के अधिकार के कानून के तहत कोशिश कर सकता था। अगर भारतीय दूतावास कोशिश करता तो अमेरिकी सरकार निराश नहीं करती। पर भारतीय दूतावास ने यह कह कर पल्ला झाड़ लिया कि यह टेढ़ा काम है। जाहिर है कि वे बहुत जरूरी कामों में व्यस्त थे, जैसे नाच–गाने के कार्यक्रमों का आयोजन करना। नेताजी के बारे में चिंता करने की फुर्सत उनको कहां थी।

अनुयायी अक्सर भगवनजी से पूछते थे कि आप अपने ही देशवासियों से छिप कर क्यों रह रहे हैं? उन्होंने इसका कारण वही बताया जो मुथुरामलिंगम

और सुरेश बोस बता चुके थे, "मुझे अंतर्राष्ट्रीय युद्ध अपराधी घोषित किया गया है।" शायद मृतक की 1945 के बाद की गतिविधियों से इस का कुछ संबंध था। 1962 में अतुल सेन को कुछ और पता चला। परेशान हो कर उन्होंने फिर नेहरूजी को लिखा :

"मैं आपको इस विश्वास के संदर्भ में लिख रहा हूं कि नेताजी सुभाष चंद्र बोस का निधन नहीं हुआ है। मेरे मामले में तो यह केवल विश्वास ही नहीं वास्तविक जानकारी भी है कि वह इस समय भारत में रह कर आध्यात्मिक साधना में लीन हैं। मैं शौलमारी बाबा की बात नहीं कर रहा हूं जिनको लेकर तरह–तरह की कहानियां गढ़ी जा रही हैं। उनसे बात करने पर मुझे संकेत मिला कि उनको आज भी मित्र राष्ट्रों का दुश्मन नंबर एक माना जाता है। ऐसा कोई गुप्त करार है कि अगर वह जीवित मिल जाएं तो भारत सरकार को उनको उनके हवाले करना पड़ेगा। अगर ऐसा कुछ है तो भी भारत सरकार को इस महान देशभक्त को किसी को सौपने का प्रतिरोध करना चाहिए। तब मैं उनको खुले जीवन में लौटने के लिए राजी करने की कोशिश करूंगा।"[17]

पं. नेहरू को चाहिए था कि भारत के प्रधानमंत्री को इस तरह की मनघड़ंत कहानी को लेकर परेशान करने के लिए सेन को फटकारें। लेकिन उन्होंने सेन के नेताजी के जीवित होने के दावे का खंडन करने के बजाय भारत सरकार पर लगाया आरोप निराधार बताने की कोशिश की :

"मुझे नेताजी सुभाष चंद्र बोस के बारे में ऐसे किसी गुप्त करार की जानकारी नहीं है। अगर कोई देश उनको उसके हवाले करने को कहता है तो भारत सरकार इसे मानने वाली नहीं।"[18]

नेताजी को युद्धअपराधी माना जा रहा था, यह बात तो महायुद्ध समाप्त होने के बाद स्पष्ट हो गई थी। सुरेश बोस ने अपनी असहमति रिपोर्ट में साफ लिखा था कि उन्होंने "ब्रिटिश सम्राट के विरुद्ध युद्ध छेड़ा था।" उन को "शीर्ष स्तर का अंतर्राष्ट्रीय युद्ध अपराधी" करार दिया गया। जिस के लिए अधिकतम सजा दी जाती थी। सुभाष ने धुरी राष्ट्रों के साथ सहयोग किया था जिन के नेताओं, जैसे जापान के प्रधानमंत्री हिदेकी तोजो आदि को युद्ध अपराधियों पर मुकदमे के बाद फांसी की सजा दी गई थी।

महायुद्ध के बाद भारत सरकार ने आईएनए के अनेक सेनानियों को "युद्धअपराधी" घोषित किया था। लेखक ने एक ऐसी सूची देखी। उसमें मोहन सिंह, एम. जेड. कियानी, ए. सी. चटर्जी, एस. सी. अलगप्पन, महबूब अहमद, जी. आर. नागर, गुलजारा सिंह और गुरबक्श सिंह ढिल्लों के नाम थे। तीसरी कैवेलरी के कैप्टन हरी सिंह बधवार सरीखे अंग्रेजों के मुखबिरों की सूचनाओं के आधार

पर इन के विरुद्ध आरोप लगाए गए थे। बधवार ने स्वाधीन भारत में जनरल के पद तक उन्नति की जबकि अधिकांश आईएनए के सेनानी जिल्लत और बदहाली की जिंदगी जीए।

जब उनके सेनानियों पर ऐसे आरोप लगाए गए तो क्या अंग्रेजों ने नेताजी को बक्श दिया होगा ? यहां तक कि डाक्टर तेनेयोशी योशिमी, जिन्होंने ताइपेई में 'नेताजी' का उपचार किया था, से भी युद्ध अपराधी विभाग ने 1946 में पूछताछ की थी। प्रचार किया गया था कि नेताजी के सैनिकों ने मित्र राष्ट्रों के सैनिकों को यातनाएं दी थीं और उन्होंने प्रवासी भारतीयों से धन ऐंठा था। 29 अगस्त 1945 को अल्फ्रेड वाग ने एक पत्रकार सम्मेलन में कहा कि सुभाष को "युद्ध अपराधी माना जाना चाहिए क्योंकि उनके सैनिकों ने युद्ध में कई अमेरिकियों को मारा।"[19]

युद्ध के बाद क्या होने वाला है यह नेताजी और जापानी दोनों अच्छी तरह जानते थे। कर्नल मुराजी यानो दक्षिणी सेना मुख्यालय के भारतीय विभाग के प्रमुख थे। 6 मार्च 1946 को अंग्रेजों ने उनसे पूछताछ की। उन्होंने बताया कि आम राय यह थी कि युद्ध की समाप्ति पर सुभाष बोस को दक्षिणी क्षेत्र से हटा लिया जाए। इसका उनके प्रति सम्मान की भावना के अलावा एक और कारण भी था। जापानियों का खयाल था कि अगर "बोस मित्र राष्ट्रों की गिरफ्त में आ गए तो उनसे दूसरों की अपेक्षा कहीं अधिक निर्मम व्यवहार किया जाएगा।"[20] नेताजी के डाक्टर एस. वासव मेनन ने खोसला आयोग को बताया कि 17 अगस्त 1945 को बैंकाक में बोस व अन्य लोगों में जो विचार–विमर्श हुआ उसका मुख्य मुद्दा यही था कि सुभाष बोस युद्ध अपराधी के रूप में नहीं पकड़े जाने चाहिए। लेफ्टिनेंट कर्नल मारियो ताकाकुरा 1945 में टोकियो में मुख्यालय में तैनात थे। उन्होंने बताया कि अंग्रेजों का इरादा नेताजी को टोकियो पहुंचते ही गिरफ्तार करने का था। 1945 में वायसराय वेवल ने भी उनके बारे में ऐसा ही सोचना शुरू कर दिया था। उनके निजी सचिव ई. एम. जेटकिंस के अनुसार "बोस बड़े युद्धअपराधियों में से एक थे। उन्होंने भारत के विरुद्ध ही नहीं, ब्रिटिश सरकार विरोधी कार्य भी किए थे।"[21]

अगस्त में सूचित किया गया, "महामहिम (वेवल) का विचार है कि राजद्रोहियों की जो सूची गृह विभाग ने तैयार की है उन के अनुसार अपराधी हमें सौंपे जाने चाहिए। लेकिन वह निश्चित नहीं कर पा रहे हैं कि बोस और उनके निकटवर्ती सहयोगियों को भी भारत लाना उचित होगा या नहीं। संभवतः बेहतर यह होगा कि उन पर भारत से बाहर ही युद्धअपराधी होने का मुकदमा चलाया जाए।"

ब्रिटिश मंत्रिमंडल में भी 25 अक्तूबर 1945 को इस बारे में चर्चा हुई, "आम राय यह बनी कि नागरिक द्रोहियों में सब से महत्वपूर्ण सुभाष चंद्र बोस ही थे।[23]

तय पाया गया कि भारत से बाहर गिरफ्तार किए जाने वाले भारतीय द्रोहियों को भी भारत ला कर उन पर मुकदमा चलाया जाना चाहिए क्योंकि युद्धअपराधियों के खिलाफ कार्रवाई करने की रिवायत यही है।"

1998 में कलकत्ता उच्च न्यायालय ने ब्रिटिश राज के इस विचार को अस्वीकार करते हुए कहा कि "नेताजी को युद्धअपराधी कौन कह सकता है? कोई देशद्रोही ही इस महान देशभक्त के लिए ऐसे शब्दों का प्रयोग कर सकता है। भारतवासी और भारत सरकार जो कि जनता की सरकार है, सपने में भी नेताजी को युद्धअपराधी नहीं मान सकती।"

अपनी *हिंदुस्तान डाट काम* की जांच के दिनों में मैंने बार–बार युद्धअपराधी वाली बात सुनी। मेरा विवेक इसे मानने को तैयार न था। लेकिन मुझे जल्दी ही एहसास हो गया कि इस शक की जड़ें बहुत गहरी हैं। मुखर्जी आयोग ने इस बारे में सवाल उठाए थे। वी. एन. दत्ता के स्तर के इतिहासकार तक ने इस तरह का संदेह व्यक्त किया था, "अगर वह जीवित होते तो अंग्रेज जरूर उनको युद्धअपराधी घोषित कर देते।"[24] यह विवाद 1950 के दशक में बार–बार उठा। मुथुरामलिंगम थेवर ने इस बारे में सबसे पहले सरकार से रस्साकशी शुरू की। शाहनवाज खां ने उनको बताया, "भारत सरकार के पास इस बारे में कोई जानकारी नहीं है।" थेवर ने पूछा कि जब नेताजी के रुतबे की शक्सियत का मामला है तो सरकार को क्यों जानकारी नहीं है? "यह जानकारी इंगलैंड और अमेरिका के पास है,"शाहनवाज ने जवाब दिया। इस पर थेवर ने सुझाव दिया कि अगर ऐसा है तो "भारत सरकार को मित्र राष्ट्रों ने युद्धअपराधियों की बाबत जो घोषणा की थी उस से खुद को ऐलानिया तौर पर अलग कर लेना चाहिए।" इसे भी शाहनवाज ने नहीं माना। तब थेवर ने इस मामले को सार्वजनिक रूप देते हुए खुलेआम मांग की, "भारत सरकार के लिए आवश्यक है कि वह देश की जनता को बताए कि क्या नेताजी का नाम आज भी युद्धअपराधियों की सूची में है। अगर नहीं तो वह कब और कैसे हटाया गया?"[25] कुछ दिन बाद सुरेश बोस ने प्रधानमंत्री नेहरू के साथ यह मामला उठाया। उन्होंने जवाब में कह दिया कि भारत इंगलैंड, अमेरिका या किसी भी दूसरे देश के साथ इस बारे में कोई मामला नहीं उठाएगा।"

संसद में कई अवसरों पर सरकार के मंत्रियों ने कहा कि उनकी जानकारी के मुताबिक नेताजी का नाम युद्धअपराधियों की किसी भी सूची में नहीं है। 1961 में ब्रिटिश उच्चायोग ने भी आधिकारिक तौर पर कहा कि सुभाष का नाम ब्रिटेन की किसी भी युद्धअपराधियों की सूची में नहीं है। 22 अगस्त 1963 को संसद में हुई चर्चा में, जिसमें जवाहरलाल नेहरू व अटलबिहारी वाजपेयी ने भी भाग

लिया, बी. डी. खोबरगडे ने कहा, "यह आम धारणा है कि नेताजी सुभाष चंद्र बोस जीवित हैं। पर वह इसलिए सामने नहीं आ रहे हैं कि शायद उनको अभी भी युद्धअपराधी माना जाएगा।" इस पर ए. एम. तारिक ने पूछा, "क्या अमेरिकी सरकार व जर्मन सरकार से इस बात की पुष्टि कर ली गई है कि नेताजी का नाम युद्धअपराधियों की किसी भी सूची में नहीं है?" जवाब में उपविदेशमंत्री दिनेश सिंह ने कहा, "नहीं। जहां तक अमेरिकी सरकार से पुष्टि करने का सवाल है, इसके लिए कभी प्रयास नहीं हुआ क्योंकि उन्होंने कभी नहीं कहा कि नेताजी का नाम उन के युद्धअपराधियों की किसी सूची में है।" दरअसल यह जिम्मेदारी भारत सरकार की थी कि वह अमेरिका से साफतौर पर पूछे कि क्या नेताजी का नाम किसी ऐसी सूची में है। क्योंकि अभी हाल तक भी उन्होंने युद्धअपराधियों की सूचियों को गुप्त रखा हुआ था।

गृहमंत्री लालबहादुर शास्त्री ने एक पत्र में लिखित तौर पर बताया कि संयुक्त राष्ट्र आयोग की युद्धअपराधियों की जो सूची है, उस में नेताजी का नाम नहीं है। उनसे यह भी पूछा गया कि अगर नेताजी प्रकट होते हैं तो सरकार उन के साथ कैसा व्यवहार करेगी। इस पर वह मौन ही रहे। जगदीश कुदेसिया ने खोसला आयोग को बताया कि मैंने बाद में शास्त्रीजी से इसरार किया कि वह इस बारे में कोई स्पष्ट घोषणा क्यों नहीं करते। आखिरकार वह बोले, "आप जा कर मेरी तरफ से ऐलान कर दें कि अगर नेताजी आते हैं तो सब से पहले मैं उन को फूलमाला पहनाऊंगा।"

इस पर जगदीश कुदेसिया ने कहा कि अगर शास्त्रीजी स्वयं यह घोषणा करें तो बेहतर होगा। अपने बयान में कुदेसिया ने बताया कि उन्होंने नेताजी के जन्मदिन पर शास्त्रीजी को आमंत्रित किया ताकि वह इस आशय की घोषणा कर सकें। पर शास्त्रीजी समारोह में आए ही नहीं। तब वह प्रधानमंत्री थे। कुदेसिया से इस बारे मे आगे सवाल पूछे गए :

"आप ने नेताजी के युद्धअपराधी होने के बारे में सवाल किए थे?"

"जी हां।"

"आप ने कहा था कि भारत सरकार को यह ऐलान करना चाहिए कि वह युद्धअपराधी हैं या नहीं?"

"जी हां।"

"क्या भारत सरकार या शास्त्रीजी ने कोई सीधी घोषणा की थी कि नेताजी अंतर्राष्ट्रीय युद्धअपराधी नहीं?"

"उन्होंने सीधे–सीधे ऐसा कुछ नहीं कहा। उन्होंने कहा कि अगर नेताजी जीवित हैं तो वह सब से पहले उन को फूलमाला पहनाएंगे।"

"भारत सरकार या शास्त्रीजी ने साफतौर पर कोई ऐलान नहीं किया कि नेताजी अंतर्राष्ट्रीय युद्धअपराधी नहीं ?"

"आज तक ऐसा कोई ऐलान नहीं किया गया।"

सुनील दास ने भगवनजी को जो खबर दी, अगर उसे सही मानें तो भारत सरकार 1960 के दशक में भी युद्धबंदी वाले मामले को गंभीरता से लेती थी। यह जानकारी सुनील दास को सांसद सुरेंद्र मोहन घोष से मिली थी। उन के मुताबिक भारत सरकार की राय में मित्र राष्ट्रों ने आम सहमति से नेताजी का नाम युद्धअपराधियों की सूची में से हटा दिया था। पर इस का आधार नेताजी को मृत माना जाना था। अगर नेताजी कभी प्रकट होते हैं तो फिर उन को बहुरूपिया माना जाएगा।

अपने 24 जनवरी 1964 के पत्र में दास ने लिखा कि इस का मतलब दरअसल यह भारत सरकार की सोच है न कि मित्र राष्ट्रों की। दास की राय में "घोष जवाहरलाल नेहरू के एजेंट थे जो नेताजी के बारे में मालूमात करते फिरते थे कि वह कहां हैं।"

1997 में एयर वाइस मार्शल सुरेनजी गोयल (से. नि.) ने भावावेश के साथ संयुक्तराष्ट्र के महासचिव कौफी अन्नान को लिखा कि वह युद्धअपराधियों की सूची से नेताजी का नाम हटा दें। जवाब में अन्नान की ओर से शशि थरूर ने यह लिखा कि अन्नान को अतीत में की गई किसी कार्रवाई को आज निरस्त करने का अधिकार नहीं है। ओस्लो निवासी प्रवासी भारतीय अर्थशास्त्री अमलेंदु गुहा ने ब्रिटिश प्रधानमंत्री टोनी ब्लेयर को इस बारे में पत्र लिखा। जवाब में उनको राय दी गई कि वह सत्ता–हस्तांतरण के दस्तावेज देखें। उनमें ब्रिटिश भारत की सरकार, जो कानून की दृष्टि से भारत सरकार के समतुल्य ही है, बोस को "युद्धअपराधी" दर्शाया गया था। 1998 में पूर्व सांसद श्यामसुंदर महापात्र की जनहित याचिका की सुनवाई पर उड़ीसा उच्च न्यायालय ने भारत सरकार को निर्देश दिया कि वह यू. के. की सरकार से नेताजी का नाम युद्धअपराधियों की सूची से हटाने का मामला उठाए। भारत सरकार ने इंगलैंड की सरकार से इस बारे में पत्राचार किया तो उस का जवाब भी ऊपर वाले जवाब के समतुल्य ही मिला।

खोसला आयोग में इस बारे में सब से अधिक चर्चा हुई। सुभाष के परिजनों ने इस में सब से अधिक हिस्सा लिया। खोसला ने इस तरह व्यवहार किया मानो वह भारत सरकार का प्रतिनिधित्व कर रहे हों। उन्होंने सत्यनारायण सिन्हा के इस दावे पर भी कोई ध्यान नहीं दिया कि मिलिटरी मिशन के कुछ दस्तावेजों से जाहिर होता है कि अंग्रेजों ने रूसियों से मांग की थी कि वे उनके "युद्धअपराधी"

सुभाष बोस को उन्हें सौंपें। पूर्व विदेश सेवा अधिकारी व जनसंघ के सांसद एम. एल. सोंधी ने खोसला से इस बारे में जिरह की तो खोसला बोले कि अगर नेताजी संसार के किसी भी कोने में सामने आते हैं तो उनको युद्धअपराधी माने जाने का कोई सवाल पैदा नहीं होता। उन्होंने कहा कि मुझे यह कहने का अधिकार है कि नेताजी का नाम कभी युद्धअपराधियों की किसी सूची में नहीं था। इस पर श्री सोंधी ने खोसला से पूछा कि आप की इस जानकारी का आधार क्या हैं। जवाब में खोसला ने कहा, ''मैं यह बयान अपने खुद के अधिकार के तहत दे रहा हूं।''

बोस परिवार के वकील के साथ भी ऐसा ही सुलूक किया गया। उन्होंने कहा था कि भारत सरकार ने जानबूझ कर वह साक्ष्य नष्ट कर दिया जिस से सिद्ध होता था कि नेताजी का नाम युद्धअपराधियों की सूची में है।[27] इस का खंडन करते हुए न्यायमूर्ति खोसला ने कहा कि उन्होंने गृह मंत्रालय को इस आशय में लिखा :

1. क्या दूसरे विश्वयुद्ध के बाद तैयार की गई युद्धअपराधियों की सूची में नेताजी का नाम था?

2. अगर ऐसा है तो क्या आज भी ऐसी कोई सूची लागू मानी जाती है और क्या नेताजी का नाम उस सूची में है?

3. अगर साबित हो जाए कि नेताजी जीवित हैं तो क्या भारत सरकार उन को किसी अंतर्राष्ट्रीय संस्थान को सौंपने को बाध्य है ताकि उन पर युद्धअपराध का अभियोग चलाया जा सके?

4. अगर नेताजी बोस प्रकट हों तो उनकी स्वतंत्रता के प्रति सरकार का रवैया क्या होगा?

5. क्या जापान में जो अंतर्राष्ट्रीय अदालत बैठाई गई थी उस की युद्धअपराधियों की सूची के अलावा और भी कोई ऐसी सूची थी?[28]

''इस के जवाब में बताया गया कि गृह मंत्रालय ने विदेश मंत्रालय, सूचना व प्रसारण मंत्रालय व रक्षा मंत्रालय से इस बारे में पूछा था। इन तीनों मंत्रालयों ने कहा है कि उन के पास ऐसी कोई जानकारी नहीं है। जवाब में मेरे उपरोक्त पांच सवालों का जवाब नहीं दिया गया था इसलिए दोबारा पूछना पड़ा।''

इस का अधिक विस्तृत उत्तर मिला। बताया गया कि हेग, न्यूयार्क व टोकियो के भारतीय दूतावासों से पूछने पर पता चला है कि नेताजी का नाम युद्धअपराधियों की किसी भी सूची में नहीं था। इसलिए शेष प्रश्न उठते ही नहीं।

''इसके बावजूद श्री मजूमदार (बोस परिवार के वकील) ने दोबारा यह सवाल उठाया है। उनका तर्क है कि सरकार आयोग के साथ सहयोग नहीं कर

रही है। उन्होंने प्रार्थना की है कि न केवल विदेशमंत्री श्री स्वर्णसिंह, बल्कि खुद प्रधानमंत्री को इस बारे में बयान देने के लिए बुलाया जाए।''

''श्री मजूमदार ने ऐसा कोई ठोस प्रतिज्ञान पेश नहीं किया कि नेताजी पर युद्धअपराधी होने का आरोप था। जो कि उन के छद्मरूप में रहने का मुख्य कारण बताया जाता हैं। मैं दोबारा कहना चाहता हूं कि गृह मंत्रालय ने जो जानकारी दी है वह सही है। पर श्री मजूमदार और अधिक साक्ष्य की मांग करते हुए सरकार की भर्त्सना कर रहे हैं। ''[29]

लेखक के विश्लेषण करने पर पता चला कि श्री खोसला के दावे में कई झोल थे। तीनों मंत्रालयों से मिली जानकारी की बात करें तो विदेश, सूचना–प्रसारण व रक्षा मंत्रालय से केवल यही कहा था कि हमें इस बारे में कुछ नहीं मालूम। मतलब यह कि हम हां या न में से कुछ भी दावे से नहीं कह सकते। गृहमंत्रालय ने यह स्पष्ट नहीं किया कि वह उक्त मंत्रालयों द्वारा दी गई ''शून्य जानकारी'' के आधार पर जवाब दे रहा है या भारत सरकार की जानकारी के आधार पर। न्यायमूर्ति खोसला ने कहा कि हेग, न्यूयार्क व टोकियो से पहले व दूसरे सवाल के जवाब न में मिले थे। यह गुमराह करने वाला निष्कर्ष था। सच्चाई यह थी कि 1967 मे मिले ये जवाब अनिश्चित थे।

जापान में भारतीय दूतावास के प्रथम सचिव जे. एन. दीक्षित ने इस बारे में जानकारी चाही थी। 5 मई 1967 को दीक्षित ने स्वदेश को भेजे अपने पत्र में लिखा, ''जापानी विदेश विभाग व यहां के विद्वतवर्ग से पूछने पर अंतरिम उत्तर यही मिला है कि नेताजी को युद्धअपराधी घोषित नहीं किया गया था।'' हेग का जवाब था कि उन को ऐसी कोई जानकारी नहीं।''क्योंकि नेताजी के मामले पर संयुक्त राष्ट्र के युद्ध आयोग में टोकियो में विचार हुआ था। अतः हेग की अंतर्राष्ट्रीय अदालत के पास उसका कोई रिकार्ड नहीं है। इस संबंधी में जानकारी टोकियो या वाशिंगटन में ही मिल सकती है।''

भारतीय विदेश मंत्रालय ने 16 अक्तूबर 1967 को जापान के विदेश विभाग को नोट नं. 534–सी. डी. ए./67 भेजा। इसमें पूछा गया कि क्या सुदूरपूर्व के अंतर्राष्ट्रीय सैनिक ट्रिब्यूनल के रिकार्ड में कोई ऐसा साक्ष्य मौजूद है कि नेताजी को युद्धअपराधी के तौर पर गिरफ्तार किया गया था, उन पर अभियोग चला था या सजा सुनाई गई थी? इस गलत तरह से तैयार किए गए नोट को भेजा भी गलत पते पर गया। सुभाष को कभी भी सुदूरपूर्व के अंतर्राष्ट्रीय सैनिक ट्रिब्यूनल ने गिरफ्तार नहीं किया था न ही उसने उन पर अभियोग लगाया था। यह भी सारी दुनिया को पता है कि ट्रिब्यूनल के सारे रिकार्ड वाशिंगटन डी. सी., अमेरिका, में थे।

20 दिसंबर 1967 को जापानियों की तरफ से जो जवाब मिला वह अपेक्षा अनुसार ही था। उनके नोट नं. 136/ए. एस. डब्लू में पुरानी कहानी को दोहराया गया था। "उपलब्ध सूचनाओं के अनुसार ताइपेई हवाई अड्डे से उड़ान भरने के बाद 18 अगस्त 1945 को विमान के दुर्घटनाग्रस्त हो जाने से श्री बोस की मृत्यु हो गई थी। जहां तक सुदूरपूर्व सैनिक ट्रिब्यूनल का सवाल है, उन के रिकार्ड में स्वर्गीय श्री बोस की युद्धअपराधी के तौर पर गिरफ्तारी, उन पर अभियोग चलाए जाने या सजा दिए जाने का कोई साक्ष्य नहीं है। न ही उक्त ट्रिब्यूनल द्वारा श्री बोस को युद्धबंदी घोषित करने का ही कोई साक्ष्य है।"

10 अगस्त को संयुक्त राष्ट्र में भारत के स्थायी मिशन से भी जवाब आ गया। उन्होंने अपने विस्तृत उत्तर में जो लिखा उसका सारांश यह था कि वे किसी भी बात की पुष्टि करने की स्थित में नहीं हैं। यह न्यायमूर्ति खोसला के निकाले निष्कर्ष से नितांत भिन्न था।

मैंने और पूछताछ की। पता चला कि अमेरिका और आस्ट्रेलिया में संग्रहीत युद्धअपराधियों से संबंधित दस्तावेजों में नेताजी का नाम न था।

इस से साफ जाहिर है कि युद्धअपराधी वाले दृष्टिकोण से नेताजी के बारे में अविवादित तौर पर कुछ नहीं कहा जा सकता। इसलिए मुखर्जी आयोग के लिए यह आवश्यक है कि वह अपनी सुनवाई के दौरान तीन महत्वपूर्ण बातों का स्पष्टीकरण कराए :

1. न्यायमूर्ति खोसला ने भारत सरकार से यह पूछने से इनकार कर दिया कि उसने 12 जनवरी को युद्धबंदियों व युद्धअपराधों से संबंधित संधि पर हस्ताक्षर क्यों किए? 26 नवंबर 1968 को संयुक्त राष्ट्र द्वारा प्रस्तावित इस संधि का उद्देश्य "यह सुनिश्चित करना था कि युद्धअपराध या मानवता के विरुद्ध अपराध करने वाला कोई भी व्यक्ति सिर्फ इसलिए न बच निकले कि उसके विरुद्ध अपराध करने की एक निश्चित अवधि के अंदर मामला नहीं चलाया गया था।"

भगवनजी के अनुयायियों ने तथा अन्य लोगों ने भी भारत सरकार से पूछा कि मित्रराष्ट्रों के साथ होने के बावजूद भारत ने दूसरे महायुद्ध के "युद्धअपराधियों" से संबंधित इस संधि को क्यों मान्यता दी। उन का कहना था कि इससे संकेत मिलता है कि भारत सरकार महायुद्ध के समाप्त होने के कई दशक बाद भी अपने यहां कुछ "युद्धअपराधियों" के होने की संभावना मानती थी।

2. न्यायमूर्ति खोसला ने इस मांग को भी ठुकरा दिया कि वह भारत सरकार को निर्देश दें कि वह अमेरिका, इंगलैंड, सोवियत संघ व फ्रांस से इस विषय पर जानकारी देने को कहें।

3. बोस परिवार ने खोसला से अनुरोध किया था कि भारत के प्रधानमंत्री आयोग के सामने खुद इस बात की पुष्टि करें कि नेताजी सुभाष चंद्र बोस का

नाम युद्धअपराधियों की किसी भी सूची में नहीं है। उन्होंने यह मांग भी अस्वीकार कर दी।

हम इस मामले को किसी भी अर्थ में क्यों न लें, अधिकांश देशवासी इस विवाद से उद्वेलित हुए हैं। इस सारे मामले के प्रति भगवनजी के अनुयायियों का रवैया मेरी समझ से बाहर था। वे उन्हें एक ऐसे व्यक्ति से जोड़ रहे थे जिसके सीने में शेर का दिल था। इसके अनेक उदाहरण मौजूद थे।

रंगून, 18 अक्तूबर 1944: आसमान से गोलियों की बौछार हो रही थी। शत्रु के एक विमान ने मिंगालादेन परेड मैदान पर हमला कर दिया था जहां नेताजी सुभाष बोस एक मंच पर खड़े थे। कई अफसरों ने उन से अनुरोध किया कि दौड़ कर सुरक्षित स्थान पर चले जाएं। लेकिन वह अपने स्थान पर अडिग खड़े रहे। फिर वह निर्भय भाव से धीरे–धीरे नीचे उतरे। उन्होंने कहा, "अगर मुझे मरना है तो इस स्थिति में मरना पसंद करूंगा, बजाए इसके कि जान बचाने के लिए भागते हुए मरूं।"[30]

मैंने भगवनजी के अनुयायियों से पूछा, "और आप लोग सोचते हैं कि वह किसी घबराए हुए भगोड़े की तरह भाग रहे थे कि कहीं युद्धअपराधी की तरह पकड़े न जाएं? क्या यह आप की धृष्टता नहीं?

"गलत, एकदम गलत। भगवनजी को अपने बारे में कोई डर न था। उन्हें किसी का डर न था। उन्हें चिंता थी तो देश की। उनको आशंका थी कि उनके प्रकट होने से देश में भयंकर आंदोलन छिड़ सकता है। उनके चाहने वालों के लिए कष्टमय स्थिति पैदा हो सकती है। देश विचित्र संकट में फंस सकता है। महायुद्ध के बाद विश्व का जो वातावरण बना है उसमें धुरी राष्ट्रों के किसी अवशेष के लिए कोई स्थान नहीं है। विश्व की बड़ी शक्तियां उनके विरुद्ध कार्रवाई करना चाहतीं। लेकिन भारतवासी इसकी कभी अनुमति नहीं देते। लेकिन ये शक्तियां इसके लिए जोर–जबरदस्ती कर सकती थीं।

अंत तक भगवनजी उस फैसले पर अटल रहे जो उन्होंने मार्च 1963 में लीला राय को सुनाया था, "मेरे सामने आने से किसी का भला नहीं होगा। न देश का, न देशवासियों का, न मेरा। यह भारत का शैशवकाल है। वह अभी विश्वशक्तियों का दबाव सहन करने की स्थिति में नहीं है। मैं कहां हूं यह किसी को न बताना। इस से राष्ट्र का अहित ही होगा। मेरा सामने आना भारत के हित में नहीं है।" महाकाल ने अपनी बात को और भी दार्शनिक भाव से व्यक्त किया : "मृतक ने तुमसे कुछ नहीं लिया। वह अपने लिए कुछ नहीं चाहता था। उसने अपने को देश को समर्पित कर दिया और स्वयं विलुप्तता में चला गया।"

संदर्भ/टिप्पणियां

1. नं. 1300/एस. ई. , सी. एस. डी. आई. सी. , लालकिला दिल्ली, 21 मार्च,1946. ''एस. सी. बोस की अंतिम योजना'' पर मेजर जे. के. भोंसले से दोबारा पूछताछ.
2. *रिमिनिसेंसेज डिस्क्रीट एंड इनडिस्क्रीट* लेखक टी. एन. कौल, पृष्ठ 150. कौल भूतपूर्व विदेश सचिव व सोवियत संघ एवं अमेरिका में भारतीय राजदूत थे.
3. फाइल नं. सी. 551/4/64 –जे. बी. –एम. आई. एस. सी.
4. *फ्रीडम ऐट मिडनाइट* लेखक लैरी कालिंस और डोमिनीक लैपियरे। यह संभवतः अपनी तरह की सर्वश्रेष्ठ पुस्तक रही जिसमें लार्ड माउंटबेटन ने पहली बार लेखकद्वय को इतने लंबे इंटरव्यू दिए थे.
5. **नेताजी इन रेड चाइना,** *दी नेशन,* 7 अक्तूबर 1949.
6. वही.
7. **नेताजी इन रेड चाइना,** *दी नेशन* 7 अक्तूबर 1949.
8. बताया जाता है कि मुखर्जी आयोग ने *इंटरप्रेस* से पुष्टि कर ली थी कि यह खबर वाकई प्रसारित हुई थी.
9. *हिंदुस्तान स्टैंडर्ड* की रिपोर्ट **स्टोरी आफ मीटिंग नेताजी लास्ट फेब्वरी,** दिनांक 9 अप्रैल 1956, का सारांश.
10. **वियतनाम आर्काइव्स होल्ड की टू नेताजी फ्लाइट,** प्रभा जगन्नाथन, दी *टेलीग्राफ,* 26 सितंबर 1994.
11. नं. 1005/3/जी. एस. आई. (बी.), 14 सितंबर 1945. दक्षिणपूर्व एशिया कमांड और भारतीय कमांड, पाक्षिक सुरक्षा आसूचना सारांश नं. 3. ट्रांस्फर आफ पावर, भाग 4.
12. 1 मार्च 1971 को खोसला आयोग के समक्ष जगदीश कुदेसिया से जिरह के रिकार्ड से.
13. शिवप्रसाद नाग दिवंगत हो गए। उन के पुत्र मुखर्जी आयोग के सामने पेश हुए
14. *दी दलाई लामा,* लेखक लोवेल थामस जूनियर, पृ. 83.
15. धर्मावरा का निधन कैलिफोर्निया में 1999 में 110 साल की उम्र में हुआ.
16. फ्रेंड्स आफ इंडिया सोसाइटी इंटरनेशनल, कैलीफोर्निया ने सुभाष बोस से संबंधित फाइल ओ. एस. एस. /सी. आई. ए. की प्रति भारतीय समाचारपत्रों को 1994 में भेजी थी.
17. पी. एम. फाइल नं. 2(64)56–66 पी. एम. भाग 2, पेज 89/ ए. प्रोफेसर अतुल सेन का जवाहरलाल नेहरू को पत्र दिनांक 28–8–62 जिस में लिखा था कि नेताजी जीवित हैं और युद्ध अपराधी हैं.

18. पी. एम. फाइल नं. 2(64)56–66 पी. एम. भाग 2, पेज 90/ ए. श्री नेहरू का अतुल सेन को उत्तर, नं. 1446–पी. एम. एच. /62 दिनांक 31 अगस्त 1962.
19. *हिंदुस्तान स्टैंडर्ड* में समाचार **सुभाष सेड टू बी अलाइव,** 30 अगस्त 1945.
20. कर्नल यानो मुराजी से पूछताछ पर एस. ए. सी. एस. ई. ए. की 7 मार्च, 1946 की रिपोर्ट.
21. ट्रांस्फर आफ पावर भाग 5, पेज 1297 से.
22. ट्रांस्फर आफ पावर भाग 6, पेज 47.
23. वही पेज 405.
24. *दी ट्रिब्यून* में वी. एन. दत्ता का लेख, 19 अगस्त 2001.
25. *हिंदुस्तान स्टैंडर्ड* की रिपोर्ट **स्टोरी आफ मीटिंग नेताजी लास्ट फेब्बरी,** दिनांक 9 अप्रैल 1956 का सारांश.
26. *टाइम्स आफ इंडिया* में समाचार, **नेताजी नाट वार क्रिमिनल सेज खोसला,** दिनांक 25 दिसंबर 1970.
27. नेताजी जांच आयोग रिपोर्ट, पेज 56.
28. वही, पेज 57.
29. वही, पेज 57, 58.
30. *इंडियाज स्ट्रगल फार फ्रीडम,* लेखक जनरल ए. सी. चटर्जी, पेज 241.